2006 年国家社会科学基金西部项目资助

2017 年国家出版基金项目资助

国家出版基金项目
NATIONAL PUBLICATION FOUNDATION

敦煌古代工匠研究

DUNHUANG
ANCIENT CRAFTSMAN RESEARCH

马德 著

文物出版社

图书在版编目（ＣＩＰ）数据

敦煌古代工匠研究 / 马德著 .-- 北京 : 文物出版社，
2018.4
ISBN 978-7-5010-5255-4

Ⅰ.①敦… Ⅱ.①马… Ⅲ.①手工业工人－人物研究－
敦煌－古代Ⅳ.① K828.3
中国版本图书馆 CIP 数据核字 (2017) 第 239112 号

敦煌古代工匠研究

著　者　马　德
选题策划　刘铁巍
责任编辑　王　伟　周燕林
责任印制　陈　杰
责任校对　孙　蕾　陈　婧

出版发行　文物出版社
地　　址　北京市东直门内北小街 2 号楼
网　　址　http://www.wenwu.com
邮　　箱　web@wenwu.com
制版印刷　北京雅昌艺术印刷有限公司
经　　销　新华书店
开　　本　1/16
印　　张　30.75
版　　次　2018 年 4 月第 1 版
印　　次　2018 年 4 月第 1 次印刷
书　　号　ISBN 978-7-5010-5255-4
定　　价　98.00 元

目
录
Contents

研究篇

史料篇

本书插图由敦煌研究院提供

摄影：马　德　吴荣鉴　宋利良　盛岩海

张伟文　吴　健　孙志军　余生吉

敦煌古代
工匠研究

研究篇

绪　论

敦煌沙漠

玉门关址

阳关烽燧

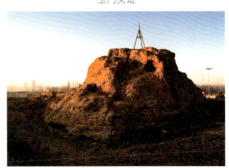
沙州故城

　　敦煌位于甘肃省最西端。境内的雅丹地貌，向我们展示了亿万年间的大自然在这块土地上的神奇的变迁，是我们能在地球上看到的独特的史前遗迹。而敦煌有人类活动的历史已经三千多年，其中有文字记载的也有两千多年。远古时代，敦煌为西戎地，先后有塞人、乌孙、月氏、匈奴等游牧民族在这里生活和活动。境内考古发现表明，在公元前一千多年前，敦煌地区就已经有了发达的农业文化。西汉时代敦煌设郡，北魏时为敦煌镇，隋、唐以后为瓜州、沙州，现为敦煌市；历史上曾是

莫高窟外景 1

莫高窟雪景

割据政权西凉国和西汉金山国的国都。敦煌历史发展的每一个阶段都独具特色，如发达的汉晋文化和大量历史文化名人、繁荣的隋唐盛景、吐蕃的文化中心、归义军时代孤悬塞外的地方政权等。敦煌境内保存有众多的汉文化遗迹，如汉代两关（玉门关、阳关）和郡县城池（敦煌、寿昌、效谷、常乐、渊泉等），向人们述说着两千多年的岁月沧桑；敦煌地区先后出土了大量的汉代简牍，是记录和反映敦煌汉代历史面貌的珍贵文献资料。特别是 4 到 14 世纪，在那片广大的区域内，开凿兴建了以莫高窟为首的敦煌佛教石窟群，包括敦煌莫高窟、敦煌西千佛洞、安西榆林窟、安西水峡口、安西东千佛洞、肃北五个庙、肃北一个庙、玉门昌马等石窟。至今，那里还为我们保存了我国中古各个历史时期的石窟 850 多座，壁画 50000 多平方米，彩塑 3000 多身，它用艺术图像记录了中国古代 1000 年间的历史与社会的方方面面，是世界范围内现存规模最大、内容最丰富的历史文化艺术宝库；同时，100 年前，敦煌莫高窟"藏经洞"出土了 70000 多卷 3 至 10 世纪的写本文书和大量美术品、印刷品等，为近代世界考古史上最伟大的发现之一。藏经洞文献也同样是中国古代社会历史文化的记录，其内容价值与石窟本身并驾齐驱，相得益彰。敦煌因地处亚洲腹地，自西汉开发以来就是中国与西方各国进行经济、文化交流的中心地带；人

三危山落日

类的埃及文明、印度文明、中华文明、希腊文明等在这块土地上神奇地进行了交汇和融合，形成了集东西方世界古代文明为一体的作为人类古代文明的象征。20 世纪开始，敦煌受到全球关注，敦煌历史文化的研究已经成为世界范围内的一种专门学问。因此，敦煌既是艺术的宫殿、历史的画廊，又是学术的海洋。敦煌被誉为人类古代文明的中心，敦煌文物又被看作人类古代文明的结晶。而所有这一切，都是敦煌古代的劳动人民——特别是敦煌历代工匠们的奉献和创造。

　　几乎所有关注敦煌的人，都会提出敦煌文化艺术的创造者这一问题。但由于资料的缺乏，以前对敦煌工匠问题，无论国内国外，主要都是在有关敦煌石窟艺术的研究中有零星涉及[1]；也有专门讨论敦煌艺术工匠的论文[2]，但数量极少。20 世纪 90 年代开始，笔者在从事敦煌莫高窟营造历史的研究中，系统搜集到一些有关敦煌古代工匠的记载，并进行了初步研究，先后发表了几篇论文，并出版了小册子《敦煌工匠史料》，比较系统地为从事敦煌石窟和艺术史、经济史、科学技术史研究提供了一手资料。研究中使用了敦煌石窟与敦煌文献结合的方法，将图像资料、文献资料、实物资料相印证，就敦煌古代工匠问题做了较系统的实证性的初步探讨；通过对敦煌文献中有关古代工匠资料的搜集和整理，从艺术史、

[1] 向达：《莫高、榆林二窟小考》，载向达著《唐代长安与西域文明》，生活・读书・新知三联书店，1987 年，
　　第 405 页。史苇湘：《敦煌佛教艺术产生的历史依据》《形象思维与法性——石窟艺术研究随笔之二》等
　　相关论文，均载于史苇湘著：《敦煌历史与莫高窟艺术研究》，甘肃教育出版社，2002。饶宗颐著：《敦
　　煌白画》，巴黎，1978 年，第 16 页。
[2] 姜伯勤：《论敦煌的"画师"、"绘画手"与"丹青上士"》，原载于《1983 年全国敦煌学术讨论会文集》，
　　后收入姜伯勤著：《敦煌艺术宗教与礼乐文明——敦煌心史散论》，中国社会科学出版社，1996 年。

莫高窟外景 2

经济史和科学技术史等方面对敦煌古代工匠的队伍组成、职业类别、技术级别、社会地位、生活待遇、地域特色以及普通工匠与艺术大师的关系等问题，提出一些初步的想法，并部分地回答了人们普遍关心的敦煌艺术的创造者们的相关问题，从某些方面展示中华民族先民们的创造与奉献精神[1]。

敦煌古代的工匠即手工业劳动者，大体可分为两类：第一类是与社会生产及人们生活直接相关的、为人们提供劳动工具和满足人们衣、食、住、行需要的各行业工匠；第二类是从事文化艺术活动的，也是最具敦煌特色的工匠。这些工匠按技术分都料、博士、师、匠、生等级别。此外，敦煌古代还有一些以一家一户为生产单位从事各种手工业劳动的民户等，另外有一部分僧侣及一部分官家、贵族子弟或已在军政部门为官者也从事工匠劳作。

敦煌古代手工业发达，种类繁多，是其经济特色；手工业的发达所反映的科学技术进步，是其科技特色；本地资源与和农牧业生产、交通运输、军事等社会需要构成其地域特色；灿烂辉煌的石窟艺术和造纸、印刷等行业所反映的文化的进步和艺术的繁荣又造就和显示其文化特色，各行各业展示的科学技术发展进步的特色，但作为工匠，又是处于社会最底层的普通劳动者，连起码的生存都很难有保障。即使在这样的情况下，敦煌的历代工匠们，用他们的勤劳和智慧，创造了光辉灿烂的敦煌文化。特别是历代从事敦煌石窟营造的工匠，为我们留下了万

---

[1] 马德：《敦煌工匠史料》，甘肃人民出版社，1997 年，第 38 ~ 40 页。

古不朽的敦煌石窟艺术，在向我们展现中国古代社会千年风貌的同时，也显露出他们卓绝高超的艺术技能，他们的作品与所处时代的艺术大师相比毫不逊色。另外，9、10世纪时，敦煌的工匠们已经有了自己的行会组织，展示着敦煌地区手工业的进步、生产力发展和社会的变革。

敦煌古代工匠和他们所创造的敦煌的历史文化，内容十分丰富，人类历史上所有发生过的社会问题，敦煌历史上都有，而且保存下来的文献相对集中和系统。敦煌的历史文化囊括了人文科学、社会科学、哲学与自然科学的全部内容，涵盖文、史、哲、经、法、教、理、工、农、医等各方面，涉及语言文字、文学、艺术、古代史、历史文献、历史地理、考古、宗教、经济史、经济管理、法制史、教育史、科技史、天文、数学、中国手工业史、农业经济、中国农业史、中医药、医学史文献、藏医药等广泛的研究领域。例如研究敦煌的某一座洞窟：就包括洞窟建筑的工程技术、绘画与雕塑、窟施主、建筑者、历史背景和意义，宗教信仰，民俗风情，至少需要历史、艺术、宗教和自然科学技术等学科的内容。研究一尊造像、一幅壁画、一份文献、一座遗址、一个专题、一段历史等等，同样也是如此。但总的说来，无论研究哪一方面，都离不开对敦煌工匠的研究，因为这些历史文化遗产都是工匠们创造的。随着研究工作的不断深入和敦煌在世人心目中地位越来越高，敦煌工匠及其相关问题

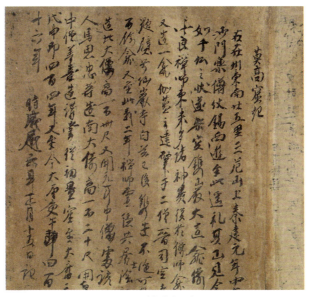

P.3720《莫高窟记》

莫高窟第 130 窟弥勒大佛

得到更多更广泛的关注，需要在更广阔的领域和更高的层次上进一步深入研究。

作为人类古代文明的标识，敦煌历史文化的主要内容就是敦煌石窟佛教艺术。但作为上层建筑，艺术对于人的需要不仅表现在宗教文化方面，同样也表现在科学技术方面。在这里，艺术的功能建立在经济价值之上，并刺激人类精湛技巧的发展，敦煌艺术及其创造者们也是如此。敦煌古代工匠们从事各类手工业劳动，都是相互紧密联系、不可分割，缺一不可的。工匠们在制造生产生活用具用品的同时，也参与艺术创造，只是当时一律被视为手工业者的普通劳作罢了。创造艺术也好，发展经济也好，科学技术的进步发展也好，都离不开工匠们的辛苦劳动和聪明才智。经济活动也好，科技活动也好，艺术活动也好，一直都是在同一批人群相互刺激，相互促进，共同进步，共同发展。敦煌艺术的创造者们，也是敦煌的生产力大军，也是敦煌的科技力量。

但是最重要的，也是我们认为需要永远继承发扬的，就是敦煌历代工匠们的包容、奉献和创造精神。了解敦煌的历史文化，最重要的就是要了解创造了敦煌历史文化的列祖列宗。几千年来，敦煌的几十代的劳动人民，特别是从事各种手工业劳动的工匠们，用他们的聪明和智慧，用他们的生命和鲜血，筑造了敦煌石窟这座

莫高窟第 194 窟西壁彩塑一铺

历史的丰碑。敦煌工匠们在人类社会的创造与发展的过程中，不断体现出博大的胸怀和强劲的吸收融化能力，绽放着无穷无尽的聪明和智慧，极尽辛劳与勤勉，无私无畏；他们在创造光辉灿烂的敦煌历史文化的同时，把他们的精神一道留给了我们。这就是海纳百川的包容，勤劳无私的奉献，和不断进取的创造精神，这种精神就是中华民族的民族精神。敦煌事业培养和造就了敦煌精神和民族精神，同敦煌宝库一样属于中华民族的宝贵财富。无论科技进步、社会发展到什么程度，这种精神作为人类社会创造与发展的主体精神，永远都不会过时，永远是促进社会进步发展的动力，而且随着社会的发展进步不断得到升华。保护、研究和宣传敦煌文化和敦煌精神，特别是也将我们的精神留给后人，是历史赋予我们的神圣使命。

　　敦煌工匠是敦煌历史的创造者，又是敦煌历史的缩影。敦煌历代工匠的研究体现着历史多元化的特点，包涵着丰富的人文内容，涉及宗教学、社会学、民俗学、历史学、经济学，以及自然科学的天文、地理、环境、农业、牧业、手工业等各个学科领域，展示着社会生活的各个方面。因此，研究敦煌文化，不能单纯地就事论事，而是全面、深入地从各个方面进行考察和探讨，真正把事情研究深、研究透，搞清楚它的本来面目。这就需要我们有各方面的基础知识进行综合研究。而我们在

莫高窟第 130 窟倚坐弥勒大佛

研究中运用的艺术人类学，运用艺术史、经济史、科技史、社会史的综合方法手段，也就是各学科的交叉手段，或曰交叉科学的方法手段。

同时，从研究内容方面讲，我们所研究的敦煌工匠们的创造，文化艺术也好，经济政治也好，科学技术也好，民族关系也好，都是历史上发生过的事，都已经成为历史；因此，敦煌古代工匠研究是以历史学科为主的学科交叉，或者说是在历史学科范围内的各学科的交叉。而从研究方法方面讲，敦煌工匠的研究多以实证与思辨相结合的研究：敦煌工匠是实实在在的历史文化现象，一是一，二是二，要求我们搞清楚是什么、为什么；尤其是创造了敦煌石窟艺术的历代工匠，更是需要我们通过他们的业绩去认识。

敦煌古代的工匠们留给我们取之不尽、用之不竭的精神财富和物质财富，让敦煌既是艺术的宫殿，又是学术的海洋；无论从哪个领域、哪个角度，无论用哪种手段、哪种方法，都可以对他们各方面的情况进行研究。

《敦煌古代工匠研究》在《敦煌工匠史料》等已有的成果基础上，补充大量敦煌工匠文献和图像的新资料和中外艺术史论、经济史、科学技术发展史等方面的相关资料，对全部资料重新认真分类整理，尽最大努力做到资料的准确性和完整性；研究中首先需要订正过去一些不妥当的说法，并不断从新旧资料中发现新的问题，使论据翔实可靠，论证充分完整。本文首先对敦煌工匠的基本情况如行业类别、技术等级等作了介绍，接着从手工业经济和科学技术两方面分别进行探讨。而本书的重点是艺术工匠部分。本书同时结合画史、画论等文献，分艺术创造和艺术设计两个专题，前者是对创造敦煌石窟艺术的历代工匠们各方面的情况加以深入探讨，特别是对工匠们营造石窟的情况做了详细地阐述；后者从艺术设计学的角度认识敦煌艺术与敦煌工匠；本书还对当代艺术家们关心的"艺术家"与"匠人"的问题专门进行了深入讨论。在工匠特色研究部分，分地域、艺术、民族民间几方面，并结合当时当地的社会制度等问题进行深入研究；又列专章对工匠的民族精神作了探讨；最后将敦煌工匠研究纳入艺术人类学的轨道，试图建立敦煌艺术人类学的研究方法体系。

《敦煌古代工匠研究》是一项集艺术史、经济史和科学技术史为一体的跨学科研究，实际上也是当下流行的交叉学科，即是自然科学、社会科学、人文科学和哲学等大门类科学之间发生的外部交叉，以及本门类科学内部众多学科之间发

榆林窟外景 1

榆林窟外景 2

生的内部交叉所形成的综合性、系统性的知识体系，因而有利于有效地解决人类
社会面临的重大科学问题和社会问题的研究[1]。具体地说，敦煌工匠以及敦煌的整
个历史文化，都是人类历史上曾经发生过的重大问题，需要用交叉科学的方法和
手段来深入研究。我们尽可能广泛、细致地搜集了敦煌工匠和中国美术史论、中
国手工业经济史、中国科学技术史等方面的资料，适当参考国外同类的历史文献
和研究成果，使用敦煌石窟和敦煌文献相结合的研究方法，试用人类学家研究者
与研究对象对话的形式，综合经济史、艺术史、科技史等学科手段进行探索研究。
本书将试图通过敦煌古代艺术匠师的研究，进行敦煌艺术设计学、敦煌图像学的
研究尝试，开拓敦煌艺术人类学的新的研究领域，创立人文科学与艺术科学研究

---

[1] 路甬祥：《学科交叉与交叉科学的意义》，《中国科学院院刊》2005 年第 20 卷第 1 期。

的新的方法体系。

　　《敦煌古代工匠研究》将敦煌工匠置于中国古代社会的大背景下，就敦煌工匠的特色，行会组织的进步意义及其封建经济制度的制约等问题提出一些新的看法；同时通过对敦煌历代工匠艺术活动、社会地位、生活待遇等一系列的考察和问题对他们的作品分析，以及对敦煌工匠所处时代的社会历史背景的深入考察，探讨普通工匠与艺术大师的关系，阐明敦煌历代的艺术工匠们都是最伟大的艺术大师！通过研究敦煌古代工匠，向世人介绍

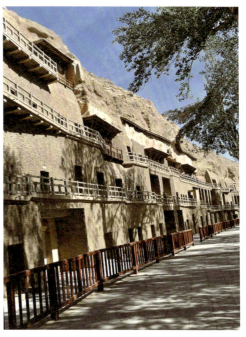

莫高窟崖面窟檐

敦煌历史文化的创造者们各方面的情况，展示中华民族先民们的创造与奉献精神，讴歌几十代敦煌艺术、敦煌历史的创造者们的丰功伟绩，总结历史经验，汲取有益的成分，为中华民族的复兴和人类社会的进步发展提供历史借鉴。

第一章
敦煌古代工匠概况 [1]

一、工匠职业类别

敦煌工匠史料主要来源于三个方面：（一）记载和歌颂 "功德主"（即洞窟窟主）营造佛窟的碑、铭、赞、记资料中有关于 "良工" 与 "巧匠" 的零星描述；（二）佛窟与佛画中的工匠供养人画像与题记；（三）官府和寺院的收支账目（即《入破历》）中关于工匠的役使和供给记录，这些基本上都是9、10 世纪（即敦煌历史上为吐蕃占领时期和瓜沙归义军时期）的文献，也有少量8 世纪以前的文献。

从上述文献中，我们首先得知，古代敦煌的工匠，大体可分为两类：

第一类，与社会生产及人们生活直接相关的、为人们提供劳动工具和衣、食、住、行服务的各行业工匠。

古代敦煌地区所用生产工具，主要是石具、铁具和木具；因此，生产工具的加工、制造的工匠主要是石匠、铁匠和木匠。

石匠　专门从事石质器具加工和制造的工匠。古代敦煌的石质器具（农具）一般都用于粮食加工，如石磨、石碾、碓等。

铁匠　从事铁质器具及其他金属器具加工和制造的工匠。从《史料》部分所列铁匠的记载看，铁匠们主要是从事建筑工程（建筑零部件加工）和小型铁器的制作，如造作、打叶等。而大型生铁器具的铸造，属于铁匠行业的铸匠（文书中

---

[1] 本章内容，除注明外，均出自马德：《敦煌工匠史料·研究篇》，甘肃人民出版社，1997 年，第 5 ～ 27 页。

也书为泻匠或写匠）来从事的，用生铁铸造的器具主要有铧、釜、鏊、锟、钟、铛等。由于人们生活、生产以及精神上（佛教信仰）的需求，生铁铸造业在敦煌十分兴盛，从事这一行业的工匠队伍也比较庞大。这一点我们从《史料》部分关于锅匠的记述中即可看到。另外，在古代敦煌还活跃着一支专门从事铁器具修补的锅子匠（又称锢路匠）队伍。

木匠　一项应用范围比较广的行业，除了建筑业之外，还有生产工具（农用工具、手工业工具）和交通工具（车、辇、舆、轿等）的加工和制造。因此，在古代敦煌的工匠队伍中，木匠队伍是最庞大的，也是最活跃的。

镟匠　慧琳《一切经音义》卷九引三国魏周成《难字》："（镟）谓以绳转轴裁木为器者也。"制造木器具的工匠，为木匠之一种。

索匠　即制作绳索的工匠。索一般专指粗绳索，但也泛指所有绳索，从敦煌文献记载上看，索匠（又称索子匠）所造一般为用于封捆小包类的细小的麻绳。是人们生产生活中所不可缺少者。

秋辔匠　秋辔即鞦辔，指拴在牲畜股后的细皮绳，秋辔匠即制作这种绳的工匠。

随着生产的发展和社会的进步，人们在衣、食、住、行方面的需求不断增加，所需要的工具、器具的品种也不断增多，在这种情况下，各类名目繁多的工匠便应运而生。仅从事饮食和衣饰器具的工匠就有十多种。

从事饮食器具的加工、制造的工匠，除前面所述石匠、铁匠、木匠以外，还有：

褐袋匠　褐即粗毛或粗麻织品，用这类粗毛麻织物缝制成的袋子即称褐袋，用来盛装或运送粮食。褐袋匠即是缝制褐袋的工匠。

罗筋匠　罗即面箩，为食品加工工具之一；罗筋可能是指编织用纱网式箩底的非金属性材料。这种材料可能是用各类兽皮加工成的细丝，其工艺程序比较复杂，加之面箩的需求量很大，需要专门的匠人来从事罗筋的加工。

瓦匠　瓦在古代是陶制器物的总称，文献中有关瓦器使用的记载较多，瓦器属于日常生活用品，因此这里的瓦匠可能是制作各类陶器的工匠。

瓮匠　应该是瓦匠的一类，制作小口大腹的陶罐，或者大水缸类器物的工匠。莫高窟壁画中有几幅制陶图，所描绘的均为制作小口大腹的汲水罐的情景。

从事衣饰加工的工匠有：

帽子匠　制作各类帽子的工匠。

皮匠　即从事牛、羊、驼、马等各类兽皮加工和皮制品制作的工匠。由于特殊的地理环境和经济结构，敦煌古代的皮革业非常兴旺。皮匠这一行业中，又分酿皮（除皮即熟皮）、缝皮（缝皮裘）、缝鞋靴（鞋匠）等工种。

鞋匠　即缝制皮质鞋、靴的工匠，为皮匠之一种。

皱文匠　指缝制布鞋的工匠。

染布匠　指棉布、麻布染色加工的工匠。

金银匠　从事金银器加工的工匠。

玉匠　从事玉器加工的工匠。

毡匠　从事毛毡制作的工匠。从文献记载看，毡褥在敦煌被广泛使用，而且种类颇繁。

桑匠　可能指从事以桑蚕为主的丝织业的工匠。

从事房屋建筑方面除了前述木匠外，还有：

泥匠　专门从事土木建筑的工匠。泥匠活计主要是筑垒墙壁（包括上泥），在一些文书中又称"托壁匠"。

灰匠　从字面上看，可能是指制作石灰的工匠，或者是专门负责涂刷墙壁的工匠，亦属建筑行业。敦煌石窟建造中需要大量的石灰，也需要涂刷灰层的工匠。

鞍匠　应为专门制作马鞍的工匠。

在第一类工匠中，还应该包括军工行业的各类工匠：见于记载的主要有弓、箭匠和胡禄（箭袋）匠等；同时，铁匠、木匠、鞍匠、索匠、𥱼匠等，也参与军械的加工和制造。

第二类，从事文化艺术活动的，也是最具敦煌特色的工匠。

画匠　从事绘画行业的工匠。

塑匠　从事雕塑行业的工匠。

画匠与塑匠，在现代意义上讲都应该被称为艺术家，但在古代也是同其他手工行业一样的匠人。如 P.2032v 有云："面五升，塑匠泥火炉用。"塑匠从事一般泥匠的简单技术劳动，说明了作为艺术家的塑匠与作为一般匠人的泥匠在待遇上并无差别。

敦煌石窟艺术是由工匠们创造的（这一点我们将在后文中详述），画匠们和塑匠们就是敦煌石窟艺术的创造者。营造石窟的工序首先是整修崖面和开凿岩洞，这是石匠们的行当，因此，敦煌古代的石匠们也是文化艺术创造的使者；但在石匠之外，敦煌还活跃着一支"打窟人"队伍，从记载上看，打窟人似乎还不能算匠人，但从整体上讲，打窟人是敦煌工匠队伍的一部分，而且是比较重要的一部分。

另外，大量的石匠、木匠、泥匠、铁匠等都曾参与敦煌石窟艺术的创造。

纸匠　依字面之意，可能指从事造纸行业的工匠。

笔匠　从事制笔行业的工匠。

除了明确标明的各类工匠外，古代敦煌还有一些专门从事各种行业的家、户等，如制作武器的弩家、榨油的梁户、酿酒的酒户等。这些人不同于一般工匠，他们以一家一户为生产单位，从事非农业生产，类似我们今天的各类专业户。

从敦煌 9、10 世纪的工匠史料中，我们首先了解到，当时的敦煌已经有较细致的社会分工，有十分发达的手工业制作技术和加工技术。在这些手工业和技术中，不仅含纳了与社会生产及人们日常生活密切相关的各行业，而且独具敦煌地方特色。

俄藏敦煌文献 Дx02822《杂集时要用字》，把当时社会上常用的名称或称呼分为二十个类别。其中第七类即为工匠专类：

诸匠部第七

银匠	鞍匠	花匠	甲匠	石匠
桶匠	木匠	泥匠	索匠	纸匠
金匠	银匠	铁匠	针匠	漆匠
鞘鞦	鞦辔	伞盖	赤白	弓箭
销金	撚塑	砌垒	扎抓	铸泻
结瓦	生铁	针工	彩画	雕刻
剜刀	镞剪	结绾	镟匠	笔匠
结丝匠[1]				

---

[1] 马德：《敦煌新本〈杂集时要用字〉刍议》，《兰州学刊》2006 年第 1 期。

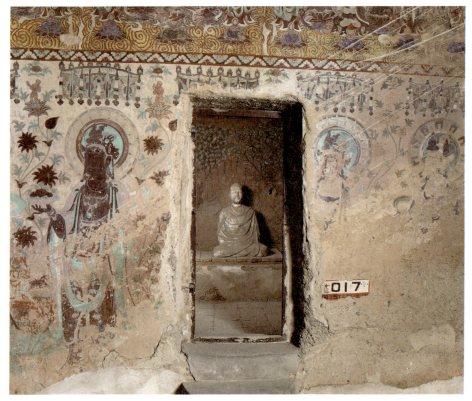

莫高窟藏经洞（第 17 窟）

从写本现状分析，当非敦煌藏经洞所出写本，可能出自莫高窟北区，其时代也可能相对晚一些；从内容上看，在地名一栏中首名即灵武，并有黑水之名，可能是西夏时代的写本。这里基本上囊括了敦煌古代工匠的全部种类。

二、工匠技术级别

敦煌工匠史料显示：敦煌 9、10 世纪时的各个行业的工匠们，按其技术可分为都料、博士、师、匠、生等级别。下面分类叙述：

1. 都料

都料等是工匠中技术级别最高者。都料、都师、都匠等也是同行业工匠的组织者和规划、指挥者。都料匠，古代称营造师、总工匠。

唐柳宗元《梓人传》就是关于木匠都料的生动而具体的记载：

裴封叔之第在光德里。有梓人款其门，愿佣隙宇而处焉，所职寻引规矩绳墨，家不居砻斫之器。问其能，曰："吾善度材，视栋宇之制高深圆方短长之宜，吾指使而群工役焉。舍我，众莫能就一宇。故食于官府，吾受禄三倍；作于私家，吾收其值太半焉。"他日，入其室，其床阙足而不能理，曰：将求他工。余甚笑之，谓其无能而贪禄嗜货者。其后京兆尹将饰官署，余往过焉。委群材，会众工，或执斧斤，或执刀锯，皆围立向之。梓人左执引、右执杖而中处焉。量栋宇之任，视木之能举，挥其杖曰斧彼，执斧者奔而右；顾而指曰锯彼，执锯者趋而左。俄而斤者斫，刀者削，皆视其色，俟其言，莫敢自断者。其不胜任者，怒而退之，亦莫敢愠焉。画宫于堵，盈尺而曲尽其制，计其毫厘而构大厦，无进退焉，既成，书于上栋，曰某年某月某日某建，则其姓字也。凡执用之工不在列。余圆视大骇，然后知其术之工大矣。……梓人，盖古之审曲面势者，今谓之都料匠云。余所遇者杨氏，潜其名。

柳宗元还写道："众工之有各执技以食力"，而梓人（都料匠）"有规矩绳墨以定制""画工于堵而绩于成""善用众工而不伐役""自名其功而执用者（众工）不列"。

这里所记木匠都料杨某，就是建筑施工的总设计、规划和组织者，但他自己却连普通的木匠活也不能做。由此可见，这位木匠行业的都料匠，可以设计、规划一项大的建筑工程，并组织和指挥工匠队伍进行施工，而且能保质保量地出色地完成施工任务，完工后还要在这座建筑物上写上自己某年某月某日建，而只字不提众工匠，但他本人因长期不直接参与具体的劳动而造成在基本技术操作方面的生疏。

但我们在文献中所见敦煌的工匠都料，除了具备本行业的设计、规划及组织施工的才能以外，作为高级工匠，一般都具有本专业过硬的、高于其他级别工匠的技术，并亲自参与施工造作。如 S.3929 所记画匠都料董保德，不仅是绘画行会的头目，而且自己也是一位出色的画家，亲自制作了许多真正属于他本人的作品。另外，铁匠都料、金银匠都料等都是本人亲自参与施工的高级匠师和组织者。

在部分文献中还有都师、都匠的记载。都师系僧职，其中有一些人负责修造事；都匠都是工匠行业的头目或组织者，可能相当于都料或都料匠。

从文献记载看，都料这一级的工匠并不是每个行业都有。我们已经看到的都料，有铁匠都料、木匠都料、泥匠都料[1]、塑匠都料、画匠都料、金银行都料、纸匠都料、弓行都料、毡匠都料及刺鞍行、皱文行都料等，在其他行业中，如石匠、灰匠、皮匠、瓮匠、箭匠、桑匠、洗缣匠、染布匠、帽子匠、鞍匠、索匠、罗筋匠等中均未见到有关都料的记载。而前者均为工程量大、规模大、技术要求高的行业，或者是艺术家的行业；后者为一般的手工业劳动，不需要进行设计或规划的简单制作。建筑行业的石匠不需要有都料，他们的活计基本不存在设计和规划项目，但他们在建筑施工中要服从木匠都料的指挥。从事艺术创作的塑匠行业中有都料，但塑匠亦可从事"泥火炉"类的一般泥匠的劳动；塑匠都是高级泥匠，但一般的泥匠们不一定都能成为塑匠。由此推测，在唐五代敦煌手工业各行业中都料地位高于一般工匠。是手工业行业中首领，领导一班工匠从事某种产品的制作和出售。在敦煌的建筑行业中，需要多种工匠间互相配合，为了行业间的相互协调，需要统一领导，出现了跨行业的都料。从籍帐记载中看，有为完成一项工程而设置的都料，这种都料既是承建工程的代表，主要的建造者和设计者，又是某一行业首领。从行业首领变为工程总指挥，只能说明这项工程是由他们出面组织建造的。因此，工程的开始和结束，主家都要专门设宴招待都料，有时工程结算和支付工值也须由都料出面。

我们在文献中没有发现吐蕃统治敦煌时期的都料或都料匠的有关记载。归义军时期许多行业都设有都料，这是由于手工业行会组织的需要而出现的。设置都料的行业实际上是由官府控制的行会组织。任都料者均为高级工匠，一般由官府任命，并且在归义军内担任节度押衙一类的散职，以便加强官府对行会的有效控制。这是瓜沙归义军时代的都料与唐代"都料匠"的不同之处。

2. 博士

博士是古代对具有某种技艺或专门从事某种职业的人的尊称，在敦煌文献中，又俗称"把式"[2]。敦煌工匠中，具备过硬的专业技术、可以从事高难度技术劳动

---

[1] 马德：《〈敦煌工匠史料〉补遗与订误》，《敦煌学》第 25 辑（潘重规先生逝世周年纪念专辑），2004 年。

[2] （日）圆仁：《入唐求法巡礼行记》，上海古籍出版社，1986 年，第 134 页。

并可独立完成所承担的每一项工程的施工任务的工匠，均称作博士。这一级别的工匠在各行各业都有。包括像梁户这类专业户中也有称"油梁博士"，甚至有茶博士、酒博士等。

博士作为专门技艺人，以能够独立承担和完成某项技术任务而受雇于人，因此，博士之名通常作为一般雇匠的俗称。唐代来中国的日本高僧圆仁所著《入唐求法巡礼行记》有云：

（开成五年（840 年）七月）十八日，南天竺三藏法达边，写取五台山诸灵化传碑等。十八日，欲向长安发去。头陀僧义圆见雇博士，自出帔袄子一领，画《五台山化现图》，拟付传日本国；为待画毕，不得发去。[1]

（开成六年（841 年）四月）十三日，唤画工王惠，商量画胎藏功德钱。十五日，齐了，睡，见当寺老僧送四十匹绢来云："有施主知道和尚拟作胎藏像，故付布施来"云云。房里有俗人十人许，相共随喜云："和尚今早作胎藏曼陀罗。"钱物满满，无着处领得其物。又梦有一僧，将书来云："从五台山来往北台，头陀付书慰问日本和尚。"便开封看书，初注云："生年未相谒，先在五台一见。"云云。具问时，付送来白绢带、小刀子并旧极好，领得其物，擎喜云云。晚间，博士惠来，画帧功钱同量定了，五十贯钱作五副帧。廿八日，始画胎藏帧。[2]

这里所载不仅讲明了一般画工与博士的关系，即二者为一；同时关于画匠雇价的记载，对敦煌工匠史料的研究很有意义。

敦煌文书北碱 59 号，反映 9 世纪时僧慈灯所雇氾英振博士，即是泥匠的俗称。这份文献中也有雇价的具体记载及其执行办法。在 9 世纪以后的敦煌文献中，博士显然是区别于一般工匠的高级工匠；在每一行业的工匠队伍中，既有博士，又有匠，还有其他级别的工匠。这可能因为工匠队伍的庞大而从技术上区别出高级施工工匠和一般施工工匠。以"上仰泥博士"为例，上仰泥即往屋内顶部（如莫高窟洞窟之内顶）上泥，是泥匠活中最难达到要求的技术活。能上仰泥者可成为泥匠博士。氾英振博士即是一位能够独立承担，并完成一座佛堂的全部施工任务的泥匠。

---

[1] 前引（日）圆仁：《入唐求法巡礼行记》，第 149 页。
[2] 蒋礼鸿：《敦煌变文字义通释》，上海古籍出版社，1988 年，第 43 ~ 46 页。

3. 师（先生）

从所搜集的文献资料看,敦煌工匠中的"师"或"先生",主要是画、塑行业的。绘画和雕塑活动是艺术劳动,此与其他行业所不同者,因之有师与先生之称。或者说,都料和博士级画、塑工匠,一般都可称师或先生。

4. 匠

在工匠阶层中能被称作匠者,当为独立从事一般技术性劳动者。这是工匠队伍中的多数,是主体力量。因为从技术级别来说,文献中记载最多的是匠一级的,其次是博士级。匠和博士两级工匠,是敦煌工匠队伍中的基本力量。

5. 生（人）

同"师"一样,敦煌工匠中有关生、人的资料,基本都属于绘画工匠行业,这里可能也包括同为美术行业的雕塑行业。从记载看,生、人级别的画工亦能独立从事绘画劳动,基本上属于匠一级;画人即画匠。

工匠以下,还有大量随从或协助工匠从事劳作者,敦煌文献称其为"人夫",我们前面所列举的文献中也有记载,但人夫与工匠不属同一阶层,所从事劳动的性质也不相同。

三、敦煌壁画所见工匠

1. 敦煌壁画中的工匠供养人像及题记

从隋代开始,石窟壁画中就出现了工匠的供养像及题名,如莫高窟第303窟的"画师平咄子"。另外,在敦煌绢画中EO.2279中也有"木匠王丑奴"的供养像。这是古代敦煌千千万万工匠中极少数人留下的自己的形象。而工匠供养人题记中,以都料级匠师为多。

《敦煌莫高窟供养人题记》中记录了第290窟的辛仗和、郑洛仁等题名,前辈专家们都认定为画匠题名。若如是,当为石窟画壁上所存最早的画匠遗迹。但这些题名一直是被覆盖在壁画层下面,显然不是画壁上要表现的正式内容;据当代画家们所示,当为画匠们在制作壁画过程中的练笔之作,有很大的随意性;但

莫高窟第 303 窟画师平咄子手迹　　莫高窟第 290 窟郑洛仁手迹　　莫高窟第 290 窟辛仗和手迹

榆林窟第 33 窟工匠供养群

既然写的是画工自己的名字，很可能也有一定的目的性。无论如何，作为目前发现的最早的画匠遗迹，还是十分珍贵的。

　　敦煌石窟壁画中出现工匠供养人画像及题记是敦煌艺术工匠的一项独特的艺术成就。壁画中的供养人形象应属中国古代写生人物画像中的一种，是研究古代人物画的重要部分。石窟中的供养人像是佛教徒的功德画像。信徒为了表示虔诚奉佛，时时供养，功德不绝，把自己的画像画在佛像的下边或左右，手捧香炉或香花，列队恭立或席跪礼拜，榜书姓名。工匠供养人像及题记从隋代开始出现，出现最多的是在 9、10 世纪的归义军时代。这些有题记的工匠供养人像一方面为研究不同行业的工匠的职位、称谓等提供了具体资料，另一方面也使研究敦煌艺术工匠的肖像绘画技艺水平成为可能。从题记记载的工匠供养人的职务看，他们都是高级工匠或在节度府衙有职务的工匠，如莫高窟第 196 窟的题记有纸匠都料

木匠王丑奴供养像

何员住、纸匠何员定，第39窟有木行都料像奴；榆林窟第34窟有兵马使兼弓行都料赵安定、金银行都料郁迟宝令，第35窟有画匠武宝琳、都勾当画院院使竺保等等。在敦煌石窟千余年的建造过程中，有成千上万的工匠参与其中，然而能在形形色色的宗教壁画中留下自己形象的工匠则又是少之又少的。虽然不可能像其他的贵族供养人一样有着高大的形象，身穿华丽的衣饰，但是或跪坐或站立的衣着朴实的工匠供养人像给人更真实生动之感。榆林窟第34窟的金银行都料像、第35窟的画行都料像都以立像的表现，身着长袍、头戴官帽的都料双手或捧供盘，或执香炉于胸前，态度恭谨、虔诚。采用线描与平涂结合的表现手法，栩栩如生。在敦煌发现的绢画中也有工匠供养人的形象，北宋绢画（EO.2279）中表现的是木匠王丑奴及家人供养像，画中男女分两边相向跪坐，双手拱于胸前做恭敬状。女供养人身着长裙，头戴饰物，面容姣好，男供养人形象与前述供养人立像形象相近。敦煌画匠笔下的这些人物都是他们极为熟悉的，与其生活、劳作有密切联系的人物，因而凭借自己的绘画技艺，为同行们写生绘制供养像根本就不是难事。从这些工匠供养人像我们不仅了解到工匠的具体形象，也进一步领悟到工匠们

莫高窟第 196 窟纸匠都料何员住　　　　　　　榆林窟第 33 窟二都料

高超的绘画技艺。

2. 修造图

敦煌石窟壁画中最丰富的工匠活动图像资料，就是各类房屋修造图，从 6 世纪的北周到 10 世纪的宋代各个时期都出现过。

北周时期营造的莫高窟第 296 窟窟顶，有一幅《建塔与画壁图》：画面分上下两层，上层为造塔，已砌出塔座及半截塔身上有两位匠人在继续砌塔，塔下有运送材料（砖或土坯）的工匠三人及一位手执矩尺的指挥者（都料匠）；下层为一正在装修中的歇山顶式小屋（小庙宇类建筑），屋顶有一位正在修补屋檐的匠人，檐下另一位工匠为其接送材料；在房屋的前后两边分别有一手拿碗（调色盘）、一手举笔绘壁的画匠一人。这幅画面生动地展现了古代敦煌的泥匠、木匠及画匠们从事劳作的形象。值得引起注意的是，画面上的泥匠和木匠都是赤身裸体的，而画匠则衣履整洁。

隋代初年建成的莫高窟第 302 窟窟顶，有一幅《山中伐木建塔图》：八位赤身露体的工匠中，两名在伐木，两名在搬运木材，两名在塔的上部进行安装和整理，一名在塔的下部作装饰修补，另外一名手执矩尺在塔下指挥施工。从画面看，这座正在营造中的塔遭到洪水的袭击，但营造工作仍在有条不紊地进行，工匠们

莫高窟第 302 窟福田经变之伐木修造图（隋）

莫高窟第 321 窟修造图

莫高窟第 98 窟造塔图

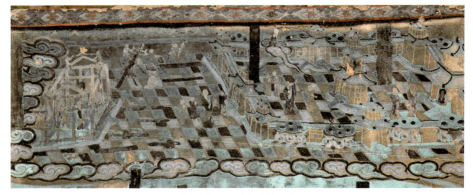

莫高窟第 454 窟缔构精舍图

都是一副泰然自若的神情。

唐代初年营造的莫高第 323 窟南壁，有一幅《建房图》：这也是一座建在山中的悬山顶式小屋（小庙宇类），房顶上的泥已抹了三分之一多，剩余部分的有一位工匠正在继续抹，另一位为其送料；屋下有一位工匠正在往墙壁上上泥，身后亦有一位供料者；四位工匠也都是赤身裸体。颇有特色的是，这座小房的门不是设在正中间，而是开在左边。这是一座在比较干燥的敦煌一带常见的居民小屋。

五代时期初建成的莫高窟第 454 窟西壁，有一幅《木工缔构精舍图》（图中榜书原有）：画面上有一座正在建造中的房屋的木构间架，众多的木匠们有的在加工材料，有的在扛运材料，有的在屋顶及四面安装，也有一位手握矩尺指挥施工的都料匠；在材料加工的木匠手中，还有锯、刨等各种木工工具。按常理，除指挥者都料外，安装者应为博士，加工和运送者当为一般工匠，这是一幅木匠集体运转的劳作图像。

宋代初年重修的莫高窟第 454 窟甬道顶，还绘有一幅更详细的《木工建房流程图》。这一木构建筑的施工从备料到架构，是完整的流水作业过程；手执斧、锯、刨、凿等各类工具的木匠们正在紧张地从事各零部件的加工，屋顶上手执钜尺的都料匠正在仔细地丈量和计算，丈量好的地方由别的高级工匠（木博士）在认真地拼接和安装……整个施工过程显得那么井然有序，整个画面展示出一派紧张而谐和的气氛。

与修造图相反，敦煌唐、五代、宋各时代所绘壁画《弥勒经变》中许多《外道拆除宝幢图》，图中的宝幢分为"宝幢车"和屋塔式建筑两类。拆除屋塔式宝幢的画面也就是一般的拆房图，这类图中以莫高窟唐代第 445 窟北壁的《拆宝幢图》最有代表性：有七八位工匠在拆除一座造型精美的两层小楼，楼的顶盖已被揭去，现出这座屋顶的木架结构。而莫高窟宋初第 55 窟南壁的拆宝幢图是敦煌壁画同类画中场面最大的一幅，所拆塔亭式建筑物为三层木构楼阁，参与拆除的工匠有二十多人；但从画面上看，工匠们已经站到各自的位置上准备动手，整座宝幢还完好无损。画中有一幢三层宝塔，匠人们已搭好楼梯，登上宝塔正开始拆卸宝塔。塔上工匠众多，各司其职，姿态各异，画中的工匠并没有刻意的雕凿，不多的笔墨仍表现出活泼的劳作氛围。

莫高窟第 55 窟拆宝幢图

3. 修佛、摹佛图

五代时期修的莫高窟第 72 窟南壁《刘萨诃和尚因缘变相》中，有两幅直接体现敦煌石窟艺术创作的壁画：《修塑大佛图》和《临摹佛像图》。

《修塑大佛图》表现的是六位塑匠调整巨身立佛像头部位置的场面：这身佛塑像高达十几米，像前搭起了上下三层的脚手架，像的右侧有工匠们上架的木梯；脚手架的最上层与佛像的肩部相齐，六位赤裸上身的工匠们立于架上安置佛头。从这幅画中可以领略古代工匠们制作巨身塑像的情景。

《临摹佛像图》分"请工人巧匠等真身邈容时"（量佛像尺寸）和"请丹青巧匠邈圣容真身时"（摹绘佛像）两部分，前者为一立佛塑像，一位衣冠整齐的工匠正在用长尺从上到下丈量佛像尺寸；后者为一与前佛像尺寸相当的绘画板架，画板（画纸）上已现出所描绘佛像的轮廓，一位上身赤裸的画匠正在画架前调制颜料，画架的左右两边分别为一和尚和一位上身赤裸的工匠用手扶架。画板上的佛像轮廓要比原佛像小一些。我们从这幅画中可以直接了解到敦煌古代的画匠们从事敦煌石窟艺术创造活动的部分情况。

莫高窟第 72 窟临摹佛像图　　　　　　　　　莫高窟第 72 窟修塑大佛图

4. 制陶图

在莫高窟唐代第 85 窟、五代第 454 窟及第 61 窟，各绘有《制陶图》一幅。其中第 85、61 窟的两幅构图基本相同：一赤裸上身的陶工坐在地上从事陶罐（瓮）的制作。第 85 窟的陶匠左手扶罐身，右手伸进瓮内抹泥；第 61 窟的陶匠左手扶罐口，伸出的右腿支撑罐身，右手拿一小锥状物作打磨状，他座下是特制的坐垫，右前方还有一堆陶土。这是反映陶工（瓮匠）单独作业的场景。

与此不同的是，莫高窟五代第 454 窟《制陶图》所展示的场面庞大而且完整：在一棵枝繁叶茂的大树下，坐着一位正在制作瓮罐的陶匠，他上身着内衣（外衣挂在身后的大树上），挽着袖子，正在专心致志地做一陶罐；他身边不仅有用来制瓮的陶土，而且还有已制作好的各种大小陶罐、陶盘等；旁边还有一个女人在摆弄饭菜，一个小孩在玩耍，应是这位瓮匠的妻子和孩子给他送饭的情景。可以看出，这是一位普通的有一定人身自由的农民工匠（瓮匠）及家人，它生动地反映了在一家一户式的小农经济形态下的手工业者的生产和生活情况。

莫高窟第 85 窟制陶图　　　　　莫高窟第 454 窟家庭制陶图

莫高窟第 61 窟制陶图

5.冶铁图与酿酒图

　　在安西榆林窟蒙元早期建成的第 3 窟东壁所绘《千手千眼观音变相图》内，左右两边分上下两栏各绘有相同的《冶铁图》和《酿酒图》。这两幅画比我们搜集的史料的时代要晚一些，但也可从中看到它所表现的手工业劳动情况：上幅《冶铁图》绘了炼铁炉、锻铁及三位铁匠，一位在拉风扇，二位在打铁，均系男性工匠，显然是属于作坊一类；下幅《酿酒图》绘制了特殊的炉灶与蒸馏器，坐着一名正在添柴烧火的男子，炉旁站立一位右手持钵的女子，这显然是文献中所记载的"酒户"一类的家庭手工业。《冶铁图》中的长方形双扇木风扇是当时世界最先进的鼓风设备；《酿酒图》中的叠压式蒸馏器也是世界现存最早的烧酒（高浓度酒）蒸馏设备。

榆林窟第 3 窟冶铁图

榆林窟第 3 窟酿酒图

6. 莫高窟第 465 窟中的各类工匠

元代初年建成的莫高窟第 465 窟内，在四壁的下部绘制了十余幅从事各类手工业劳动的工匠形象，其中有《石匠凿磨图》《铁匠锻铁图》《纺线图》《织褐图》《皮匠制鞋靴图》《制陶图》等。这些画面的出现比《史料》所载要晚几百年，但两者亦可相互印证。饶有兴味的是，在第 465 窟绘制的这些手工业者中，其他的匠工们的身旁都有一位帮工的小徒弟，唯独凿磨的石匠是孤孤单单一个人，这一点似乎也同《史料》所载有相近之处（石匠行业不设都料）。需要指出的是，这组壁画的内容是表现各类修行的成就者，这也可以看作是佛教对各行各业从业者们及其业绩的肯定和认可。

莫高窟第 465 窟石匠凿磨图

莫高窟第 465 窟绘图

莫高窟第 465 窟锻铁图

敦煌石窟中发现的表现古代工匠劳作的壁画最能见证这些应当被称为艺术家的工匠们的艺术成就。他们的工作涉及社会生活的方方面面，离开了工匠们的创造与劳动，社会无法发展，当然石窟的建造也无法实现。工匠劳动画面在不同时期的出现也说明了当时工匠在社会生活中的重要性。敦煌石窟的营建源于佛教信仰的传播与兴盛，石窟的开凿、佛陀等宗教人物的塑造、壁画的绘制无不围绕宗教信仰、宗教教义宣扬的需求而设计，然而从 6 世纪的北周到 10 世纪的北宋各个时代的洞窟中都出现了工匠劳作的场面，这无疑是对宗教艺术题材的突破。在满绘壁画的洞窟中，空中舞动的飞天、坐于莲台的佛陀、追随佛陀的菩萨诸弟子占据着洞窟壁画的主要部分，但是仍为表现工匠劳作的画面留下了些许空间。这些画面生动地展现了敦煌地区各行各业手工业劳动的场景，房屋、塔、庙的建造，佛画绘制，制陶、酿酒、打铁等等。我们从这些壁画中看到了古代工匠有着极强的艺术观察力和创造力。如壁画中还出现的直接描绘石窟艺术创作的画面——莫高窟第 72 窟南壁的《修塑大佛图》和《临摹佛像图》。《修塑大佛图》表现的是工匠塑制巨佛像的场景，壁画成功而真实的表现使我们如临其境地领略到当时工匠塑制佛像的场面。画中形象以线条勾勒，平涂设色，画面简洁而朴实。《临摹佛像图》表现的则是为雕塑的佛像丈量尺寸，并在画纸上依塑像绘制佛像的场景。工匠们依据外来的佛教图像粉本、耳闻目睹的宗教仪规，以及窟主、施主们的特殊要求在石窟中塑像、绘画，同时工匠们并没有忘记自己所处的现实生活。他们身处其中的各种各样的劳作场面是他们最为熟悉的情景，通过将其概括提炼并表现在了石窟壁画夹缝之中。这类源于自己生活题材的壁画完全是工匠们凭借自己的观察和生活经验自行创作而成的，并无流传的粉本作为摹写依据。敦煌艺术工匠的智慧与技艺在这些图画中得到更为淋漓尽致的展现，为我们了解研究古代工匠的艺术创作及艺术实践活动提供了宝贵的实物资料。

　　无论是文献资料还是实物资料，与敦煌古代工匠直接相关的具体史料是极为缺乏的，因而现在保存下来的这些工匠劳作或是工匠供养人的壁画就显得弥足珍贵，既是了解敦煌工匠生活与工作的史料，又是研究当时艺术发展的状况、工匠艺术水平及成就不可缺少的实物资料。宗教信仰的热情并没有完全蒙蔽工匠的眼睛，为修功德祈福未来也没能让工匠们失去对现实生活的关注，我们不能说这些绘画作品就没有宗教情感的存在，但是对劳动场面的表现、对真实生活的热情则是这些作品中更为重要的部分。

第二章
敦煌古代工匠的社会地位

一、工匠身份

从文献记载看，敦煌古代工匠大体为官府、寺院和个体三类。

第一类属于官府的工匠。如"当府匠人"（Φ032b、c），被授予"节度押衙"称号的工匠、行首与都料、画院使之类均属官府统辖。如董保德、索章三、雷延美等。这是 9 世纪后期至 11 世纪初瓜沙归义军时代的社会现象。

第二类属于寺院的工匠。是寺院的寺户或常住百姓的一部分。如 S.0542《诸寺丁壮车牛役部》所记木匠王仙、木匠史英俊、纸匠葵曹八等。而且他们的工匠身份是世袭的。这一现象主要是在 8 世纪中期至 9 世纪中期吐蕃统治敦煌的近百年间。吐蕃地区的手工业经济内容丰富，工匠数量庞大，其中内地工匠往往成为吐蕃工匠的来源之一，其一是在中原王朝与吐蕃关系正常时，吐蕃向中央政府索求工匠前来吐蕃进行生产，如唐高宗时，吐蕃赞普请"酒人与碾硙等诸工，诏许"[1]。另外一种情况是内地与吐蕃处于战争

索章三画观音菩萨像

[1]《新唐书》卷 216 上《吐蕃传》上，第 6074 页。

状态下，吐蕃从内地掠夺手工业劳动者的事件时有发生。工匠作为吐蕃时期手工业生产的基本承担者，以其辛勤劳作为吐蕃的物质文明和精神文明做出了积极贡献，同时也丰富了中华民族手工业生产的内容。吐蕃时期工匠的种类齐全，仅见于吐蕃简牍和有关敦煌吐蕃卷子中记载的就有塑匠[1]、木匠[2]（木工）、石匠、泥匠、皮匠、车匠（头）、纸匠、酒户、毡匠[3]等。实际上当时吐蕃的手工业工匠远不止上列数种，而是包括各个行业的方方面面。

索章三画地藏菩萨像

　　就吐蕃时期的手工业工匠的身份来说，一般情况下较贵族和官府的畜牧奴隶地位要高一些，但是手工业工匠的身份比较复杂，其中有些工种是由奴隶完成的，有些则是有一定自由度的平民身份，因此，对于吐蕃时期手工业工匠的身份不可一概而论。

　　以上两类工匠，基本上是属于奴隶或农奴性质的被役使者，他们所从事的技术劳动，实际上就是一种"常役"[4]，包括都料、博士等高级工匠在内的所有工匠，都受官府和寺院的控制。另外，据各类《入破历》和营造文书的记述看，官府和寺院所属工匠可以根据需要互相派遣和役使，并由役使一方提供饮食和适当的报酬。

　　可以说，在敦煌从事手工业劳动的各类工匠，从 8 世纪后期至 11 世纪初，经历了由寺户转变为常住百姓和官府匠人的过程；常住百姓属寺院管辖[5]，官府匠

[1] 王尧、陈践编著：《吐蕃简牍综录·吐蕃简牍综录本文·汉文译文及考释·部落》，文物出版社，1986 年，第 46 ~ 47 页有"下宗木部落，塑匠俄奈"数语。

[2] 王尧、陈践编著：《吐蕃简牍综录·吐蕃简牍综录本文·汉文译文及考释·文书》，文物出版社，1986 年，第 66 页。

[3] 唐耕耦、陆宏基编：《敦煌社会经济文献真迹释录》第二辑，斯 542 号背《成年（818 年）六月沙州诸寺丁口车牛役簿》，第 391 页。

[4] 姜伯勤：《唐五代敦煌寺户制度》，中华书局，1987 年，第 106 页。

[5] 姜伯勤：《论敦煌寺院的常住百姓》，《敦煌研究》1981 年试刊第 1 期。

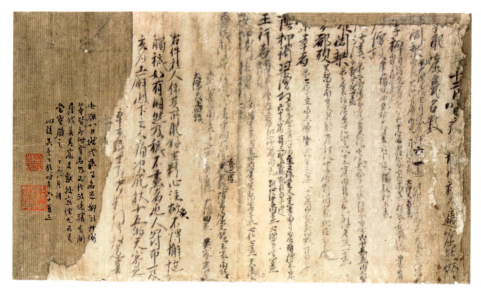

敦研 322 腊八燃灯分配窟龛名数

人在从事手工业的同时，还耕种一部分官府分给他们的土地。有一部分寺户直接被解放为平民，分到了土地，他们的身份发生了根本变化，但所从事的手工业劳动却基本上是世袭相承。当然，归义军时代的寺院内还有一定数量的工匠，但不再是世袭受雇的寺户。

第三类是平民身份的手工业劳动者。他们有一定的土地、财产和庄园，也不受官府或寺院的管辖，属于自由民。如敦煌遗书北碱59号吐蕃时代的氾英振就是一例，他既是泥匠，又是悉东萨部落的百姓，僧慈灯雇请氾英振为自己建造佛堂，其雇价为麦捌硕；契约中未使用"雇"而用"平章"（协商），说明当时博士级工匠作为普通百姓也有一定的地位而受到尊重。北剑98《金银匠翟信子等状》反映有关翟信子等人借贷小麦种子事，由此可见工匠们同时耕种土地的证明；借贷麦种的金银匠翟信子、曹灰子、吴神奴三人不是同一家人，可能是同一金银器具作坊的工匠[1]。

张、曹归义军时期，平民工匠也常为官府和寺院有偿役使，即赚取雇价，并受到一定的尊崇。敦煌文书敦研0322《腊八燃灯分配窟龛名数》有云："若有阙燃及秽不尽者，匠人罚布一匹，充为工廨；匠下之人痛决尻杖十五，的无容免。"

---

[1] 原文录文参见马德：《敦煌工匠史料》，第74、58页。

由此可见，平民中取得"匠人"以上资格者可免除部分徭役，可能这是由官府或寺院给予的部分特权。不过也有可能是因为平时工匠们特别是高级工匠任务繁重所致。

需要补充说明的是，敦煌也有过贵族家庭所养工匠。敦煌地处大漠戈壁，远离中原繁华地带，特别是在古代交通不发达的情况下，生产生活受到一定影响。在很长一个时期内，工匠都是作为奴婢身份由官府、寺院或贵族豪门家庭来管理和役使的。官府和寺院自不必细说，作为贵族豪门，一个家庭也就是一个小社会，他们为了生存、生活，让他们大家庭的机器正常运转，畜养各类工匠是必不可少的。但我们在敦煌文献中没有发现私人家族管理和使用工匠的记载，可能是随着社会的发展和敦煌地区的工业经济的发达，私人家族没有必要再畜养工匠奴婢。所以，我们在讨论中基本不涉及这类工匠。

只是，在古代敦煌的工匠队伍中，还有两类特殊身份的工匠值得我们注意：

一是一部分僧侣也从事工匠的劳动。在敦煌，僧侣参加劳动是比较普遍的事，一般以农业劳动为多；但很多情况下因为需要，也要参加手工业劳动，如修造、开窟等。这就使敦煌僧侣中也出现了一批有一定技能的工匠，如画匠、塑匠等。很明显，这类工匠们不受官府控制，不会承担赋税徭役。

二是一部分官家、贵族子弟或已在军政部门为官者也从事工匠劳作。如敦煌遗书ch.xvni002v 是当时执掌瓜沙归义军政权的张淮深之子张延锷写佛经画佛像的题记，该条后附张延锷等人咏莫高窟诗数首[1]；张延锷本人当时担任归义军的"左神武统军长使兼御史中丞"，是位武将，但又擅长诗、书、画。他并不是工匠，也不是写经生，但他也可以像普通画匠或经生那样亲自"敬心写画"图文并茂的佛经。又如 948 ～ 949 年，在外地为官的节度小吏安某及家人重修莫高窟第

莫高窟第 129 窟官吏画匠

---

[1] 原件藏印度新德里博物馆。前引马德：《敦煌工匠史料》，第 88 页。

129 窟时，从事画窟的长子安存立、女婿张弘恩二人都是画匠，而且二人均在归义军内担任一定职务[1]。张延锷、安存立他们出身官家或贵族，他们绝不可能像其他工匠那样听命于官府或寺院，更不可能承担赋税徭役，他们不从事绘画工作也一样能做官，需要时也一样能够雇请工匠来画。这些人亲自操作工匠活计的事实向我们说明，写经、绘画（包括石窟建造）当时是在一种神圣的信念支配下的艺术活动，是一种社会性的活动。从某种意义上讲，对宗教的信仰，对艺术的追求，可以抹去人们之间高贵与卑贱的界线，可以把官吏与百姓、贵族与平民拴在一条绳上。这里面固然也有包括佛教在内的宗教所谓平等观念的影响，但对古代敦煌人来说，艺术创造的神圣和崇高更是能让所有的人慑服的活动。

中国古代宗族社会确立"工商食官"制度，工商业一直由政府直接管理和经营。汉代已建立起十分庞大的官府手工业系统，至唐代更甚，封建政府设立了不同层次的多种政府机构，直接经营、管理着门类众多的手工业生产。《大唐六典》详细记载了尚书省工部、工部司、少府监、将作监、军器监、铸钱监等唐代官府手工业的主要经营管理体系，负责主要生产门类。同时，还有相关史料记载的唐代中央政府及东宫、内廷的一些手工业经营管理机构，如司农寺导官署、光禄寺良酝署、光禄寺掌醢署、诸司制纸造笔机构、太子家令寺，内廷诸机构如掖庭局、宫教博士、书令史、书吏、计史、典事、掌固等，以及唐玄宗时代的特置供贵妃院物、内八作使等等，管理工匠之多，各类手工制作规模之大，反映内廷手工业已达到相当水平。除中央政府、东宫、内廷等官府手工业系统外，唐代各地方政府也经营着门类众多的手工业，如兵器制造、舟船制造、丝织、铜镜铜器制造、造纸、酿酒、制车等，以及通过设监经营或由地方政府直接经营的官营制盐业、矿冶业以及通过设置贡焙院建立的官营制茶业等[2]。

与历代帝制王朝一样，唐政府也制定和实行严密的户籍管理制度，并且实行得更加具体细致。《大唐六典》卷 3《尚书户部》户部司编制户籍职责条，说各地州县"三年一造户籍，县以籍成于州，州成于省，户部总而领焉"。其中专门

---

[1] 马德：《敦煌莫高窟史研究》，甘肃教育出版社，1996 年，第 134～136 页。

[2]《旧唐书》卷 117《崔宁传》：大历十四年（779 年）十月，"南蛮大下，与吐蕃三道合进：一出茂州，过文川及灌口；一出扶、文，过方维、白坝；一出黎坝、雅，过邛、郲。戎酋诚其众曰：'吾要蜀川为东府，凡伎巧之工皆送逻娑，平岁赋一缣而已'"。（中华书局标点本，第 10 册，第 3400～3401 页）

指出编制户籍的目的之一是用以"辨天下之四人，使各专其业"。"四人"即"凡习学文武者为士，肆力耕桑者为农，工作贸易（器用）者为工，屠沽兴贩者为商"，且"工商皆为家专其业以求利者"。《大唐六典》卷7《尚书工部·总括》还规定，"工巧业作之子弟，一入工匠后，不得别入诸色"。这里明确规定了士、农、工、商分别入籍，编入匠籍的工人的身份是世袭的。只是我们在敦煌文献中还没有发现过匠籍类文书。但与敦煌相邻的吐鲁番出土的文书有匠籍，兹举一例：

哈拉和卓一号墓所出《唐何好忍等匠人名籍》。

（前缺）

1　□延海 白仁

2　□□ 一人缝匠

3　了曹阿□ 曹提拖 曹□□

4　□□龙 何好忍 康失延

5　右件人韦匠

6　焦守相 翟守仁

7　右件人皮匠

8　阳资胡 阳海隆 平处欢

9　右件人木匠

10　石□才 廉毛口 索善守

11　右件人画匠

12　令狐符利

（后缺）

同时出土的另一件匠人名籍中还有油匠、杀猪匠、景匠等；另外，阿斯塔那61号墓所出《唐喜安等匠人名籍》三件，记有木匠、缝匠、铁匠、竿匠、泥匠、连甲匠、黄匠、石匠等各类工匠[1]。

由文书可见，匠籍按照工匠工种的不同而分类编制，载明各工种工匠的人数和人名。通过州县造籍，户部总领，唐政府对各地工匠建立起详备的档案资料。这里十分引人注目的是，画匠与其他工匠一样被编入匠籍，说明从事艺术劳动的

---

[1] 刘玉峰：《唐代对民间工商业的政策与管理》，《学习与探索》2001年第6期。

工匠也属于工人之列，与其他的手工业者并无地位上的差异。

对不同的役作项目的完成时间有着明确的规定。《新唐书》卷48《百官志三·少府监》载："钿镂之工，教以四年；车路（辂）乐器之工，三年；平漫刀槊之工，二年；矢镞竹漆屈柳之工，半焉；冠冕弁帻之工，九月。教作者传家技。四季以令丞试之，岁终以监试之，皆物勒工名。"对工匠的技术培训及役作的宏观管理也有着严格规定。若工匠造作不遵章法，法律上有明确的治罪条例，具体负责监当造作的官吏也难辞其咎。《唐律疏议》卷16《擅兴律》工作不如法条曰："诸工作有不如法者，笞四十，不任用及应更作者，并计所不任赃、庸，坐赃论减一等。其供奉作者，加二等。工匠各以所由为罪。监当官司，各减三等。"以保证官府手工业制成品的质量。在某些大型工作中，政府还实行工头负责制。如武后垂拱四年（688年）修建明堂，由薛怀义"充使督作"，凡役工数万之多，施工中"置号头，头一阚，千人齐和"。

唐代实行对"四人"的歧视和限制政策，视民间工商业者为"杂类""杂流""贱类"，这种情况后来或在敦煌地区有所变化：敦煌文书 P.2518 号为唐代后期的《谨案二十五等人图》文本，其中将人分为五类二十五个等级，劳动者阶层分在第四类"次五等人"之十六至二十等，分别为：士人、工人、庶人、农人、商人。文书中对工人的解释是："工人者艺士也，非隐非士，不农为商，虽有操持之劳，信谓代耕之妙；或专粉缋之最，或在医巫之能，百伎无妨，济身之要，华佗负千古之誉，般业有百代之名；禄在其中，工人之上，虽无四人之业，常有济世之能，此工人之妙矣。"[1] 这里将木工和医生作为工人的代表，而工人的等级位于农、商之前，显示当时工匠的社会地位已经有所提高。

二、工匠生活待遇

敦煌文献中关于吐蕃时期工匠待遇的记载较少。据吐蕃简牍文书记载，当时在使用工匠的时候要给工匠准备一定的酒作为其工作待遇，如："……之信。近日，于阗王总管节儿下紧急令：将酥油取来，准备把小堡之木工找来。给阿玛卡之悉

---

[1] 马翼虹：《从敦煌文书〈谨案二十五等人图〉看中国古代的道德教育》，《敦煌研究》2005 年第 5 期。

诺心儿留下酒与斧头。"[1] 可见当时有一定手艺的工匠，在吐蕃境内是比较少的，其进行生产时业主为工匠提供酒食和必要的工具，当然这只是作为其报酬外的额外招待。正因为当时的工匠人手比较少，才有吐蕃从内地引进工匠，其中如有引进酿酒师、碾硙等工匠的记载[2]。同时也有向唐代地区掠夺手工业人手的情况，据《旧唐书》卷 117《崔宁传》记载，吐蕃"戎酋诫其众曰：'吾要蜀川为东府，凡伎巧之工，皆送逻娑，平岁赋一缣而已'"。另外，《因话录》卷 4、《酉阳杂俎》（续集）卷 7 "金刚经鸠异"条等，均记载了吐蕃掠夺劳动力的情况，其中包括大量的手工业生产者。对于掠夺来的唐代境内纺织工匠，只是向吐蕃官府"平岁赋一缣"[3]，这类工匠在吐蕃境内享受着一定的优惠，工匠所负担的岁赋比较轻，便于工匠维护生产和生活，对于其改进技术、稳定职业是必不可少的。这也说明手工业工匠在吐蕃地区是属于稀缺劳动力资源。

敦煌古代工匠们平常在为官府或寺院所役使时，一般是由官府或寺院按定量供给饮食，这方面的记载在敦煌文献中有一定数量。如：

木匠五十六人，泥匠十人。其工匠官家供备食饭；师僧三日供食，已后当寺供给。（CH.00207《乾德四年重修北大像记》）[4]

再看 P.2641 归义军宴设司的有关记载：

泥匠二人，早上馎饦，午时各胡饼两枚；供柒日，食断。

铁匠史奴奴等贰人，早上馎饦，午时各胡饼叁枚，供壹日，食断。

金银匠捌人，早上馎饦，午时各胡饼两枚，供两日，食断。

造鼓木匠捌人，早上馎饦，午时各胡饼两枚，供伍日，食断。

又铁匠拾人，早上馎饦，午时各胡饼两枚，供壹日，食断。

鞍匠张儿儿等拾壹人，早上馎饦，午时各胡饼两枚，供两日，食断。

抽金扇画匠叁人，早上馎饦，午时各胡饼两枚，供两日，食断。

铁匠史奴奴等拾人，早上馎饦，午时各胡饼叁枚，供壹日，食断。

---

[1] 前引王尧、陈践编著：《吐蕃简牍综录·吐蕃简牍综录本文·汉文译文及考释·文书》，第 69 页。

[2]《新唐书》卷 216 上《吐蕃传》上。

[3] 前引王尧、陈践编著：《吐蕃简牍综录·吐蕃简牍综录本文·汉文译文及考释·文书》，第 66 页。

[4] 本节以下内容，前引马德：《敦煌工匠史料》，第 31 ～ 34 页。

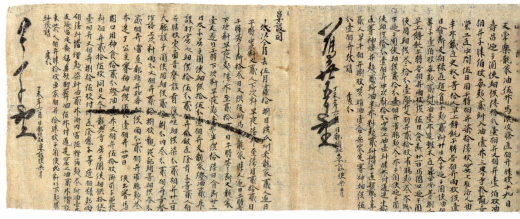

P2641 宴设司状

造鼓木匠冯常安等捌人，早上馎饦，午时各胡饼两枚，供伍日，食断。[1]

S.2474 及 S.1366 亦有如此记载：

六日供城东园造作画匠五人、塑匠三人，逐日早上各面一升，午时各胡饼两枚，至八日午时料断，中间三日，内一日塑匠三人全断，计给面四斗二升。

供衙内造作箭匠十人，早上各面一千，午时各胡饼两枚，供四日，食断，计用面八斗。（以上 S.2474）

支帽子匠六人，早上各面一升，午时各胡饼两枚，供一日食，用面一斗二升。

供缝皮匠八人，早上各面一升，午时各胡饼两枚，供两日食，用面三斗六升。

供缝皮匠六人，早上各面一升，午时各胡饼两枚，供一日食，用面一斗二升。

十五日，供画鼓画匠五人，逐日午时各胡饼两枚，至十九日午时吃料断，中间五日，用面二斗五升。

八日，供造彭床木匠九人，逐日早上各面一升，午时各胡饼两枚，至十五日午时吃料断，中间八日，用面一石四头号四升。

九日，供造牙床木匠八人、勾当人，逐日早、夜面各面二升，午时各胡饼两枚，至十六日夜断，中间八日，用面一斗六升。

十一日，衙内造腰带金银（匠）七人，逐日，早上各面一升，午时各胡饼两枚，至二十五日午时吃料断，中间十五日，计给面两硕一斗。（以上 S.1366）[2]

---

[1] 本节以下内容，前引马德：《敦煌工匠史料》，第 31 ~ 34 页。

[2] 本节以下内容，前引马德：《敦煌工匠史料》，第 31 ~ 34 页。

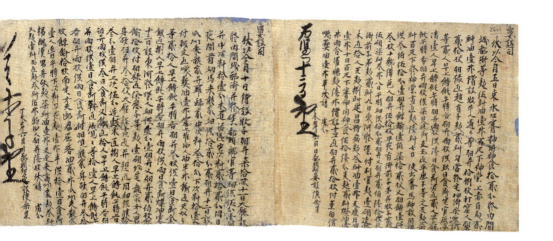

　　以上记载中，除铁匠史奴奴等人每天的午餐多了一枚胡饼外，其余工匠的主食定量都是一样的标准。多一块胡饼并不是官府或寺院对所役使工匠们的关心，而是为增加工匠们的劳动时间，最大限度地提高劳动效率。这里根本没有考虑劳动强度的大小或劳动时间的长短。工匠们在这里属于服役的劳工待遇。这同《唐律疏议》所记载的唐代"工乐"等诸"杂户"的情形相去不远。我们在敦煌壁画中各时代的建筑施工图中可以看到，参与建造施工的工匠们，基本上都是赤身露体，这里固然说明天气炎热和劳作的苦累，但最主要的还是工匠们的贫穷。唐张廷珪《谏表》云："通什工匠，率多贫窭，朝驱暮役，劳筋苦骨，箪食标饮，晨光饮星饭，饥渴所致，疾病交集。"[1] 从这里可窥见当时工匠的生产、生活情况之一斑。

　　即使是高级工匠也同样如此。《塑匠都料赵僧子典儿契》就是一个很好的例证。我们在文献中也发现有"塑匠赵僧子"的记载；由此可知，赵僧子是凭借自己过硬的技术，一步一步由一般工匠而取得最高级匠师资格的，然而，他可能是一位仅仅能够维持温饱水平的高级匠师：自家小院突然地下冒水，他对这种自然现象缺乏科学的认识，也没有能力像官宦或贵族家庭那样举办"镇宅"一类的法会活动，加上妻子可能早逝，无暇顾及年幼的儿子，只好将其质典与亲家翁抚养，自己在外做工。赵僧子大概是少数没有官府授予头衔的都料之一，他的出身可能也很卑

---

[1] 见《全唐文》卷 269。

微，由此造成生活上的贫困，因而在他自己亲手营造的大量洞窟上，却没有属于自己的方寸之地。正如敦煌文书 S.5641、P.3211 等卷《王梵志诗》中所描述的："工匠莫学巧，巧即他人使。身是自来奴，妻是官家婢。"[1]赵僧子就是这样一位能工巧匠。

当然，工匠中也有像画行都料董保德等那样的"家资丰足"者，包括所有在洞窟上作为供养人有画像和题名者，他们一般都是在官府担任一定职务的高级工匠，或者是出身于贵族和官僚家庭的工匠。而绝大多数的工匠都是贫苦劳动者，不可能以窟主或施主身份出现在洞窟中，即不作为供养人在窟内画像和题写姓名。

耐人寻味的是，不光是赵僧子，我们在文献中没有发现其他的塑匠都料，更没能见到塑匠都料被委任归义军官府小吏的记载，因为塑匠平常需要从事一般泥匠泥火炉一灶的活计，故塑匠的社会地位及生活待遇可能与普通泥匠是一样的，他们没有资格入归义军政府为官。这就有了赵僧子的悲剧，有了塑匠都料与其他行业的都料们的天壤之别。

我们从 9、10 世纪归义军时期官府和寺院的各类《入破历》中，看到许多看望和"屈"（即招待）工匠们的记述。他们这样做的目的，也并不是真正关心工匠们的生活，而是"关心"工匠们为他们所从事的劳动。

三、敦煌艺术工匠与欧洲中世纪艺人

无论在东方中国还是西方欧洲，古代工匠们都是处于社会的最底层，尽管他们曾经创造了丰富的古代文化艺术，但是古代文献中鲜有与艺术工匠有关的记载，因此对古代艺术工匠的研究一直处于美术史研究领域的边缘地带。值得庆幸的是，随着古代遗址、遗物的不断发现、发掘，面对古代工匠们创造的灿烂的文化财富，学者们开始思考他们是什么样的人？他们在何种环境下创造的这些艺术作品？这些工匠艺术作品与当时的社会状况又有什么样的关系？他们的精湛技艺是如何世代传承的？这些与古代艺术工匠有关的问题已经越来越受到学术界的关注。

在敦煌石窟长达千余年的开凿史上，最让人难以忘怀的也是建造这些石窟

---

[1] 项楚：《王梵志诗校注》，载《敦煌吐鲁番文献研究》第四辑，北京大学出版社，1987 年，第 259 页。

的古代工匠。保存至今的宏伟的石窟、栩栩如生的塑像、匠心独具的壁画，都出
自这些良工巧匠的勤劳的双手和富于创造性的技艺，我们完全可以这样说，没有
他们的辛勤劳作与才智奉献就不可能有辉煌的石窟艺术。同样，在西方，在近千
年的"黑暗"的中世纪，虽然受着皇权与教权的双重限制，但是欧洲的工匠艺人
仍以自己的独特智慧和技艺创造了既带有宗教情绪而又不失世俗趣味的多样的艺
术。在宗教信仰为主流意识的时代，中外工匠们的艺术创造都以服务于宗教为核
心，但是，无论是佛陀的西方极乐世界还是上帝渺远的天国都永远不能摆脱现实
生活的束缚。中外工匠凭借自己的智慧和艺术才能，在用不同艺术形式构建的不
同的虚幻的世界中，留下了为数不多的与其生活工作息息相关的美术作品，这些
写实题材的作品在充斥着宗教情绪的美术作品中可谓是一枝独秀，既突破了宗教
题材的限制，又真实地再现了中外工匠劳作的画面，具有历史及艺术的双重价值，
以不同的艺术形式展现了东西方工匠在中外美术史发展中的共性。

　　在中世纪的欧洲，技艺娴熟的工匠在城镇和城堡中起着极为重要的作用。他
们从事着各种重要的行业，制造金属制品、加工农作物、建造房屋等等；纺织工、
泥瓦匠、建筑师、画家、染匠、刺绣工，这些世代相传的手工艺人在大大小小的
作坊里操持着他们的手艺。如果没有他们的存在，有的城镇几乎无法生存，但是
他们地位低下，被迫受着贵族和教会的奴役。为了保护自己所从事的行业，保障
商品的高标准、高质量，以家庭为单位的手工作坊纷纷加入行会组织寻求保护，
行会成为工匠们转变为专业艺术家的桥梁。在这个基督教起着决定性影响的时代，
艺术蒙上了浓厚的宗教色彩，是图解圣经、宣传教义的有力工具。为宗教而服务
的艺术作品中很难找到艺术家的姓名，至于处于社会下层的工匠艺人则更难以留
下其身份资料，因而在一些手抄本插图和雕刻作品中出现的以工匠劳作为题材的
作品就成为我们了解中世纪欧洲工匠艺人的重要途径。

　　中世纪盛行的手抄本书籍中留下了诸多的插画，其中有少量画页为我们描绘
了当时工匠劳作的场面。中世纪末期纺织业的逐渐盛行，更多的妇女也加入到工
匠的队伍中。在一本 14 世纪时期的书籍 Concerning Famous Women（《关于著名
的妇女们》）中有这样一幅插图，一名年轻的妇女身着蓝色长裙坐在织布机前编
织羊毛，图画的右边还有三名妇女在为纺织工作做着各种准备。尽管画面还不具
有科学的结构和透视，但我们仍然为画家的精巧技艺而折服，插画色彩鲜艳，画

欧洲中世纪的雕刻作坊

购买颜料

中世纪欧洲女画匠

中世纪妇女纺织图

家巧妙地将四位各司其职的妇女们组合在同一画面中，动态各异，甚是生动。在另一幅插图中则表现了一位妇女正在画宗教画的场面。画面仍以较为平面化的方式处理，显得有些呆板。身着粉红长裙的年轻女子一手拿画板，一手执笔，正坐在画架前专心致志地图绘圣母子像。在她的身后，一名年少的学徒正在碾磨蓝色的颜料。画家也正在用蓝色的颜料描绘圣母。对一位中世纪的工匠来说，其所用材料的品质对其作品有着很大的影响，因为购买图画的雇主常常特别要求使用高品质的蓝色。而在化学颜料发明以前，要想在画面中表现丰富的深蓝色则要使用一种从东方进口的天青石，画中的学徒在努力碾磨的正是这种进口颜料。由于颜料异常珍贵，在手抄本插图中甚至出现了国王和贵族亲自去购买矿石颜料的画面。这些简洁、朴实、平面化的插画是中世纪的工匠画家对自己工作场面的描绘，尽管他们的地位低下，尽管绘画在当时主要运用于图绘宗教教义，但是画家们还是在适当的时机将自己熟悉的工作场面以艺术化的形式表现出来，虽不如宗教画般的精美，但还是体现了工匠画家的高超技艺，同时也反映了工匠们熟悉的社会生活状况。

　　而另一雕刻作品则形象地表现了雕刻作坊中正在忙碌的工匠们。在长方形的空间中有两组正在忙于雕刻工作的工匠，他们身穿简单的衣袍，与手抄本插画中的贵族形象大相径庭。左边一组工匠侧身而立，弓着腰正在打磨一件物品。右边的一组工匠则侧身而坐，正在雕刻一小天使，小天使的形象已基本完成，正在进行细节的加工。其中留着胡须的老者坐在有靠背的椅子上，是这群工匠中最年长者，看似是有着丰富经验的工匠，或许他就是这个作坊的领导者。作坊的墙上还挂着常用的工具。工匠们都全神贯注于自己手中的工作，连那位老者也没有表现出丝毫的懈怠。这件雕刻作品简单而真实地表现了雕刻作坊中常见的一瞬间的劳动场景，明显地继承了古代雕刻艺术的传统，人物的比例合理，姿态自然，衣纹的表现与人体的动态相吻合，富于动感，既表现出较高的艺术价值，又有着难得的历史意义。

和其他行业的工匠们一样，工匠艺术家们为中世纪欧洲城镇的日常生活贡献着自己的一份力量，其他行业工匠的劳动提供了日常生活所需的物质资料，而工匠艺术家们则为人们提供了必要的精神产品，只是在不经意的地方留下少许可供后人了解他们的痕迹。

无论是在 10 世纪左右的敦煌地区还是在中世纪的欧洲，在各行各业辛勤劳作的工匠都成为这段逝去的历史中的重要组成部分。他们与当时的社会生产直接相关，与人们的日常生活紧密联系，他们不仅为人们提供衣食住行所必需的各种服务，而且他们中的一部分还创造了不朽的艺术文化，满足人们精神上的需求，为后世留下了无尽的文化财富。东西方的工匠生活在不同的文化环境中，各自创造着不同的与自己所在的文化圈相符的艺术精品，但是我们不难从上述的美术作品中寻到些许相同之处。10 世纪前后的敦煌佛教盛行，大大小小的石窟、造像、壁画都是为着佛教信仰而建造，佛陀、菩萨、飞天是这个世界的主角，色彩斑斓、仙乐飘飘的西方世界布满石窟的各个角落，并有地方统治者或者有钱的捐赠人为了宣扬自己的功绩或是虔诚的信仰之心而在石窟壁上留下身影。为了功德，为了信仰，工匠们只是默默无闻地创造，谁又曾想到去为开凿洞窟、整修崖体的石匠、泥匠、绘制壁画、塑造雕像的画匠、塑匠的辉煌贡献写下些什么呢？同样在西方那个"黑暗"的时代，基督是人们信仰的核心，精神才是永恒的追求。无论是罗马式艺术还是哥特式艺术，都是为了炫耀上帝的光辉，能工巧匠们用铅条和彩色玻璃创造的玻璃窗画成为教堂中最好的装饰品，装饰精美的手抄本插图讲述着基督感人的故事。在东西方宗教意识高涨的时代，在美术忠心耿耿地服务于宗教的时期，工匠们能将自己劳动、工作、创造的过程用绘画表现出来，这无疑是对盛行的宗教美术题材的突破，在数量众多的宗教作品中独树一帜，这应该是中外工匠艺术中尤其难能可贵的部分。创造这些美术作品的工匠们或许有着同样的宗教信仰，他们虔诚地用绘画、雕塑去表现佛陀的伟大、基督的万能，这是他们重要的职责。但是生活在现实中的东西方工匠们，或许信仰佛陀、或许信仰基督，对各自所处的生活环境同样有着深刻的认识。尽管文化氛围各不相同，用绘画、雕塑去朴素而真实地描绘自己的工作生活则是中外工匠艺人们都具有的智慧。

生活在社会最下层的工匠们用自己的智慧创造出不同的文化艺术，为后人所赞叹，然而我们也惋惜地发现，无论是东方还是西方，与工匠的艺术创造活动相关的文献几乎不存在，文献资料的缺失对工匠的技艺传承、风格变化等等的研究带来了难度。因此，现存的这些表现工匠艺人劳作的绘画与雕塑作品有着极高的艺术价值，其历史价值也不容被忽视。在美术服务于宗教的时代，敦煌的工匠们依据外来的佛教经典或是流传的粉本进行艺术创造，并将传统文化渗入其中，欧洲的艺人们则放弃了传统的写实技巧，采用象征性的手法以表现宗教情感，特别是这些纪实性的以工匠劳作为题材的绘画与雕塑则是中外工匠艺术才能的证明，他们都有着极强的洞察力，抓住日常劳作的一瞬间加以表现，没有夸张的成分，生动、朴实、自然，充分地展示了工匠们独具魅力的艺术创造。就是写实性的这一瞬间的场面为我们今天了解和研究在那个古老的时代，工匠生活、劳作的状况提供了难得的历史画面，其价值是不容置疑的。

东西方的工匠或艺人，生活在不同的国度和不同的文化环境中，但他们都用自己的智慧，创造性地记录下了自己在那个时代的艺术创造活动，为后世留下了珍贵的文化遗产。

第三章
敦煌古代工匠与手工业经济

一、敦煌的官府工匠与手工业

1. 官府使用的各类工匠

敦煌文献中关于官府手工业的记载，主要是归义军时代的情况，而归义军时代基本是遵循和沿袭唐代的制度。唐代官府手工业的劳动力组成可分为两部分：一部分是因犯罪而成的官奴婢和刑徒、流徒；另一部分是征自民间的各类工匠和丁夫。但官奴婢、番户、杂户及刑徒、流徒人数较少，不是官府手工业的主要劳动力，主要劳动力是政府根据需要从各地征调的各类工匠和丁夫。从敦煌的情况看，也没有发现官府中使用奴婢及刑徒类工匠的记载，除了官府自己的工匠外，许多时候也征用民间工匠。敦煌文书 S.1366、S2474、P2641、DY001 等都有官府使役工匠的记载，这里列举几件[1]：

（1）P.2641 归义军宴设司的有关记载：

泥匠二人，早上馎饦，午时各胡饼两枚；供柒日，食断。

铁匠史奴奴等贰人，早上馎饦，午时各胡饼叁枚，供壹日，食断。

金银匠捌人，早上馎饦，午时各胡饼两枚，供两日，食断。

造鼓木匠捌人，早上馎饦，午时各胡饼两枚，供伍日，食断。

又铁匠拾人，早上馎饦，午时各胡饼两枚，供壹日，食断。

鞍匠张儿儿等拾壹人，早上馎饦，午时各胡饼两枚，供两日，食断。

抽金扇画匠叁人，早上馎饦，午时各胡饼两枚，供两日，食断。

---

[1] 以下所列敦煌文献，均选摘自马德：《敦煌工匠史料》，第 48 ~ 87 页。

铁匠史奴奴等拾人，早上馎饦，午时各胡饼叁枚，供壹日，食断。

造鼓木匠冯常安等捌人，早上馎饦，午时各胡饼两枚，供伍日，食断。

胡禄匠赵员子面贰斗。

付胡禄匠阴应子等面壹硕。

支胡禄匠赵员子面贰斗。

付巧匠阴应子等造胡禄面两硕陆斗。

大厅设画匠并塑匠用细供肆拾叁分，壹胡饼，上次伍分。

供皱文匠唤（换）苏（酥）油壹升。

（2）S.2474 归义军衙内破历

六日供城东园造作画匠五人、塑匠三人，逐日早上各面一升，午时各胡饼两枚，至八日午时料断，中间三日，内一日塑匠三人全断，计给面四斗二升。

供衙内造作箭匠十人，早上各面一千，午时各胡饼两枚，供四日，食断，计用面八斗。

（3）S.1366 归义军衙内破历

支帽子匠六人，早上各面一升，午时各胡饼两枚，供一日食，用面一斗二升。

供缝皮匠八人，早上各面一升，午时各胡饼两枚，供两日食，用面三斗六升。

供缝皮匠六人，早上各面一升，午时各胡饼两枚，供一日食，用面一斗二升。

十五日，供画鼓画匠五人，逐日午时各胡饼两枚，至十九日午时吃料断，中间五日，用面二斗五升。

八日，供造彭床木匠九人，逐日早上各面一升，午时各胡饼两枚，至十五日午时吃料断，中间八日，用面一石四头号四升。

九日，供造牙床木匠八人、勾当人，逐日早、夜面各面二升，午时各胡饼两枚，至十六日夜断，中间八日，用面一斗六升。

十一日，衙内造腰带金银（匠）七人，逐日，早上各面一升，午时各胡饼两枚，至二十五日午时吃料断，中间十五日，计给面两硕一斗。

准旧：皱文匠纳鞋胡饼二十枚，用面壹斗。

（4）DY.001、P.2629 等归义军酒帐

廿三日，支皱（文）匠酒半瓮。（Dy.001）

廿日，支皱文匠酒壹斗（Dy.001）

（三日）酿羊皮酒叁斗伍升。（DY.0001）

（十四日）酿牛皮酒壹斗，酿羔皮子酒壹瓮壹角。（DY.0001）

（十六日）支缝皮人酒壹角。（DY.0001）

廿一日，酿貉子皮酒贰斗。（DY.0001）

支灰匠酒壹角。（DY.0001）

廿八日，支灰匠酒壹斗。（DY.0001）

（六月）廿日，支弓匠酒贰斗。（DY.0001）

（廿八日）同日，箭匠酒伍升。（DY.0001）

廿二日，支皱文匠酒壹斗。（P.2629）

十八日，支褐袋匠酒伍升。（P.2629）

……

由此可见，官府工匠种类繁多。

俄藏敦煌文书（φ032c）《宋咸平五年（1002年）五月十五日曹宗寿夫妇造帙藏经记》记载"命当府匠人编造帙子及添写卷轴入报恩寺藏讫"两件：

施主敦煌王曹宗寿与济北郡夫人氾氏，同发信心命当府匠人编造帙子及添写卷轴，入报恩寺藏讫。维大宋咸平五年壬寅岁五月十五日。

施主敦煌王曹厶与济北郡夫人氾氏，同发信心先命当府匠人编造帙子，后请手笔新旧经、律、论等，通共成满，报恩寺藏教讫。维大宋咸平五年壬寅岁七月十五日记。（φ032c）

这是曹氏归义军后期的记载，说明直接由官府管理和使用的"当府匠人"。

2. 官府工匠的"兼职"行为

在榆林窟第20窟，留有这样一则画窟题记

雍熙伍年岁次戊子三月十五日沙州押衙令狐信延下手

画副监使窟至五月卅日□具画此窟周□愿

君王万岁世界清平田莹善熟家□□□□孙莫绝值主

窟岩长发大愿莫断善心坐处雍护行□通达莫遇灾

难见其窟岩也[1]

---

[1] 前引马德：《敦煌工匠史料》，第20页。

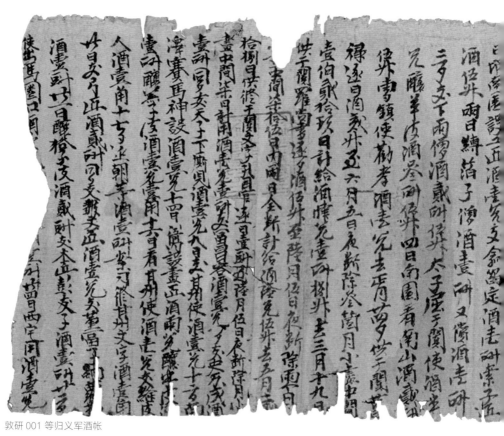

敦研 001 等归义军酒帐

P3878 军资库司造兵器用料处分状

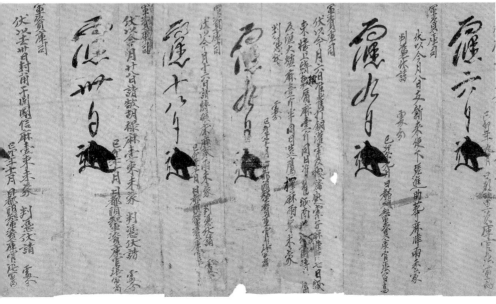

画窟者（画匠）为令狐信延，具"沙州押衙"衔，时值北宋雍熙五年（988年）。既有官衔，说明当为官府工匠，既为官府工匠，就是专职工匠。但他在这里不是为官府做事，而是为他人画窟，这似乎不是他的专职工作。因为，令狐信延的这种行为可以视为"兼职"，似乎说明在宋初的曹氏归义军中期，官府工匠也有一定的自由，可以自己找份工作，甚至可以从沙州跑到瓜州。

当然，也可能是官府下达给他的任务，因为他画的这座洞窟的窟主是一位官宦"副监使"，这就又另当别论了。不过，这则题记是题写在画壁上，与整个洞窟壁画的布局并不相称，有很大的随意性，说明这位官府画匠具有一定的自由和自主的权力。

3. 官府控制下的手工业作坊

9、10世纪的敦煌瓜、沙归义军时代，手工业劳动者们摆脱了寺院的控制，变为各种行会作坊、专业户、官府匠人和零散工匠四类。这几类工匠都是在官府直接控制下从事本行业劳动，行会的头目由官府委任。作坊司是管理手工业的专门机构，在归义军前期已设置。长官为作坊使，通常又称为作坊，在敦煌文书中记载甚多。作坊使是归义军使衙中地位较高的官职，与酒司、草场司、柴场司、营田司等都属同级官职。

S.7384B《光启三年（887年）二月及三月作坊使康文通牒并张淮深判（二通）》记有作坊使[1]。P.4640V《归义军己未至辛酉布纸破用历》是张承奉时期归义军军资库己未（899年）、庚申（900年）、辛酉（901年）等年的布、纸历。第一部分为细、粗布破历，第二部分为纸破历。主要记载军资库支出纸的情况。这件布纸破用历给我们提供了大量归义军时期社会、政治、经济的信息，也为古代敦煌造纸、用纸提供了重要证据。其中记载，己未年十二月十六日"同日，支与作坊司画钟馗细纸两贴"。庚申年三月"十四日，支与作坊粗纸壹贴"。四月"廿七日，支与作坊造扇细纸壹束两贴"。十二月"廿一日支与作坊使造钟馗细纸两贴，粘

---

[1] 中国社会科学院历史研究所、中国敦煌吐鲁番学会敦煌古文献编辑委员会、英国国家图书馆、伦敦大学亚非学院编：《英藏敦煌文献（汉文佛经以外部分）》（以下简称《英藏敦煌文献》）第12册，四川人民出版社，1995年，第56页。

灯笼用粗纸壹拾伍张"。辛酉年正月"廿二日，支与作坊司细纸壹贴"。四月"廿六日，支与作坊使宋文晖造扇细纸两贴"[1]。

P.3234《癸卯年（934年）正月一日已后直岁沙弥广进面破》，记载："面贰斗，……时看作坊及博士用。……"可知唐五代敦煌手工业者开作坊，实行协作生产，作坊的手工业者与工匠一样，都称作博士。至于博士与寺院的关系，一般来说，只是雇主与雇工的关系。S.4705《某寺诸色物破历》记载"博士手工价物七斗"是其明证。是知作坊使管辖的主要是一批称作博士的工匠。

S.8666《戊寅年七月都头知作坊使邓守兴请判凭状并判》，

　　……知作坊使邓守兴

　　伏以今月廿六日南城上赛神箭拾只未蒙　判凭伏请　处分

　　戊寅年七月　日都头知作坊使邓守兴

　　为凭　　廿七日　　（押符）[2]

S.8673《丁丑年八月都头知作坊使邓守兴请判凭状并判》，

　　…头知作坊使邓守兴

　　伏以今月六日都头索流定请箭伍拾只七日押衙闻瘦子□□

　　肆拾只未蒙　判凭伏请　处分

　　丁丑年八月　日都头知作坊使邓守兴

榆林窟第25窟药师佛

[1] 卢向前：《关于归义军时期一份布纸破用历的研究——试释 P.4640 背面文书》，《敦煌吐鲁番文献研究论集》第3辑，北京大学出版社，1986年。

[2]《英藏敦煌文献》第12册，第182页。

榆林窟第 3 窟百工图

为凭　　九日　　（押符）[1]

S.9455《丁丑年九月都头知作坊使邓守兴为造佛轴用毯杖柄请处分状并判》：

都头知作坊使邓守兴

伏以今月十七日衙内造佛轴用毯杖柄……

处分　　丁丑年九月……

为凭　　十八日　　（押符）[2]

同是都头知作坊使邓守兴在戊寅年七月、丁丑年八月和九月的请判凭状并判。

从内容看，邓守兴应该是专司制造弓箭的作坊使，同时也造佛轴。

P.3347《天福三年（938 年）十一月五日归义军节度使曹授张员进衙前正十

---

[1]《英藏敦煌文献》第 12 册，第 187 页。

[2]《英藏敦煌文献》第 12 册，第 241 页。

将牒》铃"归义军印"一方，记载了从事手工业工作的作坊。在作坊工作的工匠是按队划分的，工作优异者担任队正、队副及可以提升衙前正十将等。衙前正十将同工匠头都料担任押衙一样，只表示不同的待遇，不是指具体做的工作。Дx.03174《行都录事麴禹诚迁正十将事》记有归义军时期的军队在战时称"步军队"，战时从军打仗，平时则称作坊队，从事手工劳动[1]。

　　S.4700、S.4121 和 S.4643 均为《甲午年五月十五日阴家婢子小娘子荣亲客目》，其中，在 S.4121 文书（第 21 行）记载有"作坊及娘子（主人）二人"[2]。P.3942《荣亲客目》第 5 行有"邓作坊及娘子"[3]。P.3763V《布绁褐麦粟入破历》记载："粟壹斗贰升，折吕县令梁子及阴作坊梁子用。"[4]S.4660V《兄弟社纳赠还欠及罚筵席历》行记载："都知欠二丈，作防（坊）欠二丈……""……小都知、作防（坊）二人不送葬……"[5]P.3440《丙申年（996 年）三月十六日见纳贺天子物色历》记有"邓作坊白练壹匹"[6]。

二、敦煌寺院工匠与手工业

　　敦煌地区的寺院手工业工匠，是敦煌寺院经济的创造者，经过他们长期不懈的努力和辛勤劳作，创造了即使今天仍然令人叹为观止的物质文明和精神文明，在敦煌地区、全国乃至人类历史上占有非常重要的一页，敦煌寺院手工业工匠是值得我们研究和歌颂的一个阶层。我们今天所能见到的中世纪敦煌宗教遗物中包括出类拔萃的精品，大都出自寺院手工业生产者之手。

　　寺院手工业是隋唐手工业经济中的一项基本内容。寺院经济是一种特殊经济，它既非国营经济，又非个人经济，从一般意义上讲，它属于寺宇内部成员集体所

---

[1] 冯培红：《晚唐五代宋初归义军武职军将研究》，《敦煌归义军史专题研究》，兰州大学出版社，1997 年，第 143 页。

[2] 唐耕耦：《敦煌研究拾遗补缺二则》，《敦煌研究》1996 年第 3 期。

[3] 唐耕耦、陆鸿基编：《敦煌社会经济文献真迹释录》第四辑，全国图书馆文献缩微复制中心，1992 年，第 14 ～ 15 页。

[4]《法藏敦煌西域文献》第 22 册，上海古籍出版社，2002 年，第 245 ～ 246 页。

[5]《英藏敦煌文献》第 6 册，四川人民出版社，1992 年，第 221 页。

[6] 前引唐耕耦、陆鸿基编：《敦煌社会经济文献真迹释录》第四辑，第 16 ～ 17 页。

敦煌绢画四观音文殊普贤图

有制。当然，寺院经济是现实世俗经济的一个投影，就寺院内部而言，其成员并非一律平等，而是分为上层与下层，也有统治者和被统治者之分，但就内部财产而言，却很难区分为单一的经济，其中有皇室赐予和达官贵族及庶民捐献的财产，这属于寺院共有，即寺院集体财产；有僧侣出家时自携的财产，属于个人所有；有寺院内部经营土地，手工业及商业所得的财产，属于寺院内部消费所有。就隋唐寺院手工业来说，其成分与此相适应，也显得比较复杂多样，但从主体上看，仍属于集体所有制。因此，如果以敦煌文书为例，可以看出，隋唐寺院手工业者既有独特的身份，又有与当时工匠相一致的地方，或者说寺院手工业工匠从整体上看，受到当时社会经济和各种社会环境发展变化的制约[1]。这是我们在讨论敦煌寺院手工业时所必须首先明确的史实。处于我国封建社会转型时期的隋唐，社会生活的各个方面都在发生着比较深刻的发展变化，其中就手工业生产者的身份来说，隋及唐初，明显地带有魏晋南北朝时期的痕迹，而中唐以后又开启宋代之先河，隋唐前后期手工业生产者的身份，体现了我国封建社会前后不同阶段的特征[2]。这种情况在敦煌寺院手工业的工匠中也有一定的体现，所不同的是，敦煌地区在吐蕃占领时期农耕经济尤其商品经济受到了致命的破坏，这直接影响到寺院手工业，寺院工匠的报酬形式也以实

---

[1] 魏明孔：《隋唐手工业研究》，甘肃人民出版社，1999年。

[2] 这里只是从整体方面着眼的，实际情况是比较复杂的，如后期在变化过程中有时也有反复，即使同一时期各地的情况也不尽一致。这一方面的论述，可参见陈寅恪先生《唐代政治史述论稿》（上海人民出版社1982年）、金宝祥先生《唐史论文集》（甘肃人民出版社，1982年）中的有关内容。

物为主，货币支付的情况几乎不曾出现。这种敦煌历史上出现的非常态状况，严重影响了寺院工匠的生产和创造的积极性，敦煌石窟艺术及其寺院手工业生产在吐蕃占领时期出现了逆转，其中的原因是多方面的，而当时劳役方面出现的变化，不能不是直接原因之一。

关于寺院管理和役使工匠的记载，敦煌文献比较丰富，其中以净土寺的三件入破历 P.2032v、P.2040v 和 P.2049v 的记载最多，详情可参阅"史料篇"，这里恕不一一列举。但需要说明的是，这几件文书记载了大量的各类工匠在寺院的役使下从事各种手工业劳动的情况，和仅仅是饮食方面的微薄报酬；而且，还有本来作为艺术家的塑匠，要从事泥火炉一类的普通泥匠的劳动，说明是普通的手工业者，艺术活动与其他手工劳动在这里并没有待遇上的区别。

寺院工匠队伍不仅种类多，而且各个级别都有。同样在这三件文书中有丰富的记载，"史料篇"亦有较详录文，兹不赘。

从这几件文书的记载中可以看出，敦煌寺院手工业工匠比较活跃，与隋唐时期佛教及其寺院经济的发展分不开。隋唐二代是我国宗教尤其佛教迅速得到发展的重要时期，佛教经济也因此而比较活跃，其中佛教手工业成了这一时期手工业的重要内容之一。隋文帝本人崇信佛教，"开皇元年（581 年），高祖普诏天下，任听出家，仍令计口出钱，营造经像。而京师及并州、相州、洛州等诸大都邑之处，并官写一切经，置于寺内，而又别写，藏于秘阁。天下之人，从风而靡，竞相景慕，民间佛经，多于六经数十百倍"[1]。隋代正是在这种情况下在手工业机构甄官署中，专门设置了"石窟丞"，以示对佛教的重视与大型佛教工程的规划与组织工作的有力开展[2]。佛教在这一时期如日中天，使儒学黯然失色。庶民出家为僧不受限制，这为寺院僧侣数量大增提供了人员保证；"营造经像"这种属于寺院手工业范围的经营，因政府规定"计口出钱"，纳入了正常的国家预算之列而得到了充分的保证。不仅如此，达官贵族还给寺院无偿馈赠生产者及手工业生产工具[3]。

唐代在隋代的基础上，寺院和道观手工业有了进一步的发展。首先是寺院和

---

[1]《隋书》卷 35《经籍志》四。

[2]《隋书》卷 27《百官志》中。

[3]《大藏经·续高僧传》卷 17《隋京师清禅寺释昙昙传》四。

道观的建筑更加宏丽，仅京师比较著名的寺院就有开业寺、会昌寺、崇义寺、楚国寺、兴圣寺、龙兴寺、兴福寺、西明寺、慈恩寺、青龙寺、崇敬寺、资圣寺、招福寺、崇福寺、光宅寺、荐福寺、兴唐寺、永寿寺、安国寺、章敬寺、宝应寺、龙兴寺、天宫寺、天女寺、敬爱寺、福先寺、长寿寺、崇先寺、圣善寺、安国寺、荷泽寺、奉国寺、昭成寺、华严寺、唐兴寺、慈德寺；龙兴观、昊天观、东明观、宏道观、太平观、广天观、景云观、景龙观、福唐观、金仙观、玉真观、咸宜观、太真观、都元观、安国观、元都观、三洞观、清虚观、天长观、五通观、崇真观、兴唐观、昭成观、九华观、玉芝观、新昌观、华封观、元真观、福祥观、宗道观等等 [1]。"今两京城内，寺宇相望"[2]，至于地方寺观的数量就更加可观，高祖、太宗、高宗三朝，全国有寺 4000 余所，今扬州境内，仅有文献可考证的寺院，就达 67 寺之多 [3]。而据日本僧人圆仁记载"扬州有四十余寺"[4]。明州"时时造塔、造堂，其事甚多"；润州江宁县（今江苏江宁）就有瓦官寺、江宁寺、弥勒寺、长庆寺、延祚寺等，"其数甚多"，不仅数量多，而且"庄严雕刻，已尽工巧"[5]。称誉海内外的敦煌莫高窟佛教艺术群，在唐代得到了长足的发展，并成为当时宗教活动的中心地，其地建筑之规模与造工之考究，成了人类文化遗产中的宝贵财富。如 P4640《大唐陇西李氏再修功德记碑》[6] 记载："乃募良工，仿其杞梓，贸材运斫，百堵俄成。鲁国班输，亲临升境。……未及星环，斯构矗立。雕檐化出，巍峨不让于龙宫，悬阁重轩，晓万层于日际。"敦煌寺院、道观的如此高超建筑，从一个侧面说明当时敦煌地区的宗教手工业的繁荣与工匠的技术水准之高。唐代还有一个倾向是，一些王公贵族在自己的庄宅住所设置寺观，《唐会要》卷 50《杂录》记载，唐玄宗即位之初，就"敕王公以下不得辄奏请将庄宅置寺观"。这从反面说明这种现象是比较普遍的，地方官吏出资从事敦煌地区的寺院活动，在敦煌石窟题记和文书中非常普遍。

其次，寺院僧侣和道观道士的出家程序进一步完善，凡出家人须持有政府祠

---

[1]《唐会要》卷 48《寺》。

[2]《唐大诏令集》卷 113 玄宗《断书经及铸佛像敕》。

[3] 李廷先：《唐代扬州史考》，江苏古籍出版社，1992 年，第 452、496 页。

[4]《入唐求法巡礼行记》卷 1。

[5]《唐大和上东征传》，第 55、79 页。

[6] 郑炳林：《敦煌碑铭赞辑释》，甘肃教育出版社，1992 年。

部颁发的度牒，才可以成为国家承认的在籍正式僧尼和道士，否则以违法论，除责令还俗外，还要受到法律处罚。据称，时"两京度僧尼，御史一人莅之，每三岁，州县为籍，一以留州县，一以上祠部"[1]。玄宗天宝八年（749 年）十一月十八日敕："诸州府僧尼籍帐等，每十年一造，永为常式。"[2] 当然这也有例外，如安史之乱爆发后，据《旧唐书》卷 48《食货志》上记载，权臣"杨国忠设计，称不可耗正库之物，乃使御史崔众于河东纳钱度僧尼道士，旬日间得钱百万"。这只能算是战时权臣主持的搜括财物的一种特例，而非唐代的一般情形。因为在当时，削发为逃避政府赋税徭役的一种途径。《唐语林》卷 4 所言"剃发多缘是代耕，好闻人死恶人生；祗园说法无高下，尔辈何劳尚民情"，便道出了这一信息。鉴于寺院"雕墙峻宇，耗蠹之源，天下百姓，或冒为僧道士，苟避徭役"的现状[3]，"天下百姓，不和冒伪僧尼、道士，以避徭役"[4]，是历代皇帝不断重申的要求。这一情况说明，随着隋唐中央集权的不断加强，包括寺院手工业工匠在内的僧侣，严格受到国家的控制。

再次，唐代寺院和道观手工业经营范围更加广泛，举凡民间世俗手工业经营的种类，均有所涉及，而且其经营的内容，除了满足寺院建筑和所需法器及僧侣生活用品外，还有部分作为商品向社会出售，以获取利益，寺院和道观的世俗化倾向更加明显。再就寺院手工业内的生产者来说，既有内部低级僧侣的劳动，也有从社会上雇佣的工匠从事生产，还有封建国家及达官贵族为其指派或雇佣工匠从事生产，即这里的工匠是雇佣、僧侣内部生产与政府徭役相结合的集合体。这种情况在敦煌寺院手工业工匠中均有所反映。

在寺院手工业经济中，水力粮食加工机械的经营是当时发展最为迅猛的行业之一，敦煌地区的寺院经营水力粮食加工业就相当盛行。敦煌地区寺院经营"河水硙"及油料加工作坊[5] 的情况比较普遍。实际上，其他地区的情况与此差不多，

---

[1]《唐会要》卷 49《僧籍》。

[2]《全唐文》卷 966 阙名《请申禁僧尼奏》。

[3]《唐会要》卷 50《杂录》。

[4]《唐大诏令集》卷 70《元和二年南郊赦》。

[5] 敦煌地区的寺院水力粮食加工及油料加工的记载比较普遍，斯 1947 号 v1《唐咸通僧尼癸未年（863 年）敦煌所管十六寺和三所禅窟以及抄录再成毡数目》（《敦煌社会经济文献真迹释录》第三辑，第 8 页）就是典型的例子。关于敦煌地区寺院粮食及油料加工的情况，可参考姜伯勤先生：《唐五代敦煌寺户制度》，中华书局，1987 年。

水力粮食加工业已成了较大寺院和道观经济重要组成部分，甚至"寺观广占田地，及水碾硙侵损百姓"[1]，已经到影响社会经济正常运行的地步。

就寺院内部来说，除了大型建筑和水力粮食加工业外，日常生活中也与手工业不可分离，如高宗永徽年间，"时夏中蓝熟，寺众于水次作靛"[2]，这是寺院从事染料生产之一例。下面举几例敦煌吐鲁番文书来对寺院手工业经营的情况作一点说明。寺院手工业经济中，包括信男善女向其布施的数量可观的手工业品[3]。典型的如邓荣向寺院布施的有盆粗布、袈裟、床、铛、铁、单经布裙衫、牙盘子、油、案板、食刀、细布绔、衣物、叩触等等，其中最主要的是手工业品[4]。从敦煌吐鲁番文书来看，如此向寺院布施的信男善女相当普遍，这是这一时期寺院手工业品的来源之一。

寺院内部雇用工匠从事必要的生产及维修工作，也是寺院日常经营的基本内容之一。寺院使用工匠情况相当普通，如 S.542 号背《戍年（818 年）六月沙州诸寺丁口车牛役簿》[5] 就是典型的一例。下面就有关部分的主要内容进行摘录：

1 戍年六月十八日诸寺丁口车牛役部

2 龙兴寺王仙泥匠

17 史英俊木匠 修安国五日 造革鞍凡两日

36 张仙进死 兴国持韦皮匠 贴马群五日

45 成孝义死。车头。修桉两日，修仓五日

48 刘孝仙团头。造革桉凡两日，回造米粟一驮，送刘教授廓州

121 葵曹八 纸匠

146 何伏颠 守囚五日 酒户

173 大乘寺何名立 毡匠

文书中的这些工匠都是属于沙州诸寺，这里是在吐蕃占领时期工匠为官府服役的簿记。工匠包括泥匠、木匠、皮匠、车匠、纸匠、酒户、毡匠等，主要从事

[1]《全唐文》卷 19 睿宗《申劝礼俗敕》。

[2]《太平广记》卷 220 "绛州僧" 条引《广五行记》。

[3]《吐鲁番出土文书》第七册，文物出版社，1986 年，第 66～74 页。

[4] 前引《敦煌社会经济文献真迹释录》第四辑，第 82 页。

[5] 前引《敦煌社会经济文献真迹释录》第二辑，第 381～392 页。

官府所需的修鞍、造鞍等手工业劳作。寺院有工匠，从这条中可以清楚地看出来。但是，寺院的工匠毕竟有限，不可能包括各种的工匠，遇有寺院工匠人手不够时，往往雇佣外面的工匠在寺院内从事劳作，这在商品经济比较活跃的情况下尤其明显。CH969-972 号《唐开元九年于阗某寺支出簿》[1]：

（前缺）

（一）

1　廿六日，出钱肆佰文为求福惠行军设斋，雇李

2　伍斗半面胡饼脚八十文，买果子二百卅五文，沽酒

3　奏缣等用。出钱壹佰伍拾文，付匠阎门捺充缝皮裘手功价。出钱叁佰文，买胶

4　贰斤斤别一佰五十文，供杂用。直岁僧"法空"都维那僧"名圆"寺主僧"日清"上座僧"法海"

5　廿九日，出钱壹佰贰拾，沽酒参斗，为厨库舛子□□□得满等掏寒冻辛苦吃。出钱

6　壹仟壹佰贰拾文，付子兼杨景升，准作车□捌十筮筮别一十四文，就业。出钱壹佰贰十文。

7　沽酒参斗，与揣众堂工匠王璡等辛苦吃。直岁僧"法空"　都维那僧"名圆"

8　寺主僧"日清"　上座僧"法海"

9　同日，出钱贰仟伍佰文，籴僧惠澄乾葡萄两硕斗别五十文。小麦伍硕斗别卅文。其麦纳处库

10　付典座僧"惠光"。直岁僧"法空"，都维那僧"名圆"，寺主僧"日清"，上座僧"法海"

11　同日，出钱柒佰陆拾文，付求福，充还先雇匠贯财助造官毡手功价。出钱壹仟柒

12　佰叁拾文，付市城政声坊叱半勃曜诺，充还家人悉末止税并草两络子价。出钱贰佰

---

[1] 陈国灿先生将其定名为"唐于阗神山某寺支用历"，可供参考，见《斯坦因所获吐鲁番文书研究》，武汉大学出版社，1995年，第489～499页。

13 文，付同坊叱半可你婆，充还家人盆仁挽税"并草两"络子价。 直岁僧"法空"都维那僧"名圆"

14 寺主僧"日清" 上座僧"法海" 海

（中二行空白）

15 十一月一日，出钱贰仟壹佰陆拾文，籴油麻两硕肆斗斗别九十文。出钱伍佰贰拾文，籴枣壹硕贰斗斗

16 别廿廿文并供众用。出钱壹佰文，新庄先陈状，又请掏山水渠，乡原沽酒，供丰姓用，付直岁"幽润"。

17 出钱壹佰捌拾文，西旧园状请两处掏渠，乡原沽酒，供百姓用，付直岁僧"智寅"。

18 直岁僧"法空"都维那僧"名圆"寺主僧"日清"上座僧"法海"

19 十三日，出钱叁仟玖佰壹拾文，价彩帛贰拾叁匹匹别一百七文。官科送王骠骑料，结衣𦈎一，并

20 结孝车绞床等用。出钱陆拾文，买纸壹帖，供文历用。出钱壹仟文付孔家，充还先

21 沽甜浆一瓮价。出钱叁佰柒拾文，付瓦匠菶宜，充造巩器手功价。 直岁僧"法空"

22 都维那僧"名圆" 寺主僧"日清"上座僧"法海"

（中缺）

（二）

1 都维那僧"名圆" 寺主僧"日清" 上座僧"法海"

2 廿七日，出钱伍佰伍拾文，买毡箔一，付匠万金等，造毡使用。出钱伍佰贰拾文，买土绁布一，长一

3 丈，给付厨子家钦状请充绔用。出钱陆佰柒拾伍文，买哥 鉴一具三佰文酒一石，价三百七十五文，

4 西庄状请营农及供来往征催公客要用。付直岁僧"善法"。"直岁僧"法空"

5 都维那僧"名圆" 寺主僧"日清" 上座僧"法海"

6 廿九日，出钱玖佰玖拾文，付匠刘阿师奴，充还雇造官毡手功价。出钱壹仟捌佰文，籴河 海

7　粟壹拾贰硕斗别一十五文。其粟纳外库，付典座僧"惠光"　直岁僧　"法空"

8　都维那僧"名圆"　寺主僧"日清"　上座僧"法海"

9　同日，出钱壹佰伍拾文，付匠阁门捺充还缝皮袭手功价。出钱贰佰文，付市城安仁坊叱半

10　庆密，充还家人勿悉满税草两络子价。直岁僧"法空"　都维　　那僧"名圆"

11　寺主僧"日清"　上座僧"法海"

（中二行空白）

12　十二月一日，出钱伍佰伍拾文，付市城安仁坊叱半蛇密，充还家人勿悉满又科差着税，出钱玖拾文，买

13　新巩叁口口别三十文。供众堂内官道场结坛用。出钱贰佰壹拾文，付兽医合药灌疗王

14　骠骑家施来患草马用。出钱壹佰贰拾文，买纸两帖帖别卅伍文。笔两管管别一十五文，抄文历用。

15　直岁僧"法空"　都维那僧"名圆"　寺主僧"日清"上座僧"法海"

16　八日，出钱壹佰叁拾伍文，籴澡豆贰胜胜别十文。杏仁贰胜胜别廿文，榅桲叁拾颗廿五文。酢壹斗五十文

17　供斋及温室苏合等用。出钱捌拾文，付匠野那充还雇画行城幢伞龙凤等手功。

18　出钱叁拾文，买涝篱两个，供厨用。出钱壹佰壹拾文，籴豉贰胜胜别十文，柘留两颗颗别一十五文，

19　胡饼肆斗面脚斗别十五文，供添朱副使九日设斋用。直岁僧"法空"都维那僧"名圆"

20　寺主僧"日清"　上座僧"法海"

21　十五日，出钱玖拾文，买柘留两颗卅文，胡饼肆斗面脚六十文，添行军斋供用。出钱壹佰柒拾

（中缺）

（三）

1　卅日，出钱柒佰伍文，沽酢陆斗斗别五拾文，籴豉陆胜胜别十文，柘留叁

颗颗别十五文，胡饼两硕面脚

2 每斗十五文，供众岁节三日用。直岁僧"法空" 都维那僧"名圆" 寺主僧"日清" 上座僧"法海"

3 同日出钱贰仟肆佰捌拾肆文，籴干乾蒲萄壹硕叁胜胜别十五文，绿豆壹斗捌胜胜别一十五文籴

4 油麻壹硕伍斗壹胜胜别九文，小豆叁斗肆胜胜别一十文，并供众用。直岁僧"法空"

5 都维那僧"名圆" 寺主僧"日清" 上座僧"法海"

（中间四行空）

6 正月廿四日，出钱壹佰捌拾伍文，沽酢壹斗捌胜胜别五文，豉贰胜胜别十文，柘留壹颗十五文，胡饼肆斗

7 面脚斗别十五文，为赵超亡父设忌斋供众用。出钱壹佰文，买纸两帖帖别五十文，供文历用。

8 直岁僧"法空"，都维那僧"名圆"，寺主僧"日清"，上座僧"法海"，

9 十四日，出钱壹佰文，买白纸两帖帖别五十文，糊橙灯笼卅八个，并补帖灯面用。出钱贰佰玖拾伍文，

10 籴稻谷花贰胜六十文，锡壹斤半一百文，柘留叁颗廿五文，枣贰胜十二文，梅子壹胜八文，阿魏

11 廿廿文楤梓贰拾颗廿文，烟薰蒲萄壹胜十文，供看灯官僚苏山药食用。直岁僧"法空"

12 都维那僧"名圆"，寺主僧"日清"，上座僧"法海"

13 廿二日，出钱捌佰文，付西河勃宁野乡厥弥拱村叱半萨董，充家人悉（勿）吉良又科着税

14 并草两络子价。出钱壹佰陆拾伍文，沽酢贰（斗）一佰文，豉贰胜廿文，胡饼叁斗面脚 廿廿五文，

15 供当寺众僧。出钱壹佰文，付桑宜洛，充买绮布细花价。直岁僧 "法空"

16 都 维那僧"名圆" 寺方僧"日清" 上座僧"法海"

（后略）

　　这是一件非常重要的反映 8 世纪中期寺院手工业的敦煌文书，从于阗某寺的支出簿中可以清晰地看出，寺院在手工业方面的重要支出以钱计算，而寺院手工业工匠与社会上商品经济的联系是不可争议的史实[1]，上引文书中涉及与手工业有关的支出可分为以下几种情况：

　　一是付给工匠的工钱。如付皮匠阎门捺缝皮裘工钱两次，每次 150 文；出钱 1120 文，付给车工杨景升等制造车部件的费用；支付瓦匠莽宜造巩器工钱 370 文；付匠野那 80 文，雇其"画行城幢伞龙凤"等。这些都是雇佣工匠在寺院内从事生产。与此同时，还有一种情况是雇佣工匠完成官府的差使，如支出 760 文与求福，"充还先雇匠贯财助造官手功价"；"充还雇造官毡手功价"支付给毡匠刘阿师奴 990 文。这种情况在唐代比较普通，如"定州能金银作"的作坊主王珍，"曾与寺家造功德"，得绢五百匹[2]。当时与王珍一起为寺院从事佛事金银加工的工匠人数不少，其所得报酬也相当可观。寺院雇佣工匠是其手工业维持正常生产的基本保证之一。这从敦煌文书中已经看得比较清楚了。

　　二是购买手工业原料。在当时的寺院正常的支出中，购买手工业原料、半成品乃至一些手工业产品，也占有相当的比例。从上引材料可以看出，寺院购买手工业原料和产品的范围十分广泛。如买胶两片用钱 300 文，供杂用；出钱 3910 文，买 23 匹彩帛，用于制造衣褚、床等用；买毡箔花钱 550 文，"造毡使用"；买土继布 1 丈用钱 520 文，用来制绔；用 100 文买纸两帖"供文历用"；买白纸两帖，用钱百文，用于糊制新灯笼及补粘旧灯笼；买锡一斤半，用钱 100 文。这些手工业原料，系寺院日常生活中的必需品。

　　三是购买手工业成品。寺院内部设置有手工业，这是无可置疑的事实，但是寺院手工业不可能将自己所需要的一切都包括进去，尤其寺院的特点决定了其手工业生产的侧重点。这样就使寺院与市场的联系日益加强，通过市场来购买一定的手工业产品。如买胡饼、酒类、麻油、纸、笔、酢（即醋）、编织品、豉（一

---

[1]《全唐文》卷 10 唐太宗《断卖佛像敕》称，为适应当时盛行佛教与道教发展的社会需要，有能力铸造佛道像者到市场上将佛道像作为商品进行买卖，供奉之家竞相购买。唐太宗认为在市场上公开买卖佛像，买卖双方讨价还价，有失佛教尊严。故下敕规定"自今以后，工匠皆不得预造佛道形象卖鬻"，已经铸造的，限令在 10 天内分送到各寺观。但是受经济利益驱动，唐太宗的敕令是不可能在实际中完全生效的。作为当时佛教圣地之一的敦煌，寺院手工业工匠从事佛像铸造和买卖经营活动，应该是无可置疑的史实。

[2]《太平广记》卷 134 "王珍"条引《广古今五行记》。

种豆制食品）、锡及纺织品等等。从这些丰富又生动的材料中我们不难看出，当时寺宇用于手工业生产及手工业产品购买部分的支出是比较大的，反映了手工业与寺院关系密切；当时手工业生产的报酬及手工业商品的购买，均以钱"文"为支出单位，反映了当时商品经济比较活跃；寺院除了自己需要手工业生产外，还有为官府派遣工匠从事生产的义务，而由寺院派去官府的工匠，则由寺宇支付其报酬；寺院内购买手工业产品的价格及付给工匠的工钱均比较稳定，反映了当时手工业经济的发达与比较成熟的市场交换。总之，这件寺院手工业文书，对于研究手工业产品的价格及当时于阗地区手工业生产的状况等，均有不可忽略的作用。

寺院手工业不啻是当时社会政治、经济发展变化的一个缩影。前面已经讲过，咸通时期，河西寺院手工业中，不管购买原料、支付工匠报酬及购买手工业商品等，均用钱币，反映了商品经济的活跃，而一旦社会环境发展变化，手工业也就相应有较大的变化。如在吐蕃占领时期，由于游牧民族吐蕃的进入并成为统治民族，则使原先的生产进程有所打破，寺院手工业生产中的工匠报酬及原料购买也为之一变。S.6829 号背《丙戌年（806 年）正月十一日已后缘修破用斛斗布等历》[1] 的基本内容如下：

1　丙戌年正月十一日已后，缘修造破用斛斗布等历。

2　十九日，买张奉进木，付麦肆硕。

3　廿二日，买康家木价，付布肆疋，计壹佰柒拾陆尺折麦壹拾硕，又付粟叁硕。

4　二月十一日，付翟朝木价，布壹疋肆拾伍尺却入。

5　三月十四日，出麦捌斗，雇索鸢子解木手工城西。

6　四月二日，出麦柒斗，付曹昙恩解木七日价。

7　同日，出麦贰斗，付索家儿充解木两日价。又一日价，麦壹斗。

8　九日，出粟柒斗，付索鸢子充解木五日价。

9　廿一日，出粟柒斗，付彭庭贤雇车载城西木。

10　廿三日，出麦肆硕捌斗，付唐十一回造白面。又出麦壹硕贰斗，回帖造。

11　五月三日，出麦壹硕肆斗，粟壹硕捌斗，付孟家木价。

12　同日，出粟壹硕与荣国造峏及毗离手功。

---

[1] 前引唐耕耦、陆宏基编：《敦煌社会经济文献真迹释录》第四辑，第 397 页。

13　九日，出麦壹硕肆斗，粟叁斗伍胜，买铁四斤打钉。

14　十六日，出麦贰斗壹胜，买铁壹拾叁两。

15　同日，付康太清粟叁硕，充先买材木价。

16　六月二日，出粟柒硕，付荣清等充仰泥手功。

17　同日出粟叁硕、麦壹硕伍斗，与王庶子仰泥手工。

18　九日，出粟贰斗伍胜碨供取草人等食。

19　同日，出粟陆硕，付康太清买柱子价。

20　十二日，出粟陆硕叁斗，还道莽等，先修佛殿手功。斗杜足足又将粟三斗。

21　廿一日，出粟肆硕，麦壹硕伍斗，与王庶子仰泥手功。

22　七月一日，出粟壹硕碨供修造离使人食。

23　八日，出苏贰胜半，面壹硕肆斗另历收，米壹斗，供众僧泥佛殿阶别历收。

24　白面贰斗，将窟取赤土付不要别历收，出布叁丈贰尺与法日赤白造。

25　出油陆胜内二升入石灰泥；四升油鸥吻。

26　八月二日，出布陆拾尺，与道恽修佛坐赏物。

27　同日，出布陆拾柒尺，付灵图金光佛充杜邕木价。

28　同日，出白面叁斗，付智英将窟取赤土食别历收。

29　同日出白面壹硕柒斗别历收，供赤白人，从六月廿三日到七月

30　十四日，并修佛坐人等食。布肆尺，造泥巾。

31　又出白面贰斗别历收，入赤白处。油半胜，赤白柱用。

32　以前都计，出麦粟五十二石二斗一升内一十七石八斗一升麦，卅四石四斗粟，油九升，

33　布三百卅九尺。又布一丈一尺出卖，每尺五升无念。

在这里用来购买木材的不再是货币，而是实物小麦或布匹；付给工匠的报酬，也是麦、粟及纺织品实物；购买铁等手工业原料也用麦粟之类，并且二斗一升麦才换取铁十三两，铁的价格之高令人吃惊，说明当时这里铁等金属是非常稀缺的。所有这些，都反映了在吐蕃占领时期商品经济的冷落，寺院手工业生产的原料获得和工匠报酬等等，变成了比较单一的物物交换及以实物支付报酬，这与之前出现的情况形成了强烈对照。

寺院还利用手工业产品从事放贷，以获取厚利，反映了这一时期寺院手工业

的又一动态。《唐羯摩师纳绁花布抄》[1] 内容略为：

1 羯摩师大历七年十月廿八日，纳绁花布壹拾匹，典赵俊

2 刺史阿摩支尉迟□□。

以绁布 10 匹典与人，说明寺院手工业品数量之足，同时也是寺院的收入来源之一。这种情况在归义军统治下仍是如此，而且工匠也涉足高利贷。S.584 号《己亥年（959 年？）二月十七日某寺贷油面麻历》[2] 略云：

1 己亥年二月十七日，郭僧政贷油肆升。索

2 付纸匠。洪渐贷面贰斗。　郭僧政贷面叁斗。

3 通。邓法律贷麻两硕、全光会。信力贷面贰斗。

4 邓彦弘贷麻壹硕肆斗又一石三斗，保人邓法律。洪渐贷麻壹

5 斗。氾法律贷麻壹硕伍斗，宗明。大库贷谷面五斗，拔

6 至用。邓上座贷麻贰斗。王欺子贷面两秤、油壹

7 升。索上座贷面叁硕，南山。大库又贷谷面陆斗佛事又一斗。

8 郭僧政贷面壹硕叁斗。氾法律贷面贰斗，属作坊孔目用。

9 郭寺主贷面叁斗。吴盈子贷面壹秤

10 贷叁斗。纸匠张留住贷面叁斗。

11 阎加□妻贷□□斗。李义盈妻贷油半升。

12 张流住贷麻柒斗，窟上碾　普光寺所由贷麻。

13 壹硕开元寺贷面叁硕玖斗付上座惠郎。惠郎。法受贷麻贰斗（押）。龙建贷麻贰斗（押）。

14 贺安定贷麻贰斗（押）弘渐贷麻贰斗（押〕

15 七月五日阁友子贷麻壹

16 斗。吴保子贷黄麻壹斗

17 吴保子□

寺院放贷的内容主要有油、面、麻等日常生活用品，举贷者有一般居民，也有工匠，甚至包括其他寺院的寺主和其他寺院等。像郭僧政既举贷油又贷面；邓法律既是举贷人，又以保人的身份出现。可见他们都是当地比较稳定的居民。寺院放贷，

---

[1] 前引《斯坦因所获吐鲁番文书研究》，第 483 页。

[2] 前引唐耕耦、陆宏基编：《敦煌社会经济文献真迹释录》第二辑，第 231 页、第 381～392 页。

莫高窟第 329 窟供养人及牛车

反映了当时寺院作为比较独立的经济生产单位，是具有一定实力的，也说明了其世俗与剥削的一面。但是我们从这些举债内容中很难再看到钱币一事可以看出，唐代后期，尤其在吐蕃占领和归义军统治时期，敦煌地区的寺院经济已与唐代前期和中期不可同日而语，寺院经济与整个国家的经济一样出现了萧条，同样这一时期的手工业经济也当然受到影响。这只要一看敦煌石窟开凿及佛像塑造的数目锐减和工艺水平下降的史实就再清楚不过了。需要在这里强调的是，敦煌地区寺院所从事的用于高利贷的手工业品不一定都是由寺院工匠自己生产的，其中也包括诸如供养人所奉献的手工业品、寺院农副产品交换而来的手工业品等等，但是其中包括由寺院工匠自己生产的手工业品应该说是没有什么疑义的。

　　在寺院手工业中，不得不讲一下雕版印刷术。关于雕版印刷术始于何时，学术界争议很大，远非本文所能解决。这里只强调的是，雕版印刷术的出现，既与佛教的发展有关，又反过来推动了佛教事业的进一步发展。唐初玄奘曾"以回锋纸印普贤象，施于四众，每岁五驮就无余"[1]。敦煌文书中保留了一些唐代的印刷品，其内容包括佛教、天文历法等等，其中一些印刷品当是出于敦煌寺院手工业工匠之手。再如后晋开运四年（947 年）曹元忠"雕此印版"，专印观世音菩萨像，在其题记中署"匠人雷延美"名[2]，这至少说明如下两个问题：一是后晋沙、瓜观察处置使曹元忠以佛教徒身份雕印专业菩萨像，当时雕版印刷已经比较普遍；二

[1]《云仙杂记》卷 5 "印普贤像"引《僧园逸录》。
[2] 前引唐耕耦、陆宏基编：《敦煌社会经济文献真迹释录》第四辑，第 82 页、第 146～147 页、第 397 页。

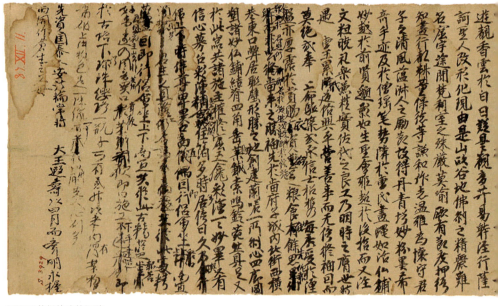

S3929 董保德功德记稿

是题记中注明匠人名姓，说明雕印工匠在当时已经出现职业化的趋势，同时也意味着工匠生产的责任明确，这对于保证产品质量是非常有益的。这是敦煌寺院手工业工匠为人类精神文明留下的值得骄傲的一页。

敦煌地区的工匠，根据其生产的内容不同，可以大体分为从事世俗性生产的工匠和从事直接与宗教活动有关的工匠。前一类如主要从事诸如石具、金属器物和木制工具的生产，即所谓石匠、铁匠、铜匠、金银匠、木匠之类；后一类工匠主要包括画匠、塑匠、雕版印刷匠等等。其实，上述两种工匠不能截然分开，如石匠也从事开凿石窟的活动，木匠、泥匠和铁匠也从事敦煌石窟的创作工作，宗教艺术家也从事世俗的生产活动[1]。当时的手工业工程中的高级工匠——梓人、都料匠之类，具有负责工程设计、组织施工、挑选工匠等事宜，是技术方面的全权责任人[2]，这在敦煌文书中得到了进一步的印证，如 S3929 所记画匠都料董保德，不仅是绘画行会的头目，而且还是出色的画家。据专家考证，敦煌文书中所见的工匠都料，除了具备本行业的设计、规划及组织才能以外，作为高级工匠，一般都具有本专业过硬的、高于其他级别工匠的技术，并亲自参与施工制作。

---

[1] 前引马德：《敦煌工匠史料》，第 5 ~ 8 页。

[2]《全唐文》卷 592 柳宗元《梓人传》。

从上面的论述中我们可以得出如下结论：中古敦煌地区寺院手工业工匠具有与内地一般工匠不同的特点：

第一，敦煌寺院手工业工匠的生产活动比较单一，一般只是围绕寺院本身的建设、寺院用法器的制造和寺院僧侣们日常的生活用品而开展。

第二，敦煌寺院工匠的成分比较复杂，既有寺院所属的寺户、常住百姓一类的专门工匠队伍，也有中下层僧侣从事生产，还有寺院雇用的民间工匠，以及一些农民工匠自愿到寺院从事生产活动，地方官府有时候也役使寺院的工匠。

第三，在敦煌参与寺院生产劳动的各类工匠们的报酬，一般都是以实物为主，其付酬及领取形式受到敦煌地区及寺院本身的制约，也顺应当时商品经济的发展变化；另外，敦煌地区寺院手工业工匠的报酬，在吐蕃占领时期变化比较大，当时以实物报酬为主，是游牧民族统治下出现的特殊现象而非当时敦煌地区社会发展之常态。

第四，内地和域外手工业品的大量流入敦煌地区，为敦煌工匠汲取丰富营养提供了客观条件，但是敦煌地区寺院手工业的生产始终保持着自己的特色，敦煌地区寺院手工业工匠的创造性和地方特色均体现得比较充分。

第五，敦煌寺院的工匠在宗教场所从事社会生产活动，其宗教色彩与世俗特点并存，而且体现出明显的地方特色。

第六，敦煌寺院的工匠也是各个级别都有。与世俗手工业工匠基本差不多，既有报酬比较低的从事一般重体力的工匠，也有从事技术要求比较高的能工巧匠，还有从事寺院工程组织、设计和领导的高级工匠。

敦煌寺院的工匠是敦煌寺院的创造者，他们的辛苦劳动，他们的奉献和创造精神，谱写了敦煌历史的辉煌篇章，为我们留下了一笔可观的精神财富。

三、敦煌的个体工匠及其兼业

敦煌文献中，明确记载个体工匠的并不是很多。前两节官府和寺院的工匠役使与付酬记录中，可能有一部分是个体工匠，但我们无法辨别。从记载中分析，被称为"博士"（把式）的工匠大部分很有可能是个人身份的工匠，因为这类工匠一般都是雇请的，和其他工匠役使的情况有所不同，管理方面也不像官府或寺院那样严格。

敦煌文书北碱59《僧慈灯雇氾英振契》的记述：

寅年八月七日，僧慈灯于东河庄造佛堂一所，为无博士，遂共悉东萨部落百姓氾英振平章造前佛堂，断作麦捌汉硕。共佛堂对面壹丈肆尺，一仰氾英振垒，并细泥一遍。其佛堂从八月十五日起首，其麦平章日付布壹匹，折麦肆硕贰斗，又折先负慈灯麦两硕壹斗，余欠氾英振壹硕壹斗，毕功日分付。一定已后，不许休悔。如先悔者，罚麦参驮，入不悔人。恐人无信，故立此契，两共平章，书写为记。博士氾英振年三十二（押）见人僧海德。[1]

从这件文书看出，博士氾英振是一名个体工匠，他的身份可能是农民，有自己的土地和住所，平时从事农作，农闲时或有特别需要时从事手工劳动。这在中国古代被称作是农民的兼业，农民在农业生产的同时，以兼业的方式从事以交换和赢利为目的的手工业小商品生产、小商业经营、小雇佣劳动等。但一般认为这种现象是从宋代开始的。中国封建时代前期，士、农、工、商作为社会的主要成员，各自的职业固定，身份凝滞，界限分明。至少在汉代，四民分业不仅是一种分类

---

[1] 前引马德：《敦煌工匠史料》，第74页。

方法，而且是一项严格执行的制度。《后汉书》卷三九《刘般传》说：“是时下令禁民二业……（刘）般上言：‘郡国以官禁民二业，至有田者不得渔捕。今滨江湖郡，率少蚕桑，民资渔采，以助口实，且以冬春闲月，不妨农事。夫渔猎之利，为田除害，有助谷食，无关二业也。’”农民在农闲时捕鱼打猎，既“不妨农事”又“无关二业”，犹在禁止之列，可见四民之间界限森严。到宋代，时人王柏作有云：“今之农与古之农异。秋成之时，百逋丛身，解偿之余，储积无几，往往负贩佣工以谋朝夕之赢者，比比皆是也。”当然说宋代的农民与过去的农民完全不一样也是不对的。在传统的农业社会中，个体小农从来就不是纯粹的粮食生产者，男耕女织，农业和家庭纺织业紧密结合在一起，是传统小农的基本经济构成，这在宋代并无根本性的质变。但随着商品经济的发展，宋代农民的生产形式和经济构成毕竟出现了一些新的变化。在主要致力于粮食和衣类生产的同时，兼做小手工业者、小商贩、小雇工，已经不是个别的、偶发的特例，而是形成了普遍的、持续的发展势头。诸如“耕织之民，以力不足，或人于工商”之类的记载，可以屡见不鲜。表明现实生活中，从事兼业的农民越来越多了，农民的经济构成变得丰富、混合、多元化了，明显地出现了一个小农、小工、小商三位一体化趋势。但另一方面，中国古代社会自给自足的传统型生产模式，决定了农民自古就必须做一个一身数任、一专多能的劳动能手[1]。

　　敦煌文书《僧慈灯雇氾英振契》是吐蕃时期即唐代中期的文献，这说明敦煌地区农民的兼业至少在唐代就有。一般认为的商品经济发展的历史原因是一个方面，因为敦煌地区自古以来就是经济文化交流的中心地域，商品经济一直比较发达。但另一方面，中国古代社会自给自足的传统型生产模式，决定了农民必须做一个一身数任、一专多能的劳动能手。敦煌又地处偏远，生存条件也十分有限，不要说是官府和寺院，就是一些贵族豪门、官宦家庭有时候也需要像一个小社会一样，他们拥有的奴婢中不光是需要种地的人，还需要各类手工行业的“百工”，甚至乐艺，这就是贵族豪门之家拥有工匠的原因。但因为文献中基本未发现有豪强贵胄家族管理和役使自己拥有的工匠的记载，加上唐代后期大规模的“放良”活动，让许多奴婢身份的人获得了一定的自由，成为农民，有了自己的土地，但

---

[1] 李晓：《论宋代小农、小工、小商的三位一体化趋势》，《经济史研究》2004 年第 1 期。

又继续手工业劳动,"兼业"者更多。敦煌文书北剑 98《金银匠翟信子、曹灰子、吴神奴等三人状》也是一个典型的例子:

> 翟信子等三人,去甲戌年,缘无年粮种子,遂于都头高康子面上寄取麦参硕,到旧年秋翻作陆硕。共陆硕内填还,纳壹硕贰斗,亥年翻作玖硕陆斗,于丙子年秋填还,内柒硕陆斗,更余残两硕。今年阿(郎)起大慈悲放其大赦,矜割旧年宿债。其他家笠两硕,不肯矜放。今信子依理有屈,伏望 阿郎,特赐公凭,裁下处分。

> (判词)其翟信子等三人,若是宿债,其两硕矜放者。[1]

这里明显表示,翟信子、曹灰子、吴神奴三人是拥有土地的农民身份的金银匠,他们为了种好自己的那份土地,不惜用高利贷的方式从别人手中借取麦种,说明种地就是他们的本分。但又从三位金银匠同时借麦种,文书中又把他们金银匠的身份在这里特别表明一事看,他们似乎就是刚刚被"放良"出来的原属于贵族豪门家庭奴隶身份的工匠。

敦煌农民工匠兼业所依赖的,有的是微薄的资金,有的是手艺技术,有的则纯粹是体力。在打破了士族贵族地主占统治地位的庄园农奴制时代那种阶级结构、身份结构相对凝滞固定化的格局之后,不仅社会成员客观上拥有了在封建社会内部各阶级阶层、各种身份职业之间流动的自由,而且这种自由得到了政府政策上的承认。自由不是抽象的,而是具体的。处于社会基层、占人口绝大多数的农民通过兼业而闯出的这条自由之路,对于调整封建社会的内部结构,使之焕发出新的生机和活力。许多农民选择兼业的道路,深入挖掘自身劳动力的潜在能量,对于提高生产要素的利用效率具有重大的意义。兼业是农民的一种理性的选择、经济的选择。农民兼业又是受生产力制约在小规模经营的基础上衍生出来的必然选择。通过兼业获得的收入,对于农民弥补农业收益不足所造成的巨大缺口,缓和其拮据状况,增强抵御天灾人祸和承受官赋私债的能力。兼业拓宽了小农经济的生存空间,使之具有了更顽强的生命力。敦煌古代的农民工匠,就是这样一群多才多艺的劳动者。

---

[1] 前引《敦煌工匠史料》,第 58 ~ 59 页。

第四章
敦煌古代工匠与社会生活

　　由于敦煌古代手工业发达，产品种类繁多，工匠们的辛勤让民众生活丰富多彩。从敦煌壁画的描绘和敦煌遗书中所记载的各类手工业产品中就能看到这一点。

一、生产工具

　　敦煌中反映古代社会生活场景的壁画比较丰富。从十六国时期开始，敦煌石窟壁画中就出现了各种劳动工具和各种兵器。这些生产工具和军事兵器自然都是出于手工业工匠之手，反映了当时手工业技术的发展水平。国内外专家很早就注意到壁画中的兵器和家具，并从科学技术进步发展的角度进行了各方面的研究。王进玉先生对此进行了总结性的探索[1]。壁画中的兵器主要有刀、剑、矛、戈、戟、斧、弓、箭、盾牌、铠甲等，以铁器为主。而农具则包括了耕、种、收、运、打碾、储藏、加工等各个类别，如犁、耧、耙、镰刀、链架、扫帚、杈、簸箕、斛、斗、升等，其中唐代的曲辕犁、三角楼犁等为当时最先进的农业生产工具[2]。当然，壁画中还有一定数量的同时用于战事和农作的车辆、船只等[3]。

莫高窟第 454 窟耧犁

[1] 王进玉：《敦煌学与科技史》，甘肃教育出版社，2011 年，第 395 ~ 424 页。
[2] 王进玉主编：《敦煌石窟全集·科学技术画卷》，商务印书馆（香港）有限公司，2003 年。
[3] 马德主编：《敦煌石窟全集·交通画卷》，商务印书馆（香港）有限公司，2001 年。

莫高窟第 23 窟耕作图

莫高窟第 285 窟作战图

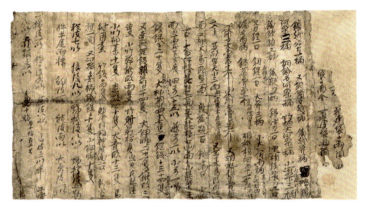

S2009《官衙交割什物点检历》

　　敦煌遗书中不见有专门记载兵器及家具的文献，我们也只是在一些官府和寺院的记账文书中零星地见到一些。但与壁画比较而言，无论品种和数量都远远超出。比如我们 P.3841v《唐开元廿三年（735 年）沙州会计历》就见到多处记载：

　　叁拾贰挺墨，柒节铜，阎信纳；轴肆条，承零壹，伍拾节铜，壹拾肆屯小绵，贰拾斤壹拾两麻，叁具斧，伍具拘索，伍口毛袋，壹具镰，陆屯大绵。壹拾肆屯小绵，贰拾斤壹拾两麻，叁具斧，……贰疋杂州小练，伍具拘索，伍口毛袋，壹具镰，已上张方纳；贰硕贰豆斗胜粟，张崇钦纳。贰拾玖事囤项并铁。……壹佰玖拾伍张枪，伍拾陆面弩弦，玖张戒祖弩弓，叁拾捌口陌刀，壹仟壹佰玖拾伍只弩箭，伍具钺斧，壹口铛，……壹口釜，壹口镬，叁佰玖拾斤熟铁，贰具剉碓关轴，陆只禾享，陆条索，叁乘车……[1]

　　很明显，这里记载的都是铁质的兵器和农具，而且其中少量的农具也可能是用于军事，包括后面的车辆。

　　S.2009 是一件首尾均残缺的《官衙交割什物点检历》：

　　（前缺）……花连袋子两个……

　　……袋子两个，黄皮袋两个……

　　镔越斧一柄，又细鍮石越一柄，铁越斧一柄，鸭角乌

　　阿朵三柄，细鍮石阿朵一柄，竹柄大阿朵一柄，小阿朵三柄，内一柄在司徒。

---

[1] 录文参见唐耕耦、陆宏基编：《敦煌社会经济文献真迹释录》第三辑，书目文献出版社，1990 年，第 415 页，有改动。

铁炼锤三柄，铁鞭四柄，银缠刀一口，黑梢铁装刀三口，

又刀锃一口，全刃锃一口在韩家□大斧三柄，尖斧两柄章久员斧不关数内

漏斤两柄，银叶骨卓一个，在令狐押衙身上，胡桃根阿卓一个，在流住

□鍮石大骨卓一个，小鍮石骨卓一个，又胡桃根阿小骨卓

一个，马头盘大小三而内一面□木在众官健又华木马头盘一

面，又柳木马头盘一面，熟铁瓶一口，温酒铫子两口，小铁

□一口，（中略）细弓一十五张，粗弓一张，小弓一张，

镔镝子二十只有鹘戎，大柳叶四十七只，纲镝子三十四只，两只在孔都保，

又达坦纲镝杂箭三十四只，大钾脚二十一只，大锥头三

只，小竹幹锥头两只，竹射箭拾具，内一具在憨溪，

小竹柳叶十一只，悉拔收心十只，大齐头十三只，马

射用画竹镝十四只，贴金行路神旗面一口，新火朱

旗一面，又阿朵贵端铁镝子十只，小钾脚十只。[1]

（后略）

以上农具及兵器，作为手工业产品，均出自各类工匠之手。从敦煌遗书的记载看，大部分的手工业产品都是出自敦煌本地工匠之手。

寺院文书中对一部分农具和兵器也有记载，农具主要用于寺院的农业生产，前贤在有关寺院经济的研究中多有论述[2]。而兵器可能是作为佛事活动的法器、道具存在，经常用于各类道场和祈福斋会；这在敦煌保存下来的斋愿文中有记载，敦煌壁画也多有描绘，日后尚需专门研究。

现藏俄罗斯、可能是出自莫高窟北区的小册子Дx02822《杂集时用要字》[3]，在"农田部第六"中，记载了犁耧、罨磨、桔槔、铁铧、碌碡、笪帚、扫帚、锹钁、杷杈 簸箕、栲栳、碓磑、莤刀、颺掔、镰刀、大斧、地软、梯挟、绳索、幡竿、夹耳等多种生产工具，显然都是出自各类工匠之手的手工业产品。这份文献的时代稍晚一些，但也是敦煌古代当地社会现状的反映，是敦煌的经济和民众生活方面的传承。

[1] 前引唐耕耦、陆宏基编：《敦煌社会经济文献真迹释录》第三辑，第53页，有改动。

[2] 姜伯勤：《唐五代敦煌寺户制度》，中华书局，1987年。

[3] 马德：《敦煌新本〈杂集时要用字〉刍议》，《兰州学刊》2006年第1期。

二、生活用品

　　生活用品指用于人们日常的衣、食、住、行等所使用的物品，都是由专门的手工行业加工和制造的。敦煌文献有关制造的记载不是很多，但有关使用的记载比较丰富。当然，相对地讲，最丰富的还是寺院留下的一些籍帐类文书。当然官府的文书也记载了些，如 S.2009 存：

　　狂皮七张，狼皮九张，野狐皮八张，□朸皮四勒，牛尾两株，豹皮一张，熊皮两张，大虫皮一张，狮皮一张，狢子皮一张，鹿皮八张，马皮三张半，牛皮八张，赤皮一张，纸四十贴，内十贴在人上。

　　这里记载的各类兽皮，在寺院的文书中不见记载，可能是官府的专用物资。

　　寺院籍帐文书中记载的家具最多的可分为三大类，一类是用于饮食的炊具和餐具，第二类是用于坐卧的床榻椅几等，第三类是用于盛装各种物品的柜箱函盒等。在寺院的点检历中明确为"家具"如 S.1624：

（前略）家具。中台盘子贰。小楪子三枚。花罇盛壹。黄花盛子壹。

花木盛子壹。黄花团盘子贰，故破。

破黑团盘壹。小黑牙盘子壹，无连蹄。赤

心竟盘壹。五尺花牙盘壹，无连蹄。黑木

盛子贰，在柜。箱壹叶，在柜。豆斗壹量。木盆大

小五，内壹在严护。五斗木盆贰。漆竟脚贰。

壁牙壹。隔子壹片，在北仓。桉板肆，内贰破。

木火炉贰。三尺牙盘壹面。踏床壹张。新

花团盘肆，在柜。木合子壹，在柜。花竟盘贰。

里楪子陆枚。黑木楪子拾枚，内五枚在前

所由延定真等不过，又五枚在智定等不过。花

楪子肆枚，在柜。银镂枕子壹，在柜。漆楪子

贰，在柜。四尺花牙盘子壹。花盘子壹，在柜。三

脚床子壹。黑木盛子壹。罇子壹，在柜。花

烈盛子壹。小黄花楪子贰，在柜。大不朽壹。

新漆椀壹，在柜。花椀拾枚，在柜。花盘子壹，

莫高窟第 55 窟三乘

莫高窟第 85 窟三乘

在柜。黑木楪子贰，在柜。花罇子贰，内壹破。

花楪子贰，在柜。蛮楪子壹，在柜。箱壹合，在

柜。小牙盘子壹。竞盘壹面。四尺花牙盘壹

面。白牙盘壹面。黑木槐子壹。花牙盘一面。

绿净牙盘壹面。又桵架壹，在北仓。花牙盘

壹面，在程阇梨。踏床壹张，在北仓。白花团

盘壹面，在柜。四尺花牙盘壹面。朱里椀

子五枚，在柜。朱里楪子玖枚，在柜。桵枷

壹量，在北仓。踏床壹张。木盆壹只三斗。黄花

竞盘壹，在柜。朱里椀子楪子拾枚，在

柜。黄花罇子壹。漆筋两双，在柜。（后略）[1]

又如 P.3161：

（前略）家具：柜大小拾口，内叁口胡戍像鼻具全，小柜壹，在

设院，食柜壹，在文智。汉镍壹具并匙，又汉镍两具，并钥匙，又胡

镍壹具并钥匙，欠在□净。又小镍子壹具并钥匙在印子下。

函大小柒口，又新附函壹，官绝（施）入，佛名壹部，又新附函壹，

智圆绝入，又拾硕柜壹口，又新附柜壹口，宗定入，像鼻

胡戍具全，又柜壹口在张上座，又柜壹口张德进折物入，

又柜壹口，又柜壹口智会折物入，胡戍具全，大木盆壹，

伍豆斗木盆壹，陆豆斗木盆壹，小木盆壹，大木槐子壹，高脚

火炉壹，小木椀子壹拾枚，内壹欠在惠诠，肆个僧政众矜放用欠在智山，叁

个袜悉罗，

壹欠在智山，壹欠在大善，花花牙盘贰无连提，又牙盘壹，又三尺花牙盘壹，

高脚

盘壹，大木杓贰，小木杓子壹，面秤壹具，并秤厨，鼠皇

秤壹并秤厨，肆尺牙盘壹，又花牙盘壹，□大案板壹，

大牙床壹，新附牙盘壹张，禅入大床拾张，跋落子壹，在……

[1] 前引唐耕耦、陆宏基编：《敦煌社会经济文献真迹释录》第三辑，第 19 页，有改动。

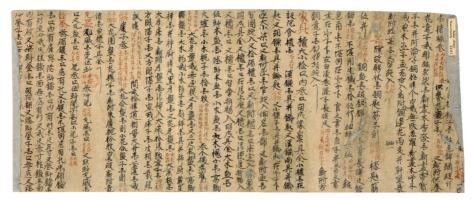

P3161 某寺点割历

方眼隔子壹，又方眼隔子壹，宣戒床子壹，皮相壹，载磑

训肆，大头训在高法律，小头在僧政处，壹在张第七郎。间贰拾肆道，捌量大斧壹安湛壹，贰

□子叁，壹在□法律壹在僧政。大花合盘壹副，小花合盘子壹副，

大花团盘壹，花槐子壹，新附朱履椀拾枚，内壹破，新附竟价壹兼柜子具全。（后缺）[1]

文书记载的部分家具，如床、椅等，在石窟壁画中有描绘[2]。

以床为例，文献记载名目较多，除上文大床、大牙床外，还有"胡床""六脚大床""莲花大床"等。反映了生活用品兼容、并存的多样化，和敦煌本地手工业者吸收和借鉴外来技艺为我所用。

铜铁器和瓦器在寺院文书中单列记账，但实际上也属于家具类。如 P.3161：

7 铜铁器，肆故仗壹，铜匙筋壹副；榛匙筋

8 五并□欠在内 壹欠在大善 铜盆壹；破铜罐壹；□□壹量；长肆尺锯

9 错壹在高法律，不堪用，生铁壹拾伍斤。细纸叁贴；杂

10 色壹色，不堪用，在印子下；官文书壹角子并当文书

11 并在印子下。古白练叁条子，长肆尺内叁尺欠在……新附方

12 铜镜子壹，刘僧政施入。

---

[1] 前引唐耕耦、陆宏基编：《敦煌社会经济文献真迹释录》第三辑，第 39 页，有改动。

[2] 杨森：《敦煌壁画家具图像研究》，民族出版社，2010 年，第 1～50 页。

31　瓦器　瓦盛壹，受五斗欠在智山；叁斗□欠在口净；瓦盛壹口……；又玖斗瓦盛壹

32　口；又瓦盛壹口欠在大善；江瓦叁口，受五斗，□子壹口；小□子壹口。

33　铛釜　叁硕镬壹口，底有孔；又小镬壹，不堪用，底有孔；壹硕铛

34　壹口，内有雇路；陆斗铛壹口，内有裂壹尺五寸；又叁斗□壹

35　口，裂至心；贰尺柱□壹面，无底、有裂；又贰尺叁寸柱□壹面。

36　内有破；又柒斗釜壹口，破在梁；又陆斗釜子壹口，无底；又陆

37　斗釜子壹口……（后缺）[1]

S.1776 的家具中包含了餐具炊具、函柜以及瓦器等：

19　家具　中台盘贰；小樏子叁；花罇子壹；花□子壹；黄花团盘

20　贰；故黑团盘壹；小黑牙盘壹，无连蹄；赤心擎盘

21　壹，在恒子；五尺花牙盘壹面，无连蹄；黑木□壹；花□

22　壹，无盖；箱壹叶，在柜；斗壹量；木盆大小肆；伍斗木口

23　贰；漆擎子脚贰；壁牙壹；案板贰；木火炉贰；叁尺

24　花牙盘壹；踏床壹张；新花团盘肆，在柜；又花擎盘贰，

25　内壹在柜；朱里楪子陆枚；又花楪子肆，在柜；银镂枕子（中缺）

26　函柜　柜大小壹拾贰口，内贰无象鼻，三口象鼻胡

27　戌俱全；四尺新踏床一张；古破踏床壹张除；

28　大床肆张，内壹在妙喜；床梯壹除；拓壁两条，

29　内壹破；又五石柜壹口；员定经函壹，破；赤

30　椀壹；程阇梨施两石柜壹口，故。

31　瓦器　瓮大小拾壹口，内三口在北仓；□大小肆口，内两口

32　有裂；细项瓶子壹口；肆斗瓦盛壹口；严忍入

33　□两口，内壹破，内壹在智定伴；曹法律入乾

34　盛瓮两口，内壹在邓阇梨；瓦盛壹口；程阇梨施入

35　瓦盛壹口、□壹口[2]

[1] 前引唐耕耦、陆宏基编：《敦煌社会经济文献真迹释录》第三辑，第 39 页，有改动。
[2] 前引唐耕耦、陆宏基编：《敦煌社会经济文献真迹释录》第三辑，第 253 页，有改动。

寺院文书记载的生活用品中最为丰富的还是包括衣物在内的纺织品。如P.4640《己未年－辛酉年（899–901 年）归义衙内破用纸布历》中关于布的部分：

四月五日，衙官王留住傅处分，楼上纳细布壹疋。六日，衙官尹进子傅处分，楼上纳细布壹疋。同日，支与员外春衣细布壹疋、粗布壹疋。十二日，衙官张文建傅处分，楼上纳细布壹疋。十四日，支与纸匠造洗麻幞粗布粗壹疋。廿七日，支与押衙罗文达助葬粗布三疋。……七月十三日，衙官李文德傅处分，支与张使君粗布贰疋。十六日，衙官张清清傅处（分），楼上纳粗布壹疋。廿日，奉判支与员外男僧助葬粗布两疋。同日，支与退浑悉　没藏身死支粗布壹疋。……已前诸处计用得粗布柒佰肆疋壹尺，细布壹佰柒拾玖疋三尺，粗细都计用得捌佰捌拾三疋肆尺。又诸杂破免文状计布壹拾伍疋贰丈。余残合见管库内数目，具在别状。

从这份文献中可以看出，官府有关布的收入与支出。但记载中只有接收纳布的官员的记载，而没有纳布人的姓名。这些没有留下姓名的纳布人就是他们所交纳的各种粗细布疋的生产者，应该是官府管辖下的纺织户和专业纺织业者。支出的布用途各异，其中与其他手工行业有关者为去给纸匠用于再加工生产的粗布，提供了各行业工匠之间的协作信息。

S.1776 记载的毛绵织物的床上用品

36　毡褥　贰色氍毹两条，内壹条在柜；新白方毡

37　五领；新白毡五条；旧白毡两领；故花

38　毡壹领；绣褥壹条，在柜；王都维施入褥壹条、

39　蕃褥壹条；黑毡条贰，内壹在北仓；使君入

40　花毡壹领；妙惠花毡壹领；张阇梨蕃褥

41　壹条；□羊毡两条除；青花毡两领；白毡

42　条壹；白方毡壹领；程阇梨白毡壹领；政

43　修白毡壹领；真如白毡壹领；阴家善来入

44　白毡壹领；铠户康义盈、李粉堆贰人折债

45　各入白毡两领。[1]

---

[1] 前引唐耕耦、陆宏基编：《敦煌社会经济文献真迹释录》第三辑，第22页，有改动。

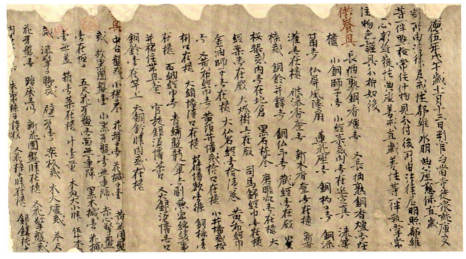

S.1776 点割历

S.4609《宋太平兴国九年（984 年）十月邓家财礼目》对敦煌当时的精细纺织产品的记载很是引人注目：

1 邓家财礼目。

2 碧绫裙壹腰、紫绫襕裆壹领、黄画被子一条，三事

3 共壹对。红罗裙壹腰、贴金衫子壹领、贴金礼巾

4 壹条，三事共壹对。绿绫裙壹腰、红锦襕裆壹领、

5 黄画被子壹条，三事共壹对。紫绣裙壹腰、紫

6 绣襕裆壹领、紫绣礼巾壹条，三事共壹对。又红罗

7 裙壹腰、红锦襕裆壹领、黄画被子壹条，三事共

8 壹对。又紫绣裙壹腰、绣襕裆壹领、绣礼巾壹条，

9 三事共壹对。又绿绫裙壹腰、红锦襕裆壹领、银

10 泥礼巾壹条，三事共壹对。沙沙那锦壹张、青锦

11 壹张、红锦两疋、绣锦壹疋、白罗壹疋、紫罗壹疋、绮正

12 绫壹疋、楼机绫壹疋、生绢两疋、红锦被两张、非（绯）锦被

13 壹张、紫绮褥壹面、非（绯）锦褥壹面。

14 布緤壹玟壹玟、联盏壹副、油酥肆驮、麦肆载、羊二口、

15 驼贰头、马贰疋。

16 右前件物至渐寡薄，实愧轻微，聊申

彩绘剪纸五佛冠

17 亲礼之仪，用表丹诚之恳，伏垂亲家翁容许

18 领纳，谨状。

19 牒件状如前，谨牒。

20 太平兴国九年十月日表□节度都头知衙前虞候阎章仵牒[1]

又，P.3440《丙申年（996年）三月十六日见纳贺天子物色人绫绢历》也比

较特殊：

1 丙申年三月十六日见纳贺天子物色人：张僧统白小绫子壹疋，

2 陈帐吏白小绫子壹疋，安镇使白楼绫壹疋，阴校拣绫子壹疋，阎

3 判官绢壹疋，索判官绢壹疋，永兴库官黄绫子壹疋，阴孔目白

4 绫子壹疋，罗县令楼绫壹疋，安都知绯绫子壹疋，田羊司绯绢壹

5 疋，曹都知黄绢壹疋，张孔目白绫子壹疋，都头安珂敦白绢壹疋，

6 住德邓库官白绫子壹疋，小尚书楼绫壹疋，慕容都衙白透贝壹疋，楼

7 绫壹疋，翟衙推小绫壹疋，仆射楼绫壹疋，张都知黄绢

8 壹疋，令狐愿德都头缬缬壹疋，阎都衙黄绫子壹疋，永绍都

9 头白绢壹疋，翟县令楼绫壹疋，翟四大口绫子壹疋，高

10 酒司黄绢壹疋，氾马步白绫子壹疋，张游弈黄绢壹疋，

11 大尚书白绢壹疋，碧绢壹疋，邓作坊白练壹疋，索僧统楼

12 绫壹疋，安都牙绫子壹疋，氾草场黄绢疋，司徒楼绫壹疋，

13 顺兴阴都头绯绢壹疋，李游弈紫绢壹疋，程校授黄

14 绢壹疋，义长都头白绢壹疋，曹定安、阎都头白绢壹疋，索

---

[1] 前引唐耕耦、陆宏基编：《敦煌社会经济文献真迹释录》第四辑，第6页，有改动。

15　指挥白绢两绢两疋，都头马盈子绯绢壹疋，却付换去，却纳黄绫子壹疋，清子都头黄绢壹疋，却付官绫换去

16　邓马步白绫子壹疋，韩都衙缬缬壹疋，曹库官楼绫子

17　壹疋，吴孔目楼绫壹疋，索营田黄绫子壹疋，阎游弈黄

18　绢壹疋，都头王员会白绢壹疋，却付田安德送去，却将白绫子壹疋，张柴场白绢壹疋，二仓曹

刺绣集锦

19　白绢壹疋，阎僧统白绢壹疋，却付换绫子，邓都牙楼绫壹疋，阴都牙

20　楼绫壹疋，都僧正黄绫子壹疋，都头令狐清子白绫子壹疋，

21　宋孔目白绫子壹疋，张僧录黄绫子壹疋，荆镇使白绫子壹疋，

22　曹都知黄绫子壹疋，高都知黄绢壹疋，丑子索都头黄

23　绢壹疋，太子大师楼绫壹疋。[1]

　　无论是前者关于民众家庭生活方面的礼尚往来，还是后者国家庆典方面的交纳供奉，都展示了敦煌地方丝绢类纺织品的丰富多彩和纺织技艺的高超。敦煌古代纺织业的繁荣盛况可见一斑[2]。

---

[1] 前引唐耕耦、陆宏基编：《敦煌社会经济文献真迹释录》第四辑，第16页，有改动。

[2] 前引王进玉：《敦煌学与科技史》，第438页。

Д x 02822《杂集时用要字》专门有"衣物"与"器用"部类记载生活用品（录文依原页码行）：

衣物部第三

4－7	绫罗	纱线	疋段	金线	紧丝
5－1	透贝	开机	川纱	索子	线紬
5－2	绵贝	剋丝	縜帛	荆线	絣金
5－3	蟠线	京纱	圈纱	隔织	纈罗
5－4	线罗	川锦	式样	公服	披袄
5－5	缬栏	袄子	褙心	褙子	掩心
5－6	汗衫	衬衣	毡袴	腰绳	束带
5－7	皂衫	手帕	罗衫	禅衣	绰绣
6－1	大袖	伽袋	绣袴	绣祐	宽袴
6－2	窄袴	袈裟	靿头	丝鞋	朝靴
6－3	木履	草履	靿靳	披毡	睡袄
6－4	征袍	三祐	褐衫	毡靿	毡袄
6－5	煖帽	头巾	掠子	幞头	帽子
6－6	冠子	合子	束子	钗子	鈚子
6－7	钏子	鋌子	镜子	鐶子	翦子
7－1	箱子	笼子	筐子	柜子	匣子
7－2	珍珠	璎珞	海蛤	碧钿	玛瑙
7－3	珊瑚	珞珲	金银	琉璃	砗磲
7－4	琥珀	玻璃	瑜石	铜铁	锡镴
7－5	钗花	火锥	鈚花	篦梳	木梳
7－6	假玉	卞玉	无瑕	绣复	被衣

（中略）

20 — 4	器用物部第十一				
20 — 5	表纸	大纸	小纸	三抄	连抄
20 — 6	小抄	银椀	纸马	折四	折五
20 — 7	匙筋	灯草	金纸	银纸	镶纸
21 — 1	京纸	虁椀	虁棕	瓶盏	托子
21 — 2	杓子	酒罇	酱橛	熨斗	铇子
21 — 3	垒子	注椀	柳箱	木槛	拂拭
21 — 4	针线	尺秤	度量	铁铛	筛子
21 — 5	毛连	衣袋	尘设	缴壁	帐薄
21 — 6	屏风	条床	馞床	棹子	榆柴
21 — 7	芨草	碾草	马蔺	床穰	柴炭
22 — 1	雨伞	扇子	巾子	金觥	王罕
22 — 2	交椅	筞篱	连袋	索子	麻线
22 — 3	灯椅	蒲苫	箪子[1]		

可以说，这份稍晚一些的文献对敦煌古代的生活服务器的记载有一定的总结性。

三、文化用品

在前面所引 S.2009《官衙点割历》中，有"大白汗格琵琶一面，又大琵琶两面，小琵琶三面内一面在吴安庆"，这是官府用于娱乐和庆典的乐器。在 Д x 02822《杂集时用要字》"音乐部第九"中记载了当时流行于敦煌地区的一些乐器名称：

14 — 5	龙笛	凤管	蓁筝	琵琶	弦管
14 — 6	声律	双韵	嵇琴	筚篥	云箫
14 — 7	箜篌	七星	影戏	杂剧	傀儡

---

[1] 马德：《敦煌新本〈杂集时要用字〉刍议》，《兰州学刊》2006 年第 1 期。

15－1	舞绾	柘枝	宫商	丈鼓	水盏
15－2	相扑	曲破	把色	笙簧	散唱
15－3	遏云	合格	角徵	欣悦	和众
15－4	雅奏	八佾	拍板	三弦	六弦
15－5	勒波	笛子[1]			

敦煌遗书中记载的乐器使用情况主要是斋会、庆典一类活动；敦煌壁画中的乐器图像十分丰富。这方面已经有了重大的研究成果[2]。但当时敦煌地区使用的乐器是否本地工匠所造，尚无明确记载。但从佛教斋会和各类文化活动看，乐器的种类繁多，使用频率也相当高。

P.4640《己未年－辛酉年（899-901年）归义衙内破用纸布历》，这里选取庚申年（900年）正月一个月的收支情况为例：

纸破用数〔前略〕

132 庚申年正月四日，押衙张崇景傅处分，楼上纳细纸壹贴。

133 六日，衙官张庆子傅处分，支与邑归镇使杨神海细纸

134 壹贴。七日，支与都押衙曹嗣细纸壹贴。九日，都押衙罗通达

135 傅处分，支与新城镇使张从武细纸壹贴。十日，支与员外细纸三

136 贴、粗纸两贴。十一日，开口支钱财粗纸壹贴。同日，宅内营

137 亲支造楼子粗纸壹贴。十二日，都押衙罗通达傅处分，

138 支与常乐县令安再宁细纸壹贴。十三日，支与赛祆画纸

139 叁拾张。十六日，都押衙罗达傅处分，楼上

莫高窟第454窟博弈图

[1] 马德：《敦煌新本〈杂集时要用字〉刍议》，《兰州学刊》2006年第1期。

[2] 郑汝中：《敦煌壁画乐舞研究》，甘肃教育出版社，2002年。

纳细纸壹贴。廿

　　140　日，都押衙罗通达傅处

分，楼上纳细纸陆贴。同日，籍

　　141　田支钱财粗纸壹贴。廿

六日，押衙张留子

　　142　傅处分，楼上纳细纸壹贴。

廿七日，支当司抄录粗纸壹贴。廿

　　143　九日，支与押衙氾英信

上神画纸贰拾张。同日，衙官张

文晟

　　144　傅处分，楼上纳大细纸

壹贴。同日，都押衙罗通达傅处分，

　　145　楼上纳大细纸壹束。同

日，支与押衙张安仵粗纸两贴。[1]（后略）

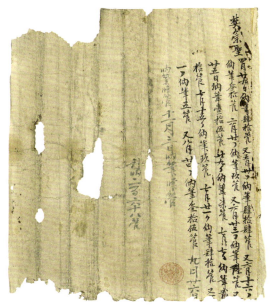

S.4411 樊崇圣纳笔账

　　这里详细记载了纸的种类和收纳、支付情况。从种类看，主要分粗纸和细纸，
这两种纸应该都由敦煌本地所产。敦煌有专门的纸匠，这已经是敦煌遗书和敦煌
壁画中都有明确记载的。但这份文书记载的缴纳情况，只有收缴人而没有缴纳者，
即生产纸的匠人或纸户，不能不说是一大遗憾。

　　而造笔文献的记载虽然不多，却明确记载了纳笔人的姓名，如 S.4411：

樊崇圣四月二十九日纳笔肆拾管。又五月卅日纳笔肆拾管。又，六月十六日。

纳笔叁拾管。六月廿日纳笔玖管。又，六月二十三日纳陆拾管。又，

廿五日纳笔壹拾伍管。廿九日纳笔柒管。七月七日纳笔贰

拾管。七月十五日纳笔玖管。七月廿一日纳笔肆拾管。又，廿

一日纳笔伍管。又，八月廿四日纳笔叁拾伍管。九月廿六日

纳笔肆管。十一月三日纳笔肆管。

计纳二百六十八管。[2]

---

[1] 前引唐耕耦、陆宏基编：《敦煌社会经济文献真迹释录》第三辑，第253页，有改动。

[2] 前引马德：《敦煌工匠史料》，第67页。

作为文化用品之一的毛笔，只发现一家造笔的市域，但从缴纳的毛笔数量看，不到半年时间上交 268 管毛笔，用量还是相当惊人的。而这里关键的一点，就是这毛笔也是敦煌本地匠人造出来的。

四、佛教用品

寺院文书记载得最多的还是佛教用品。首先是供养具类最为丰富。如 P.3432 就是吐蕃时期敦煌龙兴寺专门记载佛像、供养具和写经数目名称的一件，其中供养具部分如下：

龙兴寺卿赵石老脚下依蕃籍所附佛像供养具并经目录佛衣及头冠等数如后：
（中略）

佛帐内当阳脱空金渡像壹，并艳座，长三尺，其座上菩萨声闻（像）

捌事园遶。大莲花佛座，长两讬，及上方座肆重，并降桥金渡。佛帐

额上金渡铜花并白锯花三面，画垂额壹。佛头上铁伞子壹，少许金渡

座上铁菩提树贰。金铜阿弥陀像壹，并艳座三尺。药师琉璃金铜像

壹并座三尺贰寸。金铜阿弥陀像贰，各长贰尺肆寸，并座。又贰尺贰寸

壹。又无座像壹，长贰尺。金铜菩萨壹，并座，长贰尺。画布观世音像壹，

长壹箭半。金铜声闻像壹，并座，长贰尺。药师琉璃金铜像壹，并艳座，

长壹尺捌寸。周鼎佛堂内铁莲花树壹，柒曾千佛园两讬。集圣绢

像壹，白练画色绢缘，长壹丈柒尺，阔长壹丈壹尺五寸。故末禄绁画观

世音像壹，长六尺，阔贰尺，色绁缘。布画千佛像壹，色布缘，长玖

尺五，阔柒尺。佛屏风像壹合陆扇。绣像壹片方圆伍尺，生细腻弥陀像

壹，长肆尺，阔叁尺壹雨。绣阿弥陀像壹，长三箭，阔两箭，带色绢。末禄

緤绣伞壹，长壹（丈）柒尺，阔壹丈，无缘，新。四天王绢像肆，色绢里，

长壹箭

半，阔贰尺，故。（以下省略……）经秩二百八十八个。

福法物内祈写汉大般若经壹部，陆佰卷。其经现在。僧尼八戒各一卷。

佛衣及头冠数如后：佛头观铜渡金柒宝钿并绢带壹，又头冠壹，锦

绣马宾带陆，长两箭四指，阔三寸，并有金铜杏叶壹拾伍并子光下絛。

故佛衣大像袈裟，表杂色绢，并贴金铜花庄严绵绸里，锦缘周园

拾箭，壹。又佛衣，锦绸里，锦缘金水庄严，周园六箭，故。故菩萨绯绫

披，并有绣花色绢里锦缘及锦绢带，周园陆箭，真珠庄严，壹。又

菩萨披，锦表，绢里，高梨锦并紫绢缘，长陆尺伍寸，阔肆尺，壹，故。又

菩萨衣

壹，绫锦衣，色绢里，高离锦及真珠柒宝缘，色绢带，长肆箭，阔两

箭。故阿难袈裟壹，草绿地，曲尘叶相，长柒尺，阔陆尺。又迦叶袈裟

壹，黄绢地，紫緤叶相，长柒尺，阔陆尺。故墨绿绢褊衫壹并带。

阿难裙，杂锦绣并杂绢补方，并贴金花庄严，番锦缘，及锦绢沥水，

长肆箭，阔两箭，贰。迦叶故绢褊衫壹，并带，其绢色像似删纳。

金刚裙贰，故绯绫表，色绢里，紫绢缘，长肆箭半伍，阔两箭。故四福

锦绢幢壹，罗锦绣者舌。又四福故幢贰，杂色罗表，色绢里，高

梨锦屋并者舌锦绣罗带木火珠。又故汉幢壹，杂色罗表，色绢

里，锦屋罗锦绢者舌带。又肆福罗表、绢里、高离锦屋幢壹，毡锦绣

者舌并带。故不堪受用，杂色罗表、色绢里、锦屋幢壹。伍福罗锦绢者

舌并带。祈高离锦表色绢里伞壹，红绢裙并丝悬针线袋罗网

并金铜杏叶庄严周园柒箭，在行像社，故小白绫伞贰，色绢者舌，周园壹箭

半。故生绢画幡贰拾肆口，长柒尺，并有连提。故珠幡贰，又小珠幡贰，

不堪受用。又故金花幡三，不堪受用。金渡紫绢佛帐额，长壹箭半，阔

壹尺，肆条。故绯绣罗额长壹箭半。白绣罗额两段，壹箭半。故画

布幡拾壹口各长陆尺。故高离锦经巾壹，色绢里，四方各长壹箭半。

又细画布经巾壹，长三箭壹指，阔两箭半。木经案大小共贰。绯绢

经巾，色绢里，白练画缘，长两箭，阔壹箭半，不堪受用。又经巾壹，

花罗表，红绢里，长壹箭半，阔三尺伍，不堪受用。故黄绢额，长壹丈

三尺，不堪受用。金花陆两盏银盏壹拂临样（角）。散金肆钱（角）。拾捌窠锦

□壹张。金铜莲花陆支，并干及座。大铜金渡叟四脚香炉花叶有上

宝子三个。长柄铜香炉壹拾两并香查。铜叠子壹拾肆枚。

汉小镜壹，三两。又小镜壹，贰两。又金铜香炉壹并木油香查一。

钟壹口，周围肆箭半，长壹箭半。舍利塔相轮上金铜火珠壹。铁

P2613《唐咸通十四年正月四日沙州某寺交割常住物点检历》局部

索肆条，长拾肆讬。铜铃贰佰枚。壹拾三两铜钵盂贰。杂

色绢路袋壹，方圆壹箭，圣僧座绣褥壹，青绢里，高离锦□（缘），

方圆壹箭，故。又故圣僧座三，绢表布里，有金线庄　方圆各壹□。

高离锦毡褥褥两条，各长捌尺，阔肆尺。供养绯□毡

锦缘里褥，长捌尺，阔肆尺。又供养捌尺毡壹绯

　　绢里　（后缺）[1]

P.2613《唐咸通十四年（873年）正月四日沙州某寺交割常住物点检历》中也记载了大量的供养具：

1　咸通十四年癸巳岁正月四日，当寺尊宿刚管徒众等，就库

2　交割前都师义进、法进手下，常住方番像、幢伞、供养具、铛锇、铜铁、

3　函柜、车乘、毡褥、天王衣物、金银器皿，及官疋帛纸布等，一一

4　点活，分付后都唯法胜、直岁法深，具色目如后。

（中略）

32　破错菜（彩）经巾壹，紫绢绯绢里。故破花罗经巾壹，不堪用。错彩

33　绢幡拾口。大食柜两口。贰拾硕柜壹口。文书函子壹。木白像

34　壹。细竹兼子壹。大箱壹镤。手巾木架子壹。大铁秤锤壹。

35　破氊毛壹不堪用，次籍除。　壹口，在邓寺主房，贰拾伍硕。破碎绯毡

连袋壹。木火炉

---

[1] 前引唐耕耦、陆宏基编：《敦煌社会经济文献真迹释录》第三辑，第2页，有改动。

36 壹。杂药壹裹子，在印子下。故破绯绢贰丈，不堪用。绫锦针毡壹。深漆

37 木花壹。深漆叠子壹。等身布幡三拾口。壹幅半紫绢伞壹。

38 漆香奁底壹。秋木函子壹，无盖。白绫幢贰，绯绢里。司马锦毒

39 一。又白绫幢壹，绯绢里曲陈绢裙。瑠璃屏子壹双。白玛瑙珠贰，

40 无孔。绯地青花鸟毛锦壹，壹拾三窠，上有蠡孔壹佰玖拾三。小

41 锺壹口，在奉唐寺。司锦项菩萨幡捌口。黄绢浴祥贰。白沙壹丈陆尺。

42 壹硕木盆壹。伍色缳食单壹，无缘。小经桉壹。大布幡伍口。

43 鹿罗圈壹。紫单绢伞壹，杂绢裙。小布幡拾口。小白绫伞壹。

44 绯绫单伞壹，曲陈绢者舌。大箱壹合。红绫大幡额壹，长肆拾

45 肆尺伍寸。番锦腰杂汉锦夹缬者舌，花带伍拾肆。白绢曲陈绢

46 带伍拾三。大白绣伞壹，白布里，长壹丈三尺，阔壹丈。龟具青

47 绫裙、红锦腰，阔伍寸。司马锦里杂色绢柱子玖拾柒枚，各长壹

48 尺玖寸。绯绢带玖拾陆双，各长贰尺贰寸。白绫者舌玖拾陆。里面杂

49 色柱子玖拾肆，各长壹尺玖寸。杂色绢带玖拾伍双，长贰尺贰

50 寸。白绫者舌玖拾伍，并画木争壹副。紫绢单伞壹，每面各长

51 壹箭半，紫绫者舌。肆拾伍尺大绢幡三口。破碎漆叠子贰拾壹。

52 大铜莲花贰，并轩。里弟遊队纸屏风面壹副，在马寺主。金花小漆禄

53 子壹合，全。贰拾辐车脚壹具，内壹全，无钏。等身彩破碎绢幡

54 三拾口。青贰色绫单伞壹。大铜盆壹，两耳。桉架壹，在邓寺主。

55 羊印壹。错彩绢幡柒口。紫檀鼓腔壹，在音声。小银泥幡子伍

莫高窟第 159 窟维摩变局部

56 口，在索僧政院佛帐子内。伍色褐食单壹条。生铜香炉壹条，阙尾。等身

57 银泥幡贰拾肆口。破碎生绢菩萨幡贰拾肆口。青绢小方伞子贰，

58 罗锦者舌。小布拾口。银香炉壹，贰拾肆两，并银师子。柒两弗

59 临银盏壹，并底。三两肆钱银盏壹。肆两伍银盏壹。肆两

60 银盏壹。弱金肆钱，在印子下。鍮石香宝子贰，内壹阙底。大

61 金渡铜香炉壹，肆脚上有莲花两枝，并香宝子贰及莲

62 花叶。木白像子上有莲花埵、铜悉罗、并盖、铜讲桥肆片。

63 蜀柱子捌，勾子陆片，铜柱子柒，首头柒。敦（熟）铜叠子壹拾肆。

64 大铜锺壹口。独织锦经巾壹拾捌窠。铜军冶壹。生铜洒瓶壹。

65 大铜瓶壹。胡锁壹具，并钥匙。胡锁腔壹。汉锁壹具，并钥

66 匙，在张僧政。小柜子壹，无盖。在张僧政。故破牙盘壹，无脚。捌尺大牙

67 盘壹，无脚。伍硕柜子壹口，在灯司。大柜壹口，在修造司。小柜壹口，

68 （在）行像司。又大小柜肆口。生铁大火炉壹，破碎不堪用，再写煮油铛用，

69 次籍除。经桉贰。青布幔天壹，长丈伍，陆幅。天王像子肆，各长

70　肆尺柒寸。大绢幡壹拾肆口，各长肆拾玖尺。壹拾玖尺布幡壹拾

71　柒口。千佛布像壹。织成像壹，白绢里，青绅缘。緤像子壹。画

72　布像壹。白绫圆伞子贰，杂绢者舌。菩萨幡贰拾贰口，各长玖尺。红

73　绫大伞壹。紫绢裙，长肆尺，在何上座。菩萨绢幡壹拾捌口。壹角小伞

74　子壹拾肆。紫绫幢壹，曲陈绢裙，紫绢里。壹角紫绢伞子壹。

75　青缬子香查褥壹，氈俆。破镔钵盂壹。紫丝网子三条。三脚

76　鍮石盖子壹。壹升铜灌子壹，并□，在张僧政。青绫小褥三，绌

77　里。龙须席壹。熏笼贰，内壹无盖。壹豆斗磁凳壹。磁枕子

78　壹。木着漆香印壹。铁杵臼壹副。生铁小锁子壹，三片。破圣

79　圣僧盘壹。绯地毛锦壹，捌窠，破碎。贰拾窠鹿（绿）花毛锦壹，破。

80　青绣幢裙陆。珠绳腰，并青伞子贰。食柜大小三口。绯绫绣

81　褥壹。舍利塔子壹。曲陈单伞壹，长肆尺伍寸。盛佛衣漆禄壹

82　合。坛锦伞壹，每面长三尺，白锦缘。青绢裙，杂绢者舌，上有金渡

83　花伍枚。绣像壹片。单曲陈绢伞壹，长伍尺，绯绢裙，在道哲。绯

84　绢夹经巾肆，每面各长壹箭，阔肆尺。经桉壹。影灯面像三，破。大

85　银泥幡贰拾口。绯绫伞壹，曲陈绢裙，绯绢里，紫绢者舌，长陆尺。

86　肆拾玖尺大绢幡壹拾柒口。绯绢伞壹，黄绢者舌，每面各长三尺。

87　曲陈单伞壹（经架孔），绯裙，长壹箭。又曲陈绢伞壹，绯紫者舌，每面
各长

88　壹箭。壹角曲陈绢伞子伍。壹角绯伞子贰。白绢伞子壹。

89　阿弥陀瓶,风壹合。等身银泥幡壹拾贰口，内伍口，在前孙都师。黄夹缬大伞

90　壹，草绿绢裙，周围壹丈肆尺。红绅伞子壹，绣伞子壹，绯绢

91　者舌，夹缬带。金渡生铜脚伍。汉锁壹具，并龠匙，在库门。又汉锁壹具，

92　在何上坐。瑟瑟壹，在官印子下。生绢千佛像壹。壹角小伞子壹。生绢
卢舍那

93　像壹，紫绢缘。贰胜生铜钵壹。壹角绯绢伞子三。草绿单伞壹，

94　紫绢缘。深漆叠子壹拾壹。士心衦（秤）笙壹。紫绢单伞壹，紫绢裙，
绯者

95　舌。青绢伞子壹，每面长贰尺。等身错彩绢幡壹拾伍口。故破

96 错彩绢幡三拾柒口。草绿绢单伞壹,长壹箭半。夹缬幡伍口。紫

97 绫幢贰,紫绢里司马毒。珍珠壹佰陆课(棵),银珠贰拾陆,金渡铃子贰,

98 并在函子内印子下。壹角杂绢伞子伍。夹缬伞子壹,曲陈者者(舌)。紫绫

99 伞壹,绯绢里,青绢裙,杂色柱子。绯绢伞子壹。司马锦伞子贰,青

100 里,绿绢裙,各长壹箭半。绯绫幢贰,草绿里,白绫毒。大红

101 番锦伞壹,新,长丈伍尺,阔壹丈,心内花两窠。又壹张内每窠各师子

102 贰,四缘红番锦,伍色鸟玖拾陆。青吴绫裙,长贰丈三尺伍寸。红锦腰,

103 阔肆寸,青夹缬里,每面杂色柱子肆拾枚,阔肆寸,长壹尺伍寸。贰色

绢带

104 肆拾双。白绫者舌肆拾枚,每面杂色柱子拾枚,又青吴绫壹,长贰〔后

缺〕[1]

在这份文献的中间,记载了"生铁大火炉壹,破碎不堪用,再写煮油鍋用,次籍除"。说明已经报废的生铁铸大火炉的处理,回炉重新冶炼并铸造其他用具,并从原有的财产记录中除去其名。管理制度十分完善,也反映出手工业方面的废物利用与原料来源、铸造(泻)技术,即等一系列与工匠(铁匠)相关的问题。而"破碎氈毛壹,不堪用,次籍除"。则直接报废除籍,不存在回炉与废物利用的问题。

S.1774《后晋天福七年(942年)某寺法律智定等交割常住什物点检历状》记:

1 天福柒年壬寅岁十二月十日,判官以当寺徒众等就

2 库内齐坐交割前所由法律智定,都维

3 保相、寺主永定性、典座保定、直岁戒性等一伴

4 点检分付后所由法律戒圆、都维坚固定

5 寺主□□,典座永明、直岁□证等一伴,

6 一一谐实,具列如后:

7 供养具 长柄熟铜香炉贰,内壹在柜。

8 小铜师子壹。小经案贰,内一在延定真。漆

9 筹筒壹。佛屏风陆片。莲花座壹。铜杓

10 壹,在柜。铜澡灌壹,在柜。破漆香奁

[1] 前引唐耕耦、陆宏基编:《敦煌社会经济文献真迹释录》第三辑,第9页,有改动。

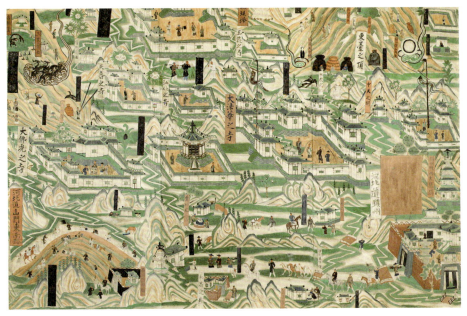

莫高窟第 61 窟五台山图局部

11　壹。破木香𧄍壹，新木香𧄍壹，在柜。

12　新着香楪子贰。铜铃壹并铎。铜佛

13　印壹。经藏壹，在殿。黑石枕三。摩候

14　罗壹，在柜。大经案壹，在殿。小桉木架贰，在

15　北仓。木灯树壹。司马锦经巾在柜。

16　金油师子壹，在柜。大佛名经壹部拾捌卷

17　并函。黄布经巾壹条。黄项菩萨幡

18　贰拾口，在柜。小菩萨幡贰拾捌口，在柜。

19　画绢幡陆口。故破幡额壹条。铜楪子

20　壹，在柜。千佛经巾壹。青绣盘龙伞

21　壹副白锦绫里并裙柱带全。官施

22　银泥幡柒口，在柜。大银幡壹口。铜铃

23　壹在幡干上。□是（后缺）[1]

长柄香炉作为常用的供养具，在敦煌壁画中出现较多，主要是掌持于供总会

[1] 前引唐耕耦、陆宏基编：《敦煌社会经济文献真迹释录》第三辑，第 17 页，有改动。

菩萨幡

计师人手里，无论是官宦、贵族、僧尼还是普通百姓，都有手持长柄香炉作为供养人出现在壁画里。早年在敦煌之外曾发现铜质长柄香炉实物；而敦煌本地文献中没有发现铜器制造方面的记载，推测包括香炉在内的铜质供养具及其他方面使用的各类铜器，均非敦煌本地制作。

我们也注意到了，供养具中一类中有大量的丝织品施入与使用。如P.2567v《癸酉年二月沙州莲台寺诸家散施历状》

莲台寺状上。

从癸酉年正月三日起首戒忏，至二月八日以前，中间所有诸

家散施斛豆斗银器绢帛布纸衣袄材木等，一一抄数如后：

麦三拾三硕陆豆斗，粟贰拾壹硕豆斗，面拾硕伍豆斗伍胜，米四硕

壹豆斗，黄麻三硕柒斗，红蓝柒硕三斗，已前斛豆斗都计捌拾硕肆豆斗伍胜。

油贰豆斗九升，苏六升半，绢十一疋半，青花罗一疋，一疋，布五百四十九尺，

纸八十二贴半，红花一百二十一斤，银镮子四，银一两三钱，十量金花银

瓶子一，八量银胡禄带一，银火铁一，又银一钱半，金八薄，又金一钱，

银靴带一量，瑠璃瓶子一，钥石瓶子一只，马两疋，三岁黄牛一头，紫袖袄子

一领，青绫衫子一，青绢衫子一，紫袖襦裆一，红绢衫子一，綊缬衫子一，朝霞锦

缠头一，红绢衫子偏衫一，帛绫半臂一碧绫兰，紫绢伍条袈裟一，禄

绫襦裆一，绯绫袜肚一，绯绫衫子一，黄绢偏衫一，红绢衫子

一，青绫袜肚，行像紫罗偏衫一，青绢裙一腰，红绫长袖一，曲尘绢兰

□罗缚头二顶，绯绢衫子一，青绫袄子一，绣綖衣一，天王半臂一，帛

□袄子一，青罗裙一腰，帛绢衫子一，新黄绫袜裆一，黄绢偏衫一，

□绫衫子一，新帛绫袄子一，尼绢裙衫一对，紫绢覆博一，红绢

衫子一，帛绢衫子一，紫银尼罗被子一，赤黄绫袄子一，紫绫装

袄子一，帛绫半臂一并绫兰，青银泥罗裙一，帛绫长袜一并兰□，

帛绫袴一，红绢衫子一，赤黄绢衫一，红罗衫子一，帛绫半臂一

并兰一，紫绢衫子一，量绢被子一，青绢袜裆一，古紫绢五条袈裟一

青绫七尺，红罗八尺，皂绫八尺，綊缬五尺，青地缬子八尺，禄绫六尺，綊缬

七尺，又綊缬□尺，红罗六尺，紫绢八尺，紫锦七尺，綊缬二尺，又綊缬八尺，又

莫高窟第 296 窟五百强盗图

莫高窟第 285 窟五百强盗成佛图

　　緤缬八尺，碧绢二丈七尺，细布衫一领，布偏衫一，红布衫子一，黑布柒条袈裟一，麻屦一量，十综孝布柒（条）袈裟一，细布衫一领，黑布柒条袈裟覆博头巾一对，黄布偏衫一，布衫一领，黄布袈裟头巾覆博偏衫一对，黄布衫子一，细布衫一领，又细布衫一，又布衫一领，帛毡褐衫一领，尼黄布偏衫覆博一对，珍珠廿壹线，玛瑙珠子八十四枚，琥珀二，瑟瑟五，钿石钗子六十四只，髮五百五十二剪，又髮一十二两半，大刀子三，弓六张，箭二十一支，器械一副，锹一张，越（钺）铁一，帖银腰带一，钿石腰带一，铁腰带三，

　　铜腰带二，绣针毡一，铜椀子一，赤铜十两，碁子一副，牙疏（梳）子一，青铜镜二，火镜一十五，大瓮两口，黑靴一两，鞍瓦七具，锗一，铁锅子一，胡禄带一，铜匙箸一副，靴底两量，铜火铁一，铁火铁二，

　　供养　漆椀二，花椀五，花叠子一，木

　　火炉一，三斗油 ，白杨木卅条，榆木五根，椽十一（壹）行，石灰两石，炭卅斤，

□五十六斤，没苏子三斗。（后缺）[1]

这里将兵器作为供养具施入寺院，可能是作为法器、道具或用于造像。

从寺院文看，供养具和其他生活用品一样，仍然以纺织品为多。证明了敦煌古代的纺织业的发达兴盛。另外，寺院文书记载的佛教服务器中也有许多金银器、铜铁器等"法器"。如 P.2706 某年某寺常住什物点割历：

（前缺）

1　又瓮大小伍口堪用，内壹破。故绢裙衫壹对；胡镳壹具；蓝肆

2　两半，见在。谈叶叁斤；肆尺花牙盘壹见在阴寺主；大供养铃；黄

3　绢祇支壹。铜钵壹；铜钵壹。生银半两；胡粉伍两半；小柜子贰；

4　墨两挺；铜香宝子并盖陆。菜路袋壹；故锦陆片子；小路袋壹；

5　故紫绌壹片，长肆尺。石珠子伍索子；小石珠子壹片；瑟花子伍；铜

6　钗子肆只。故绢路袋壹；印模子壹；玉钏子壹截子；珊瑚壹支。小木合

[1] 前引唐耕耦、陆宏基编：《敦煌社会经济文献真迹释录》第三辑，第71页，有改动。

10 子壹；木花油合子壹。珠幡子壹；熟铜铃子壹拾；生铜佛印子壹在索教授；

转明

11 铁壹；杂珠子肆索子。小螺钉壹拾肆枚；铜螺钉伍；绣红求子壹并珠

12 子壹索子；锦求子壹。小红绫带壹双；杂珠子壹叶子；白绫壹片子。

13 杂色伞子肆；小伞子壹。谭叶贰两；紫划壹两半。故镫皮并决头。故

14 红罗披子壹条；鞠尘绢带贰。铜指环壹；铜□子壹；银末壹分。绿

15 锦捌片子；玉钱子贰；绁线叁索子。紫□壹两半；珊瑚两果金壹支头并

16 □子捌；银珠子贰；琥珀贰；花珠子贰；瑟瑟壹；□绢花叁；……[1]

前面提到的《显德五年（958 年）某寺常住什物点割历》即 S.1776 有：

1（显）德五年戊午岁十一月十三日，判官与当寺徒众就库交

2 割所由法律尼戒性、都维永明、典座慈保、直岁□□

3 等一伴点检常住什物，见分付后，所由法律尼明照、都维

4 □心、都维菩提性、典座善戒、直岁善性等一伴执掌常

1 住物色，谨分析如后：

2 供养具 长柄熟铜香炉壹；又长柄熟铜香炉壹，在

3 柜；小铜师子壹；小经案贰，内壹在延定真；漆筹

4 筒壹；佛屏风陆扇；莲花座壹；铜枓子壹；铜澡

5 灌壹，在柜；破漆香奁壹；新木香奁壹，在柜；新香

10 楪贰；铜铃并铎壹；铜佛印壹；经藏壹，在殿；小

11 桉架贰，内壹在北仓；黑石枕叁；磨睺罗壹，在柜；大

12 经案壹，在殿；大灯树壹，在殿；司马锦经由壹，在柜；

13 金油师子壹，在柜；大佛名经壹拾陆卷；黄布经巾

14 壹；又黄布经巾壹；黄项菩萨幡贰拾口，在柜；小菩萨幡贰拾

15 捌口，在柜；大绢幡陆口，在柜；故破幡额壹条；铜釿壹，

16 在柜；百纳经巾壹；青绣盘龙伞壹副，兼帛绵绫里

17 并裙、柱、带俱全；官施银泥幡壹口；又大银泥幡壹口；

18 铜铃壹，在竿上；大铜铃肆，内贰在柜。

---

[1] 前引唐耕耦、陆宏基编：《敦煌社会经济文献真迹释录》第三辑，第 7 页，有改动。

46 ……常住什物等对徒众一一〖后缺〗[1]

P.3161《某年某寺常住什物点割历》也残存如下关于供养具的记载：

1〔前缺〕杂物锦绣经巾

2 壹；榛楪叁内壹欠在显德，壹欠在绍满；供养花镜子壹；……又新附供养

3 花镜子贰。绯䌷袈裟壹；新画木香查壹；新画木香宝

4 子壹并阿沦子铜铃肆个，内贰无跋悉罗；新画木师子

1 贰，兼木函子，孟老宿入；新附金铜莲花两支并干坐具全；

2 新附经案壹，文智施入。〔后略〕[2]

　　总的看来，敦煌古代的佛教寺院用品反映了当时的纺织业和金属（铁）冶炼、加工、制造以及木、陶等其他手工业的发达兴盛与技术进步。相关的问题，我们在下面还有讨论。

[1] 前引唐耕耦、陆宏基编：《敦煌社会经济文献真迹释录》第三辑，第 22 页，有改动。

[2] 前引唐耕耦、陆宏基编：《敦煌社会经济文献真迹释录》第三辑，第 39 页，有改动。

第五章
敦煌古代工匠与科学技术

　　敦煌古代工匠队伍及其手工业生产又展示着古代科学技术的进步与发展。科技进步不只是反映在文献里，还反映在壁画里，在敦煌壁画中，有史籍中出现过的农业生产工具，如曲辕犁、三脚耧犁等；有被研究者认定在宋代才出现的唐代绘椅轿；有中国历史上昙花一现的四轮车及多轮车；有纺车、织机、熔炉等各式各样的手工业加工工具与设施；也有比较先进的军工产品如火枪等；有冶炼技术、酿造技术、热兵器技术等。敦煌文献中保存有大量雕版印刷品，其中绝大多数为敦煌当地的产品，如10世纪中期的木匠行业又从事印刷业，敦煌木匠同时从事印版的雕刻，说明印刷技术的普及与发展。本章以印刷业、冶铁业和皮制业为例作一叙述。

一、雕版印刷术及其工匠

　　敦煌藏经洞出土文物中有一批雕版印画，我们称之为"敦煌版画"。是敦煌佛教艺术中一个独立的艺术类别[1]。这些版画大部分为10世纪时敦煌当地的作品。[2]

　　10世纪时，属中国历史上的五代、宋初，而敦煌则是由曹氏归义军节度使政权统治着。当时，佛教已经在敦煌地区传播了近800年，特别是民间佛教信仰活动的盛行，各类佛事活动已深入到百姓家中；新兴的佛教内容的流布与社会需要，敦煌版画的内容，反映了佛教在敦煌社会流行与演变的情况，表达了敦煌地区僧俗、官吏及民众的信仰方式与信仰目的。当时，敦煌石窟也已经有600多年的历史，石窟群崖面窟龛总计达600多个，已趋饱和，也可能是崖壁上已无处建

[1] 马德：《敦煌版画的背景意义》，载《敦煌研究》2005年第2期。

[2] 有关敦煌版画现存品种及数量，请参阅邰惠莉：《敦煌版画叙录》，载《敦煌研究》2005年第2期。

莫高窟第 9 窟唐代椅轿

莫高窟第 454 窟楼犁

窟，故而促使版画作为一种新方式的功德兴起了。

从佛教本身来讲，当时是所谓的末法时代，佛教主张与之相应的净土教，强调忏悔、念佛等实践生活为其信仰重点。敦煌的佛教版画就是这种历史背景下的产物。这样，敦煌的手工行业中，就多出了一支新的队伍——雕版印刷业队伍；或者说，敦煌固有的木匠行业中，又增加了一项新的生产品种，这就是雕版。

敦煌版画中数量最多的题材是千佛像，现存十多个种类。这些千佛像是用一块小小的木板刻制后，一个挨一个地按捺到纸上的。千佛也可称千体佛，虽然这些千佛版画上没有任何文字说明，也没有榜书，但同壁画等形式一样，表现的应该是佛的千万种化身，以适应人们各种各样的信仰需要和精神追求。

敦煌版画中最流行的几个题材的画面，都有相应的发愿文，讲述了版画所制诸佛、菩萨的信仰形式及意义。如四十八愿阿弥陀佛、圣观自在（观世音）菩萨、大圣文殊师利菩萨、地藏菩萨等。其中最流行的当数观世音菩萨的敦煌版画，除各种对观音之外，还有单体观音菩萨像以及木捺小观音菩萨像（千体观音）等。

千体观音菩萨像为木捺小像，构图与前述千佛相同。这是敦煌版画表现变化观音的一种形式。观音菩萨化现诸身救诸苦难，一直是人们喜爱的内容，隋唐以来，受密教盛行之影响，遂有十一面、千手千眼、如意轮、不空绢索、准提等诸种观音像，又基于笃信者之感应，复现蛤蜊、马郎妇、水月、鱼篮等像。因为版画不可能像一般的大幅经变画那样表现观音感应和化身的具体故事情节，所以采用千佛的方式来展示这一内容。佛有千佛，观音也有千观音，这就是社会的需要。

另外，地藏菩萨也是敦煌地区流行的版画题材之一。由于地藏菩萨常变现无数化身济度众生，故又称之为千体地藏；敦煌版画中除前及《大圣地藏菩萨》外，

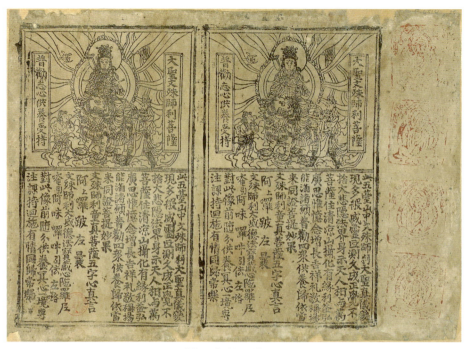

拼版二文殊与千佛版画

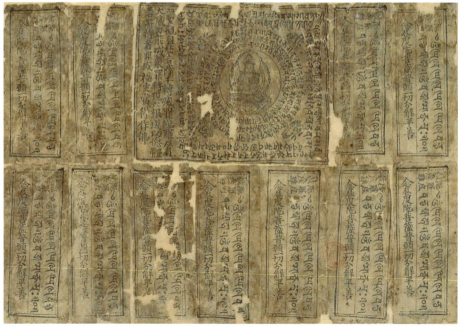

拼版救产难陀罗尼

梵文陀罗尼版画

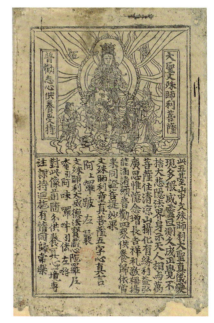

大圣文殊师利菩萨版画

还有木捺地藏菩萨小像，同千佛一样为千体地藏。这正好反映了敦煌社会对地藏菩萨的钟爱。

从信仰方式上讲，敦煌版画还有一类是需要随身"持带"的陀罗尼，其咒语均用梵文雕刻，而发愿文用汉文雕刻：

（1）无量寿陀罗尼轮

1　此无量寿，大誓弘广随求心，所愿必从。佛眼母殊

2　胜吉祥，灌顶光能灭恶趣。唵丘□摩密白，置之

3　处龙鬼护持；法舍利之伽他，佩之者身同诸佛。普

4　劝四众，持带结缘，并愿同登真常妙果。[1]

（2）千转陀罗尼轮观音

1　此圣观自在菩萨千转灭罪陀罗尼，有

2　大威力，能灭众罪，转现六根，成功德体。

3　若带持者，罪灭福生，当得作佛。[2]

---

[1] 前引《西域美术 2 敦煌绘画Ⅱ》，日本讲谈社，1982 年，单色图版第 149。

[2] 前引《西域美术 2 敦煌绘画Ⅱ》，单色图版第 152。

这是以陀罗尼咒的形式造出的无量寿佛与观音菩萨。

另外还有三种版本的《大随求陀罗尼》，画面有所不同，但发愿文的主要内容却是相同的。这里选录有年代题记的第二版本的发愿文如下：

施主李知顺

王文沼雕版

1 大随求陀罗尼

2 若有受持此神咒者，所

3 在得胜；若有能书写、带

4 在头者，若在臂者，是人

5 能成一切善事，最胜清

6 净，常为诸天龙王之所

7 拥护，又为诸佛、菩萨之

8 所忆念，此神咒能与众

9 生最胜安乐，不为夜叉

10 罗刹诸鬼等作诸恼

11 害，亦不为寒热等病之

12 所侵损，厌虫咒咀不能

13 为害，先业之罪受持消

14 灭；持此咒者，常得安乐，

15 无诸疾病，色相炽盛，圆

16 满吉祥，福得增长，一切

17 咒法，皆悉成就。

18 有人受持供养，切

19 宜护净。 太平兴国五

20 年六月二十五日雕

21 版毕手记。[1]

大随求陀罗尼为密教咒名，又称随求即得大自在陀罗尼、大随求无能胜陀罗

---

[1] 前引《西域美术 2 敦煌绘画 II》，单色图版第 151。

尼、随求即得真言，略称随求陀罗尼。此陀罗尼能灭一切罪障，破除恶趣，随所求即时得福德，故名大随求陀罗尼。依不空译《普遍光明清净炽盛如意宝印心无能胜大明王大随求陀罗尼经》载，此陀罗尼是随求菩萨八印言的第一咒，全咒计290句，是陀罗尼中少见的长咒。其内容分为三段：首先叙述归命诸佛菩萨及三宝之理；其次叙说随求菩萨拔除一切众生罪障、烦恼、苦难、恐怖及疾病，令众生身心安乐、所求圆满、诸行成就趣向菩提；最后揭示受持此陀罗尼者，可得天龙、夜叉、乾闼婆、阿修罗、迦楼罗等鬼神随从守护，与一切如来之所护念。关于此陀罗尼的功德，在不空及宝思惟两译本中，皆说此咒有广大利益，并述及听闻之功德、受持读诵之利益及书写带持之功德与作法，文中亦载有种种灵验谈。据经文所载，此咒可攘除天灾地变的苦厄，有火不能烧、毒不能侵、降伏邻敌、破无间狱、除龙鱼难等诸种功德，以及招福德、灭罪障、坚固身心、求子得子、五谷丰穰、调顺天候等利益。而这些灵验的内容，与现实生活中广大民众的利益息息相关，所以自古在印度、西域、中国等地颇受道俗喜爱。敦煌版画利用了当时最先进的技术和最快捷的传播速度，最大限度地满足了广大民众的各方面的需求。

版画题记显示，敦煌版画多为 10 世纪中期的曹氏归义军第四任节度使曹元忠时期的产物；而这一时期正是曹氏归义军政权的盛期，社会安定，经济繁荣，文化发达，与周边各民族政权和睦相处。这就是敦煌版画出现和流行的社会历史背景。由于佛教信仰的社会化，作为佛教宣传品的敦煌版画，成为敦煌统治者用以安邦治国的新的方法和手段。五代后晋开运四年（947 年），新上任不久的节度使曹元忠，在同一天里请匠人雕刻了《大慈大悲救苦观世音菩萨》和《大圣毗沙门天王》印版：

大慈大悲救苦观世音菩萨

归义军节度使检校太傅曹元忠造

1 弟子归义军节度瓜、沙

2 等州观察处置、管

3 内营田押蕃落等使、

4 特进检校太傅、谯

5 郡开国侯曹元忠

6 雕此印板（版）。奉为城隍安

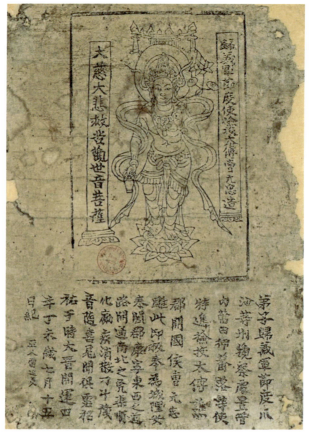

观音菩萨版画

7 泰、阆郡康宁、东西之道

8 路开通、南北之凶渠顺

9 化、励（疠）疾消散、刁斗藏

10 音、随喜见闻，俱沾福

11 佑。于时大晋开运四

12 年丁未岁七月十五

13 日记。匠人雷延美。[1]

　　曹元忠在这里雕刻的是一身圣观音像。这身观音像与下面的发愿文分为两块印版，这身观音像常常在拓印稿的基础上添施色彩，因此现存的这身拓印观音像

_____

[1] 前引《西域美术 2 敦煌绘画 II》，单色图版第 155。

就有一部分是彩色的。观音信仰是敦煌自北朝以来佛教活动的主要内容之一，不仅石窟壁画中大量出现，而且也是敦煌写经中主要内容。晚唐以后，《妙法莲华经·观世音菩萨普门品》被直接单独抄写成《观音经》，突出了观音信仰。而且《观音经》被制作成图文并茂的册子本，便于信仰者随身携带并随时念诵。曹元忠所需雕刻此圣观音像的广为散发，一方面满足了广大信众的需求，另一方面主要还是为达到他在愿文中所表达的目的。

大圣毗沙门天王

1　北方大圣毗沙门天王

2　主领天下一切杂类鬼

3　神，若能发意求愿，

4　悉得称心，虔敬之徒，

5　尽获福佑。弟子归义

6　军节度使、特进检校

7　太傅、谯郡曹元忠，

8　请匠人雕此印板（版），

9　惟愿国安人泰，社

10　稷恒昌，道路和平，

11　普天安乐。

12　于时大晋开运四

13　年丁未岁七月

14　十五日纪（记）[1]

毗沙门天王为佛教所说的阎浮提北方的守护神，是一尊恒护如来道场而多闻佛法的良善天神；因福德之名闻四方，又名多闻天。此外，他亦被一般佛教徒视为财神或福神。印度、中国与日本，此天王都颇受崇拜。相传唐玄宗天宝元年（742年），西蕃、康居等国来寇扰唐边境。当时，唐玄宗请不空三藏祈求毗沙门天王护持。不空三藏作法之后，果然感得天王神兵在西方边境的云雾间鼓角喧鸣地出现，终使蕃兵溃走。毗沙门天王的形象，通常都作披甲冑、着冠相，右手

---

[1] 前引《西域美术 2 敦煌绘画 II》，单色图版第 153。

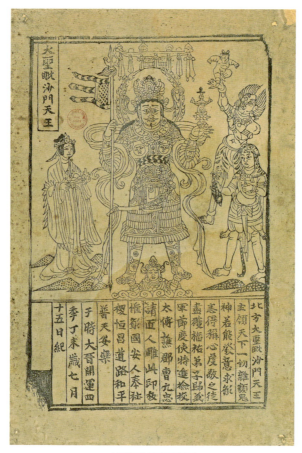

大圣毗沙门天王版画

持宝棒，左手仰擎宝塔。所以世俗称他为托塔天王。他和哪吒太子的故事，是封神榜等古典小说与戏曲的素材。

曹元忠的真正目的和动机，在这两份愿文里反映得十分清楚："奉为城隍安泰、阖郡康宁、东西之道路开通、南北之凶渠顺化、励（疬）疾消散、刁斗藏音、随喜见闻，俱沾福佑。""伏愿国安人泰，社稷恒昌，道路和平，普天安乐。"当时曹元忠执掌归义军政权的时间还不长，曹氏父子三十多年的经营，使偏安一隅的敦煌地区有了一个比较安定繁荣的局面。

敦煌版画艺术在制作方法、手段方面的创新，就在于把印刷科学技术与佛教艺术成功地结合起来，在敦煌佛教艺术发展史上具有划时代的意义。

这里，还有一个问题最值得引起我们注意的，就是敦煌版画上所展示的与石窟不同的人际关系方面的变革。

石窟中一直有窟主、施主的供养像及题名，而极少出现营造洞窟的工匠的供养像及题名。晚唐以来，有一部分工匠的供养像在石窟中陆续出现，但基本上都是作为窟主或施主身份出现的，而不是作为营造该窟的工匠与窟主、施主并列出现的，特别是官窟中无任何工匠的蛛丝马迹。而同时代的敦煌版画上，施主与工匠是并列出现的；包括地方最高军政长官与其官府所管辖的工匠并列于版画上，如前述曹元忠所雕观音菩萨像之发愿文：

归义军节度使检校太傅曹元忠造……匠人雷延美

敦煌文书 P.4515 中有一件雕版印《金刚经》，末尾有题记云：

弟子归义军节度使、特进检校太傅、兼御史大夫谯郡开国侯曹元忠普施受持。天福十五年己酉岁五月十五日记。雕板（版）押衙雷延美。

在这里，身为节度使的曹元忠与他的工匠雷延美是并列出现的。

至于一般百姓施主则更为明显。如前述《大随求陀罗尼》：

施主李知顺

王文沼雕板（版）

如果说工匠与官吏的题名还有

观音菩萨套色版画

125

个先后或上下顺序的话，这里的施主和工匠是一左一右平行并列的，显示出施主与工匠地位在一定程度上的平等。

P.4515 中之雕版印《金刚经》末尾题记的形式可能是来自于敦煌写经。因为在写经中，写经生的名字可与施主同时并列，这是从敦煌北魏时期就有的现象，当然这里不包括宫廷内专为帝王和天下人写经的专职经生。但这里有一个问题：版画既有写经的性质，又作为艺术品而具有石窟等佛教艺术的性质和作用。所以只参照写经题记的形式来解释版画题记的形式，还不能够完全服人，它在人与人的关系方面有更深刻的社会内涵。我们知道，印刷术的发明和印刷品的普及，增加了社会不同阶级、不同阶层之间的交流机会，部分地打破了封建等级制度下的社会交往和交流的界限。特别是对一贯倡导众生平等的佛教来讲，作为印刷品的敦煌版画更是因适应了这种需要而大显其能。我们从这里可以去探讨佛教在改善人与人关系方面的社会作用、印刷术在当时作为先进生产力对经济基础和上层建筑的制约、科学技术的进步对人际关系的改善、施主与工匠的新型关系所展示的社会变革（中国中古时期奇迹性的变革）等一系列有重大历史意义的社会问题。

二、铁器及其生产工匠

铁器的制造和使用是封建社会最普遍的现象，也是生产力发展和科学技术进步的标志，敦煌地区也不例外，敦煌文献中就有大量这方面的记载，这里分别加以叙述。

1. "敦煌矾石"及其矾类铁矿的开发

敦煌古代的矾矿开发及其冶铁技术，从隋朝开皇年间罗浮山道士苏元朗撰《太清石壁记》到明代李时珍的《本草纲目》，我国古代约有 30 多种文献记载了关于敦煌一带（瓜、沙二州）出产黄矾（$Fe_2(SO_4)3 \cdot 9H_2O$）、绿矾（$FeSO_4 \cdot 7H_2O$）、绛矾（$Fe_2O_3 \cdot mH_2O$）、金星矾（铁矾）等各种矾石的记载。这些化学物质是敦煌久负盛名的地方特产和贡品之一，在古代炼丹、染色、颜料、医药化学等方面具有广泛的应用。敦煌壁画所使用的绛矾以及其他含铁颜料就是本地产品，而且，敦煌及其周边地区有丰富的铁矿资源。而制造这些颜料的矿物原料大部分产于敦煌附近地区。唐代以来，敦煌地区随着黄矾、绿矾、绛矾、金星矾等矾类铁矿的开发利用及其冶炼技术的提高，也大大促进和带动了铁、铜等金属矿产的开采利用，促进了铸造等加工制造业的发展。敦煌一带从事矿物冶炼和铁工具锻造是很早就有的。特别是莫高窟每次要大规模修建洞窟，地方统治者都要到各地招纳工匠，专门设立为开凿洞窟加工铁器工具的铁匠作坊。而开凿洞窟主要使用的是铁器工具。敦煌古代在矿业开发利用方面也有许多杰出的贡献。

根据现代地质科学勘探和找矿普查所得资料，得知具有工业意义的铁矿在敦煌及其邻近县的分布为：敦煌 4 个，安西县（瓜州县）11 个，阿克塞哈萨克族自治县 3 个，肃北蒙古族自治县 40 个。主要有敦煌的条湖七一铁矿，瓜州的小泉东铁矿、半坡子铁铜矿、金钩子铁矿、古堡泉铁矿、乌龙泉铁矿等。以上资料足以证明：古代瓜、沙州有大量的赤铁矿，还有可供焙烧制取绛矾的黄铁矿资源。据《安西县志》记载：截至 1990 年，在安西县内发现有黑色金属产地 26 处，其中：铁矿占有重要地位，产地 19 处，主要分布在古堡泉、安北等地[1]。

2. 铁匠与铁器制作

从敦煌汉代以来铁器的使用，石窟开凿中大量铁工具、矾类铁矿的开采、冶炼，以及遗书中大量与铁及其金属生产、使用有关的史料记载可知，冶铁业及其铁器生产是唐代以来敦煌的一种特殊的手工业，分官营、私营两大类。敦煌需要的各种铸造农具、家具、用具、器皿、寺院供养具、建筑构件及普通兵器等也大都是当地生产的。

敦煌文书 P.2942《河西节

莫高窟第 465 窟锻铁图

[1] 安西县县志编纂委员会：《安西县志》，知识出版社，1992 年，第 1 版，第 73 页。

度使公文集》写于 8 世纪中期，其中就有《瓜州尚长史采矿铸钱置作》，言及官有作场，表明河西地区至少在陷蕃前已有冶铁业及其铸造作坊了。唐、五代、宋时期，敦煌的铁匠行业中有都料之设，从事各类铁器的制造，并常与木匠、泥匠等联合承揽建筑工程，有汉人，也有粟特人从事这门工作，详情如下：

唐、五代、宋时期，敦煌遗书中把用生铁铸造釜、镬、钟、铧等铁器的工匠叫泻匠（又作铹匠、写匠、泻博士、生铁匠等），所谓"泻"，就是铸造的意思。釜、镬是用生铁铸造的做饭器皿，铁锅是我国传统的炊具之一，平底，既可烧汤水，又可烙饼;无足称釜，有足曰铛。多作三足或四足，在其下直接烧火，无须固定的炉灶，用途多且便于流动炊事，在当时被广泛使用，因之也出现于敦煌石窟壁画中。

敦煌遗书中就有不少寺院什物账中都记载了釜、铛及多种铁、铜家具、农具及器皿。如 P.3774《丑年（821 年）沙州僧龙藏呈明与大哥析产牒》：

齐周差使向柔远送粮却回，得生铁熟铁二百斤已来，车钏七只，尽入家中使，内卅斤贴当家破釜，铹得八斗釜一口，手工麦十石，于裴俊处付王菜。[1]

P.2613《咸通十四年正月四日沙州某寺就库交割常住什物色目》记载：

咸通十四年癸巳岁正月四日，当寺、尊宿刚管徒众等，就库交割前都师义进、法进手下，常住幡像、幢伞、供养具、铛鏊、铜铁（器）、函柜、车乘、毡褥、天王衣物、金银器皿，及官匹、帛、纸、布等，一一点活，分付后都唯法胜、直岁法深，具色目如后。……（龙兴寺）贰尺伍寸整面壹，列（裂）。胡铁镬子壹，无底……玉刀子把壹。铜铁各壹片子……大铁秤鎚（砣）壹……生铁大火炉壹，破碎不堪用，再泻煮油铛用，次籍除……铁杵臼壹副。生铁小鏊子壹、三片。[2]

这表明敦煌寺院有时也制造所需的常住什物。P.2838(1)《中和四年上座比丘尼体圆等牒》，记载：

粟陆斗，麦肆斗，油叁（胜），写鐻看博士用。麦陆硕肆斗，粟两肆斗，入紫罗衫子一，充与泻匠。[3]

P.3569V（4）《光启三年四月官酒户马三娘龙粉堆酒本牒》记：

[1] 前引《法藏敦煌西域文献》第 28 册，第 10 ~ 11 页。

[2] 前引《法藏敦煌西域文献》第 16 册，第 255 ~ 257 页。

[3] 前引《法藏敦煌西域文献》第 19 册，第 54 ~ 61 页。

三月廿三日，鎶匠王专等支酒壹瓮。[1]

P.2032V (2)《净土寺食物等品出入帐》记载：

粟壹斗，支与鎶匠，疗治鑊子博士用。[2]

P.3763V《布绁褐麦粟入破历》记有：

粟三斗五升，卧酒，屈写匠用……粟二斗，与写匠张像德用……粟二斗，沽酒写釜用。[3]

敦煌研究院藏 DY.001 号《归义军衙内酒帐》：

十一日，写匠鍱纳酒壹角，廿二日“支写匠酒半瓮”，五月六日，“同日，支写匠酒半瓮”。[4]

P.2629《归义军衙内酒帐》中有：

八月“十七日支与写匠酒半瓮，支与永受酒壹瓮”，十月“四日，支写匠酒壹瓮”。[5]

从酒的支出可看出泻匠在官府、寺院造作频繁及唐五代敦煌铸造业的发展盛况。

P.2641《丁未年六月都头知宴设使呈设宴帐目》记有：

窟上油壹斗肆升，付通达生铁匠。赛神烧併（饼）面贰斗，油半升，料面贰斗。锅子匠赵丑子等贰人，早午胡饼捌枚”。[6]

生铁匠即泻匠。

敦煌古代在晋代时期就有寺院，大的寺院一般都有钟。钟是佛寺中一种重要的法器，依悬挂处所的不同，佛寺内的钟可分为大钟、殿钟、僧堂钟三种，若依形制与个体大小，则后两种均属于小钟。大钟，又称钓钟、撞钟、洪钟、鲸钟等。小钟，又称半钟、唤钟，是不悬挂于钟楼内而置于别处的钟的统称。莫高窟第 148 窟前窟设立的唐大历十一年（776 年）《大唐陇西李府君修功德碑记》“洪钟应物……” S.5448《敦煌录》，其中记载：“……州南有莫高窟……古寺僧舍绝多，亦有洪钟”。

敦煌唐代以来，各个寺院修钟楼、铸造钟蔚然成风，一口钟铸造成，要费很

[1] 前引《法藏敦煌西域文献》第 25 册，第 345 ~ 346 页。

[2] 前引《法藏敦煌西域文献》第 2 册，第 27 ~ 76 页。

[3] 前引《法藏敦煌西域文献》第 27 册，第 324 ~ 327 页。

[4] 前引《甘肃藏敦煌文献》(第 1 卷)，甘肃人民出版社，1999 年，第 1 页。

[5] 前引《法藏敦煌西域文献》第 16 册，第 362 ~ 363 页。

[6] 前引《法藏敦煌西域文献》第 25 册，第 345 ~ 346 页。

长时间。像这样大的铸造工程非一人之力，而是集体合作的结晶。至于制作工艺，因为无实物留传不得而知，但无可否认，这是一项复杂的工程。

P.2863《弟子施入疏文》七件，所施舍物品的用途都是施入铸钟：

布七尺、铜少多，施入铸钟；红花一斤，荷梨（诃黎）勒一课（颗），充乳药。

故羊三口，施入铸钟。

故羊一口，施入铸钟

红花一斤，铁二斤，施入写钟

粟两硕，布一匹，施入铸钟

粟一石，铜一斤，施入铸钟

纸一帖，施入铸钟。[1]

S.542V《戌年沙州诸寺丁持车牛役簿（附亥年至卯年注记）》记载：

李再晟：打钟。守普光囚五日，贴骆驼五日。[2]

同属于吐蕃时期的 P.3432 吐蕃时代《龙兴寺器物历》，记录了敦煌官寺龙兴大寺的全部佛像和大部分供养具有：

钟壹口，周围肆箭半，长壹箭半……铁索肆条，长拾肆托……周鼎佛堂铁莲花树壹。[3]

归义军时代的文献记载更多 P.2613《咸通十四年（873 年）正月四日沙州龙兴寺交割常住什物等点检历》有：

小钟壹口，在奉唐寺……大铜钟壹口。[4]

S.1624V《天福七年（942 年）某寺常住什物交历》记"鍱钟壹副"；

P.3302《维大唐长兴元年祭巳岁贰（二月）廿四日河西都僧统和尚依宕泉灵迹之地建龛一所上梁文》云：

海印极甚辛苦，四更便起打钟，调停一镬馎饦，一杓先入喉中。[5]

P.2032V《净土寺食物等品出入帐》，记载：

[1] 前引《法藏敦煌西域文献》第 19 册，第 177～178 页。

[2]《英藏敦煌文献》第 2 册，四川人民出版社，1990 年，第 28～34 页。

[3] 前引《法藏敦煌西域文献》第 24 册，第 181～183 页。

[4] 前引《法藏敦煌西域文献》第 16 册，第 255～257 页。

[5] 前引马德：《敦煌莫高窟史研究》，第 123～124 页。

面拾叁硕陆斗四升、粗面九硕五斗、谷面叁硕九斗五升、油贰斗贰胜，粟壹拾陆硕三斗六升，卧酒、沽酒，造钟楼时，五月廿三日至六月十三日，中间廿一日，工匠及众僧般（搬）砂（沙）车牛、人夫等三时食用。面一石，油三升半，粟一石四斗卧酒，钟楼了日，木匠及众僧等用。粟五斗，邓住子边买炭用，粟四斗，买铜古路镜子用。豆五石，买柳木造钟楼用，粟七斗，卧酒吴僧政看造钟楼博士用。[1]

P.2930《诸色破用历》

食用，绍建麦伍豆斗（斗）、粟柒豆斗（斗）、沽酒壹瓮乾元寺起钟楼日人助用。[2]

P.2049V《后唐同光三年（925年）正月沙州净土寺直岁保护手下诸色入破历算会牒》记载：

粟叁斗，马家付本报恩寺写针钟及张判官等用。

面贰斗伍胜，报恩寺写针钟顿定用。

油壹胜，看报恩寺写针钟用。[3]

P.2040V（3）《净土寺食物等品入破历》记有

麦叁硕陆斗，买铁纳乾（元）寺写（泻）钟用。

粟叁硕陆斗，买铁纳乾元寺写钟用。粟一斗，平章铁牙郎用。粟柒斗，卧酒乾元寺写钟人事用。[4]

P.3234V《诸色入破历算会稿》记载：

绌破：立绌一匹，送路官家用。立机壹匹，于王得淦边买榆木用。官布一匹，乾元寺写钟用。计七十二尺。[5]

上两件都写到乾元寺要铸制大钟，净土寺为其"赞助"了一些铁。

P.2846《甲寅年（954年）奉官处分交割讲下所施麦粟等历》：

壹拾陆硕、粟壹拾贰硕陆斗、布壹匹、昌壹匹，于官人户唐憨憨处买破釜壹口写钟用"。[6]

前述 Дx02822《杂集时要用字》"诸匠部第七"中有铁匠、针匠、铸泻、生铁等，

---

[1] 前引《法藏敦煌西域文献》第 2 册，第 27 ～ 76 页。

[2] 前引《法藏敦煌西域文献》第 19 册，第 177 ～ 178 页。

[3]《法藏敦煌西域文献》第 3 册，上海古籍出版社，1994 年，第 234 ～ 254 页。

[4] 前引《法藏敦煌西域文献》第 3 册，第 20 ～ 56 页。

[5] 前引《法藏敦煌西域文献》第 22 册，第 237 ～ 248 页。

[6] 前引《法藏敦煌西域文献》第 19 册，第 91 页。

同时在"器用物部第十一"中有铁铛、筛子等。

《太平广记》卷114"僧澄空"条,记载隋开皇中于晋阳汾西铸铁像事,其中记载:"……又二十年,事费复备,则又复写像焉。又启铸其像,又复无成"。可知"写像"即"铸像"。"写钟"则当系"铸钟",而"写匠"("泻匠""钧匠")即"铸匠"。钧匠或铸造,或焊补、铆补镬釜,"写钟"当是铸造大钟,"写鏶"则是铸造砧木的器具。

敦煌遗书中还记载一些铁匠的姓名,如索海全、史都料(史奴奴):

支与铁匠索海全细布壹疋(P.4640V)[1]

豆一石五斗,史都料打佛艳手工用。(P.3234V)

粟一石六斗,铁匠史都料手工用。(P.2032V)

粟三硕,史奴奴打钉叶手工用。(P.2032V)

粟壹斗,与史奴奴用。(P.2032V)

豆三硕,史奴奴镞榻时铁价用。豆三硕伍斗,买铁绁佛艳用。(P2032V)

豆肆硕伍斗,支与史奴奴都料手工用。豆壹硕,于曹虞候边买生铁二斤用。(P.2040V)

油伍胜(升),于央生妇边买铁镞佛艳用。(P.2040V)

铁匠史奴奴等贰拾人,早上馎饦,午时各胡饼叁枚,供壹日,食断。(P.2641)

铁匠史奴奴等拾人,早上馎饦,午时各胡饼叁枚,供壹日,食断。(P.2641)

同其他各类工匠一样,这些铁匠姓名都是十分罕见的敦煌古代工匠史料。

3. "锻铁图"与梯形木风箱

在敦煌石窟的570多个洞窟壁画中,绘有各种供养用器皿。它们大部描绘在佛像画、经变画上,或持在佛、菩萨、弟子及供养人的手里。或摆放在供桌上。从器皿的形状及颜色来看,这些器皿绝大多数是金器、银器和铜铁器。

榆林窟第3窟的"观音经变"壁画可以说是一幅科技史上的杰作,反映了当时许多科学技术的水平。整个画面由千手千眼观音为主体,众多手中都撑托各种物,而且大部分所托之物都左右对称绘画两幅。其中两幅形象相同

---

[1] 以下所列参见马德:《敦煌工匠史料》。

的"锻铁图"就反映了化学及物理学方面的成就。图中绘铁匠师徒两人正举锤在铁砧上锤锻，师傅一手执铁钳夹铁置于铁砧上，一手举铁锤，徒弟双手正举起铁锤。师傅身后一人推拉竖式梯形双扇木风扇，风扇之后有炼炉火焰，风箱上装有两个活动盖板，利用它们的开闭来鼓风。盖板起风扇的作用，当两个盖板交替开闭时，即可不断鼓风。由扇风板发展为活塞板、由推拉杆演变为活塞杆是非常自然的。而双木扇风箱已经可以不断鼓风，因此由双木扇风箱发展为双作用活塞风箱也是较为容易的。中国的双作用双活塞风箱是一项有着重要意义的发明。李约瑟博士曾引用 19 世纪学者 T.Eubank 话来评价中国的风箱。Eubank 曾说："最完善的鼓风机械和近代改良泵的杰作"都是中古时代中国活塞的"仿制品"[1]。用木板启闭鼓风的风箱，至迟在北宋时代就已经发明。北宋时代的《武经总要》"行炉图"有侧面装梯形木风箱的。元代王祯的《农书》卷十九"农器图谱利用门"有一幅"水排图"，"水排"就是利用水力使木扇风箱吹火。王祯说："此排古用韦囊，今用木扇。"《农书》所绘仅为单木扇。元末陈椿的《熬波煮盐图》第 37 "铸造铁拌图"，也用双木扇风箱，其形体较大，用两人拖一木箱，吸气门设在木箱板上。这幅绘于 1330 年的土高炉图似较西夏壁画中的双木风箱又有进步，双木扇可以推拉互用，将风连续吹入炼炉，使炉膛始终保持所需高温。因此可以认为，西夏从单扇木风扇到风箱的发展过程中发挥了承前启后的作用。我国采用木风箱鼓风进行熔冶，比欧洲早五六百年，边远的西夏瓜、沙地区锻炼炉上出现这种先进鼓风技术，说明早在八九百年前，鼓风箱在我国已得到普遍推广。出产矾类矿产的新城镇，是瓜州的一个镇。榆林窟壁画中反映出的冶炼技术和先进的鼓风设备，是我国古代瓜、沙地区冶炼工人在长期生产实践中创造发明的。在中国古代的风箱及其演变中具有一定的地位。

三、敦煌的皮革业及其工匠

敦煌历史悠久，夏、商、周时期，敦煌属羌戎所居，春秋时称瓜州，秦汉之前，

---

[1] Joseph Needham. *Science and Civilization in China*. Vol IV :2 Cambridge University Press, 19.pp136-143.

居住着月支、乌孙等少数民族。西汉初,漠北的匈奴赶走月支,占领敦煌。因此,皮革制品在甘肃河西地区使用很早,敦煌汉简、居延汉简中也都有使用皮革制品的记录。敦煌悬泉置遗址出土的几只汉代儿童皮鞋,将中国人制作并使用皮鞋的历史大大提前。因此,皮革制造业是敦煌地区的特色手工业,也是有一定科技含量的行业。

1. "酿皮"与"酿皮酒"

DY.001、369《归义军衙府酒破历》记载,

(七月)十三日,酿帗皮酒贰斗;

(八月)十二日,酿手衣帗皮酒伍升;

(四月)廿四日,酿皮酒肆斗伍升,酿羊皮酒叁斗伍升;

(六月十四日)酿牛皮酒壹斗,酿羔子皮酒壹瓮壹角;

(六月)廿一日,酿狢子皮酒贰斗。[1]

又故宫博物院藏新 152095《酒帐》,记载:

十七日支酿□牛皮酒壹斗,

酿马皮酒壹角,

酿野狐皮酒壹角。[2]

S.8426A《归义军酒破历》;

十七日,酒壹角付押衙让(酿)皮用。

十六日,支粟皮匠烧丑酒伍升。[3]

P.3005《酒破历》中有:"□一斗沽酒酿皮用"。

除此之外,还有"酿皮条面""酿鞋皮面""酿羊皮面""缝帽子油"等等,如 S.1366《使衙油面破历》:

支酿羊皮面五斗,

支酿鞋皮面四升,

[1] 前引《甘肃藏敦煌文献》第 1 册,甘肃人民出版社,2000 年,第 1 页。
[2] 施安昌:《故宫藏敦煌己巳年樊定延酒破历初探》,《故宫博物院院刊》2000 年第 3 期。
[3] 前引《英藏敦煌文献》第 12 册,第 1 页。

支苔皮面二斗，

支酿皮条面三升，

支缝帽子油两合。[1]

以上文献中记载的"酿皮酒""酿皮面"常常和"皮匠""皮条匠""缝皮人""皱匠""皱文匠""缝皮鞋博士"等皮革工匠同时出现在同一件文书中，应该是招待皮匠以及用来加工这几种皮子所用的酒。同样，"酿皮面"也是如此。皮匠在制作皮革服装之前，先要将坚硬的生皮加工成"熟皮"，然后才能进行皮革加工。而在生皮上喷洒一定的酒促使其熟化变软，是"熟皮"工序中重要的步骤，这就是"酿皮"。由此可见，所谓的"酿皮酒""酿皮面"等，都是支付给"皮匠""皮条匠""缝皮人""皱文匠""皱匠""缝皮鞋博士"等工匠的，只不过在记录时，有时具体记载了是用于酿某种皮，有时不是很具体，有时直接写明支付给某工匠。

2. 皮革工匠与制品

敦煌文献和敦煌石窟题记所记专门从事皮革加工、皮革制品制作的工种、工匠有：持韦、酿皮、缝皮人、缝皮裘人、除皮人、皮条匠、皮匠、鞋匠、靴匠、缝鞋靴匠、缝鞋靴录事、缝皮鞋博士、皱匠、皱文匠、皱文行、皱文行录事、皱文行都料等近 20 种。

吐蕃时期的敦煌写本 S.0542V《戌年沙州诸寺丁持车牛役簿》记载：

兴国，持韦皮匠，贴马群五日。[2]

"持韦"就是皮革加工过程中生皮熟软的一道工序，也就是酿皮。

到了归义军时期，缝皮人、缝皮裘人、除皮人、皮条匠、皮匠、鞋匠、靴匠、缝鞋靴匠、皱匠、皱文匠这些工匠大量出现：

支除皮人王义成酒一角（S.1398V）

充缝皮鞋博士及屈（掘）井、押油人粮用。（S.1733）

己未年（899 年）四月三日，支与靴匠安阿丹助葬粗纸壹贴。（P.4640V）

粟壹斗壹升卧酒，中院缝皮毡（裘）用。（P.2032V）

---

[1] 前引《英藏敦煌文献》第 2 册，第 277 ~ 279 页。

[2] 前引《英藏敦煌文献》第 2 册，第 28 ~ 34 页。

付皱文匠唤（换）苏（酥）油壹升。（P.2641）

鞋匠张儿儿等拾壹人，早上馎饦，午（时）各胡饼两枚，供两日，食断。（P.2641）

马院皮条匠胡饼肆枚。（P.2641）

（酒）五升，廿八日皮匠董润儿□□□。（P.5032）[1]

逢（缝）皮求（裘）酒一斗付义成。（P.5032）[2]

前引 DY.001、DY.369 及 P.2629《归义军衙府酒破历》记载有皱匠与皱文匠：

（四月）廿三日，支皱匠酒半瓮。

廿四日，酿皮酒肆斗伍升。

（六月）十六日，支缝皮人酒壹角。

（六月廿日）同日，支皱文匠酒壹瓮。

（七月）廿二日，支皱文匠酒壹斗。[3]

这些文书所记"皱文匠"一名，多见载于归义军官府籍帐中，说明皱文匠的产品多用于官府，应是为官府服务的一种行业。

另外，S.1366《庚辰（980 年）至壬午年（982 年）归义军衙内面油破历》记：

准旧皱文匠纳鞋胡并（饼）二十枚，用面一斗[4]。

从这里可以看出，皱文匠制作的皮革产品包括鞋在内。例如，S.6452 所记"皮匠索章三"，在 P.4518《地藏菩萨像》和 Ch.liv.0011(BM.SP30)《南无观世音菩萨》的题记中为"缝鞋靴匠索章三"，而在 EO.1398《多宝如来坐像》中题为"皮匠缝鞋靴录事索章三"[5]，说明缝鞋靴匠即皮匠，与皱文匠同属于皮匠行业。

S.1366 还记有：

十六日，衙内缝鞋十人，逐日早上各面一升，午时各胡并（饼）两枚，供两日食断，用面四斗。[6]

供缝皮匠八人，逐日早上各面一升，午时各胡并（饼）二枚，供两日食，用面三斗六升。

[1] 前引马德：《敦煌工匠史料》，第 55 页。

[2]《法藏敦煌西域文献》第 34 册，上海古籍出版社，2005 年，第 102～103 页。

[3] 前引唐耕耦、陆宏基编：《敦煌社会经济文献真迹释录》第 3 辑，第 271～276 页。

[4] 前引马德：《敦煌工匠史料》，第 56 页。

[5] 前引马德：《敦煌工匠史料》，第 55～56 页。

[6] 前引《英藏敦煌文献》第 2 册，第 277～279 页。

供缝皮匠六人，早上各面一升，午时各胡并（饼）两枚，供一日食，用面一
斗二升"。

准旧皱文匠纳鞋胡并（饼）二十枚，用面一斗。[1]

S.6452《净土寺诸色斛斗破历》

十一月五日，缝皮毯（裘）面壹斗。[2]

以上所见约 20 种工匠名称，实际上都属于皮匠，他们同时从事与皮革加工、
制作有关的多种工作，这是与敦煌畜牧业的发展相适应而发展起来的手工业。联
系缝皮匠、缝鞋靴匠等名称看，这里也包括了制作皮鞋的工匠。

敦煌写本中就有记载有作为工价支付给所雇工匠的"皮鞋"：如 P.2689《僧
人唱卖得入支给历》记载有吐蕃时"皮鞋一石三斗"[3]，应该就是皮鞋的价格；P.3410
《沙州僧崇恩析产遗嘱》中有"京皮靴一量并靴毡"[4]；S.5583《雇工契》有"皮鞋
一量"[5]；S.1897《龙德肆年 (924 年) 二月一日敦煌乡百姓张某雇工契》记载给雇
工的衣物中也有"皮鞋壹量"[6]；天津博物馆藏津博 4408V《后晋天福四年 (939 年)
姚文清雇工契》"皮鞋壹量"[7]；P.2869《乾元寺僧宝香雇工契》"春衣长袖、皮鞋
一量"[8]。由以上记载可以推测，敦煌古代的皮鞋往往多充货币的功能，同时也是比
较贵重的财产。

以上记载也反映出皮匠均为官府工匠，但 S.5039《某寺诸色斛斗破历》有如
下记载：

麦壹斗，龙兴寺官缝皮裘人午食用。[9]

这里所记官缝皮裘人当是官府皮匠，但之前冠以龙兴寺名，应该是属于龙兴
寺的工匠。这里反映了敦煌一些工匠的归属，有待深入研究。

北新 1450《甲午年五月十五日阴家婢子小娘子荣亲客目》记载：

[1] 前引马德：《敦煌工匠史料》，第 55 页。

[2]《英藏敦煌文献》第 11 册，四川人民出版社，1994 年，第 73 页。

[3]《法藏敦煌西域文献》第 17 册，上海古籍出版社，2001 年，第 255 页。

[4] 前引《法藏敦煌西域文献》第 24 册，第 129 ～ 130 页。

[5]《英藏敦煌文献》第 8 册，四川人民出版社，1992 年，第 76 页。

[6]《英藏敦煌文献》第 3 册，四川人民出版社，1991 年，第 172 页。

[7] 马大东：《天津艺术博物馆所藏经卷及社会文书简述》，《敦煌研究》1987 年第 2 期。

[8] 前引《法藏敦煌西域文献》第 19 册，第 208 页。

[9]《英藏敦煌文献》第 7 册，四川人民出版社，1992 年，第 16 页。

金银行两团都料录事十人，弓行都料、录事七人，刺鞍行都料（四团）录事八人，皱文行三团都料录事六人。[1]

由此可知，"皱文匠""皱匠"不仅与金银行等有工匠行业组织，而且还设有都料这种一个行业的最高技术级别职务。而这里又出现了与"都料"并列的"录事"一职，以及前文所及"缝鞋靴录事索章三"，可能是隶属官府的工匠们所担任的一种卑微的行政职务，或是官府工匠们和一种荣誉式的待遇。但无论如何，工匠所具"录事"之衔和他们的技术级别无关。

3. 畜牧业与畜皮管理

敦煌畜牧业的发展促进了皮革加工、制作等相关的手工业的发展。而畜皮的管理和使用又为皮革加工、制作提供了足够的原材料。

P.3841V《开元间州仓粟麦纸墨军械什物历》[2] 及 P.2626V0 和 P.2862V0（两件为同卷）《唐天宝年间敦煌郡会计牒》[3] 记载有各种皮的数量。

P.3028V0《吐蕃时期官营牧羊算会历状》，用十二属纪年，其人名多契姓，当系吐蕃占领敦煌时期官营牧羊算会历[4]；S.542V《丑年十二月沙州诸寺羊籍五通》，系吐蕃占领敦煌时期沙州诸寺羊籍[5]。

归义军时期，敦煌地区的畜牧业放牧主要有羊、马、驼、牛、驴等，特别是羊比较普遍，各寺都养羊，官府为之专门设置了羊司，来主管羊的放牧及收支等事宜。唐五代敦煌牧羊业较发达，有官营、寺营、私营。羊在敦煌社会生活中的用途是食用、赐人、祭祀牺牲，羊皮制作冬装，羊毛用于纺织。牧子以羊向羊司纳税。另外还有知驼官、知马官等，负责官府驼、马的放牧。官府则有专门放牧牛羊的人——牧子，可能是作为当时的一种色役[6]。牛、羊、驼、马死后，皮必须纳归官府，官府据需要分配。

归义军政权的官文书中，就有一些牧群管理方面的文件，文书上钤有"归义

[1] 唐耕耦：《敦煌研究拾遗补缺二则》，《敦煌研究》1996 年第 3 期。

[2] 前引《法藏敦煌西域文献》第 28 册，第 330 ~ 341 页。

[3] 前引《法藏敦煌西域文献》第 16 册，第 332 ~ 342 页。

[4]《法藏敦煌西域文献》第 21 册，上海古籍出版社，2001 年，第 117 ~ 119 页。

[5] 前引《英藏敦煌文献》第 2 册，第 23 ~ 25 页。

[6] 乜小红：《唐五代宋初敦煌畜牧业研究》，台北新文丰出版公司，2003 年。

莫高窟第 196 窟织机

莫高窟第 98 窟织机

莫高窟第 98 窟织机

莫高窟第 6 窟纺车

军节度使新铸印"，其中涉及牧群的数量等。还有不少是管理、使用驼马牛羊等畜皮的文书，如 S.3984 为《丁酉年十一月三日报恩寺徒众分付牧羊人康富盈羊抄》[1]，S.4116 为《庚子年十月廿六日报恩寺徒众分付牧羊人康富盈羊抄》[2]，S.4704 为《辛丑年三月廿日见纳自死羊羔子抄》残卷 [3]，P.2155V《归义军畜口皮籍》残卷记载了华再德等 23 人送交的驼、马、牛、羊皮数目，这些皮由皮革手工业的皮匠制成各种成品供官府及民众使用，其中有云：

宅官宋住宁、阎文昌合领沙庆住群牛皮拾张，犊子皮叁张。宋延德群牛皮捌张，犊子皮两张。

同卷还记有王再晟群、阎会通群、阎憨儿群、祝了盈群、张通达群、张再庆群共计白羊皮 114 张，羖羊皮 45 张。"宅官慕容祐子合领得陈顺德群牛皮叁张，犊子皮伍张"及张保富群、王盈信群白羊皮 34 张、羖羊皮 16 张。杨住成领得当群、

[1]《英藏敦煌文献》第 5 册，四川人民出版社，1992 年，第 227 页。

[2] 前引《英藏敦煌文献》第 5 册，第 252 页。

[3] 前引《英藏敦煌文献》第 6 册，第 244 页。

扬阿罗群、米保富群、王阿朵群、张白子群、烧不勿群、康定奴群、杨员昌群共计白羊皮 211 张、羖羊皮 103 张。曹定安领自群、安愿受群白羊皮 11 张、羖羊皮 9 张。押衙王突鸾领仍再晟群白羊皮 69 张、羖羊皮 9 张。[1] 领皮人中杨住成、曹定安为牧羊人；押衙王突鸾有领王再晟群白羊皮事，可知其这一家，疑为王氏官府管理修牧羊人之头领；慕容祐子、杨住成、曹定安等为宅官。宅官领牛羊驼马等牲畜皮显然不是像库官那样仅仅是保存，而是为加工皮革制品的需要。所谓皱文匠、靴匠、缝皮匠等工匠中有部分可能是由宅官来管理。如 P.3272《丙寅年牧羊人兀宁牒》，记载：

> 大白羊壹口，皮拾贰张（印），司空傅局白羊羯两口，羖羯壹口。又付宋宅官羖羊羯肆口，羖母羊壹口。又众现射羖羊羯壹口（印）。又付宋宅官神白羊羔子壹口，白羊皮两张。又白羊羯壹口。[2]

此记载可证宅官兼管皮革类工匠。

对羊皮的管理方面也有许多记载：S.1403《某年十二月十六日队头程住儿雇驴契》有"雇价上好羊皮九张"[3]；S.6194《丙午年六月羊抄》记"（六月廿日）现领得死羊皮"[4]；Дх.1323+Дх.5942《押衙刘某雇牧羊人契》，记有"……冬衣羊皮两张"[5]。与此相关的还有 P.3234V《甲辰年三月廿四日见分付牧羊人贺保定收羊契》[6]、北大 D.193《羯羊帐》[7]、S.5890《丙寅年二月廿三日绍智庄上拨毛抄录羊数名目（木简）》[8]（原题）等。

除羊之外，驼、马、牛等畜牧也是如此。如 P.3131V《归义军曹氏时期（10世纪后期）算会群牧驼马羊欠历稿》，P.2484《戊辰年十月十八日就东园算会小印子群牧驼马牛羊见行籍》，S.6998A《归义军群牧马驼羊见行籍》（上钤"归义军节度使新铸印"）等等。S.2474 有《庚辰年（980 年）八月九日驼官张憨儿请处

[1]《法藏敦煌西域文献》第 7 册，上海古籍出版社，1998 年，第 130 页。

[2] 前引《法藏敦煌西域文献》第 22 册，第 336 页。

[3] 前引《英藏敦煌文献》第 3 册，第 15 页。

[4]《英藏敦煌文献》第 10 册，四川人民出版社，1994 年，第 157 页。

[5]《俄藏敦煌文献》第 8 册，上海古籍出版社，2001 年，第 90 页。

[6] 前引《法藏敦煌西域文献》第 22 册，第 238 ~ 239 页。

[7]《北京大学图书馆藏敦煌文献》第 2 册，上海古籍出版社，1996 年，第 216 页。

[8]《英藏敦煌文献》第 9 册，四川人民出版社，1994 年，第 193 页。

分死驼皮判凭状及判共三通》《己卯年（979年）十一月驼官邓富通状及判》，P.2737
为《癸巳年（993年）驼官马善昌状及判凭》四件，P.2985V有《己卯年（979年）
四月牧羊人王阿朵状并判凭》，P.2761V有《己卯年（979年）四月牧羊人王阿朵
状并判凭》。所有这些也都是羊、驼病死后皮纳官请求判凭的文书。P.4997V为《买
羊皮帐》。另外S.1181《长兴二年（932）十二月廿六日河西归义等军结坛舍施
回向文》记有"布一疋，驴皮一肋"。S.5896《领物历》，第3行有"牛皮拾张"，
S.5897是《唱物历》有"韦皮三张"。

　　除了上述普通牲畜皮之外，敦煌文献中还记载了敦煌的一些其他比较珍贵的
动物皮，用来加工制作高档的衣物等，数量较少，只有达官贵族才能享用，有
的还作为礼品送给朝廷等。如S.2009《官衙什物点割历》记有珍贵的动物皮，
用以制作高档服饰。

第六章
敦煌古代工匠与敦煌艺术
（上）

敦煌石窟艺术是敦煌工匠们留给后人的最伟大辉煌的历史文化遗产。作为四维八荒景仰的佛教圣域，敦煌辉煌千年的石窟营造业，造就了一代又一代的工种齐全、技术高超的石窟营造队伍，这就是古代敦煌工匠的最大的地方特色、文化特色和艺术特色。

一、工匠与石窟营造

1. 参与石窟营造的各类工匠 [1]

古代敦煌的工匠，是敦煌石窟的营造者，是敦煌艺术的创造者。在有关敦煌石窟营造的碑、铭、记、赞文书中，几乎都要讲到工匠，《史料篇》中《良工巧匠颂》所集，除少数是对其他艺术品（如绢画等）的制作者们的赞颂以外，绝大部分是对从事石窟营造的"良工""巧匠"及其活动的描述。特别是 10 世纪初的《营窟稿文范》（P.3405）中，将"募良工而镌凿"列为仅次于"选上胜之幽岩"（选择造窟崖面）后的第二项内容。任何人、任何时候、修造任何形式的佛窟，离开工匠就无从谈起。所以，在佛窟营造文书中为工匠们的劳动记上一笔，应该是天经地义的。

然而，在这类文献中，几乎都是把工匠及其劳动作为佛窟的窟主、施主们的"功德"来称颂的；所谓的"招良工""募巧匠"都是粉饰那些"功德主"的。不过，在个别佛教团体或个人营造佛窟的文献中，对部分负责营建的高级工匠，还出现一些指名道姓的称赞。无论如何，我们还是从这里了解到了古代匠师们创造

---

[1] 本段内容参见马德：《敦煌工匠史料》，第 16 ~ 22 页。

敦煌艺术的部分情景。

参与敦煌石窟营造活动的工匠，主要有如下几类：

打窟人　即在莫高窟崖壁上镌岩凿窟之工匠。我们前面已经提到，打窟人在文献中没有被记载为匠，但他们是古代敦煌地方专门的一支施工队伍，实际上也是敦煌工匠队伍的重要组成部分。我们在莫高窟供养人题记中还发现有"押衙、知打窟都计料"的记载，都计料相当于其他行业的都料，负责一项工程的施工设计并组织和指挥施工，镌岩凿窟即是需要设计和组织的大型工程。我们知道，石匠这一行业不设都料，这可能是因为一般石匠们所从事的普通石料和石质器具的加工制造，不需要有总体设计和统一组织、指挥。文献中也没有发现石匠参与佛窟营造活动的记载，但石匠们肯定是开凿石窟的重要力量，因为从实际意义上讲，打窟人也就是石匠。

泥匠　泥匠在石窟营造中主要是壁画地仗制作及窟前木构檐的营造。壁画地仗分泥皮和白灰皮两层，泥皮贴于崖体，白灰层敷在泥皮上，壁画即绘在白灰皮表层；石窟四壁及窟顶都要绘制壁画，因此都需要制作地仗，先上泥皮，特别是窟顶泥皮的敷抹，称"上仰泥"，由技术级别最高的泥匠即博士级泥匠操作。窟前窟檐为土木结构建筑物，其由土块垒筑墙壁是泥匠的活计。

灰匠　灰匠是制作白灰的工匠。从石窟遗存及文献记载看，白灰在古代敦煌的土木建筑中大量使用，因此也就需要一定数量的灰匠。10世纪时，各石窟崖面上的露天壁画和部分洞窟前室的壁画的灰层地仗，是厚约8毫米的白灰与麻丝的混合物，莫高窟周围保存的同时代的其他佛教建筑的表层也是这种灰麻混合物，P.3878中《己卯年（979年）都头知军资库官张富高牒（麻支出状）并判凭》所记"天王堂及神堂上灰麻""楼上天王堂佛堂子上灰麻"即是用于灰麻混合物的制作。

木匠　木匠在石窟营造中主要是窟檐的营造，参与窟檐营造的木匠包括都料、博士及以下的各级木匠，都料负责窟檐的总体设计、用料计算、施工的组织的指挥等，其他木匠负责承担木构零部件加工及营造施工等。一般情况下，营造一座窟檐需要的木匠有一位都料、一位博士和若干名匠工。日本九州大学文学部藏《新大德造窟檐计料》，就是970年前后，敦煌某杜氏高僧重建莫高窟第5窟窟檐时，负责营造活动的那位没有留下姓名的木匠都料留给我们的营造用料的精算记录，是今天敦煌石窟建筑史乃至中国建筑史的珍贵文献。

塑匠　塑匠在佛窟营造中负责窟内塑像的制作。文献中没有出现关于塑像的具体制作的记载。敦煌石窟的塑像一般为敷彩泥塑，塑匠们主要承担泥工，彩绘则由画匠们承担。塑匠行业亦有都料职设，证明塑像制作在大部分情况下也是集体作业，需要有统一的规划、设计、施工组织和指挥。塑匠行业中还有"师"的称谓，说明高级塑匠可被尊称为师并可教带徒弟。

画匠　在石窟营造中，画匠负责整个佛窟内壁画的制作，壁画除洞窟前后室外的四壁、窟顶之外，还包括泥塑、窟檐的彩绘与装饰。画匠行业中都料、博士、匠、工各级都有，而且也有师徒之分。从现存各个时代的石窟看，壁画的制作一般为集体作业，同时也有一两名画家承担并画完一座佛窟的。

下面介绍几桩在具体的佛窟营造中使用工匠的情况：

933 年 2 月，新任河西都僧统高职的王和尚，修建了自己先前所开莫高窟143 窟的窟檐。歌颂这次营造活动的《河西都僧统宕泉建龛上梁文》（P.3302v）对参与营造的工匠们作了如下描述：

P3302V2 都僧统造窟上梁文

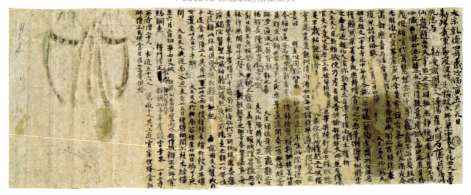

SP.77 重修北大像记

凤楼更多巧妙，李都料绳墨难过，算截本无弃者，方圆结角藤萝；栱枓皇回软五，攒梁用柱极多；直向空里架镂，鲁班不是大哥。康博士能行锛斧，苦也不得□㘚。张博士不曾道病，到来便如琢磨。施工才经半月，楼成上接天河。

我们从这里可以看出，三位高级匠师中，李都料是木匠，负责设计和施工指挥；康博士也是位木匠，为木工活中的主要施工者；张博士可能是泥匠，对自己承担和筑墙施工一丝不苟。这里便反映出在一般窟檐建造中所用技术力量的组成：都料负责总体设计、规划和担任现场施工的总指挥，木博士和泥博士分别承担并负责土工和木工施工。早于此文献30多年前的S.3905正反两面的两篇《上梁文》，也有类似的描述。

966年五六月间，河西节度使曹元忠与夫人翟氏组织重修了莫高窟北大像96窟前五层楼阁的下两层，历时半月：

助修勾当：应管内外都僧统辩正大师赐钢惠、释门僧政愿启、释门僧政信力、都头知子弟虞候索幸恩；一十二寺每寺僧十二人；木匠五十六人，泥匠十人。其工匠官家供备食饭；师僧三日供食，已后当寺供给。（CH.00207《乾德四年重修北大像记》）

这里说明一个问题：当时敦煌工匠队伍是相当庞大的。一次土木工程就动用66名工匠，而且仅仅是木匠和泥匠的一部分。以此推算，在一个总人口只有两万左右的地区，工匠所占比例是相当惊人的。

我们知道，窟主、施主们选募工匠为其营造佛窟，是要付一定的工价。但从工匠方面来讲，他们往往把造窟活动视为一种功德而少取工价，或者义务劳作，特别是在为寺院或僧团造窟时更是如此。如S.3905《唐天复元年（901年）金光明寺造窟上梁文》有云：

马都料方□且空，绳墨不遵师难。若得多少功价，尽行布施与□。

该卷背面的《某氏兄弟造窟上梁文》也有类似的描述：

任博士本性柔软，执作也不说□。……能将时喧拳。王博士最是让避，性……地塑僧□天。小□东唤西应，……

高级工匠们为寺院建窟，又将所得工价尽数捐于寺院；或者不计报酬多寡并互相谦让，这显然是在佛教信仰支配下的一种自觉自愿的行为。

在敦煌石窟中，还保存有一些可考明其姓名的工匠作品，如隋代画师平咄子绘第 303 窟壁画，安存立、张弘恩所绘莫高窟第 129 窟五代壁画，和尚汜定全绘莫高窟第 444 窟宋代壁画，宋代竺保、武保琳等所绘榆林窟第 35 窟壁画，宋代令狐信延绘榆林窟第 20 窟壁画，元代甘州画师史小玉所绘莫高窟第 3 窟壁画等等。在敦煌石窟的营造历史上，留下姓名的工匠是极少数，所以这些就更值得我们珍视。

从 4 世纪到 14 世纪的一千年间，几十代工匠们参与了敦煌石窟的营造。同其他行业的手工业劳动不同的是，石窟营造活动是伟大的艺术创造，参与石窟营造的工匠们都是伟大的艺术家，他们为我们留下了几百座石窟，那每幅壁画，每一身塑像，都凝结着他们的心血和智慧，都向我们展示着历史上的艺术创造者们的辉煌！

2. 石窟营造技术程序[1]

一个洞窟从始建到完成，一般需要经过整修崖面、凿窟、绘制壁画塑像、修造并装饰窟檐或殿堂等程序。敦煌文书中有一篇《营窟稿》，内容为庆赞佛窟落成的一些提纲挈领性的词语，特别是它对佛窟营造过程的具体的描述，是佛窟营造记赞文书的文范，全文如下：

1. 营窟稿

2. 创兹灵窟，缔构初成。选上胜之幽

3. 岩，募良工而镌鳌。檐楹眺望，以

4. 月路（露）而辉鲜；门枕清流，共林花（而）发

5. 彩。龛中塑像，模仪以毫相同真；

6. 侍从龙天，亦威光而恒赫。往来瞻仰，

7. 炉烟生百和之香；童野仙花，时见

8. 祇园之葶。既虔诚而建窟，乃福

9. 荐于千龄；长幼阖家，必寿延于南岳。

10. 请僧设供，庆赞于兹，长将松柏以

11. 齐眉，用比丘山而保寿。

《营窟稿》的内容，基本分为八个部分，现就此八个方面的内容试作释证。

---

[1] 本段内容参见马德：《敦煌石窟营造史导论》第三章，台北新文丰出版公司，2003 年，第 69～114 页。

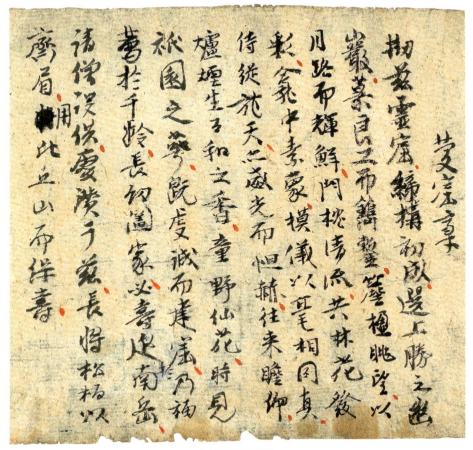

P.3405《营窟稿》

（1）创兹灵窟，缔构初成。意即所营造的佛窟刚刚竣工。从这里可以看出，佛窟营造的赞记文书，都是在佛窟造成之初的落成庆典仪式上的祝颂文书。敦煌遗书中的佛窟记赞文书一般都是这种形式，文中用词也基本上都是这种固定的模式。如：

兴功自敦祥之岁，□□□于大渊之年。香厨办供，每设芳筵。（P.4640《翟家碑》）

多功既就，庆赞示容。（S.530 等《索法律窟铭》）

功德已毕，庆赞营斋。（P.2991《平诎子功德记》）

不延期岁，化成宝宫；妆画功毕，如同忉利。（P.3457《河西节度使司空造大窟功德赞》）

缔构殿刹，忱忉利而立成；标画两廊，似祇园而化出。（P.2982《社人修殿堂记》）

147

有一些佛窟，在营造工程完成一部分时，也就是在营造过程中，也举行庆赞仪式，书写赞记文书，如：

不延期岁，化成宝宫；妆画上层，如同忉利。（P.3781《尚书造大窟妆画上层功德赞》）

创发誓愿，镌成大龛。（P.3550《都衙镌大龛功德记》）

另外需要说明的是，在佛窟营造文书中还有一类造窟发愿文，它是用于洞窟营造工程开工典礼上祈愿文书，其中有些内容如祈愿之词，与落成典礼后的庆赞文大同小异。

(2) 选上胜之幽岩。即选择造窟崖面，确定该窟在崖面上的位置。这是佛窟营造工程的第一步。当然，从莫高窟崖面实况来看，当年营造的洞窟，除少数外，绝大多数都是一个挨一个地建，似乎并没有特别进行选择的必要。但所有的造窟文书却都要这样追述，如：

乃于斯胜岫，造窟一龛。（P.2551《李克让碑》）

更欲钦镌龛一所，踌躇瞻眺，余所竟无，唯此一岭，嵯峨可劈。（P.2762《张淮深碑》）

选择形胜之地，凑日即便开基。（P.3302v《都僧统建龛上梁文》）

(3) 募良工而镌錾。即雇请工匠开凿石窟。这一点几乎在所有的各类造窟文书都有叙述，下面略举数例：

乃召巧匠，选工师，穷天下之谲诡，尽人间之丽饰。（P.2551《李君碑》）

遂千金贸工，百堵兴役，奋锤聱壑，揭石聒山。（P.3608《大历碑》）

P2762 张淮深德政碑

莫高窟第 256 窟窟顶凿痕

遂则贸良工，召锻匠，第二层中，方营窟洞。（P.4638《阴处士碑》）

攒铁锤以和石，架钢錾以傍通；日往月来，俄成广室。（P.3720《张淮深功德记》）

于是用募良工，访其杞梓，贸材运斧，百堵俄成。（P.4640《干宁碑》）

创镌石室，发弘愿以济含灵；广命良工，用臀力而鏊凿。（P.3262《尚书造大窟发愿文》）

以上 (2) (3) 两项，是对凿窟工程的追忆。

《营窟稿》省略了佛窟营造中最主要的技术和艺术工作程序——彩塑与壁画制作。而且，不仅仅是《营窟稿》，其他一些佛窟营造文献中也对此极少涉及。为此，现据石窟上的遗存和专家们多年的研究成果，就彩塑和壁画的制作情况作一些说明。

彩塑制作，即造像，是石窟的主题内容。同其他佛教建筑一样，敦煌石窟造像也主要是佛祖为本尊，但各个时期每一座洞窟又稍有区别。最早为单身佛或菩萨像，此后逐渐为一佛二菩萨、一佛二弟子、一佛二弟子二菩萨、一佛二弟子二菩萨二天王、一佛二弟子二菩萨四天王、一佛二弟子二菩萨二天王二力士、三身佛及菩萨组合、三世佛及弟子菩萨结合等。

敦煌石窟群所处属砾石地质结构，佛教造像在石崖上无法精雕细刻成形，所以一般以木骨泥塑并敷以彩绘的制作方法为主，也有少量的小像为木胎，而一部分大像则采用石胎泥塑。

敦煌彩塑制作技艺[1]，是一种古老的，产生于敦煌当地的，千百年来世代传承的一种敷彩泥塑的手工制作技术。这种敷彩泥塑的制作，因其选材、工艺、手法有其一定的独到之处，从而使它可塑性更强，成形的作品别具特色，具有更坚固、耐久、抗风化的优点。敦煌莫高窟许多彩塑历经千年依然保存完好，不仅仅是仰仗了当地的气候干燥，也应该得益于这种独具特色的制作技艺。因此，敦煌彩塑制作技艺是指以莫高窟彩塑为代表的，古代工匠千百年来创作敷彩泥塑的一整套制作工艺和手工技艺。

敦煌彩塑制作历史悠久，相传西汉开帝时期有暴利长在敦煌渥窪池为捕天马"搏土塑人"的故事，暴利长为捕天马所塑的人，应当是敦煌最早的泥塑作品。自西汉敦煌建郡（公元前 111 年／元鼎六年）到莫高窟开凿（366 年）之前的四百多年间，敦煌留存下来的塑像实物很少，但我们从以下几件文物上仍然可以感知到汉晋敦煌彩塑艺术的状况。如：现藏于敦煌博物馆的汉代浮塑双鱼纹陶鼎、浮塑绿釉四神陶奁，反映了当时的塑造技艺已趋成熟。又如《北史》卷《李暠传》记载，西凉年间国主李暠曾在敦煌敕建"靖恭堂、谦德堂、嘉纳堂、功德殿"，这些殿堂内曾有过壁画和塑像。《沙洲图经》也记载：李暠曾在敦煌设立县学，学院内曾有先圣太师庙堂，堂内供奉有先圣与先师颜子的塑像；虽然这些塑像早已湮没在历史的长河之中，但这些史料却向我们透露了，佛教在敦煌流播之前，当地泥塑艺术已经有着深厚的传统和技艺的传承。

敦煌彩塑形成规模，并将汉晋以来的泥塑技艺发挥到一定高度，是从敦煌石窟建造开始。从莫高窟现存最早的十六国时期的第 275 窟彩塑看，敦煌彩塑从一开始便是塑绘结合的传统形式，以生动活泼、塑造细腻为特征。之后，这种"塑形绘质"的艺术形式贯穿于敦煌石窟的各个历史时期，形成敦煌彩塑制作技艺鲜明的特点和独具匠心的面貌。

敦煌彩塑制作技艺的内容，主要体现在骨架、制泥、塑造、敷彩四个方面。

---

[1] 以下彩塑制作部分内容由非物质文化遗产敦煌彩塑制作技艺传承人、敦煌研究院杜永卫先生提供。

莫高窟第 275 窟弥勒菩萨

从莫高窟一些残破的彩塑上，可以看到其从绑扎骨架，到塑制成形，然后着色描绘的全部制作过程，其制作工艺具有鲜明的地方特点：

骨架　骨架根据泥塑体量大小分别采用木胎、木架、石胎三种结构，最多的是木架。

木胎结构：小型彩塑多用木料削成人物的大体结构，再薄薄塑上一层细泥。这些木胎本身已具备人物形体的基本结构和生动的姿态，使后期的塑造工艺相对轻松自如。其制作工艺在其他地方不多见。

木架结构：一般彩塑骨架大多取材于红柳等树木，根据塑像造型需要扎制。其制作方法步骤是：先根据塑像大小及动态，制作好相应的木构骨架；次于木架上绑扎芨芨草、芦苇，并敷以粗质草泥（麦秸泥）塑出基本形态；再掺以细麻或棉花的细泥塑出细部，有一部分还要装饰用泥范预制的构件如头饰、手指、装饰品等；最后待泥层干燥后施以彩绘完成和安置。敦煌古代匠师最善于利用树木，他们选用适当弯曲的树木枝干或根茎，稍加斧凿，即鲜明生动地展现出人物身体的曲线动态。特别是红柳这种沙漠野生植物在敦煌随处可见，古代匠师随手采来都是上好的骨架材料；其枝干根茎弯转曲回，可根据其生态形状"应物相形"作

木骨菩萨塑像

莫高窟第 159 窟菩萨

莫高窟第 197 窟菩萨　　　　　　木骨菩萨塑像腿架

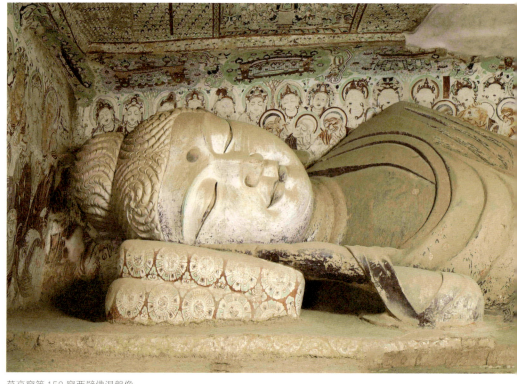

莫高窟第 158 窟西壁佛涅槃像

为躯干肢体骨架；其枝条强韧，可任意烘烤弯曲，亦可作为手指、飘带的骨架。此外还有以圆木削制成有榫的手臂形状的构件，外面包上麻布，再加泥塑，类似传统木胎包纱的制作方法。骨架上还安装有横向的木锲，从塑像背后固定在崖壁上凿出的桩孔里。木骨泥塑是以木构骨架作为内部支撑物的塑像。由于有些洞窟比较小，窟内彩塑可能是在窟外制作好后才置于窟内的；但截止到目前，尚未发现任何有关制作塑像的"作坊"的记载或遗迹。

石胎结构：石胎泥塑是佛塑像内层为岩体、表层用泥土塑成之像，高达二三十米的巨型泥塑，采用木制骨架不坚固耐久，因而在开凿洞窟时预留塑像石胎，然后在石胎上凿孔插桩，再于表层敷泥塑成。敦煌石窟的莫高窟南北大像、第 148 窟与 158 窟两大卧佛像和榆林窟第 6 窟大佛、第 5 窟卧佛等即用此法制作而成。其制作方法是在崖体上开凿石窟的同时，按事先设计的尺寸、比例凿出造像的大体轮廓，再用麻泥塑出各个详细部位的形态，最后敷彩而成像。此类造像之"石胎"与崖体连为一体，基础牢固。

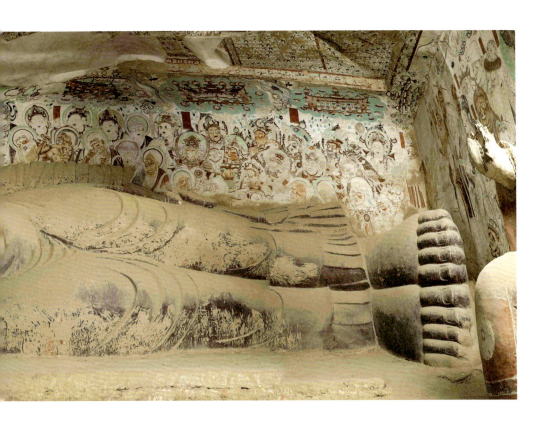

　　制泥　一件理想的彩塑作品，制泥的功夫和塑造功夫同等重要。敦煌彩塑的制泥，采用当地河床沉淀板结的细土（澄板土），加入适量的黄沙及麦秸、麻刀、棉花等植物纤维掺水和制而成。由于澄板土胶性差，还需在表层塑造的细泥中加入适量的蛋清、米汁，经过这种处理方法，塑造出的彩塑泥胎收缩小、不开裂、坚固耐久，表面质感光洁莹润。敦煌彩塑的制泥方法与一般泥彩塑在石板上用木槌反复锤砸所制的软泥完全不同，这是敦煌彩塑制作过程中，因受干燥气候容易脱水以及土质的局限而被前人总结而成的一种当地特有的工艺，其坚固程度更高。

　　塑造　骨架搭制成形后，用芨芨草或芦苇进一步捆扎出人物的大体结构，既减轻了泥的厚度对骨架的负重，也为下一步方便快捷地把握造型，准确塑造奠定了基础。塑造过程是：上大泥、塑形、收光三个程序。上大泥即用加麦秸的粗泥层层塑出大型，再用粗细相间的麻刀或棉花泥层层塑形。上泥、塑形过程均循序渐进，层层进行，每层表面有意留粗，须水分挥发到七成再进行下一层加泥，不宜一次加泥过厚或抹光。在表面收光处理上，所用细泥宁薄勿厚，在其阴干过程中需用塑刀反复压实收光。这种一边塑造一边自然挥发水分以及最后压实收紧的分层塑造手法，所塑造的彩塑基本不会开裂变形，同时容易光洁而不留下工具的痕迹，为下一步骤的敷彩描线运笔流畅提供了很好的地仗。

敷彩　敦煌彩塑作为石窟供奉的较大型泥彩塑艺术，其塑与绘的制作工艺、技法与一般民间彩塑有很多不同。因为体量较大，如采用一般民间彩塑绘色简约、技法单纯的形式会显得空泛而缺乏艺术感染力。因此敦煌彩塑通常是塑匠和画匠的合作品。由塑工完成塑造后交给画工进一步制作，从某种意义上讲，这里的敷彩已不是通常的着色，而是雕塑上的绘画，它必须体现塑工和画工两方面的卓越技艺。塑工在塑造时须预留绘画技法的表现空间，做到合理的概括取舍，以使彩绘技法能够得以充分发挥。唐代彩塑是塑绘结合的典范，对后世彩塑艺术产生着深远的影响。比如莫高窟第45、194、328、205窟等，塑工有意识将局部形体归纳概括，把烦琐细节留给画工发挥；画工除了"随类敷彩"描画出五官、服饰、须发、器具并敷以塑像以和谐的色调外，还结合当时的审美时尚，在衣裙甚至袈裟上大肆发挥本行当所擅长的花卉、山水等技法，使泥塑别具风采更添无穷魅力。这里的绘以塑生辉，塑以绘增色，充分发挥了"塑容绘质"塑绘结合的技艺协作精神。这是敦煌彩塑创造过程中重要的特点。

敦煌彩塑多采用矿物质颜料，尤其对土红、石青、石绿用量较大。早期以土红为主导色，朴实厚重；中、后期以青绿色调运用广泛，特别是唐代，青绿调子的彩塑华丽而不失清新质朴，使敦煌彩塑精致、自然、化去匠气。第194窟南侧菩萨是这一时期的代表作，造型优美，塑工精到，色调润熟悦目，图案缜密清新，远看色调统一，近看细致入微，在淡雅的石绿色调中，给人以纯净优雅之美感，这正是古人对彩塑制作的经验之谈："远看颜色近看花"的卓越体现。敦煌彩塑生动的造型与绘画有机结合，收到了一般泥彩塑不易达到的艺术效果。在我国传统彩塑艺术中享有很高的地位。

而关于敦煌壁画的制作技艺与流程，这里有必要作较为详细的说明。

壁画为绘画之一种，指绘制在土、砖、木、石等各种质地壁面载体上的绘画，描绘技法和题材内容与一般绘画基本相同。按其所绘场所，可分为殿堂、寺院、石窟、建筑的室内户外、墓室等壁画。早在公元前三千年间古埃及王朝的贵族墓室以及古希腊、古罗马的王宫遗址里，俱遗存有壁画。欧洲中世纪后各时期，亚

土红色调色碗

石绿色调色碗

洲、美洲一些地区的某些时代都有壁画流传，如摩崖石刻等。中国壁画起源也很早，传说在四千多年前的轩辕黄帝时期就已出现；考古资料显示最早为咸阳秦宫殿建筑遗址出土的壁画残片，以及稍后一些的西汉卜千秋墓、洛阳王城公园墓等处保存完整的墓室壁画。中国古代壁画遗迹分布地域广泛，数量可观，时间上下延绵数千年。其中现在保存最为完整、数量最大，连续绘制时间最久的敦煌石窟壁画，是表现佛教内容题材的绘画，以经变画（大幅经变画、故事画、佛像画、风俗画等）为主，山水画、人物画、仕女画、肖像画、供养人画、花鸟画、界画、连环画、装饰画等融为一体，是古代东方佛教壁画的代表之作。

敦煌石窟壁画的制作分为壁画地仗制作和壁画绘制两部分。地仗为一绘画术语，即绘画的敷着体之称。中国画的地仗有：帛（帛画）、绢（绢画）、纸（纸本画）、木板（板画或壁画）、砖、石（画像石、砖）等。敦煌壁画的地仗，为敷在冰川断层锈砂岩即酒泉系砾岩层上的草土泥和麻刀泥。冰川断层锈砂岩形成于四百万年前，曾是海底床，断层岩石质为粗糙而坚硬的砂石堆集岩层，不能直接雕凿石雕、绘制壁画，所以古人在此开窟后用黏土和细碎麦秸拌合为草泥，抹于岩壁上数层，其中以后数层草泥渐细、渐薄，最后，多以黏土和麻或棉成混合的麻刀泥抹光抹平，使画壁如纸，然后才能于其上做画而形成壁画，此即敦煌壁画的地仗。地仗表面即可直接绘制壁画；但一般先在地仗表层刷上一层白粉层后再绘制壁画，也有在地仗表层刷其他颜色作底色的。

敦煌壁画除了地仗外，其绘画技法基本同于中国工笔画。工笔画多以在上过底色的帛、绢、纸等材料上着色绘制为设色的第一步，其色调以画家的喜好和画面的需要而定。敦煌壁画的底色是在锈砂岩石崖敷以平光的草泥，其画如纸，而后在上面起稿，底色则是在所画物像之外填涂，或是在起稿前先刷上如白粉、白垩、高岭土成为粉壁底色，即敦煌壁画的底色。

绘制敦煌壁画及敦煌泥塑敷彩所用颜料以天然矿石颜料为主，早期所用一般为西域运来，后来也有从中原运来或敦煌就地取材，就地加工。天然矿石颜料简称石色，为古时绘画的主要颜料（另还有植物颜料）。敦煌壁画之所以历经千年而色彩丰富多样，色泽亮丽鲜艳，其主要原因就是色彩的单纯和天然性。如高岭土、白垩、朱砂、朱磦、石绿、石青、赭石、土红、石黄、云母粉等，大多都是用各种性能稳定的天然无机矿石磨制而成的。有些变得发黑或深褐色的颜料也有矿石颜料，据化学分析和从绘画色彩效果分析，证明是同为二至三种颜料混合，因年代久远氧化反应而变色的。

因为敦煌石窟本身为佛教艺术，是随佛教一起由印度经中亚（西域）传入，所以石窟壁画的制作方面，在早期，不论壁画绘制者来自西域、中原或出自敦煌本地，一般都使用西域技法，主要是凹凸画法；这种画法的一部分在敦煌石窟后代壁画中被继承。

凹凸画法又称天竺法，是强调主体效果的古代印度、波斯绘画技法，于4世纪随着佛教的东传而传入中国，在古丝绸之路沿线的佛教寺院、窟室的壁画中多见。相传南朝梁张僧繇在金陵一乘寺用此法作画晕染出凹凸，唐初尉迟乙僧画"功德、人物、花鸟，皆是外国之物象，非中华之威仪""外国鬼神，奇形异貌，笔迹洒落，有似中华"（彦悰《后画录》）。因其画叠晕或凹凸，有立体感，所以有"凹凸画派"之称，简称凹凸画。凹凸画法在敦煌壁画中，自十六国时期就应用。如莫高窟第272、275窟等北凉的洞窟壁画，皆已用凹凸法绘制。其人物造型（包括窟室建筑形制，阙形龛与彩塑等）都在融合中西风格的基础上表现出西域造型的明显特征。又如莫高窟第285窟的西魏壁画，在同一个石窟中西壁的造型、彩塑的艺术风格及人物造型，绘画技巧等是完全的西域人物像及"天竺法"画风，土红底色、人物半裸，以凹凸法重彩晕染；但窟顶、东、南、北壁人物形象即以中原顾恺之的"秀骨清像""褒衣博带"为主，一窟之中，两种风格并存。凹凸法主要分为叠染、晕染二法，北朝时期多用叠染，而晕染之法较少，至唐以后主

要以晕染为主，而叠染即多
用于花边与装饰图案之上。

叠染为敦煌壁画中凹
凸法之一，是由古波斯及印
度绘画风格（天竺法）在中
原大地广泛应用中蜕变发展
出的一种敷彩技法。敦煌早
期壁画中多用此法，如人物
肤色，先敷以经铅白或锌白
与丹朱调和的肉色，然后再
用渐深之肉色，沿肌肤边、
眼轮、鼻翼等凹处叠染数层，
层层如阶梯状；再以白色于
眼球、鼻梁等凸处勾绘，使
肤色深浅有别，并以白色为
高光，形成凹凸之感；后再

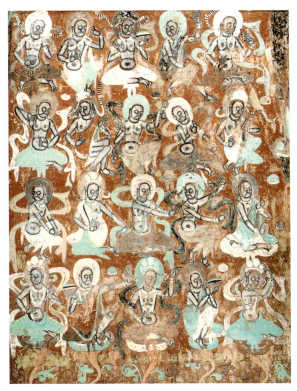

莫高窟第 272 窟听法菩萨图

以高古游丝描或琴弦描、铁线描勾勒出形象轮廓，形成较为立体、细致的工笔重
彩的人物形象。现经千百年的人为及自然的磨损，这些曾经较为绚丽写实又立体
的肤色因氧化，有的变成灰色，有的变成黑色，有的变成深褐色，使白色的眼、
鼻更为突出，像一个"小"字形，所以又称之为"小"字脸；曾经勾勒的很细致
的轮廓黑线也因氧化而褪色，甚至消失，只留下变成铅灰色的肌肤，那些叠染过
肉色略深的凹边也变成黑粗的轮廓线，给人以粗犷写意的感觉。

晕染为凹凸法的另一种技法，包括高染和低染；是在叠染技法的基础上，融
汇中原风格逐渐演变成为隋唐以后的丰富的晕染技法；即将双颊处涂以略红于肤
色的开红色，用清水晕开，不露笔痕与色阶，并以此法沿轮廓线晕染（即凹染或
低染），使颜面红润、又有凹凸的效果，其演变过程如莫高窟第 275 窟壁画的土
红底色上人物叠染"小"字形的三白脸，现在只是由于氧化，已变成了深褐色，
晕染处其色更深；到北魏的第 254 窟之叠染，至西魏前期的第 249 窟顶部白底色
上人物以工笔重彩叠染，中央用白描画点缀；西魏后期的莫高窟画第 285 窟在西

莫高窟第 321 窟说法图

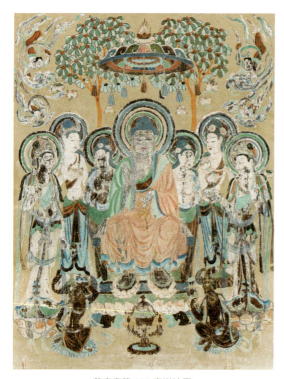

莫高窟第 322 窟说法图

域的红底色上工笔重彩人物，叠晕凹凸法与中原的白底色上人物褒衣博带，稍加色彩平涂，面颊涂红的淡彩平涂法同时出现在一个洞窟；到北周第 428 窟壁画的五白脸，再至隋代第 420 窟人物的高染法（即凸染）、到初唐第 329、220 窟的低凹沿线淡淡晕染（吴家样），到盛唐第 217、103 窟之重彩浓妆，叠、晕结合的金碧辉煌（周家样）等，至今在工笔重彩的人物画中还继续沿袭此法。另外，在敦煌隋代以后的人物画中多用泻染，亦为晕染之一种，即用水墨或淡色烘染物象，分出阴阳、虚实、正侧、凹凸等，增添质感和立体感，加强突出主题和艺术效果，是中国画和敦煌壁画中极其重要的一个环节。

敦煌石窟早期壁画绘制中还使用烘托法，其法有两种，一是由晕染发展而来，与晕染不同的是指用水墨或淡彩在物象的外廓烘染衬托，使物象明显突出；在古时多用于白描人物画及山水画。而烘云托月、画雪景、雨景、雾景、晨昏、流水、白色的花鸟等，一般采用外罩，围染的烘托方法；但在敦煌壁画中，极少见此法。二是绘画构图中突出主题的一个法则，即疏与密或大与小或静与动的相互烘托。如敦煌北朝的壁画，多以形象小而又密的千佛烘托造型；大而又疏的佛说法图，用随意而又生动的乐舞、飞天等烘托静坐或直立而又庄重的佛像等。

隋代以后，敦煌壁画所用绘作技法，以传统的中国画工笔重彩技法为主。工笔画亦称"工笔""细笔""细密画"，中国画之一种，属于工整细致一类的密体画法或画种，有工笔重彩和工笔淡彩之分。敦煌壁画的表现形式为中国画传统的绘画技法，即南齐谢赫之《古画品录》"六法"：(1)"经营位置"；(2)"以线造型"（打草稿、画起稿线）；(3)"随类赋彩"，再次布局设色；(4)"应物象形"，细致定形，勾勒轮廓线；(5)"气韵生动"，提神点睛，钩提神线；(6)"传移模写"（传模移写），原样复制。下面分别作较详介绍：

经营位置

又称布局、构图等，是画工根据佛经内容和"功德主"的要求，在创作前的总体构思及安排；或曰依据题材和主题思想的要求，将所要表现的形象、造型等加以适当布置，构成一个完整协调的艺术整体，使画面与立意相统一；在敦煌艺术中又指石窟建筑、壁画、彩塑个体风格。各石窟之间不同的民族，不同的窟主，不同的时间，甚至同一洞窟不同的石窟建筑形式、不同的绘画，彩塑艺术造型风格有大小、内容、色彩等的变化；窟内整体结构即画与画之间，画与彩塑之间，画面本身内容、情节的布局，与空间的统一谐调等。敦煌壁画的构图大致有：以主大宾小的"主体式"；以故事情节的连续性为重，横向发展的"长卷式"；叙事向上下延伸的"主轴式"；经变内容复杂繁多，既要突出大场面主体，又要突出多方内容的"主体式"；两侧附以"立轴式"形成一个整体统一的"三联式"；以多幅长、宽相同的"主轴式"并列叙事的"屏风式"等。

以线造型

即画起稿线。敦煌壁画千百年间，形成了很多有别于其他绘画的绘制技巧和程序，或者同样的技法称呼不同，或者同样的称呼但形式有别。起稿的粗细，繁简也是随着时代的发展而变化，或因人画技的熟练而异。如莫高窟第 275 窟北凉壁画及第 257 窟北壁说法图；第 263 窟南壁降魔变等处，因画面色彩脱落露出底稿；或局部敷彩不全的画面上，存有规正的土红细线的"井"字形网格线框架上，

莫高窟第 263 窟重层壁画

以土红线勾勒出简单粗犷的圆圈、直线等，以布局动态造型；待在此起稿线上敷彩后再以高古游丝描或琴弦描，仔细地定型；后以较浓的色泽叠染，而后勾轮廓线。所以此种起稿线不同于较细致的白描起稿线，又有别于宋代的减笔（即写意）画。起稿线为壁画中所特有的制作程序之一，不能与减笔画同视为独立的画种。另有以较细致的白描起稿线，即在白色的地仗上用细而流畅的赭石或土红线或墨线勾勒出完整的人物、山、树等形象，敷色时据画面的需要有的完全被掩盖，有些却被局部保留下来，画面随意而生动。如莫高窟西魏第 249、285 窟，隋第 303、305 窟等。唐以后，壁画敷色追吴道之法，流入淡雅、细致、成熟、严谨，因画工以师传徒，逐渐规范，拘于格式化。以后壁画的起稿线已变为成熟的白描画，到了元代发展成熟，如榆林第 3 窟，将高古游丝描、琴弦描、铁线描、兰叶描、行云流水描等多种线描集于一体，略施微染，画风超然脱俗，成为工笔淡彩。所以中唐以后的起稿线已经与定型线没有区别。

有一部分壁画在起稿制作中使用了粉本画稿复制法，有效地提高了绘画速度。粉本是绘画施粉上色专供复制用的纸本画稿，多用于壁画，其法有二：一是用针按画稿墨线（轮廓线）密刺小孔，把白垩粉或高岭土粉之类扑打入纸，或者用透墨法印制，使白土粉或墨点透在纸、绢和壁上，然后依粉点或墨点作；二是在画稿反面涂以白垩、高岭土之类，用簪钗、竹针等沿正面造型轮廓线轻划描印于纸、绢或壁上，然后依粉落墨或勾线着色，此法犹如现今常用的复写纸功效。唐吴道子曾于大同殿画嘉陵江三百里风光，一日而毕。玄宗问其状，奏曰："臣无粉本，并记在心。"魏晋至唐，有不少名画家参与壁画绘制。民间画师在长期创作实践中，

佛说法图粉本

佛像粉本

菩萨粉本

师徒代代相传，总结制作方法和经验，形成口诀，利用粉本绘制大幅壁画。由此，粉本以后也引申为对一般画稿的称谓。在敦煌藏经洞出土的 P.4517 卷即是宋代以前莫高窟的画工们用过的粉本实物。

　　用起稿线绘制的作品，一般称为白画，指用墨或者单色描绘物体形象，不施色彩的绘画，即较工细的白描速写或中国画中的素描，特点是以线造型，略加渲

163

榆林窟第 3 窟西壁北面文殊变

染以强调结构和烘托主体。莫高窟第 276 窟的西壁北侧绘于隋代的"维摩诘"图，其造型、神态为敦煌壁画中白画之上品。另莫高窟第 249 窟西魏壁画中的虎、猪群与山林白描图，第 9 窟中心佛坛屏风背后晚唐的人物画，藏经洞出土的绢、纸本绘画等也有不少白画精品。由白画派生出白描画，即用墨线或单色线勾勒出物体的形象和轮廓，不施色彩，亦有略施淡墨渲染的，也是中国画的一种独立画种。后人将绘制较为仔细的工笔线描轮廓稿也统称为"白描"或"白描稿"。

　　以线造型所用线描技术，是中国画的特点。明代邹德中在《绘事指蒙》中将古人绘画中的各家线描作了具体的分析，总结出"描法古今一十八等"。十八描即是广泛运用于敦煌壁画的中国画技法，即古代画师匠工们描绘衣服、人物、山水、树石、风云、建筑等所用线条的各种描法。有高古游丝描、琴弦描、铁线描、行云流水描、兰叶描（亦即蚂蟥描等）、钉头鼠尾描、混描、撅头丁描（也称秃笔线描）、曹衣描、折芦描、橄榄描、枣核描、柳叶描、战笔水纹描、减笔描、柴笔描、蚯蚓描等。敦煌壁画将从北朝十六国到元代千余年间的中国画线描的发展轨迹，以

榆林窟第 3 窟西壁南面普贤变

实物真迹展现在世人面前，从中可以看出线描及绘画艺术风格和特色发展变化。如十六国、北朝流行"高古游丝描"和"琴弦描"；隋代多用"铁线描"；唐代流行"兰叶描"；到了元代更是将高古游丝描、琴弦描、铁线描、兰叶描、折芦描、行云流水描等汇集应用，如莫高窟第 3 窟整窟壁画和榆林窟第 3 窟之文殊、普贤图，堪称中国壁画中为数不多的工笔淡彩画的杰作。又中国画古来以"书画同源"著称于世，所谓"骨法用笔"，即"书法用笔"为造型运笔之标准，所指即各种描法的运笔有如各种书体之运笔。下面介绍几种主要的线描技法：

行云流水描，在敦煌北朝壁画中多表现衣纹图案、流水、山、树等。如莫高窟第 257 窟之北魏壁画中的"九色鹿"的线描；高古游丝描，形同"行云流水描"，纤细而柔韧，连绵不辍。为东晋画家顾恺之首创，其后流行于画界；元汤垕《画鉴》有云"顾恺之画如春蚕吐丝，初见甚平，且形似时或有失，细视之六法兼备……其笔意春云浮空，流水行地，皆出自然"。敦煌石窟西魏后期，如莫高窟第 285 窟东西二壁的壁画，造型秀骨清像，褒衣博带，线描周密，紧劲连绵，设色敷染

莫高窟第 257 窟九色鹿本生故事图

莫高窟第 249 窟窟顶局部

容貌，以浓色微加点缀，不求晕饰，更使其飘飘如仙，皆存顾恺之"洛神赋图"之遗风；另莫高窟第 249 窟窟顶的白描画"群猎图"是敦煌壁画中"高古游丝描"之典型。

　　琴弦描，顾名思义，细、匀如琴弦之线描；铁线描则较琴弦描又粗一些，敦煌石窟北周与隋代的壁画中主要用此线描，同"高古游丝描""琴弦描"相同，行笔圆润流畅，刚劲连绵，行线均匀，粗细一致，富有弹性。唐张彦远的《历代名画记》载尉迟乙僧画中线描"小则用笔紧劲，如屈铁盘丝，大则洒落有气概"。另外，高古游丝描和琴弦描又称春蚕吐丝，与铁线描相比有柔美与刚挺之分。

兰叶描，出现于唐代，为名画家吴道子所用。明何良俊《四友斋画论》云："夫画家各有传派，不相混淆，如人物其白描有二种，赵雪出于李龙眠，李龙眠出于顾恺之，此所谓铁线描；马和之、马远则出于吴道子，此所谓兰叶描也"。清郑绩撰《梦行居画学简明》，说吴道子线描"如韭菜之叶旋转成团也，韭菜叶长细而软，施回转折，取以为法……旋韭用笔轻重跌宕，于大圆转中多弯曲，如韭菜扁叶悠扬辗转之状……"敦煌唐代壁画画线以"兰叶描"占主导地位；此后各代亦是多见，后代出现的"蚂蟥描""柳叶描""莼菜条"等皆近似兰叶描，或由兰叶描发展而来，或是兰叶描的别称。

折芦描，是南宋梁楷从吴道子、李公麟笔意中化出，亦被明代邹德《绘事指蒙》载为"描法古今一十八等"中。画衣褶用尖笔作细长的书法运笔，转折处均着意用力顿挫，形成似芦苇急折之形。流行于宋元以后，清任颐也多用之。敦煌只在元代壁画中有使用。如莫高窟第3窟和榆林窟第3窟。

钉头鼠尾描，其特点犹如宋徽宗的"瘦金体"书法，落笔力透纸背，先行顿挫，形如钉盖。行则笔锋挺拔，运笔疾速，收笔轻起，线头粗尾细，犹如鼠尾。南宋马远多用于山水画中，所以又称为钉头鼠尾皴。敦煌石窟只在元代榆林窟第3窟和莫高窟第3窟壁画中使用。

减笔，又称"写意""简笔"，一般认为出现于五代、宋以后，南宋梁楷绘画分二体：一为"细笔"，宗法唐吴道子、北宋李公麟，用"折芦描"画衣褶；二即为"减笔"，承五代石恪，寥寥数笔，概括飘逸，为中国写意画（减笔）之肇始。

宋代韩拙云："用笔有简易而意全者，有巧密而精细者。"清恽寿平云："宋人谓能到古人不用心处，不曰写意画。两语最微，而又最能误人，不知如何用心，方到古人不用心处；不知如何用意，乃为写意。"而在敦煌壁画中却指隋以前的起稿线，这一时期的起稿线用笔概括粗放，这在北朝很多敷彩不全或色彩脱落的壁画中可以看见。

敦煌石窟壁画线描技法在广泛运用中国传统的十八描之前，多用曹衣描，即"曹衣出水"；按中国画史，此线描法为曹不兴或曹仲达用之，故名。莫高窟第272、275 等窟的北凉壁画、雕塑中都有所用，同古印度佛教艺术的雕像、壁画中的佛、菩萨等的服装衣裙纹样的线描人物造型等皆风格相近。这说明"曹衣描"实际上是与凹凸法一起，随着佛教艺术的东传，从古印度由丝绸之路经敦煌再东传入中原南北。据画史记载，赤乌十年(247 年)，康居国沙门僧会到吴地传播佛教，吴主孙权为在建业为之创立建初寺，为江南佛寺之始。曹不兴模写佛像于3 ~ 4 世纪，堪称中国最早的佛画大师。又唐代道宣律师《集神州三宝感通录》载，曹仲达于6 世纪画佛像"颇有灵感"；彦远评仲达"师依周研，竹树山水，外国佛像，无竟于时""曹师于袁，冰寒于水"等等。就其记载与以上所述古印度1 ~ 3 世纪之佛画的风格和雕塑之造型，说明"曹衣描"传入中国较早。然古波斯与印度"细密画"绘画技法之运用，无论二曹或尉迟乙僧等，因是当时京都或宫廷画家，故其画与画风在画史均有记载；或者后世之论者因未见到过或看不起民间画工留于寺院、窟室的"无名"之作，而不录入古代绘画史，所以有很多佛寺的壁画名作和较为早的独特之技法，千百年来一直默默无闻；画史上多将早就流行于西域和中原民间技法，冠于晚几百年才初见于京都名士之手，命名为"曹衣描"等，成为中国传统的线描技法。

随类赋彩

敦煌石窟壁画敷彩技法，从美术专业的角度讲，称之为设色，又称赋彩、敷彩、着色等。敦煌石窟壁画历代设色之法有所不同，如隋代以前的十六国、北朝壁画，多以土红色画起稿线并刷底色，后便据造型需要用叠染敷以石青、石绿、朱磦、朱砂、赭石、黑和白等色，形成整体又古朴的画风。隋代壁画在北朝壁画造型、构图、设色的基础上大量吸收融合中、西绘画的特点，使其形成独特的地域风格，即在古朴、整体叠染平涂设色程序化的基础上使人物艳丽多姿，构图随

莫高窟第 328 窟西壁彩塑一铺

意多变，设色丰富而金碧辉煌。设色包括在构图上对色彩布局的设计、上底色、填色、平涂、叠染、晕染、叠晕、贴金、沥粉堆金等。

单线平涂，又称涂色。轮廓线色彩平涂不分浓淡，敷彩兼顾造型，即用线条来勾勒强调物体的结构与造型，着色行笔随意粗犷，洒脱大方，冷暖对比单纯明快，装饰效果较强，是敦煌壁画北朝时期的主要设色特点之一。

填色，即是在白描画和起稿线的结构内填涂色彩，运笔严谨，使得色线互补，设色既可平涂，又可叠晕染，但不压盖线描。敦煌莫高窟第 158、159 窟等中唐洞窟的壁画，皆为此法之上品。

贴金，即用稀释的桃胶在需用处贴上金箔、压平整后再勾勒出线条，使壁画及彩塑更加富丽堂皇，贴金部位一般在菩萨、天王的首饰上，如莫高窟北朝第263、285 等窟，隋代第 420、427 等窟，唐代第 328 窟的彩塑佛、菩萨、弟子服装的织锦图案等，五代、宋、西夏时期的浮塑，团龙团凤藻井；元代壁画的贴金装饰等。

莫高窟第 390 窟描金壁画

描金，即描金线，为装饰线的一种，即用桃胶或固胶调合的泥金勾勒出的线条。敦煌壁画已历时千余年，唐以前壁画上各种轮廓线，多已褪去或被下层色彩氧化变色后掩盖，所以保存完好的尚少。至今尚可看到者有莫高窟第 427 窟菩萨塑像身上的"织金锦"，即用金线表示；第 172 窟中一菩萨衣裙上图案及用此法勾勒出金线织锦纹。

沥粉堆金，此法敦煌壁画中始于唐初，五代、宋与西夏多用之于供养人的首饰上等。因其应用方便，立体感强，所以很受民间画工喜欢，明清时此法在民间多用于画栋雕塑的图案中，现西北地区的棺木图案中尚极流行。其法分为两步：（1）"沥粉"亦即"主粉"，一般用较好的石灰、白垩或高岭土，以桃胶或固胶调全，盛入专制的皮袋中，袋口上接一只细管，用时挤压皮袋，顺事先勾描好的线挤绘出凸出平面的线条或图案；（2）在沥粉线上或图案纹样上涂以调配好的泥金，即成沥粉堆金。莫高窟第 57 窟的观音菩萨即用此法。

涂金，多用于山水画和佛教绘画的设色技法之一，也有以涂刷泥金为画幅底色，而在其上勾勒设色者；敦煌壁画中以刷涂泥金为佛或菩萨面、肤肌色，如莫高窟第 427、420 等窟的千佛、菩萨，榆林窟第 2 窟西壁北侧的水月观音的肌肤、面容即是用泥金设色的。

色标，是敦煌壁画中特有的标色方法。古时画家、民间画工皆以师带徒，很多绘画技法、壁画技法都是代代相传。有些技法是师徒集体合作大型绘画和壁画时得以留传，色标即是这样的课徒技法之一。一幅壁画的创作多以师傅为主，如起稿和设色的分布方案等，起稿线定稿后，师傅便将各处造型的色粉分布方案做出标记（即色标），如红色（包括朱磦、朱砂等）——"工"，石青"主"，石绿"彐"，黄色"艹"等。这些符号即是用各色名称用字的部首、偏旁为色标。

榆林窟第 2 窟北壁水月观音　　　　　　　　　榆林窟第 2 窟南壁水月观音

在敦煌壁画有些剥落了色彩的地方，至今尚能看到这些史无记载的从西魏到五代的色标。

应物象形

敦煌壁画的线，除起稿线外，还有定型线与提神线。定型线即工笔画中之轮廓线。是在起稿线、敷色之后的一道重要技法程序，在"六法"中称之为"应物象形"。此技法主要表现在中唐以前的壁画工笔重彩。而到了中唐以后，壁画的起稿线已臻于完全成熟的白描画，敷色以吴道子画风为范，形成壁画中的工笔淡彩，所以已无定型线、起稿线之分。

气韵生动

提神线亦称装饰线，即在菩萨戴的首饰上、背光上、衣纹飘带上，装饰图案上等，在画好定型线后再勾勒白色线。这在敦煌盛唐以前的壁画中为最多。另外有些唐代壁画人物面部、手脚以及衣纹均以朱红线勾勒，起到提神装饰的作用，使画面更加生动鲜亮。在技法上，定型线、提神线与起稿线无区别；只是使用场合不同而别称之。"气韵生动"即是对完成定型及提神线后的绘画作品的要求，谢赫《古画品录》列"六法"中第一，其"气韵"即"神采""神似"；绘画作品只有做到"形似"，才能在此基础上提高到"神似"；只有形神兼备，方能"气韵生动"。

通过定型线与提神线所完成的敦煌工笔画，表现出中国画技法的如下特点：

　　秀骨清像：中国画和敦煌壁画人物造型术语。此为东晋画家顾恺之绘人物画之风格特点之一。其画《洛神赋图》中之人物造型即如此，清瘦而骨健、秀丽而不俗，褒衣博带，如清风吹动，步履轻盈，飘飘若仙，人大于山，水不容泛。是南北朝时期中原人物画流行的艺术风格，北魏晚期传入敦煌石窟，出现在莫高窟第248、437等窟。犹以莫高窟西魏第285窟为最典型，其中原风格——秀骨清像与"天竺法"（凹凸法）并存，同为敦煌壁画中二法之精品。

　　迁想妙得：中国画术语。东晋顾恺之《魏晋胜流画赞》："凡画，人最难，次山水，次狗马，台榭一定器耳，难成而易好，不待迁想妙得也"。历来论中国画的"气韵生动"，有赖于"迁想妙得"；画家的"想象力"出于"迁想"，也是画家神思的基础。敦煌壁画中之佛、菩萨、弟子、伎乐天、天王、药叉、各种供养人、佛传、因缘、本身、佛教史迹故事画等等，画工依据佛经、故事、传说而创作出各种经变故事画时，不但靠画工对佛经的理解，对生活的感悟，更有赖于敏捷的想象力，借助迁想妙得。

　　吴装：亦称"吴家祥"，中国画的一种风格术语，相传因始于唐吴道子人物画之特点而得名。北宋郭若虚的《图画见闻志·论吴生设色》："尝观（吴道子）所画墙壁卷轴，落笔雄劲而敷彩简淡；或有墙壁间设色重处，多是后人装饰。至今画家有轻拂丹青者，谓之吴装。"（雕塑之像，亦有吴装）唐代敦煌壁画亦如中原，受到画圣吴道子画风的影响，如莫高窟第103窟维摩诘经变，以浓墨兰叶描勾其形，敷彩略施微染，画风超群脱俗为明显的"吴装"风格。

　　吴带曹衣：中国画术语，敦煌壁画中指北朝及唐代两种相对的绘画风格——疏体和密体，敦煌北朝至元代的壁画、彩塑中都有。北宋郭若虚云："曹吴二体，学者所宗，按唐张彦远《历代名画记》称，北齐曹仲达者曹国人，最推工画梵像，是为曹；谓唐吴道子曰吴。吴之笔，其势圆转，而衣服飘举。曹之笔其体稠迭而衣服紧窄，故后辈称之曰'吴带曹衣'。"这两种人物画的造型方式，也流行于古代雕塑。另有"吴"指汉吴暕，"曹"指三国的曹不兴（见北宋郭若虚《图画见闻志·论曹吴体法》）。所谓"吴带"，即笔势飘举简练、圆转，衣服宽松，飘带似风吹动，给人以满壁生风之感，多出现于隋唐以后，如莫高窟第103窟等；曹衣笔法稠密重叠，衣服紧窄，衣纹紧密，描写佛等给人以紧贴肌肤如初出水面，故又称"曹衣出水"，描写供养人，窄袖短袍，高髻胡服，给人以密而不繁之感；如莫高窟北凉第 275 窟和西魏第 248 窟的壁画与彩塑，为敦煌壁画与彩塑"曹衣出水"描法的典型作品。

在以线造型的工笔画之外，敦煌壁画还运用了其他一些中国画技法，如：

写意画，俗称"粗笔""减笔"，属于简略一类的画法，与"工笔"对称。要求通过简练概括的笔墨、线条，描绘出物象的意志、神韵等。作为单独的画种，写意画出现于宋朝，此后历代高手辈出，如南宋梁楷、法常，元代倪瓒，明代陈淳、徐渭，清初朱耷等皆为历代写意高手。敦煌壁画属于工笔重彩范畴，但早期如北朝时期的起稿线，以简单概括的笔法绘出人物的造型动态，虽不属独立的写意画之列，却亦为中国画线描技法之一的"减笔描"法。

界画，即"界划"，指用界笔、直尺画直线的绘画方法，指以宫室、楼台、屋宇等建筑物为题材的绘画；如敦煌壁画中大量出现于唐代的经变画内的楼台、宫室及殿阁等，以笔直的界线条描绘的建筑细致工整，一丝不苟，使整个画面添色。

山水画，简称"山水"。中国画的以描写山川自然景色为主体的绘画，表现上讲究经营位置和表达意境，传统分为青绿、金碧、浅绛、没骨、水墨、淡彩等，在魏晋南北朝时期发展较快，只是附属于人物画，作为背景的居多。在敦煌壁画中，莫高窟第 249 窟顶部四披下沿以西魏山水为早期山水画的代表作。其画山形状很简单，形若魏碑体书法，"山"字形状的小山丘以青、绿、赭、白等变化排列，

榆林窟第 4 窟寒山烟树

莫高窟第 323 窟南壁湖光山色

莫高窟第 323 窟湖光山色

设色有平涂，有叠染，有赭线白描等，富有装饰性，静中现动，更衬托出山林的射猎场面，动物的形态和生气。正如唐张彦远《历代名画记》所言："群峰之势若细饰犀栉，或水不容泛，或人大于山"。榆林三窟的文殊变与普贤变中的水墨山水，为敦煌壁画西夏山水画之精品。

青绿山水，山水画的一种。古时多用矿物质石青、石绿为主色的山水画，有大青绿、小青绿之分。大青绿多是勾轮廓，少皴笔，着色浓重，装饰性强。大青绿在敦煌壁画中出现于西夏，突出者如榆林窟第 2 窟的水月观音图等。在绘画史中，青绿是在水墨淡彩的基础上薄罩青绿，而敦煌壁画中却是多以近似于大青绿之法以勾轮廓，少以水墨皴染，后在赭红淡彩基础上薄罩绿色。此法在唐前期多用，如莫高窟第 217 窟《化城喻品》。

浅绛山水，山水画的一种。即在水墨勾勒皴染的基础上，敷设以赭石为主色的淡彩山水画。《芥子园画传》云："黄公望皴，仿虞山石面，色善用赭石、浅浅施之，其山头喜蓬蓬松松，画草再以赭石勾出，时而竟不着色，只以赭石着山水中人面及松皮而已。"其设色特点师法唐吴道子和王维。五代荆浩评其山水"有笔无墨"，张彦远云"山水之变，始于吴，成于二李"，评王维曰"破墨山水，笔迹劲爽"，所以也称其为"吴装山水"。在敦煌壁画中多见于隋和唐初，如莫高窟第 276 窟隋代维摩诘经变图，第 323 窟唐初《张骞出使西域图》和《妇孺迎佛图》等。

金碧山水，山水画的一种，或即为青绿山水；另有一说认为用泥金、石青、

莫高窟第 323 窟张骞出使西域图

石绿等三种颜料为主的山水画。泥金一般用于勾勒山廓、石纹、坡脚、彩霞及宫室、楼阁等建筑物，敦煌石窟画多用此法。

没骨山水，亦称"没骨"，山水画、花鸟画的一种，即不用墨线勾勒为骨，直接用色彩描绘物象，相传为南朝梁张僧繇所创。唐代杨升擅此法，其画称"没骨山水"；五代黄筌画花勾勒较细，着色几乎隐去笔迹，遂有"没骨花枝"之称；北宋徐宗嗣画花卉，只用色彩画成，名"没骨图"，后人称此为没骨法。此法在敦煌壁画中以北朝为最明显，其山水为"人大于山、水不容泛"，多在故事画中画图案装饰，以三色叠染成"山"字形连续图案，为突出故事情节或图中人物而不用线，有早期"没骨山水"意味；又，敦煌唐以前的壁画中，有些造型因以调和色涂或染，经千年氧化其墨线退却或隐去，所以也给今人以没骨和写意画之感。

淡彩山水，亦称"淡彩"，山水画的一种，见于水墨和青绿山水之间的一种技法，近似小青绿画法，即以淡墨勾勒、泻染后薄罩石绿、青、赭石。敦煌唐宋

莫高窟 285 窟南壁西侧上部四飞天

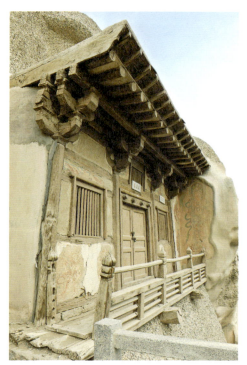

莫高窟第 444 窟宋代窟檐

期间多出现在壁画故事和经变画中。如莫高窟唐代第 45 窟观音经变等。

敦煌壁画山水画中还常用勾勒之技法，即用笔顺势称"勾"，逆势称"勒"，也有以单笔为"勾"，复笔为"勒"（"复笔"多用于山水画中），以及称左"勾"右"勒"的，通常指用各种不同的线条勾描各种不同物象的轮廓，不分顺、逆、单、复，称为"双勾"，亦指绘画作品的初稿，近似较工细的白描（着色前的轮廓线稿）。

传移模写

即复制临摹，实际上是敦煌壁画中各个时期常用的技法；这是因为，佛教壁画最初是随佛教东传的西域艺术，敦煌壁画的内容及画稿便是由西域佛教艺术融合中原绘画风格发展而来的，故此法不可缺少；佛教绘画本身就是一个处在不断改进过程中的传移模写，敦煌石窟壁画亦不例外。目前，敦煌研究院美术研究所即用此法复制各个时期的敦煌壁画和彩塑，并在这一工作中总结出一

整套成功的技法和经验——这方面已经属于敦煌艺术研究的范畴，兹不赘。

敦煌石窟营造还有一道程序，就是窟前建筑的营造。有一部分大型洞窟，如大佛、卧佛窟等，于佛窟营造的同时，还在窟前建造了土木结构的殿堂、窟檐、楼阁等。到 10 世纪时，由于崖面上已经没有了开凿新造洞窟的空间，加上前代所造佛窟也需要装饰和保护，修建窟檐、殿堂便成为佛窟营造的程序之一，当时在崖面上所有的洞窟前都建造了殿堂（底层洞窟）和窟檐（中层及上层洞窟），莫高窟、榆林窟等窟群崖面上都留下了当年修造窟檐、殿堂的痕迹。

从莫高窟遗留下来的木构建筑实物——窟檐看，窟檐墙壁及木构件上还要进行彩绘装饰。现存的莫高窟第 427、431、444 窟三座宋代窟檐内，墙壁所绘与窟内壁画基本相同，而各类构件则用不同图案绘出：柱子以朱红打底绘束莲，栏额用朱红色分成若干长方格，格内涂白色，宋李诫《营造法式》中称此图案为"七朱八白"，也有用色彩鲜艳的连续菱形加连珠纹边饰的整体性图案；栌斗和各小斗用单色，栌斗是石绿或暗灰，各小斗为朱红或白底红点等，拱侧面彩画为青绿半团花，青绿忍冬纹等，柱头枋绘七朱八白或连续的一整二破青绿菱花纹及杂色龟背纹等；门框、窗框等或全施朱红或在两端与中间绘束莲；乳栿底涂朱红，侧面用白地红色线描海石榴花图案。各木构件的空当处，用柳条编芭，草泥白灰抹面，面上依据其大小位置巧妙地绘出飞天、佛、菩萨、伎乐等。除此外，敦煌石窟最早的彩画当属莫高窟北魏第 251 窟崖壁插栱上的云气纹图案，其他零星的彩画有莫高窟第 444 窟西龛内宋代木装修柱子上的锁纹图案、第 428 窟前室乳栿上的团花图案、第 233 窟西夏所修天棚时在柱子、斗栱等构件上绘出各种图案。莫高窟木构件上丰富的彩画图案是建筑彩画史上的宝贵资料。

(4) 檐楹眺望,以月露而辉鲜;门枕清流,共林花而发彩。这是对建成后的佛窟外貌的描述。清流指窟前的大泉溪水,这里把建成的某一洞窟与整个莫高窟的环境联系在一起进行描绘。在佛窟营造文书中,无论碑铭还是赞记,都是必不可少的内容。如[1]:

西连九陇阪,鸣沙飞井擅其名;东接三危峰,泫露翔云腾其美。左右形胜,前后显敞,川原丽,物色新。仙禽瑞兽育其阿,斑羽毛而百彩;珍木嘉卉生其谷,绚花叶而千光。

尔其镌锷开基,植端桧而概日;山为塔,构层台以造天。(P.2551《李克让碑》)

尔其檐飞雁翅,砌盘龙鳞,云雾生于户牖,雷霆走于阶陛。左豁平陆,目极远山,前流长河,波映重阁。风鸣道树,每韵苦空之声;露滴禅池,更澄清净之趣。(P.3608《大历碑》)

檐飞五彩,动户迎风;碧漳清流,森林道树。(P.2762《张淮深碑》)

门临月窟,以危堮而当轩;户枕仙岩,而灵踪并秀。(P.2991《平诅子功德记》)

雕镌越样,似丹露而辉鲜;石落星流,共林花而发彩。(P.3781《尚书妆画大窟上层功德赞》)

雕镌越样,似丹露而辉鲜;石落星流,共林花而竟彩。(P.3457《司空造大窟功德赞》)

上引六条资料中,前三条为《营窟稿》之前,后三条为《营窟稿》之后。如果说,前者内容更详尽一些的话,后者就完全是照搬《营窟稿》的套语。

(5) 龛中塑像,模仪以毫相同真;侍从龙天,亦威光而恒赫。这两句话是指对洞窟内塑像与壁画内容的整体描述和赞颂。在佛窟营造文书中,不论碑铭还是赞记,对窟内塑、画内容的描述和赞颂是最主要的内容,表现得最详细、最具体、最生动,所占篇幅相对来讲也最大。但《营窟稿》在这里只是对佛窟内整个壁画内容的叙述和赞颂的提示;每一座佛窟中塑像和壁画的具体内容、数量多少以及规模大小都不尽相同,从下面的引文中可见一斑。

---

[1] 以下引文,均来自马德:《敦煌莫高窟史研究》,恕不一一注出。

素涅槃经变一铺，如意轮菩萨、不空绢索菩萨各一铺；画西方净土、东方药师、弥勒上生下生、天请问、涅槃、报恩、如意轮、不空绢索、千手千眼观世音菩萨等变各一铺，贤劫千佛一千躯，文殊师利菩萨、普贤菩萨各一躯。初坯土涂，旋布错彩，豁开石壁，俨现金容。本自不生，示生于千界；今则无灭，示灭于双林。考经寻源，备物象设，梵王奔世，佛母下天。如意圣轮，圆转三有；不空绢索，维持四生；人其报恩，天则请问；六牙象宝，摇紫珮以栖真；五色兽王，载青莲而捧圣；十二上愿，列于净刹；十六观门，开于乐土；大悲来仪于鹫岭，慈氏降迹于龙华。（P.3608《大历碑》）

内龛塑诸形象等。若乃释迦轮足，化缘而已周；弥勒垂踪，显当来之次补；十地菩萨，妙觉功圆；八辈声闻，□□□测；多闻护世，夺赫奕之威光；力士呀哆，破耶山之魔鬼；莲花藏界，观行澄澄；十首楞伽，亲承教教；净名方便，级引多门；萨埵投崖，舍身济虎；十二上愿，化尽东方；十六观门，应居西土；金刚了义，善现而解空；天请、报恩，降魔而成道；焜煌火宅，诱驾三车；中观灵岩，上乘珠缀；飞仙缭绕，散空界之天花；净信熙怡，献人间之供养。（P.4640《翟家碑》）

内龛素厶佛厶佛厶佛，并小龛等，塑画周遍。于是无上慈尊，拟兜率而下降；多闻欢喜，对金色以熙怡；大士凌虚，排彩云而务集；神通护世，威振慑于邪魔；千佛分身，莲花捧足；恩报则报四恩之至德，法华赞一乘之正真；十六观行，对十二之上愿；净天启问，调御答以除疑；无垢巧便，现白衣而助扬真化。（S.530《索法律窟铭》）

遂舍房资，于北大像南边创造新龛一所，内素释迦如来并侍从，四壁绘诸经变相，门两颊画神两躯，窟檐顶画千佛，北壁绘千手千眼菩萨。内外庄严，并以功毕。夫大觉圆光满室，照耀恒沙，眉相白毫，腾飞有顶。三十二相，以朱紫而以辉；八十希容，简丹青而仿佛。大乘缘义，表苦行之徽由；护法二神，挥宝杵而摧魔。慈悲菩萨，广大圆明；心恳所求，无有不克。（P.2113v《马德胜功德记》）

于是龛内塑释迦牟尼佛一躯、二菩萨、二上足。莲台宝座，拂狮子之金毛；铴牖铃音，砌微风而响振；诸壁上变相，悉相维城；侍从龙天，皆依法制。（P.2991《平诎子宕泉建窟功德记》）

按 P.2991《敦煌社人平诎子等一十人创于宕泉建窟一所功德记》（标题原有），出自"西汉金山国头厅大宰相"张文彻之手笔，所记为 911 年前后创建今莫高窟

药师佛像

第 147 窟事。在所有佛窟营造的记赞文稿中，它与《营窟稿》不论格式上还是内容上都比较接近，有些词语还是直接照搬。

十方诸佛，模仪以毫相真身；贤劫千尊，披莲齐臻百叶；四王护法，执宝杵而摧魔；侍从龙天，赤威光而煊赫；焕然金色，如盛日之宝山；梵响凌空，布翔膺于碧落。（P.3781《尚书造大窟妆画上层功德赞》）

是以无上慈尊，疑兜率而下降；每闻庆喜，等金色以凞怡；四大天王，排彩云而务集；密迹护世，乘正觉以摧邪；药师如来，应十二之上愿；文殊之像，定海难以济危；普贤真身，等鹫峰之胜会；阿弥陀则西方现质，东夏化身，十念功圆，千灾殄灭；不空绢索、如意轮菩萨，疑十地以初来；小界声闻，超六通之第一；八部龙身，拥释梵于色空；天仙竞凑于云霄，宝树光华而灿烂。（S.4245《天公主造大龛赞》）

释迦四会，了了分明；贤劫千佛，顶生威光；自在四天，振守遐方；菩萨声闻，证成实相。报恩寻思获果，法华诱化童蒙，金光明劝念甚深，思益通晓万里，天请随问开决，华严谈什果之宗，楞伽顿舍高心，药师发十二上愿，降魔伏诸外道归正舍邪，维摩示病示身，舍利弗宣扬空教，龙天八部助势加威，四大天王延祥应福，观音菩萨随类现形，如意宝轮寻求护果，不空绢索济养众生，文殊普贤会同集圣。（P.3542《某君造大窟功德记》）

(6) 往来瞻仰，炉烟生百和之香；童野仙花，时见祇园之蕚。这是洞窟建成后接受善男信女们朝拜和供奉的场景的提示性赞述。这一内容在其他碑铭记赞中也十分丰富：

每年盛夏，奉谒尊容，就窟设斋，燔香作礼。（P.2551《李克让碑》）

八十种好，感空落之花园；方变（便）应身，散珠星而焕彩。轻纱浅绿，对细雾而未开；重锦深红，本无风而似动。（P.4638《阴处士碑》）

云楼架迥，耸颐峥嵘；蹬道连绵，势侵云汉；朱阁赫弈，环栱雕楹，绀窗映琨煌之宝扉，绣柱镂盘龙而霞错；溪芳忍草，林秀觉花，贞松垂万岁之藤萝，桂树吐千春之媚色。（S.530 等《索法律窟铭》）

连云耸出，不异鹫岭之峰，峭拔烟雾，有似育王之室；门当崥崿，当成香积之宫，再换星霜，化出蓬莱之顶。金楼玉序，徘徊多奉璧之仙；暧犨祥云，每睹琼瑶之什；班输妙尽，构天匠以济功，紫殿龙轩，对凤楼而青翠。（P.3720v《张淮深功德记》）

儿郎伟　今因良时吉日，上梁雅合周旋。五郡英豪并在，一州士女妍阗。蒸饼千盘万担，一时云集宕泉，尽向空中乱撒，次有金钱银钱。（P.3302v《都僧统上梁文》）

第（6）项的内容，在许多佛窟营造文书中，往往在描述时与第（4）项有重复，因为都是指建成后的情景。

（7）既虔诚而建窟，乃福荐于千龄；长幼阖家，必延寿于南岳。这里指营造佛窟的动机，或者说，是佛窟建成后的愿望，企盼建窟之举能为建窟者并家族众人（包括亡故者和健在者两部分）以及所处社会能够带来好处。这一点，无论是《营窟稿》之前的碑铭，还是其后的赞记，都是中心的思想内容。

是以宏开虚洞，横敞危楼，将以翼大化，将以福先烈，休庇一郡，光照六亲；况祖孙五枝，图素四刹，堂构免坠，诒厥无惭。（P.3608《大历碑》）

就莫高山为当今圣主及七代凿龛一所，远垂不朽，用记将来。（P.4638《阴处士碑》）

抽一纳之长，缛五缀之余，竖四弘之心，凿七佛之窟，钻金画彩，不可记之。……时丰将大庆之年，人庶沐清平之岁。九族韶睦，将承七佛之慈；骨肉连枝，永奉三尊之化。（P.4640《吴僧统碑》）

镌龛造窟，福祐皇王。（S.530等《索法律窟铭》）

同凿乐石，共记太平。（P.4640《乾宁碑》）

以建成佛窟的庆祝活动对现世进行祈愿，描写最详细的还是曹氏归义军前几任节度使在他们各自主持造大窟之际的庆赞文书：

无限胜因，先用庄严：梵释四王，龙天八部，伏愿威光转盛，福力弥增，兴运慈悲，救人护国。使河清海晏，千年无九横之殃；夏顺秋调，万载罢三灾之难。大梁帝主，永坐蓬莱，十道争驰，誓心献钦。又持胜福，伏用庄严：我河西节度使尚书贵位，伏愿荣高一品，用王母之延龄；位兼五侯，比麻姑之远寿；东开凤阁，□圣主之腹心；西定戎烟，镇龙沙而永固。天公主宝朗，常荣松柏之贞；夫人闺颜，永贵琴瑟之美。郎君纳祐，负忠孝以临人；小娘子延祥，共天仙而皎洁。合宅长幼，常承雨露之荣；但是宗枝，保宜洪湘不竭。亡过郡君尊妣，逍遥十地之街；娘子及至阇梨，便登九仙之位。四方开泰，使人不阻于前程；南北休征，驲骑往来而无滞；蝗飞永散，万劫不起于边甿；水治洪津，竟唱南风之雅韵。多生草障，承鍪凿而消除；见世新熏，藉绘画而荡尽。府僚大将，各尽节于辕门；亲从之官，务均平而奉主。所有伤魂幽识，舍怨速值莲宫；六趣四生，因兹总归净土。然后三边告静，陬无獯火之忧；四塞来宾，路有输珍之庆。（P.3781《尚书造大窟妆画上层功德赞》）

我河西节度使司空，先奉为龙天八部，护塞表而恒昌；社稷无危，应法轮而常转；刀兵罢散，四海通还；疫疬不侵，挽枪永灭；三农秀实，民歌来暮之秋；霜疮无期，誓绝生蝗之患。亦愿当今帝主，等北辰而永昌；将相百僚，应五星而顺化。故父大王，神识往生菡萏之宫；司空宝位遐长，等乾坤而合运；天公主、小娘子，誓播美于宫闺；两国皇后义安，比贞松而莫变；诸幼郎君昆季，福延万春；都衙等两班官僚，输忠尽节。（S.4245《天公主造大龛功德赞》）

我河西节度使司空，先奉为龙天八部，护莲府却殄灾殃；梵释四王，静挽枪而安社稷；当今帝主，永戴天冠，十道澄清，八方顺化；次为司空己寿，以彭祖而齐年；国母天公主，保坤仪而助治；郎君娘子，受训珪璋；先过后亡，神生净土；枝罗亲族，吉庆长年；合群（郡）人民，同沾少福。（P.3457《司空造大窟功德赞》）

将慈福果，先荐龙天；君主重臣，延祥宝祚；释门硕德，转代英奇，法眼竟兴，千门有望。二尊亡过，得值龙华；已躬近因，果报具足；枝罗眷属，应芳消除；但是诸亲，先登快乐；随心就愿，同获嘉缘。横来□□，亦承福分。（P.3979《某氏造窟诸佛事功德记》）

敦煌万人休泰，五稼丰稔龙川。莫在辞多寒讷，岁时犹望鹏迁。自此上梁之后，高贵千年万年。（P.3302v《都僧统建窟上梁文》）

使愿国安民泰，郡主千秋，四路和平，保抚康吉；亦愿先亡考妣，□往西宫；见在枝岁，同沾胜益。（P.3564《梁幸德营窟功德记》）

即将如上福田，资益三界九地。伏愿　君王万岁，社稷千秋，烽烟不举于三边，瑞气长隆于一境。亡过宗祖，遨游忉利之天；现在亲因，恒寿康强之庆；门兴百代，家富千龄。普及法界含灵，赖此一时成佛。（P.2641v《莫高窟再修功德记》）

(8) 请僧设供，庆赞于兹，长将松柏以齐眉，用比丘山而保寿。此句指佛窟建成后需进行的庆祝活动，其中后二句与第(7)项内容重复。在其他记载佛窟营造的碑铭赞记中，这也是其最后一项活动，标志着佛窟的竣工及营造活动的结束。《营窟稿》本身也是在最后一项活动中使用的文书样本。

莫高窟第 205 窟佛坛

榆杨庆设，斋会无遮，剃度僧尼，传灯鹿苑，七珍布施，果获三坚，十善聿修，圆成五福。（P.2762《张淮深碑》）

继成福祚，庆赞逾扬。（S.530 等《索法律窟铭》）

家财撒施，工价兼多；庆窟设斋，数千人供。庆僧荐福，以报国恩；散丝绸于工人，用酬劳苦。（P.3720v《张淮深功德记》）

功德已毕，庆赞营斋，赞咏斯文，将传千载。（P.2991《平诎子功德记》）

榆杨庆设，斋会无遮，剃度僧尼，传灯鹿苑。建之者随心而降福，观之者灭罪以恒沙。……以斯庆赞功德，回向转应，福因先用，奉资梵释。（P.3457《司空造大窟功德赞》）

有意义的是，在这份只有 120 多字的文稿上，还注意了最末一项与开首的呼应关系。即同述佛窟建成后的庆祝活动事。

从上述八项内容看，作为佛窟营造的记、赞文书范文的《营窟稿》，与碑文、铭文之间明显的区别在于：它不像碑、铭那样对佛窟主人本人及其家族的历史及"功绩"作详尽的描述，而是几乎用一半的大篇幅来表述对现世的祈愿。这是 9、

10 世纪敦煌石窟营造活动方面带普遍性的问题，是敦煌地区特殊历史背景和社会环境下的产物。它进一步说明佛窟营造活动的社会性质与人文意义，与当时敦煌地区佛教的社会化是一致的；而且，佛窟营造也是当时整个敦煌社会活动的内容之一。《营窟稿》和它前后的佛窟赞记文书基本都是这一模式。

3. 佛窟营造时间

对工匠们营造一座佛窟所需的时间多少，我们也是通过营造过程的几个阶段来统计：

（1）整修崖面与凿窟时间

这一点，洞窟本身无法反映，但根据文献中保存的一些间接和零星的记载可知，一个大型洞窟的开凿，一般需要一年到三年的时间；小型窟龛所需时间会短一些；而高达数十米的大像窟，也花上四五年时间就可凿出。

莫高窟第 130 窟南大像，动工于唐开元九年，而开元十三年的发愿文幡已经被裹在窟内崖体与泥皮地仗的夹缝中，证明当时已开凿完毕。就是说，第 130 窟只用了四年时间就已凿出。

莫高窟第 94 窟（大型窟），营造于 9 世纪后期，据云"三载功充"。这里包括了从开凿到绘塑等全部工程完工的时间。绘塑与修建窟檐的时间应该是在几个月内的事（详后），所以推测它的开凿所花时间应在两年半左右。

莫高窟第 98 窟，建成于 10 世纪前期。记载其开凿的文献中有云："不延期岁，化成宝宫。"就是说，像第 98 窟这样的特大窟，其开凿时间只用了一年。如果不考虑它是在毁坏崖面上一些洞窟的基础上开凿之因素的话，无论有何等的财力和人力，一年时间凿成这样的大窟是很难令人置信的。因此，我们或许可将"不延期岁"理解为"一年也没有拖延"的意义。

（2）壁画与塑像的绘制时间

据文献中记载，一个洞窟壁画绘制所需时间，一般为三个月到半年；当然，这里指一次性的绘制，不包括由很多施主陆续绘制一窟和前后几次重新绘制一窟的时间。

莫高窟早期和前期一些洞窟，是先由僧人们凿好后，再分别由许多施主们根据自己的需要出资雇请画匠绘制；如建于 7 世纪初期的莫高窟第 302 窟。这样，绘完整个一座洞窟壁画所需要的时间就不能按一般情况去计算。

有一些洞窟内壁画的绘制，经历了几个朝代、几个时代几百年时间才完成，壁画上所反映的时代风格特点十分明显。形成这种情况的客观原因是多方面的，或是社会动荡、变迁，或是窟主几易其人，或是中途废弃等等。如莫高窟第 386 窟，窟内现存隋末至唐代中期 200 年间的壁画；莫高窟第 201、205、216 等窟壁画情况亦如此。这种情况不能代表一般窟内壁画绘制所需时间问题。

莫高窟第 130 窟内壁画的完成时间，根据甬道的供养人像知，应在唐天宝末年。这就是说，从开元十三年算起，壁画绘制花了三十年时间。如果这三十年是一个连续运作过程，对第 130 窟这样的大窟来说，也不是没有可能。

莫高窟第 129 窟，这个小型窟内局部壁画的补绘与重绘，从"去戊申岁末"至"今己酉年中"用了半年多时间，当然，这次补修与重修中，还有一段时间用来清除窟内积沙。

莫高窟第 108 窟，绘画时间用了三个月左右。第 108 窟在敦煌石窟的洞窟中也算一个大型窟，根据窟主各方面的实力，这应是一般在正常情况下绘制窟内壁画所需要的时间；因为壁画面积比较大，壁画绘制应该是集体作业。这种情况在敦煌石窟带有普遍意义。

前文所引北宋雍熙五年（988 年）沙州押衙令狐信延绘制榆林窟第 20 窟壁画题记中，云三月十五日始画，五月三十日完工，共用了两个半月的时间。榆林窟 20 窟为一中型洞窟，由前甬道、前室、后甬道及主室四大部分组成，总壁画（可供绘制壁画的壁面）约 100 平方米。因为该窟内没有发现其他画匠画窟的记录，所以可以肯定，此窟全部壁画出自令狐信延一人之手。就是说，一位官府画匠在两个半月时间内完成一座中型洞窟的全部约 100 平方米壁画。这则题记为我们提供了绘画工匠的工作量以及石窟营造速度、进程方面的珍贵资料，同莫高窟第 108 窟一样，所反映的佛窟壁画绘制所用时间在整个敦煌带有普遍性。

（3）修建窟檐

在一座洞窟的营造过程中，修建窟檐所用的时间是最少的，我们从现存的窟檐题梁中可以看到，其营造时间的某年某月某日写得十分详细和具体[1]；这些窟檐

---

[1] 敦煌研究院编：《敦煌莫高窟供养人题记》，文物出版社，1986 年，第 69 ~ 114 页。

也就是在一天之内建成的，加上营建前后的备料和妆绘，最多有一个月时间就足
够了；文书中所谓"施工才经半月，楼成上接天河"[1]云云，即为我们提供了这
方面的资料。

（4）其他相关事宜

在敦煌石窟的营造历史上，一般说来，一座洞窟营造时间的长短，由于受到
洞窟规模大小、窟主的财力和势力、社会变迁等各方面条件的制约，也就各不相
同。莫高窟的窟主有官宦、高僧、大族、庶民百姓等各个阶层的各类人物；有一
些洞窟因为历史原因，要在几百年中、经历几个朝代才能最后建成……但这些特
殊情况并不是工匠们能够左右的。有些洞窟只留下一个时代的工匠遗迹，而有些
洞窟为我们保存的却是几百年间不同时代的工匠们留下的遗迹。

二、工匠与窟主关系的演变

敦煌壁画所展示的画工与窟主的相互关系，经历了三个时期：（1）西魏以前，
以画师为主导的自由创作发挥期；（2）西魏以后至盛唐，寺院及窟主直接参与画
师创作的共同协商期；（3）中唐以后，以窟主和寺院为主导，画师为从属地位的
被动创作期。在这三个时段中，由于画师所处时代不同，信仰意识、授业地域和
来历各异，致使画师工匠们形成了各种礼遇不同的从属关系。

从对敦煌壁画的比较、解读、分析、临摹发现，各时期壁画都有着不同的绘
画风格和造型技法。但敦煌壁画属于图文并茂型的寺院供奉类纯宗教艺术，也是
中国画形成比较早的一种完整殿堂绘画类型。由于不似其他挂轴、斗方画可以随
意在家庭等环境保存和展示，历来都被视为佛家和民间工匠所为的传教作品，入
不得正史画论，能供我们现在研究参考的史料最早也不过是唐代以后的敦煌石窟
窟区生活纪实文献中的只言片语而已。从现存敦煌壁画榜题以及藏经洞出土的敦
煌文献分析来看，其中对敦煌画师的文献记述非常少；仅有的也只限于唐以后对
他们日常生活、购买绘画用品的部分简单的账簿记录而已。在敦煌文献中，记载
画师的文献资料在9世纪以前几乎是个空白。因此，敦煌古代各个时期的这些民

---

[1] 敦煌遗书 P.3302V《都僧统建窟上梁文》，前引马德：《敦煌莫高窟史研究》。

间画家与寺院、窟主之间的关系等，及其壁画创作宗旨的尊属问题，这里只能从敦煌壁画的创造者——画师的来源，各个时期壁画人物的造型，画面构图特点，绘画技法的比较分析中，以及敦煌壁画与传世的中国古代其他绘画的比较分析中来说明。

1. 以画师工匠为主导的壁画创作时期

佛教壁画是以石刻造像的偶像崇拜、供奉的形式出现，从图文并茂的经典教科书走向传播教义、供奉、祭拜用的绘画图像发展而来的。佛教传入中国后，壁画更是传教、供奉、诠释经典教义的主要形式之一。

佛教艺术在步入中原时起，就开始了两种文化艺术特征的融合过程。最初的融合只是一种简单的穿插，这是中国人对外来文化认知的最初环节，也是佛教为在中华争取到更多信士弟子所做的努力。当中国文化渗入佛教艺术时，我们首先看到的是窟室建筑、人物形象和服饰以及绘画技法的中原化转化。佛教被中国人所认识并形成汉文化的一个组成部分，经过了一个比较漫长的时期，这可以从敦煌的石窟建筑、壁画人物的造型对比中看到。

西魏以前，佛教艺术初传入中原，华夏民族对佛教的认知还是初级阶段，对佛教义理的解读必须通过外来传教者的宣讲，以及谙熟佛教经典的西域画家所描绘出的佛教艺术图像来逐渐认知解读；这个时期敦煌壁画人物的形象大部分都是以凸鼻深目的西域人形象出现，这种绘画造型，通过与中国绘画的对比分析可以肯定地说，是西域画家的手笔。敦煌现存十六国、北魏时期壁画人物形象的主要特征——具有神圣尊严感的西域人物形象，以凹凸法造型、设色等信息，也为我们提供了西域僧人、画师在敦煌从事佛教艺术活动的可信线索。

北朝时期敦煌壁画中的人物造型特点：（1）脸形为圆润的鸭蛋形，五官紧凑、鼻骨隆起直通眉弓，凹眼凸眉，上肢半裸、乳峰外露，以璎珞珠钏首饰和披肩装饰美化形象。（2）强调人体动感变化与潜在的自然美与 S 形动态造型特征。（3）画面形式灵活，构图布局随意机动性强并不拘一格；（4）绘画技法为西域凹凸法造型等等。这在敦煌第 268、272、275 窟十六国时期和第 254、263 等窟北魏壁画中均可以看到。这时期敦煌壁画的创作绘制，应是以西域来敦煌的画师为主导地位的创作范例。

在佛教艺术初传入敦煌的百十年中，有一批西域的僧人、画师们留步敦煌，在窟寺禅修、译经和讲经，而且早期有很多壁画很可能就是这些西域高僧和画师亲手所为。到了西魏以后，特别是中唐以后，中原、敦煌本土的画师们已经学会了自己创作佛教壁画，并以此为谋生手段，因而受雇于寺院、窟主，开窟凿龛、画佛塑像为人所用。

由于敦煌是佛教文化的著名聚散地，如同《高僧传》记载，西晋南北朝时期月氏人竺法护，以及竺法乘、昙摩蜜多、法猷等西域高僧滞留敦煌修行传教、翻译佛经。在同时期的汉地僧人从内地赴西域取经路过，在此停留休整的也很多，如有记载的法显等。由于这些高僧在敦煌译经宣教，使得敦煌石窟和佛事活动形成了一定的规模。所以，在 4 世纪末前后敦煌就已经成为丝绸之路中段，继龟兹以后佛教艺术发展的中心地区。因此这个时期敦煌石窟、寺院中有很大一部分僧人，甚至包括主持，可能都是来自西域的高僧。敦煌北朝石窟壁画的主要画师大部分也应是追随像竺法护这样的高僧从西域而来，即便是本土中原画师，也是长期师从西域匠师，在老师的指导下绘制壁画。古时一个技术高超的画师身边，至少需要四个比较得力的助手，才能按窟主需要的时间、要求完成一个洞窟壁画的绘制工作。

翻开中国绘画史，无论是对魏晋南北朝时期绘画作品的描述，还是我们现在能看到的唐以后绘画名作，大部分作品的边角等处都会出现文字落款和提拔印章；代表中国绘画诗、书、画、印共为一体的创作规范，以表明和记录本作品为何人所绘，甚至何人收藏。而且，品评中国人物画的规范法则"六法"，南齐谢赫《古画品录》[1]中就有记述。唐宋以后，随着中国绘画的不断发展，其人物画"六法"的品评标准也不断地充实，并发展成为对整个中国绘画包括山水、花鸟画的品评标准。在当时的社会生活中，佛教不仅是民间艺术形式，而且还是以外来文化的形式和面貌出现在世人面前，与士人所推崇的"六艺"[2]之绘画不能相提并论。不能视为高雅的艺术范畴。所以，我们现在所看到的佛教壁画，其中的榜题、题记、发愿文等文字，除了记述开窟绘制时间，窟主和被供养的高僧及画面佛教人物的

---

[1]（南朝齐）谢赫撰，沈子丞编：《历代论画名著汇编·古画品录》，文物出版社，1982 年，第 17 页。

[2] "六艺"为战国到南北朝时期读书人（即士人）、贵族基层所推崇的六中时尚，及琴、棋、书、画、诗词、歌赋等。

姓名、故事、经变名称内容以外，很少发现有作者姓名的落款题跋；史书、画论就更不用说能记载这些属于为僧人、信徒构建禅修环境，供奉、祭祀、举办法会用的宣教作品，为施主还愿、歌功颂德，为死者安魂用的祭典礼仪图解了。

在现存敦煌壁画中，处处都体现出画家对佛教义理的顿悟性创意。用敦煌壁画与同时期中原地区其他类型的绘画相对比的话，甚至在同一个窟室中会出现同时期绘制的两种以上不同造型风格的壁画。如敦煌第 435 窟南北壁前部的北魏供养菩萨，人字披顶部的飞天，下部的供养人等；与同洞窟其他人物形象相对比，有着隆起的前额和眉弓等特点，就略带一些中原人物画秀骨清像的初步特征；特别是第 437 窟中心柱东向面龛上的北魏影塑飞天，其脸形已有了中原妙龄少女的形象特征，穿上了褒衣博带的南朝服装；说明在这些绘制壁画的画师中，虽然其主要画风是西域技法，但他们中也有师从西域画师多年，并已出师的专业中原画师，骨子里还带有中原人物造型的强烈意识，所以在他们所绘制的壁画中，不时地透露出一些中原绘画技法和造型的迹象。

早期洞窟的壁画中所反映出的窟主、施主、僧人等供养人的形象，多是在中心塔柱龛基一周和左右两壁中下部。其造型以洗练的笔法、造型描绘出窟主及僧人拜佛的虔诚形象，并在其形象旁书写出姓名。在整个窟室壁画的画面效果方面，体现出了画师们轻松自如的绘画技法与造型风格，这样的情形在早期壁画中是比较多见的。

北朝时期对于这种外来文化，中原人士还处于一知半解状态，对各种佛教人物经典故事，只有通过高僧翻译、宣教、讲解，并配合壁画所绘内容来认知。如画史记载：

赤乌四年（241 年），康僧会初到建业（南京），曾设像行道，不兴机会得见这些西国佛画，因此摹写佛像，此为江南佛寺之始；不兴模写佛像，可谓我国佛画之祖。[1]

又谢赫《古画品录》记：

不兴之迹，殆莫复传，惟秘阁之内一龙而已。观其风骨，名岂虚成。[2]

---

[1] 王伯敏著：《中国绘画史》，上海人民美术出版社，1982 年，第 73 页。

[2] 前引（南朝齐）谢赫撰，沈子丞编：《历代论画名著汇编·古画品录》，第 18 页。

莫高窟第 254 窟主室南壁萨埵太子舍身饲虎本生故事图

　　说明南北朝时期曹不兴所画的画面内容形式，也只能够凭借传说、文字记载和后代的临摹品来传评其画风，那么早期敦煌壁画中所描绘的造型内容、绘画形式等，正好代表当年曹不兴所看到和摹写的佛画风格，又可以填补中国绘画史中所缺乏的可视性空白。

　　西域画师在中原成名早有记载，彦悰《后画录》论述：唐初尉迟乙僧画"外国鬼神，奇形异貌，笔迹洒落，有似中华"[1]。因其画叠晕成凹凸效果、有立体感，与当时中原地区的绘画技法以及人物形象完全不同，所以有"凹凸画派"之称；而尉迟乙僧本身也是从西域来到中原的一名著名画师。关键是，这种到唐宋时期还被认为是异样的画风，在绘画史中也只能靠文字来描述，殊不知早在北朝时期的敦煌壁画中就已比比皆是。如莫高窟第 254、263 窟的《降魔变》《萨埵太子舍

──────────

[1] 余崑著：《中国画论类编》，台湾华正书局，1984 年，第 384 页。

莫高窟第 428 窟萨埵太子舍身饲虎本生故事图

身饲虎图》以及同时期窟室壁画下部的金刚力士形象等。画面中鬼神人物的形象、动态造型具有"曹衣描"的造型技法，装饰风格以及画面别具一格的构图形式，皆如彦悰所描绘尉迟乙僧的绘画风格。三国时期的曹不兴及唐代的尉迟乙僧他们是置身于都市的著名西域画家，所以被世人和后代艺术评论家所熟知并流芳千古；而作为远在大漠戈壁的敦煌画师们，除了在当时被当地人所熟悉以外，便随着岁月的流逝被后人遗忘了。

　　从以上的对比分析表明，那种西域化的人物形象、绘画技法，以及画面所描

绘的佛教经典内容，作为中原著名画家以及民间画师，在当时来说，没有经过专业的佛教绘画训练是随意画不出来的，所以画史将仅仅临摹了几幅佛像画的中原画家曹不兴奉为"不兴模写佛像，可谓我国佛画之祖"的尊称。一个佛教壁画创作者，必须既是一个技艺高超的画家，又是一个对佛教经典义理有专门研究的专业画师，单纯能描绘出佛像的画家，是没有资格和能力接受佛教寺院的聘邀来承担首席画师的，只能作壁画绘制的一般助手。

　　在北朝时期真正能绘制出早期敦煌壁画的画师，是依附于寺院或高僧来进行

莫高窟第 305 窟帝释天

佛教壁画创作并靠此为生的特种专业艺术家。因此，当他们来到敦煌以后自然会被奉为座上宾；而窟主、僧人们，只需提出与说明本窟要画的佛经内容，塑造几身某某塑像以外，在画师工匠们面前也只有像虔恭的佛教弟子一样，对画师们毕恭毕敬。这个时期佛教经典故事画的描绘，即是对西域社会生活的真实写照。所以早期的敦煌壁画大部分是外来的西域僧人及熟知佛教义理的西域画家亲自执笔，至少是在他们的指导下绘制完成，窟主参与创作的分量微乎其微；壁画所呈现出的是具有西域风格的绘画形式，人物造型有异于中原人的形象，构图及画面内容的创意，是以画师认知为主的创作行为，即画师根据窟主的要求，进行自主性创作。

2. 窟主与画师协商共同创作的时期

西魏以后，随着佛教艺术在中原的不断发展，中土画家在逐渐解读、熟悉佛教义理的基础上，开始了具有中国文化内涵的佛教壁画创作活动。而具体创作佛教壁画的作者大多数已是中国本土的画家，因此在民间被冠以"画师、画匠、画工"的尊称等。尽管在西魏的壁画中就曾出现一些具有中原画风的壁画内容及造型画面，如莫高窟第 249 、285 窟的部分壁画，但从这些壁画的内容作以比较即可以看出，它们在洞窟壁画中的位置是属于一种按窟主的意志所绘制的。

西魏壁画是敦煌出现中原绘画造型技法、风格最早又比较明显的时期。笔者在临摹中发现敦煌第 249 窟南北两壁说法图和西壁的各种人物造型，出现了略显

莫高窟第 249 窟阿修罗王

凸起的眉弓及南朝"秀骨清像"特征；窟顶四披，作者巧妙地将中原绘画技法融进壁画创作绘制过程；还将具有中国神话传说内容造型的东王宫、西王母乘龙车凤辇的形象，作为佛教经典叙述中的印度天神——帝释天、帝释天妃的造型；将中国神话传说中的雷公、闪电、雨师、风神的造型与印度天神阿修罗王安排在一幅画面中；运用犹如汉画像砖图案中的古典山水画造型技法，描绘出当时中原

莫高窟第 285 窟内景

山林骑马射猎，动感极强的开阔场面和各种动物的造型，特别是用白描画法勾勒出群猪图的生动形象，安插在象征西方净土的天国世界。与十六国、北魏时期壁画中那种犹如连环画般的小型场面，以及第 254 窟的那种装饰性构图相比较，第 249 窟壁画具有抒情生动、自然之特点。这种别开生面的绘画技法和构图形式，使得原本庄严、细腻、严谨，只注重帝王、贵族生活，描绘心理活动的说教性表现手法，转向面对自然、反映生活大场面的大笔触挥洒，使画面呈现出具有无限生机的效果，体现出了具有中华文化的气息和内涵。

又如莫高窟第 285 窟，壁画可能是由三部分画师同时绘制完成，所以有三种不同绘画技法造型的明显差异。一种是沿袭十六国、北魏时期的那种用土红色为底色，人物形象具有比较明显的西域人物形象特征，以比较工整细腻的曹衣描法造型，服装以平涂法加部分叠染设色，形成一定的凹凸立体感，画面形式为比较典型的早期印度密教艺术特色。其次是东北两壁，是以成熟的汉、魏晋时期就已兴盛于中原的"粉图"即白底色上绘制出人物"褒衣博带"，稍加色彩敷染，脸部面颊色彩微染的顾恺之画风格；尤其是壁画中佛、菩萨以及供养人等，都以中原王公贵族的形象出现，穿宽袍大袖的服装或用宽大的披肩遮体，宛若南朝士大夫造型的"秀骨清像"和高贵儒雅的气质形态，很明显这两壁的作者是窟主特意从内地请来的画师所为；可能是（东阳王）元荣从中原招募来的画工塑匠所为，因为当时只有元荣才具备这个条件和能力[1]。第三种是南壁与窟顶四披的壁画，以白色为底，用"秀骨清像"的造型技法描绘人物，用西域凹凸法敷彩；形成另外一种中西二法合－比较成熟的新绘画风格；与前面提到的北魏部分造型极为相像，所不同的是在北魏壁画中，这种造型技法只是在一幅画不重要的形象中极个别的出现，而第285窟则是在多堵墙面的整幅画中都使用同一种手法来塑造；从画面人物造型技法的熟练程度，整体统一的效果上分析说明：这种风格的作者是曾经师从于西域画家的中原本土画师。

莫高窟第285窟是一个比较典型的，具有开拓性的西魏洞窟。北壁壁画榜题中的"大统四年""大统五年"，是敦煌石窟壁画中保存最早的确切纪年；至今尚存部分窟主或施主的姓名，如阴氏家族的供养人姓名，《敦煌莫高窟史研究》有云：

　　285窟内有许多阴姓供养人题名，可知其实际营造者为敦煌阴氏家族……元荣的许多佛事活动都不是自己亲手干的…造窟的阴氏家族也可以藉此来抬高他们的声望。[2]

虽然书有主要窟主姓名的发愿文榜题现已字迹无存，但画面将窟主们的供养像，以中原画风描绘在了比较显要的位置，体现出窟主们强烈的主人翁情态和对中原画师的欣赏。窟主邀请不同绘画技法的画师共同绘制，表明对他们所绘风格内容的熟悉和喜欢；而且所绘内容应是经窟主、寺院、画师协商后做出具体方案，在构图创作方面，由画师创作绘制并取得窟主、僧人们的满意后再绘制于墙面；榜题发愿文可能需要取得窟主的满意，甚至是由窟主本人书写。这一举措说明窟主对佛教的虔诚、敬仰程度，以及对这项佛事活动的高度重视和积极参与感。

北朝后期敦煌石窟的壁画、彩塑人物造型以及构图方面，已经形成了以中西二法融合后的统一绘画技法造型。具体表现在：（1）画面人物形象中原化造型的转化；（2）在以土红色为主要底色的基础上出现白底色的运用[3]；（3）体现了佛

---

[1] 前引马德著：《敦煌莫高窟史研究》，第68～69页。

[2] 前引马德著：《敦煌莫高窟史研究》，第68～69页。

[3] 敦煌北朝时期的壁画底色多以土红色设色，西魏时出现了中原常用的以白色为底色的整幅画面。

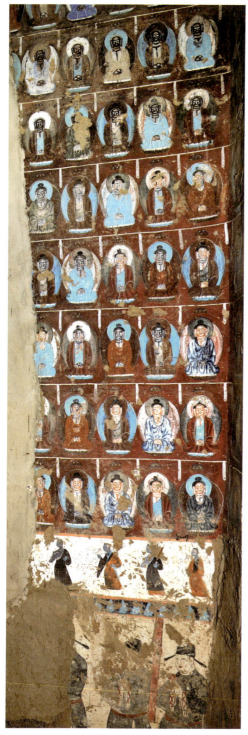

莫高窟第 263 窟千佛

传、本生、因缘故事画的多样化和丰富性；（4）构图形式融合吸取了中原绘画如汉画像砖疏密有序的构图形式。如敦煌第461、438、428、290、296 等北周窟，这些技法形式在西魏、北周时期的反复出现并更系统完善化；意味着从此敦煌本土的信士弟子和画师们，已经开始将所学到的佛教知识和西域绘画技法，结合自身具有的汉文化思维，融合中原绘画技法形成一种新的技法体系；以此，不但可以表现佛教艺术的经典内涵，而且可以独立进行壁画创作了。标志着敦煌壁画，从早期完全承袭西域绘画技法的起步阶段，走向隋唐以后形成一个地域性绘画形式与技法成熟阶段的开始。

隋代以后，敦煌壁画在造型技法逐渐形成本土化进程的同时，构图也开始出现巨幅经变的多样化，替代满壁千佛及故事画的模式。发展到唐代几乎所有洞窟都有各种内容不同的经变构图不断涌现出来；而且在壁画、彩塑的敷色中出现大量金色的运用，更显示出这个时期由于社会生活相对稳定、经济发展，使得佛教艺术也不断大众化，更形成洞窟之间的攀比性绘制。佛教壁

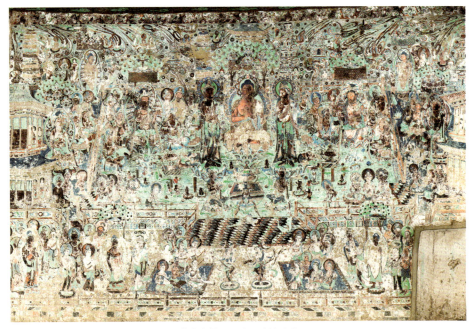

莫高窟第 220 窟西方净土变

画在同一个朝代的不同时期，出现同一内容却显现出不同的造型技法和绘画风格。如莫高窟初唐第 220 窟以色彩华而不俗的"周家样"绘制出初唐翟家窟，盛唐第 103 窟以落笔雄劲敷彩淡染的"吴家样"绘制的盛唐《维摩诘经变》等；或者同一种内容，其布局形式却不同，如莫高窟同时期的第 217 窟和第 172 窟的《观无量寿经变》等。因此，唐代敦煌壁画，在经过中西两种文化艺术的不断碰撞与融合中，完全演变为本土艺术的造型形式和技法风格，也使得佛教绘画的各种技法形式在敦煌，乃至于在内地形成广泛的普及，甚至形成唐以后在画史中可以清楚地看到一种现象：凡有记载的中原知名画家，无人不从事与佛教内容有关的绘画创作的这样一种新局面。

以上分析说明，西魏至盛唐时期，由于本土画师工匠的直接参与和自主性绘画创作，造成在十六国、北魏时期壁画人物的那种具有西域造型的绘画技法基础上，出现了具有"秀骨清像"部分造型特征相融合所形成的新画风；并且发展到，完全具有顾恺之"秀骨清像、褒衣博带"造型，以及隋唐时期的"高、低染法""张家样""吴带当风""周家样"等以线造型的人物绘画技法，逐渐替代了十六国、北魏时期西域造型的技法风格；人物形象发展为流行于隋以后中原人圆润丰腴的

莫高窟第 217 窟观无量寿经变

莫高窟 172 窟北壁观无量寿经变

形象特征，色彩走向金碧辉煌。这个时期窟主与画师的关系与北魏时期略有不同，即窟主与画师协商共同创作，再由画师完成壁画绘制的时期。

北魏以来，由于佛教得到统治者的极度重视，便促进了佛教艺术的发展和普及；随之完全融入了中原文化，形成本土宗教派别中长期居于统治集团思想领域的一个主流性教派，这也是造成敦煌壁画人物造型、构图形式、绘画风格逐渐中原化的主要原因之一。隋代以后的中原佛教画师们更有施展其才艺的机会，并源源不断地从中原内地集聚于敦煌石窟。也由于佛教文化的不断中原化，使得壁画发展形成各种造像、构图、技法模式，造成了寺院与窟主们有比较宽泛的选择余地，使隋代至盛唐时期的敦煌石窟艺术形成鼎盛时期。

3. 雇主与被雇佣者时期

通过对敦煌壁画的研究临摹，可以深切地体会到盛唐以前画家立足于研究、解读、分析、熟悉佛教经典义理，并且使自己所创作的佛教绘画让观者包括佛教徒看懂并且喜欢、感受、理解到佛经教义，便会赢得窟主和寺院僧人的赞赏和拥戴。盛唐以后的佛教徒及其信士们已经对佛教艺术颇有研究，对壁画的创作已经不仅仅只限于直接和间接的参与；而是将洞窟开凿、壁画绘制奉为一种时尚，一种有文化修养的标榜。洞窟已不再是单纯的修禅礼拜场所，发展为对帝王、社稷、亡灵等祭拜、祷告的殿堂式道场。所以僧人、窟主对画师的要求很高，甚至形成让众多画师工匠用创作画稿来中标竞选，由窟主、僧人筛选出中意的构图和人选；再根据各窟室的需要，每一幅壁面的具体安排、构图，画面各种造型、表情、大小比例、建筑特点、画面设色效果等等，都要严格的审核，画师则已完全变成僧人或窟主们随意支配的画笔，要有特别能领会僧人、窟主陈述意图的能力，即使整幅画已按其意图布局完成，但是仅画面中一个人物的表情、穿戴、动态，树叶造型，琉璃瓦的色彩，建筑的斗栱、廊柱形状等，若有不满意处，他也会让画师作三番五次的更改，就如同他们对佛像进行三拜九叩行大礼一般，必须要做到态度虔诚、行为规范，就应该比他所见过的任何一幅绘画作品都要好；因为僧人和窟主视创作为自己奉献给佛祖、菩萨的虔诚之心。笔者认为，敦煌藏经洞出土的许多绘制精细的绢、帛等经变、佛、菩萨像等作品，也是这种背景和形式下的产物。因此，作为这个时期佛教壁画的专业画师，除了要有一流的造型构图能力，对佛

绢画不空绢索观音菩萨图

教经典的解读表现创作能力，还必须具有巨大的耐心涵养和谦恭的合作精神，才能完成佛教壁画的创作。这种感受，作者在 1999 ～ 2000 年参与在香港志莲净苑新佛教壁画创作绘制时，已有了比较切身的体验。

所以，中唐以后对佛教壁画的绘制，也随之从过去那种画师的自主性创作，变化为必须按照僧人、窟主的意志来构思的被动性发挥，形成画师工匠由地方政府所属画院统一管辖的管理化机制。从壁画中的供养人形象与佛教人物形象对比来看，窟主被描绘在了比较显要的位置，而且其形象越来越大，与供养菩萨相同，表情也显现出一种权力的象征。如莫高窟第 51 窟东壁下侧的五代供养人与供养菩萨像对比，第 76 窟北壁宋代的十一面观音及第 16 窟甬道北壁的西夏供养菩萨与本窟供养人相对比；另外人物形象也从过去那种年方二八的少年美而不媚，并具有神圣感的仙女、宫娃形象，转化为晚唐、五代、宋时期的那种四五十岁的中年人在岁月的磨砺下，饱经沧桑和贵族官僚的世俗形象，面部造型和神情留下不可抹去的沧桑感。又如榆林窟第 6 窟二层前室东壁南侧的宋代普贤菩萨，形象比较高大，两边各有一身持花菩萨与六牙白象同高，画面设色虽然清淡，构图却显得零乱，说明这个时期的壁画形式，在窟主的不断授意下，开始进一步文学化、具体化；壁画的构图也呈现出了很规范化的统一模式。种种迹象表明这个时期窟主与画师之间，逐渐变成了雇主和被雇佣者的关系。

三、画工与官窟——以莫高窟第 156、100 窟为例

中国古代的手工艺人，称为"百工"，其地位之低下，以至于不能列入良民之属。人身没有自由或极少自由。至魏晋南北朝时期，随着佛教的兴起，手工业者中间出现了一个新的种类，就是专为寺院建设、制造佛教用品，包括铸造佛像、开凿石窟以及对颜料的开发和使用的一行匠人。但他们的处境没有多大的改善，当时有诏令，说的就是如果"私养沙门、师巫及金银工巧之人在其家者，皆遣诣官曹……过期不出，师巫、沙门身死，主人门诛……其百工会巧、驺卒子息，当习其父业，不听私立学校，违者师身死，主人门诛"[1]。这些没有土地的"匠户"，身份低下，户籍要另立，手艺是子承父（兄）业，不得擅自转行，劳作苦不堪言。这一点让我们想到古代希腊灿烂的雕塑和神庙建筑，但其建造这些伟大工程的工匠，他们的情况并不比中国古代工匠的好多少。在古代希腊，社会制度森严，外来自由人除成为奴隶外，就是成为匠人（主要是石头工）、商人等。被剥夺了地产权的外

---

[1]《魏书》卷 4《世祖纪》下，中华书局，1973 年。

邦人不得不从事手工业劳动或经商。因此，小商人、手工业者、教师、医生通常是外邦人做的，所以古希腊人对手工业劳动者十分鄙视。

9、10 世纪时，敦煌的工匠，主要受官府和寺院的役使。而敦煌有一部分僧人属于未出家的家庭成员。平时也不住寺院，是与家人住在一起，生活上自给自足，甚至有富余的食物用于借贷。所以他们经常以家族的名义出资在寺院或窟内供养佛菩萨以祈福，并题写自己的名字或绘上自己的画像。如 Ch.iv,0023:《四观音并文殊、普贤菩萨图》中的榜题与发愿文都有出家人的名字：

1. 一为当今皇帝二为本使司空

2. 三为先亡父母及合……

3. 无之（诸）灾障……

4. 咸通五年……

（1）兄唐小晟一心供养

（2）兄亡将唐戎一心（供）养

（3）父僧神威一心供养

（4）比丘尼妙义一心供养

（5）尼福妙一心供养[1]

（6）母赵氏一心供养[1]

这条材料里面出现了三位僧人的名字，一个是其父僧人神威，应该是住家僧人；二是比丘尼妙义，三是比丘尼福妙，她们应该是住在寺院。供养者是需要出资的，看得出，这幅画是由住寺的二位尼僧姐妹支付这笔开支。寺院甚至还有剩余的粮食用于借贷，然后在下一个季度里高额度地收回借贷，如：S.2228《年代未详（9 世纪前期）解女于大云寺等贷黄麻历》："四月廿六日，解女于大云寺贷黄麻五斗，于黑子边贷黄麻六斗，于田家贷黄麻一石三斗……"不只是借贷，当借贷人无力偿还时，寺院不是以救度的态度，将此事延缓或罢掉，而是要求以物抵债：如 P.3631《辛亥年（951 年？）正月二十九日善因愿通等柒人将物色折债抄录》："辛亥年正月廿九日，先把物团善因、愿通等柒人，欠常住斛斗，见将物

[1]《西域美术 2·大英博物馆藏敦煌绘画 I》，日本讲谈社，1982 年，原色图版第 23,音色图版第 71、73；录文自右至左，"（1）"为供养人像列题榜，"1."为发愿文行列。

色折债抄录谨具如后。善因入布柒拾捌尺，准麦粟柒硕捌斗，折黄麻叁硕玖斗。愿通入褐布柒拾伍尺，准麦粟捌硕，折黄麻肆硕。愿威入榆木两根，准麦粟陆硕；入昌褐肆拾尺，准麦粟肆硕；木及褐价折黄麻伍硕。保瑞入昌褐叁丈贰尺，准麦粟叁硕贰斗，折黄麻壹硕陆斗。保端替老宿入白方毡壹领，准麦粟肆硕，折黄麻两硕。又入人上典物铜鍋子壹口。上件物色等对众僧分付，领入库内……又紫绵绫衫壹领，准麦粟玖硕，折黄麻肆硕伍斗。又白羊毛毡壹领，折麦粟两硕伍斗。故僧愿住入昌褐肆拾尺，折麦粟肆硕，又愿通入布叁丈捌尺，折麦粟叁硕捌斗。其布僧政贷还入。善因褐袋壹口，折麦粟肆硕。保端替故老张宿入布壹丈伍尺，折麦粟壹硕伍斗。又昌褐贰丈肆尺，折麦粟两硕肆斗。其文书内物于李法律算时总入破了，更无词理。其文书内黄麻及麦粟并入愿通交历及李法律交历。僧愿通知。僧善因。癸丑年正月廿日众僧齐坐领得诸团折债物色抄录如后。（后缺）"，又 S.6452《壬午年（982 年）正月四日诸人于净土寺常住库借贷油面物历》《壬午年（982 年）三月六日净土寺库内便粟历》《壬午年（982 年）二月十三日于净土寺常住库内黄麻出便与人名目》等，这样的条目及内容很容易在敦煌文书中找到，其反映的情况，说明当时的寺院经济状况要比一般百姓好得多。那么，这种相对富足的生活从何而来呢？

　　与此同时，工匠出资供养寺僧的情况也有，但极少，往往是由贵族担任的都料，普通工匠或出身卑微、靠实力晋升到都料者则几乎没有。有着高超手艺的敦煌工匠的生活，可能相对要艰苦得多，首先他们几乎没有人身自由，终身为地方政府和寺院役使，他们为出资者建造窟室所得仅仅是温饱。据文书材料记载，他们在工作时，早上只吃馎饦，即一种类似我们现在所说的汤面[1]，午间两个或三个胡饼，即烧饼[2]，仅此而已。而工匠的工作，比如开凿石窟、抹泥、锻铁、绘制壁画等，都是强体力劳动。正因为此，才有今天众人皆知的"塑匠都料赵僧子典儿"之事。都料是高级的匠师，一个高级匠师尚且如此，那么一般工匠的生活状况就可想而

---

[1] 汤饼的别名。古代一种水煮的面食。北魏贾思勰《齐民要术·饼法》："馎饦，捼如大指许，二寸一断，着水盆中浸。宜以手向盆旁捼使极薄，皆急火逐沸熟煮。非直光白可爱，亦自滑美殊常。"宋欧阳修《归田录》卷二："汤饼，唐人谓之'不托'，今俗谓之馎饦矣。"

[2] 胡饼，即今之烧饼。《释名·释饮食》："胡饼，作之大漫沍也，亦言以胡麻着上也。"晋陆翙《邺中记》："石勒，讳胡，胡物皆改名，名胡饼曰麻饼。"

莫高窟第156窟张义潮出行图

莫高窟第156窟宋国夫人出行图

知了。相反的是，出资人，即开窟修庙的功德主，通常他们有朝廷俸禄，在生活富足的情况下，役使各种工匠为他们建造家庙窟或出资供养寺庙僧人，他们对寺庙对僧人的态度如何，对工匠的劳作如何相酬，反过来说，寺庙、僧人与地方政权的关系如何，这涉及工匠，包括画匠、塑匠的宗教艺术创作是为谁而作的问题。

出资人出资供养，这种宗教行为背后，信仰的成分有多少？今天我们看到的石窟寺壁画与寺庙建筑，有多少是僧团或僧人的主张，又有多少是出资人的意愿呢？

9世纪初叶，兵荒马乱的敦煌，最终被吐蕃人占领。吐蕃人也要将自己的光荣记载在这窟庙中。今天我们看到了吐蕃占领时期的石窟及石窟壁画。那些画是工匠的意思吗？答案当然是否定的。因此归义军时期开凿的一些石窟或绘制的壁画也可以找到相同的答案。

敦煌莫高窟第156窟和第100窟，分别画有张议潮夫妇出行图和曹议金夫妇出行图。这种出行场面，完全是世俗的。按历史线索，可能是为祝贺他们攻克凉州，扫除吐蕃的胜利而绘制的，但我们在一座石窟寺里看到这样的壁画，觉得更

多地表现的是他们的荣华富贵，和前呼后拥的个人崇拜。在一些大型石窟，包括
敦煌其他石窟中，我们看到的世俗贵族大型队伍通常是完全具宗教信仰性质"礼
佛图"[1]，是与信仰行为完全相合的队伍，而"出行图"与石窟寺应表达的宗教行
为似乎没有多少关系。与此相似的举动还有后唐同光三年（925年）的曹氏时代
大文豪翟奉达于敦煌现在编号为第220窟的甬道处所绘的"文殊新样"，他的新样，
第一眼让我们看到的变化就是文殊的驭狮者由传统的昆仑奴变为于阗土，这位曹
氏家族的异族姑爷于阗王李圣天，雍容华贵，气宇不凡，让我们自然想到这种联
姻背后的政治企图，因此这种供养画更多的是一种政治宣传，而不是宗教行为。
我们很难将这种供养画与虔诚的信仰联系在一起。当然，这种对传统图式的改变，
不会是一个身份卑微的画工所能决定的。晚他18年的太子宾客马千进在天福八

[1] 如龙门石窟宾阳中洞的"帝后礼佛图"（现藏美国大都会博物馆及堪萨斯市纳尔逊美术馆）、皇甫公窟北
壁的礼佛图、敦煌375窟初唐的男女礼佛队伍、敦煌61窟之曹延禄姬供养像、回鹘公主供养像、敦煌西
千洞第8窟的男女供养队伍等。队伍中的男女表现的都比较华丽，但礼佛的形式是显然的，这与石窟寺
的宗教性质相吻合。

莫高窟第130窟都督夫人礼佛图(段文杰复原图)

年（943 年）以纪念其母为名而做的功德"观音新图"，在发愿文中大段地书写
了他的身份[1]。"创新"不是宗教的传统，宗教信仰通常是忠实地保持一种古老
的定式和传统，"创新"更多的是世俗人的欲望，因此笔者认为这是马千进的自
我炫耀，而不是宗教艺术奇怪的创新。因此，在更多类似的作品中，我们其实只
看到了出资者的意图，而不是画工的艺术表现。

既然壁画画在石窟寺或寺庙里，那么召请石工开凿石窟和画工作画的出资人
是谁，画工为谁而画？这似乎是一个简单的问题，似乎是寺庙在役使画工作画。
但事实要比我们想象的更复杂。

大中二年（848 年），张议潮率众推翻了吐蕃的统治，掌握了政权，在接下

---

[1] 参见李翎：《佛画与功德——以吉美博物馆藏 No.17775 号绢画为中心》，2007 年《敦煌壁画的继承与创新
　　国际学术研讨会文集》，上海古籍出版社，2008 年。

来的二十几年中，张议潮不断加封晋爵，最终官至太保。唐咸通年间，大约是在咸通二年（861年）或其后不久，当时他已获"检校司空"的称号[1]，其侄张淮深为他建造了一座功德窟，即今天的第156窟。窟中除绘有当时流行的经变画外，突出的就是绘有其夫妇出行图。在第156窟南壁下部画张议潮出行图，画全长约8米，图绘百余人马，旗帜招展，仪仗整齐。虽然出行图画在壁面通常供养人的下部位置，但其生动的构图和变化多样的人物组合方式，相对于千篇一律的主供佛壁画的来说，更具有视觉冲击力。身穿红袍的张议潮形象高大，骑着高头大马，行于队伍中部。在第156窟北壁下部则绘张议潮的夫人，敕封宋国河内郡夫人宋氏出行图，夫人服饰有别于其他人，形象也大于他人，其前面车马开道，后面是护送的骑兵仪仗队，画面极尽豪华之能事。

大约过了70年，曹议金于914年取代张氏掌握了敦煌归义军政权，918年，他的王权得到中原王朝的认可，为此他修建了一座家庙窟，窟内画供养人像达251身，是归义军曹氏开凿的第一个大型功德窟，现编号为98号窟。通过考古发掘得到的信息，当时在98窟窟前建有殿堂建筑，其南北约21、东西10.2米，从台基面残迹观察，殿堂建筑原为南北面阔三间，东西进深二间，是莫高窟较大的窟前殿堂建筑之一[2]。曹议金去世之后，大约在后唐清泰二年至后晋天福四年（935～939年）其子曹元德任节度使期间，由其三个夫人之一的回鹘夫人为窟主、长子曹元德主持修建了"天公主窟"，现编号第100窟，其中表现曹议金和其回鹘夫人出行的壁画完全仿照了张议潮窟绘制的出行图样式。从西壁起，经南壁到东壁，绘曹议金出行图，从西壁起，经北壁到东壁是其回鹘夫人出行图，甬道处南北两壁画有曹议金、回鹘夫人及子女供养人像共22身。其他节度使也修建有类似的功德窟，但156窟与100窟是个典型，即画工为谁而画？归义军时期的敦煌寺院（包括石窟寺）为谁服务？

张氏归义军时期没有资料表明是否设立画院，但曹氏归义军节度府设有画院是明确的。画匠在石窟寺或寺庙殿堂作画，看似为僧团服务劳作，事实上，归义

---

[1] 贺世哲：《敦煌石窟论稿》，甘肃民族出版社，2004年，第158页。另一种说法是"唐咸通六年至八年（865～867年）间"建造的功德窟，参见《敦煌学大辞典》第61页"第156窟"条。

[2] 潘玉闪、马世长：《敦煌莫高窟殿堂遗址》，文物出版社，1985年。

莫高窟第 100 窟曹议金出行图

莫高窟第 100 窟李氏出行图

军时期，寺院、僧官已成为当地政权的"释吏"，寺庙在为政治服务，画工只能为当权者作画。正如材料所示民间的"画行"为当权者服务，而"画院"则直接隶属于官府[1]。

任何历史都是演变的历史，艺术史也是如此，随着艺术史的演变，山水画在晚唐五代至宋已经成为绘画中的主流，那么在边地敦煌，画工是否可以感觉到时尚的变化，从艺术的影响与流行来说，通常的画手（不用说设有画院的曹氏时期的画院画家）肯定可以感受到时代审美的变化，但出于生存的目的，山水画在这里肯定没有市场，画工要得到胡饼，就要按出资人要求的命题内容来画。画工们要在出资人的指使下进行相当于一种命题创作，而这些出资人，更多的不是寺院的僧人，而是政府要员。据研究表明，归义军时期，佛教教团的地位一直处于被动的态势，教界僧人成为归义军的"释吏"，完全没有超出红尘的能力，他们的升迁与寺院的发展，完全仰仗归义军的态度。为此他们要讨好当权者。敦煌著名僧人唐悟真，之所以名声显赫，不是他在佛教方面的贡献，而是在张议潮收复敦煌的过程中，得到了他的支持，他的显赫是张议潮对他效力的回报[2]。郑炳林先生就

---

[1] 姜伯勤：《敦煌艺术宗教与礼乐文明》，中国社会科学出版社，1996 年，第 13 页。

[2] 郑炳林：《晚唐五代敦煌归义军政权与佛教教团关系》，载郑炳林主编：《敦煌归义军史专题研究三编》，甘肃文化出版社，2005 年，第 48 ~ 72 页。

归义军对教团的控制归纳有三个方面：一是僧官的任命受到归义军的控制，二是出家僧尼许可与否受到归义军的控制，三是佛教教团的法会和日常活动受到归义军的控制[1]。因此正如郑先生所说："没有归义军节度使的赏识就没有他们的地位和权利，他们在一般僧人面前是官，但是到了节度使面前变成了吏"[2]，因此，寺院听僧官的，而僧官听节度使的，政、教两界保持着密切的合作关系，这也正是本文前面所提问题的答案，即相对富足的寺院经济，是来自于官府的支持，以及贵族男女在比较著名的寺庙中皈依，成为优婆姨和优婆塞，他们对于寺院的供养，也是寺院经济的主要来源。政、教两界的不平等合作是归义军时期敦煌特有的现象。

这样，画工为谁而画就十分清楚了。17世纪西方宗教艺术的赞助人——一部分贵族影响了教堂的装饰与风格，同样，归义军时期，当权的地方官员控制着石窟寺和窟前佛堂的装饰与内容。艺术风格的变化对这里的影响小之又小，我们只可能通过背景的一点点变化，体会到画工对自己技术的忠诚，对艺术的热爱[3]。命题内容具有宗教性质与否，全在于出资人的个人意愿，即功德主的情况，他们

---

[1] 郑炳林编：《敦煌归义军史专题研究三编》，第55、57页。虽然僧官的任命上要奏唐朝中央，但很多情况是依据归义军的奏请封授而已。

[2] 前引郑炳林编：《敦煌归义军史专题研究三编》，第71页。

[3] 西夏时期的壁画，如榆林窟的一些壁画，有些可以看出纸画对壁画的影响，包括线条的运用和山水、留白的处理，但与艺术史的主流变化相比，则不足道了。

决定了绘画的时尚，以及在佛教殿堂所画，是否是宗教性的或非宗教性的。这也正是 156、100 窟中极具世俗场面的出行图得以在石窟寺内绘制的原因。

敦煌出土的大量文书和入破历表明，归义军时期寺院生活是当时边地敦煌人的一种生活方式，高层次的出家人与广义的一般下层的僧人无法相比，大部分人出家为僧为尼，可能是生活所迫，他们并不严肃的寺院活动和行为，表明寺院在当时仿佛是市民活动的避难中心，是可能得到温饱的处所，因此，他们要依附于当权者。而地位低下的画工并不是为僧人或寺庙而画，他们受委托作画的主要对象是当时政权的掌握者，虽然壁画处于石窟寺或殿堂中，但出资人，即当权者的目的更多的是世俗欲望的表达。寺院似乎已经丧失了远离尘世的功能，"释吏"和隶属于官府的画院都在为当权者服务，画工为他们而画。

四、画匠称谓及其意义

敦煌画匠作为敦煌石窟艺术的创造者，从 4 世纪到 14 世纪的 1000 多年间，几十代人为敦煌石窟做出了巨大贡献。但是，由于画匠在古代是普通的手工业劳动者，所以敦煌石窟和文献中极少留下他们的姓名。但有一点让我们感到欣慰的，是古代文献中对画匠的劳动和成就也作了热情的赞颂和充分的肯定。画匠与其他手工业者不同的是：画匠从事的是艺术劳动，是美的使者，他们的成就是美的象征，因此，对他们的称谓也就不同于其他的工匠而显得比较丰富。

1. 普通画工画匠的称谓

敦煌文献中对敦煌古代普通画匠的称谓，一般来说都是对画工画匠的称颂，主要有通称、专称和尊称三类。

第一类是通用的誉称，如"良工""巧匠"：

乃召巧匠、选工师，穷天下之谲诡，尽人间之丽饰。（P.2551）[1]

□乃呼标，道命良工，……粉之绘之，再涂再艧，或饰或装，复雕复错。（莫

---

[1] 以下摘引文献，除注明外，均参见马德：《敦煌工匠史料》；姜伯勤、项楚、荣新江合著：《敦煌邈真赞校录并研究》，台北新文丰出版公司，1994 年，恕不另注。

莫高窟第 220 窟西方净土变

高窟第 216 窟）

不逾数稔，良工斯就，内素并毕。（P.4640）

良式默（墨）妙，威仪真器。（P.4660《张僧政邈真赞》）

匠来奇妙，笔具三十二相无亏；工召幽仙，彩妆而八十众（种）好圆满。（P.3556
《康贤照邈真赞》）

（前略）贸召良工，竖兹少福，乃于莫高岩窟龛内塑阿弥陀佛像一铺七事；
于北壁上画《药师变相》一铺，又画《天请问经变相》一铺；又于南壁上画《西
方阿弥陀变相》一铺，又画《弥勒佛变相》一铺；又于西壁上内龛两侧画文殊、
普贤各一躯并侍从；又于东壁上门两侧画不空绢索、如意圣纶各一躯；又于天窗
画四方佛并千佛一千二百九十六躯；又于门外造檐一间。（莫高窟第 192 窟）

蟹舍房资，贸工兴役，于是釜锤竞奋，块圠磅轰，硗确聒山，宏开虚洞。……
郢人尽善以钚镘，匠者运斤而逞巧。（P.4640）

匠来奇妙，笔写具三十二相无亏；工召幽仙，彩妆而八十种好圆满。（P.3556
《康贤照邈真赞》）

时遇初秋，白月团圆，忆恋慈亲，难睹灵迹，遂召良工，乃邈真影。（MG.17775）

绢画《报父母恩重经变》

爰命良工、巧匠，彩画装金，上图佛会而千融，下邈真仪而一样。（甘肃省博物馆藏：北宋淳化二年绘《报父母恩重经变》）[1]

良工，在古代泛称技艺高超的人。《墨子·尚贤中》："今王公大人有一衣裳不能制也，必藉良工。"《尸子·分》："良工之马易御也，圣王之民易治也。"南朝梁沈约《为柳世隆上铜表》："名垆化金，良工尽艺，方将盈金中藏。"《新五代史·杂传十七·崔棁》："其乐工舞郎，多教坊伶人，百工商贾，州县避役之人，又无老师良工教习。"

巧匠，古代指技艺精巧的工匠。《韩非子·有度》："巧匠目意中绳，然必先以规矩为度；上智捷举中事，必以先王之法为比。"《史记·屈原贾生列传》："巧匠不斲兮，孰察其揆正？"宋陆游《砚湖》诗："自然出天工，岂复烦巧匠？"

画工、画匠在古代也属于手工业工匠一类，所以上引敦煌文献中的在叙述研究营造者和壁画制作者时，使用了"良工""巧匠"这类通用的誉称。

第二类是专用的称谓，如"丹青"、丹笔、知画手、绘画手、画人等：

（1）丹青

丹青于障，图写真仪。（P.4660《左公赞》）

贸丹青兮彩邈，笔毫记兮功镌。（P.4660《索智岳邈真赞》）

邀鲁国之名贤，请丹青之上客。（P.2481）

工召丹青，图形绵帐。（P.3718《张明德貌真赞》）

预写生前之仪，绵帐丹青绘影。（P.3718《范海印邈真赞》）

乃命丹青而髣髴，恳盼生仪写真形。（P.3792《张和尚写真赞》）

会命丹青笔染绢帛。（MG.17659：太平兴国六年樊继寿绘千手千眼观音菩萨图）[2]

命笔丹青，粉绘斯像。（哈佛大学藏1943.57.14：雍熙二年曹宗寿绘十二面六臂观音变相）[3]

营葺兮既终，丹青兮已毕；相好备兮圆满，福祥臻兮祯吉。（P.2551圣历碑）[4]。

乃召良工，丹青绘留真影。（P.2991：《张灵俊邈真赞》）。

在这里，丹青即是画工的代称。三国曹丕《与孟达书》："故丹青画其形容，

[1] 郭晓瑛：《甘肃博物馆藏敦煌绢画报父母恩重经变概述》，《敦煌学辑刊》2007年第2期。
[2] 前引《西域美术·吉美博物馆藏敦煌绘画I》，第98图。
[3] 马德：《散藏美国的五件敦煌绢画》，《敦煌研究》1999年第2期。
[4] 前引马德：《敦煌莫高窟史研究》，第280页。

良史载其功勋。"《晋书·文苑传·顾恺之》："尤善丹青，图写特妙。"唐朝李白《于阗采花》诗："丹青能令丑者妍，无盐翻在深宫里。"杜甫《丹青引赠曹将军霸》诗："丹青不知老将至，富贵于我如浮云。"

丹青作为名词，有时指为人画像或人像画，如杜甫《过郭代公故宅》诗："迥出名臣上，丹青照台阁。"杨伦笺注："丹青，谓画像也。"陆游《游锦屏山谒少陵祠堂》诗："涉江亲到锦屏上，却望城郭如丹青。"敦煌文献中就有：

偶因凋瘵，预写生前之容；故命良工，爰缋丹青之貌。（P.3718《张良真邈真赞》）

值因凋瘵，预写生前之仪；故召良工，乃就丹青之缋。（P.3718《刘庆力邈真赞》）

丹青还可以作形容词用，谓使增辉，生色。唐张九龄《祭张燕公文》："故能羽翼圣后，丹青元化；陈皋陶之谟谋，尽仲山之夙夜。"唐杜牧《代裴相公让平章事表》："伏乞俯回天鉴，更择时贤，必能丹青帝图，金玉王度。"宋苏舜钦《杜公谢官表》："盖以师表外廷，丹青万务，天下之所想望，王者之所仰成。"敦煌文献中就有：

庄严塑画，圆备功毕，穷丹青之妙姿，尽绮绚之绝世。（莫高窟第 192 窟）

（2）丹笔

逐请丹笔，辄绘容仪。（S.0289 李存惠邈真赞）

在这里，丹笔即是为李存惠"辄绘容仪"（画像）的画匠。

（3）画人

粟陆斗、油壹胜、麦贰斗，看画人用。（P.2838）

面二斗，三日，木匠、画人兼弘建、撩治佛炎二时食。（P.3234v）

粟玖硕，与画窟人手工用。……粟伍斗，与画人边卖（买）录用。（P.2032v）

画人即画匠，可能是普通画匠。

（4）院生、伎术子弟

面叁胜、粟叁斗沽酒，看院生画窟门用。（P.2032v）

信士弟子兼伎术子弟董文员一心供养。（Ch.xxxviii.005）

这里的院生、伎术子弟可能是作为学徒的画工。

（5）彩画

彩画本来是作动词用，指绘画、作画。但在敦煌写本 Дx02822《杂集时要用字·诸匠部第七》中，"彩画"一词直接作为画匠的代名词。

在一些文献中，往往将第一、二类即通用称谓与专用称谓共同使用：

请工人巧匠等真身邈容时。

请丹青巧匠邈圣容真身时。（莫高窟第 72 窟）

故我大师图形留教，弟子固合奉行；遂慕（募）良匠丹青，乃绘生前影质。日掩西山之后，将为虔仰之真仪；月流东海之昏，状表平生之法会。（P.3556《氾福高邈真赞》）

第三类为尊称，如匠伯、画师、丹青上士等：

命垂朝夕，免后颜喧；乃召匠伯，盼像题篇，留影同先。（P.3718《刘庆力邈真赞》）

乃召匠伯，预写生前；丹青绘像，留影同先。（P.3718《阎子悦邈真赞》）

乃召匠伯，绘影生前；遗留祀礼，粗佐亏借。（P.3718《张良真邈真赞》）

固命匠伯，邈影他年。（P.3718《范海印邈真赞》）

恐葬礼之难旋，虑门人之恳切，固（故）召匠伯，绘影图真，帋留万代之芳，侯表千秋不朽。（P.3792《张和尚写真赞》）

尽（画）师平咄子。（莫高窟第 303 窟）

（甲子年）三月，布壹匹，于画师面上买铜录用。（S.4120）

白面贰斗、油壹升，造食，石众进看画师用。（P.4906）

粟壹斗，先善惠手上与画柒（漆）器先生用。……粟贰斗，诸判官窟上看画师日沽酒用。（P.2049v1）

面壹硕八斗五升、油肆胜六合、粟两石二斗五升卧酒沽酒，画窟先生兼造食人回来迎顿兼第二日看侍等用。……面二斗，画床先生用。……粟伍斗，与画师买镙用。（P.2032v）

粟壹斗，付恭楼子画师用。（S.6981）

遂请丹青上士、僧氏门人，绘十地之圣贤，采三身之相好。（P.2641v）[1]

画师及丹青上士均好理解，这里就"匠伯"作些说明：

"匠伯"即匠石——古代名石的巧匠。《庄子·徐无鬼》："郢人垩慢其鼻端，

---

[1] 前引马德：《敦煌莫高窟史研究》，第 136 页。

若蝇翼，使匠石斲之。匠石运斤成风，听而斲之，尽垩而鼻不伤，郢人立不失容。"《庄子·人间世》："匠石之齐，至于曲辕，见栎社树……观者如市，匠伯不顾，遂行不辍。"陆德明释文："伯，匠石字也。崔本亦作石。"匠石后来用以泛称能工巧匠或擅长写作的人。南朝梁刘勰《文心雕龙·事类》："夫山木为良匠所度，经书为文士所择，木美而定于斧斤，事美而制于刀笔，研思之士，无惭匠石矣。"唐韩愈《为人求荐书》："及至匠石过之而不睨，伯乐遇之而不顾，然后知其非栋梁之材、超逸之足也。"

匠伯在这里应该还有另外一层意思。我们从"伯"字的意义上来理解。伯：旧时对以文章或道义而闻名于世，并足以做他人表率者的尊称。《三国志·吴志·张纮传》："纮着诗赋铭诔十余篇。"裴松之注引三国吴韦昭《吴书》："纮见陈琳作《武库赋》《应机论》，与琳书深叹美之。琳答曰：'自仆在河北，与天下隔，此闲率少于文章，易为雄伯，故使仆受此过差之谭，非其实也。'"唐杜甫《赠毕四曜》诗："才大今诗伯，家贫苦宦卑。"又，伯通"白"，显著、显赫之意。《荀子·儒效》："（人主）用万乘之国，则举错而定，一朝而伯。"王念孙《读书杂志·荀子二》："伯读为白。白，显著也。言一朝而名显于天下也。"

由上可知，匠伯也指匠人当中声名显赫、成就显著者。画匠中的匠伯亦然。古代敦煌称画匠为匠伯，显示出敦煌社会对画工的普遍尊崇。

2. 官吏画匠与画匠官吏之称谓

10 世纪的瓜沙曹氏归义军时代，敦煌还活跃着一批官吏画匠，被称为"知画手""绘画手"等：

节度押衙、知画手、银青光禄大夫、检校太子宾客武保琳一心供养。（榆林窟第 32 窟）

男节度押衙知军资库知画手银青光禄大夫检校太子宾客□（继）寿……

妻弟节度押衙知画手银青光禄大夫检校田子祭酒……（四川省博物院藏敦煌绢画北宋建隆二年绘水月观音图供养人题记）[1]

窟主男节押衙知左右厢绘画手银青光禄大夫检校国……兼监察御史上柱国安

---

[1] 马德：《敦煌绢画题记辑录》，《敦煌学辑刊》1996 年第 1 期。

存立一心供养。（莫高窟第 129 窟）

子翚衔前正兵使兼绘画手银青光禄大夫检校太子宾客试殿中监张弘恩永充一心供养。（莫高窟第 129 窟）

从上列资料可以看出，被称为绘画手、知画手的这些人，他们首先是"节度押衙"，即官吏，然后才是画匠。实际上，"节度押衙"属于归义军机构内的下层官员，即我们理解的现代意义上的普通办事员一类，本身没有什么实质性的职权，只是进入归义军官府的一种身份的标志。他们的名字前面虽然被冠以府的头衔，实际上还是以绘画为业，"画手"的敬称只为区别他们与普通画匠身份和地位的不同。

敦煌的曹氏时代，曾有一些画匠也成为归义军府衙的下层官吏：

押衙都画匠……（榆林窟第 19 窟）

清信弟子、节度押衙、知画行都画匠作、银青光禄大夫白般绖一心供养。（榆林窟第 33 窟）

施主、沙州工匠、都勾当画院使、归义军节度押衙、银青光禄大夫、检校太子宾客竺保一心供养。（榆林窟第 35 窟）

雍熙伍年岁次戊子三月十五日沙州押衙令狐信延下手画副监使窟至五月卅日□具画此窟周□。（后略）（榆林窟第 20 窟）

厥有节度押衙知画行都料董保德等，廉和作志，温雅为怀，守君子之清风，蕴淑人之励节；故传丹青巧妙，粉墨希奇，手迹及于僧瑶，笔势邻于曹氏。画蝇如活，佛铺妙越于前贤；邈影如生，圣会雅超于后哲。而又经文粗晓，礼乐兼精，实佐圣代之贤能，乃明持之应世。（S.3929）

这里的节度押衙、沙州押衙都是曹氏归义军节度府衙的下层官吏。他们的画匠职衔前面大多冠以"都"字，这类都匠类的画师应该为行会的首领。10 世纪时，敦煌的手工业行会非常普遍，而行会的首领挂上节度押衙之衔，是便于官府更好地对各类手工业行会进行有效控制。但有一点，这些行会的首领包括画师在内，应该是同行业中技艺最精者。

敦煌文献中所记载的画工、画匠称谓显示，在画匠作为手工业者、画工地位十分低下的封建专制时代，那些地方文人们还能如此热情地歌颂他们以及他们的作品，这在当时有一定的进步意义。艺术创造者们是美的使者，无论什么时代，无论社会制度如何，他们和他们的劳动成果都是值得充分肯定的。

五、工匠与大师

1. 工匠即大师

今天，许多看过敦煌彩塑和壁画的人，或者是在谈到敦煌工匠的时候，有很多人（包括一些专家）说敦煌的艺术品不像是出自民间工匠之手，应该都是出自大师之手，因为这些作品与他们同时代的大师的作品相比毫不逊色。人们常常用当代美术界认定的"艺术家"与"民间工匠"去比对敦煌古代工匠。中国美术史上，在宋代的文人画兴起之前，就艺术作品讲，特别是寺观壁画类的艺术作品，其作者可以是艺术大师，也可以是民间工匠。因为许多艺术大师都要到寺观绘制壁画，这在画史上留下了不少记载，如《历代名画记》《寺塔记》等画史资料。基此，很多人认为，敦煌艺术绝对不是像现在这样的民间小手工业者能够创造出来的，而都是出自艺术家之手，甚至是大师级的艺术家们绘制的。然而，不能否认的是，各个时期的普通工匠虽然绘制得更多，其作品的水平与同时代的大师们不相上下，但都是默默无闻。原因没有别的，就是大师与普通工匠之间身份和地位的差别。我们在敦煌并未发现有关历史上的那些艺术大师们创作石窟艺术的只言片语。而关于工匠的描述虽然数量不多，但足以说明敦煌艺术都是出自那些默默无闻的普通的民间工匠之手！这些默默无闻的工匠们中间并不乏伟大的艺术家，但他们都没有机会扬名后世，他们的身份是处于社会最底层的手工业者。但在后人眼里，他们都是大师级的作者，因为他们的作品是大师级的。我们从古代社会对手工业的管理制度方面，可以觅得工匠与大师之间的一些奥秘。

中国古代的手工业，从工匠的培训、考核，到产品的规格、式样、标准，以及对不合格产品及其制造者的惩罚等方面，一直有详细而严格的管理制度。学徒达不到一定的水平就不能出师，产品达不到标准就不能面世，制造不合格产品的工匠会受到不同程度的惩罚，直至被判死罪[1]。这样就决定了一个时期的手工业者及其产品都具有当时的标准、水平和时代风格；只是由于在封建制度下面，一切都显得比较呆板、缺乏活力。塑匠、画匠也属古代手工业之一类，特别是敦煌的画匠与塑匠，敦煌石窟题记和敦煌文献将"画行"与"金银行""木行""弓

---

[1] 前引魏明孔：《隋唐手工业研究》，第130页。

行"等行业同等对待，如"知
画行都画匠作""沙州工匠都勾
当画院使"等记载，可以想见，
他们与其他手工业者一样，也
必然受到手工业管理制度的制
约，使一般塑匠、画匠的水平，
以及其作品的时代风格，都必
须达到当时所要求的标准，这
就使得一个时期内大师的作品
与一般工匠的作品在艺术风格
及水平方面没有多大差距。这
样看来，决定一个艺人能否成
为大师的因素，并不完全在艺
术水平方面，而在于他的身份、
地位、环境、机遇等诸多方面。

引路菩萨图

　　前述敦煌文书 P.2518《谨
案二十五等人图》在叙述"次
五等人"之"工人"时有云："华佗负千古之誉，般业有百代之名；禄在其中，
工人之上，虽无四人之业，常有济世之能。"这里将木工的鲁班和医生的华佗作
为工匠的代表来称颂。华佗、鲁班是工匠的杰出人物，他们便是工匠中成长起来
的大师。这样的大师在敦煌也曾有过，如唐人段成式《酉阳杂俎》等所记敦煌木
匠鲁班，曾经创造了惊天动地的壮举——制造世界最早的飞行器飞鸢[1]（即飞机的
前身）！不难想象，按当时的生产力水平，即使是大师级的工匠，也极少能有这
样的成就。敦煌鲁班无疑是顶尖的大师，包括我们今天的任何人都不能不把他看
成是一位杰出的大师！但以往的记载中也只是一位普通的工匠，这就是说，普通
的工匠也能成为大师。

　　古人云：时势造英雄。如果我们把工匠中的英雄看作是大师的话，这个时势

[1] 前引史苇湘：《敦煌历史与莫高窟艺术研究》，第 421 页。

就是机会，就是社会环境与社会制度。在中国封建社会的漫长岁月里，处于劳动者阶层的工匠极少有机会作为艺术大师扬名后世。首先是他们极少有机会接近帝王或朝廷，其次是受制于当时的社会制度。给帝王给朝廷做事，就有机会成为大师；反之，只能是一位默默无闻的工匠，尽管在技术和水平上并不次于大师，但他的技术和水平只能用来谋生和养家糊口。

所以，敦煌石窟，不论建筑、彩塑还是壁画，虽然都出自无名匠工之手，但在我们今天看来，这些默默无闻的工匠们同样都是伟大的艺术家！而他们所创造的敦煌石窟艺术，自然是中国艺术史的重要组成部分。

需要补充说明的是，宋代文人画兴起以后，画壁画的画家们被认为是普通的匠人，文人画家们瞧不起画壁画的人，甚至连画过壁画的前代绘画大师们的风格也不能学习和继承。不过这一点在敦煌没有发现明显的印迹。在敦煌，无论是高级画家还是普通画匠，无论是官宦画师还是民间画工，都自始至终绘制敦煌石窟的佛教壁画。

从前述敦煌文书 S.3929 中关于敦煌画师董保德的描写看，董保德在敦煌也可算作一位大师级的画师，但该文只是说他"廉和作志，温雅为怀，守君子之清风，蕴淑人之励节""经文粗晓，礼乐兼精"[1]，似乎还算不上是完整意义上的宋代文人；而且，这里所讲的是"节度押衙、知画行都料董保德等"，指的是董保德为首的一批画匠，大多为无名工匠，创造和反映的是集体成果。董保德他们活动的时间也是在宋代初期的 10 世纪后期，略早于中原宋代文人画的时代。因此，敦煌的佛教艺术史，是具独特地方风格的本土文化，还不能完全套用中国美术史的模式来研究。敦煌古代那些具有一定职衔的画匠并非文人画家，高级画匠也与文人画家无关。

2.《董保德佛事功德记》的中国美术史意义

曹氏时代，画工董保德十分聪明能干，他不断得到出资人的委托，其中有贵族，也有普通信众，这种有定件的日子持续不断，于是他的名声日隆，成为当时名噪一时的"良工"，以至于受到曹氏政权的赏识得封"节度押衙知画行都料"，家财

---

[1] 前引马德：《敦煌工匠史料》，第 69 页。

变得丰足起来，有钱有势的画工董保德也想建个庙风光风光，他与家中上下合计，建一小寺，并于其内画塑佛像。但这种情况十分特殊，在出身卑微的画工中并不具有代表性。

敦煌文献中有关于董保德于戊辰年活动的记载[1]。董保德生活的 10 世纪有两个戊辰年，一为五代后梁开平二年（908 年）；二为宋乾德六年（968 年）。《董保德功德颂》云："时遇曹王，累代道俗兴平，营善事而无傍，增福因而不绝。""曹王累代"即瓜沙曹氏归义军政权，董保德所处的曹王时代即曹元忠时期，即 968 年，保德已是都料，这时董保德年龄应该是四十岁以上。

《董保德功德记》也可算是敦煌石窟艺术史上的重要文献之一，它出现于敦煌石窟佛教艺术的后期。因此它在赞颂董保德的同时，对敦煌石窟从创建到发展的几百年的历史用简短的语言进行了高度概括，其中有一些语句是照抄的前代文献。但他在称颂董保德的画技时，十分引人注目地写道，董保德"手迹及于僧繇，笔势邻于曹氏"；这是当时敦煌社会对佛教艺术创作者们的一般概念，是一个中国式的概念，它道出了敦煌石窟佛教艺术中国化的历史渊源。这里的曹氏指曹不兴，僧繇为张僧繇，两位都是中国佛教艺术的代表人物；代表中国化佛教艺术的两个阶段，即曹不兴时代的"秀骨清像、褒衣博带"和张僧繇时代的"面短而艳""秾丽丰肥"两个大的发展阶段，而这两个代表人物都活动于中国江南，这两个阶段也都是在东晋、南朝形成的。这是因为，传入中国江南一带的佛教造像，一开始就按中国传统文化艺术形式改造，成为中国化的佛教艺术，产生曹、张两位佛教艺术大师。而敦煌佛教艺术作为中国的佛教艺术，它经历了一个过程之后得以中国化（即南朝化）；而中国化了的敦煌佛教艺术同样也经历曹氏与张氏两个阶段。这里需要说明一点的是：敦煌的许多历史文献，在行文方面都采取倒叙的手法，如这里的曹氏和僧繇，就是时间先后方面前后颠倒。

董保德的画技是否达到了记文所述水平，另当别论。但在记文作者眼里，这位工匠出身的押衙，是与中国画史上的僧繇、曹氏齐名的美术大师！因此，敦煌佛教艺术在这里体现了中国美术史的意义。

---

[1] 见敦煌遗书 Дx.01448，《俄藏敦煌文献》第 8 册，上海古籍出版社，1997 年，第 178 页。

第七章
敦煌古代工匠与敦煌艺术
（下）

一、敦煌石窟与艺术设计学

艺术设计学是一门新型的学科，以此作为对敦煌石窟艺术研究的新的方法。需要有一个前提，即所有的艺术设计都是由工匠们完成。这里讲的敦煌艺术设计，就是对工匠和他们创造的敦煌艺术的一个新的层面上的研究。虽然艺术设计学是一门新型学科，但敦煌艺术的创造者们却早在一千多年前就已经成功地运用于石窟营造之中。运用艺术设计学研究敦煌石窟艺术及其创造者，使敦煌艺术的研究与新型学科接轨，以便更深入透彻地理解敦煌石窟艺术，进一步拉近我们与敦煌艺术工匠的距离。

人类的设计意识的产生可以追溯到旧石器时代和新石器时代的早期，为了抵御天敌，抗击自然灾害，原始先民开始使用天然的石块或棍棒为工具，这锻炼了原始人的观察、判断、比较等思维能力，当自然物不能满足他们的需要时，他们就对自然物进行简单的加工，这样便出现了打制石器，虽然这些经过加工的石器，粗陋得似乎与自然物并无多大差异，但却是摆脱了按照本能和直接的肉体需要来建造，而开始能按照任何一种动物的尺度去生产，这种把自然物改造为合乎人的目的和需要的活动，就是人类设计活动的开始。设计作为人类生物性与社会性的生存方式，其渊源是伴随"制造工具的人"的产生而产生的。而设计学成为一门独立的新兴学科，并且被学者们做出思辨的归纳和论理的阐述，则是 20 世纪以后的事情。作为一门专门的学科，它有自己的研究对象。由于设计与特定的物质生产与科学技术的关系，这使得设计学本身具有自然科学的客观性特征；而设计与特定社会的政治、文化、艺术之间所存在的显而易见的关系，又使得设计学在另一方面有着特殊的意识形态色彩[1]。

艺术设计学是一门多学科交叉的、实用性的艺术学科，其内涵是按照文化艺术与科学技术相结合的规律，创造人类生活的物质产品和精神产品的一门科学。一般说来，在自然经济体制下，手工艺制品的设计属于工艺美术设计范畴；现代工业社会批量化、标准化生产的产品设计属于艺术设计范畴，一部分传统工艺美术与现代观念和生产结合，并在保留手工艺特征的基础上产生的新的艺术形态，也属于艺术设计的范畴。艺术设计涉及的范围宽广，内容丰富，是功能效用与审美意识的统一，是现代社会物质生活和精神生活必不可少的组成部分，直接与人们的衣、食、住、行、用等各方面密切相关，在一定程度上影响和改变着人们的生活方式和生活质量。

我国设计史上，魏晋南北朝以来，由于佛教的传入和统治者的大力提倡，大批佛寺、佛塔、石窟等佛教建筑兴建起来。和其他佛教美术形式一样，佛教建筑也经历了一个中国化的过程，这些外来建筑类型一经与中国传统建筑形式结合，便产生了中国特色的佛教建筑形式。敦煌石窟即是最具典型意义的佛教建筑。而在中国美术史上，中国画技法中的"六法"之五"经营位置"，即是我们所理解的绘画设计。六法是绘画创作之法，但创作中也需要构思和设计。敦煌石窟作为中国的佛教石窟，其壁画的绘制也是中国式的。

就敦煌石窟讲，无论是大型石窟群，还是每一座洞窟，以及每一面墙壁，每一幅画，都体现着艺术设计的要素，涵盖了艺术设计的诸多领域，都可以从艺术设计学的角度进行研究[2]。如：

1. 视觉传达设计

是指利用视觉符号来传递各种信息的设计。设计师是信息的发送者，传达对象是信息的接受者。视觉传达包括"视觉符号"和"传达"两个基本概念，所谓"视觉符号"，是指人类的视觉器官——眼睛所能看到的能表现事物一定性质的符号；如敦煌石窟建筑壁画、彩塑等都是用眼睛能看到的，都属于视觉符号。所谓传达，

---

[1] 凌继尧、徐恒醇：《艺术设计学》，上海人民出版社，2006 年。

[2] 马德：《试论开拓敦煌研究的新领域》，《敦煌研究》2008 年第 1 期。

P.t.993 仙严寺图

是指信息发送者利用符号向接受者传递信息的过程，它包括"谁""把什么""向谁传达""效果、影响如何"这四个程序；敦煌佛教艺术的设计创造也是这样的传达过程。

2. 环境设计

是对人类的生存空间进行的设计，环境设计的对象是构成人类生存的空间，而产品设计创造的是空间中的要素。环境设计首先要注意协调各对象之间的关系，使其趋于和谐与自然。在设计过程中，要将分离的人与环境用"设计"来加以连接、调和；将人的主观目的性与环境的客观规律性之间的矛盾或和谐都在设计中反映出来。设计的中介性表明它是人与环境之间的过渡和联系者。中介的唯一性更意味着在艺术设计中，只有通过设计行为或设计作品才能将人与环境沟通起来。敦煌石窟无论是石窟群整体，还是一座洞窟、一尊塑像、一幅壁画，都体现着环境设计的这些意识和要素。敦煌石窟首先是建筑，建筑作为艺术，实际上是艺术设计，在设计中包含一些创作成分；建筑首先要考虑环境，这就是环境设计，而不是环境创作，因为环境是不能创作的；换句话，可以把建筑设计说成是在环境中创作。相关的问题，我们下节专门讨论。

P.t.993c 绘仙严寺实景现况

3. 设计美学

设计自其产生起就与审美有着不解的渊源，生活质量的提高使人们重视设计物的美，精神追求是人类高层次的追求。设计美学的主要内容，即设计美学的研究对象主要是设计作品的美学性质、设计过程的美学问题、横向的设计美学和纵向的设计美学。设计的审美功能，即设计物内在和外在形式唤起的人的审美感受，以满足人的审美需求，体现了设计物与人之间的精神关系。物在使用过程中是否能唤起人的美感，是判断其是否具有审美功能的依据。在某一设计物中，实用功能、认知功能和审美功能互相渗透、互相联系，而不能截然割裂。敦煌石窟就是一部设计美学史。通过研究敦煌石窟的设计美学问题，探讨敦煌石窟设计美学的中心问题，如：敦煌人与敦煌石窟的关系，敦煌石窟的功能与形式的关系，敦煌佛教艺术设计的主观创造性与客观约束性的关系等。正如史苇湘先生在论述敦煌古代石窟营造活动时所指出的："佛教信仰成为（古代敦煌人）世俗生活中的重要活动之一，……这种信仰里包含着一种审美意识：对佛、菩萨、净土世界的信仰，也包含着被信仰形象的真、善、美的理解与想象。生活在那个时代的艺术匠师们，除了具有上述的理解力和想象力外，他们还具有卓越的艺术表现力，使群众的信仰与审美想象在他们的绘塑作品具象成形，成为客体，受到广大信众的膜拜与喜爱，从而形成了社会性的共同美感。""通过佛教信仰产生的审美，不但见于刻意求工的壁画，而且还见于形容造窟的铭记文字，所谓'其画彩乃丹青皎皎，四入之相好端严，朱粉辉辉，八十之殊形异妙'。这是敦煌遗书中常见的对石窟艺术的形容词，可见古代敦煌人在造神时明确地追求美。"[1]

---

[1] 前引史苇湘：《敦煌历史与莫高窟艺术研究》，第495页。

镂空菩萨剪纸

剪纸佛塔

4. 对设计的创作约束

艺术设计也是一种社会行为，受到每个时期的社会环境的制约。这里主要是艺术创作与艺术设计的比较。第一，艺术创作可以看作是艺术家个人的行为，他可以在一定程度上无视作品的社会价值，可以不在乎人们是否喜欢；而设计也有一定的自我表现色彩，但设计必须把厂家是否接受、广大消费者是否喜欢摆在第一位；第二，艺术创作基本上是个体劳动，而设计则更多的是一种集体劳动；第三，艺术创作受科学技术发展水平的影响相对要小些，而设计则要大得多、直接得多；第四，艺术创作虽然也要接受社会时尚、审美趣味的影响，但这种影响主要是宏观的、内在层次的，而设计受时尚的影响则相当迅速、相当敏锐。所有这一切，使得设计师的工作有更多的客观约束。设计师的高明就在于将这许多的客观约束转化为主观的自由。他们都是戴着镣铐在跳舞，而且要跳得与没有戴镣铐一样好。敦煌石窟创建与发展的历史充分证明了这一切。

从敦煌石窟看，艺术设计的成分要比艺术创作的成分多得多。尽管敦煌历代的艺术匠师们在敦煌艺术的制作中充分发挥了自己的创作自由，但他们要考虑更多的客观要求，如佛经内容、社会需要、窟主施主的要求等等，他们需要更多的智慧和艰辛，付出更大的代价。但是这里另一方面又给了画匠们一定的创作空间，画匠们正是充分利用这一空间最大限度地发挥创作才能。这也正是敦煌石窟佛教艺术的亮点之一。史苇湘先生对此也有过深刻地分析："当年在挥笔操作中，匠师们享有充分的主观能动性。要说画师们受到什么制约，那只能是人间万象；他们想象的翅膀只有以现实为依托才能使莫高窟艺术千姿百态，异彩纷呈。"[1]敦煌的历代艺术匠师们都是戴着镣铐在跳舞，他们跳得与没有戴镣铐一样好，甚至比没戴镣铐跳得更好。

5.文化对设计的影响

艺术设计是一种文化创造。这其中包含了两层含义：一是艺术设计是社会历史文化积淀到一定程度后的产物；二是优秀的艺术设计是对人类文化的新贡献，并构成文化的一部分。相应地，设计美的文化性也体现在这两个方面，即设计美的审美主体与审美客体既是社会文化积淀的产物，同时又是促成人类文化不断生成、发展的动因。

文化对设计的影响，主要表现在以下方面：第一，文化对设计内容的影响。文化（知识形态）设计内容的直接来源，不同的文化知识形态客观上限制着对设计内容的选择，敦煌石窟是以佛教为内容的艺术，佛教思想在艺术设计方面起主导作用。第二，文化传统对设计风格形成的影响。文化的弥散性决定了它无处不在、无孔不入的特点，文化传统深藏于设计者的心理中，是一种具有内在制约作用的强大力量。敦煌石窟是建造在中国大地上的佛教石窟群，尽管佛教是外来的文化，但敦煌石窟艺术自始至终都体现着中国有着深厚的文化传统，即在以儒家文化为核心和根基的中国传统文化背景下，设计和建造的中国式的佛教建筑。

6.设计风格

设计中的民族风格取决于这一民族生活的环境。环境、地理、气候、物产决定了这一民族的最古老的设计。审美习惯和生活用具的设计风格时时受到生活环境的影响。由于地理环境、气候和物产的不同，也使各民族具有特有的生活习惯及精神面貌。民族文化的差异，地理、气候与材料以及宗教观念的不同等原因，对设计风格的影响是深透而潜移默化的，正所谓"润物细无声"。敦煌石窟的设

---

[1] 前引史苇湘：《敦煌历史与莫高窟艺术研究》，第 677 页。

莫高窟第 428 窟洞窟形制

计建造，是中华民族的民族风格在大漠戈壁这种气候环境下的体现，和敦煌作为东西方文化交汇的中心地理位置中的展示。

民族风格又并非一成不变，物质文明进步改变着人们的生活，带来了设计风格的变化，同时现代科技、现代生活方式、现代审美意识、现代信息技术等因素使各国的设计风格在不断趋同，在这种趋同中，谁坚持了自己的民族风格，谁就确立了设计的地位，所谓越是民族的，也就越是世界的。敦煌文化也是世界性的文化，敦煌石窟艺术是属于全人类的共同的文化遗产。敦煌石窟的艺术设计风格就体现着这一点。

7. 求变是设计的永恒话题

纵观设计，任何一种设计作品都不可能是永恒的。虽然历代设计师均创造了足以流芳百世的经典之作，但是，后人的评价往往是站在充分理解当时特有的政治、经济、文化、科技背景下，而称之为"永恒"。因此，不变是相对的，每一个时代的设计观念、设计方法和设计实现过程体现在设计作品中都无不印有那个时代特殊的烙印。

敦煌石窟一千多年的创建和发展过程，就是一个不断变化的过程。在五六百座洞窟中，找不到两身相同的塑像，也找不到两幅完全相同的壁画。敦煌艺术大师史苇湘先生曾密切注视这一点，并发表过许多精辟的论断。"古代的画师们、雕塑师们没有使佛教艺术程序化，在（莫高窟）现存的 492 个石窟中各具个性，各有风采，在莫高窟很难找出两身绝对相同的佛陀、菩萨像，更找不到绝对相同的

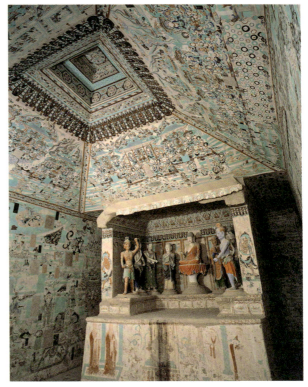

莫高窟第 9 窟洞窟形制

同名经变；就墨守成规那些变成印花壁纸式的'千佛'，各窟也有其表现特征。"[1] 这一切都体现着设计艺术的"变"的原则、内容和意义，同时也展示着敦煌匠师们高超的设计思维。

8. 设计思维

思维是人们头脑对自然界事物的本质属性与其内在联系的间接的、概括的反映；而设计则是通过改变自然物的性质，形成为人所用的物品。人借助于思维将自己的本质力量对象化，因此设计与思维在设计的过程中是一个完整的概念，"设计"是前提，限定了思维的范畴，"思维"是手段，借助于各种表现形式，最终形成设计产品。设计思维不仅要求设计师有较高的审美敏感度和扎实的形象表达技能，心手协调，而且要求设计师能对技术和艺术的结合做出思考和研究，通晓

---

[1] 前引史苇湘：《敦煌历史与莫高窟艺术研究》，第 677 页。

与设计有关的自然科学和社会科学的知识，不断地激发直觉和创造力，提高设计的文化品位。爱因斯坦说："想象力比知识更重要，因为知识是有限的，而想象力概括着世界上的一切，推动着进步，并且是知识进化的源泉。"想象是设计师对已有的感性形象综合分析、提炼、加工，创造新艺术形象的思维过程。想象是创造力的源泉，人类社会的发展离不开想象。创意要以想象为先导，然后去拓展，去升华我们对事物的理解，最后获得创造的启示。无论从事哪一类的艺术创造，都离不开艺术家的想象思维。这是被许多优秀设计作品的创作经历所证明的。敦煌艺术更不例外，正如史苇湘先生所论："莫高窟 492 个石窟就是公元 4 世纪至 14 世纪一千多年间敦煌人民和来往于丝绸之路上的各族人民艺术想象力的结晶。艺术匠师们在制作佛教艺术品时，追求的仍然是真、善、美。……这些壁画、塑像的构想灵感和形象诞生，完全出自古代匠师们充满想象力的头脑，和能够驾驭这些想象力的高度熟练的双手，是他们创造了中国式的佛、菩萨与弟子天王诸像，是他们设计并描绘了别具风格的净土世界。……古代匠师们具有丰富想象力的头脑和他们秉承着悠久历史传统的技巧。……艺术想象力在创作时的核心是寓美于情，作为一件完整的佛教艺术品面向观众时，它表现的又是寓情于美。……感情在艺术想象力中是一个十分重要的因素，它们在分量上是成正比的，感情越丰富，想象力的境界也会越辽阔。"[1]

对于作为佛教艺术的敦煌石窟艺术创作想象的限制以及与社会相适应，史苇湘先生也有过精辟和论述："佛教艺术的工匠们要在他们充满人性的作品里表现出'法'，仅只在头后衬以光环，躯下承以莲座是不够的，那只是表现了地性的外部特征。要把大量的义理通过形象思维与众不同表现出来，却不是一件容易的事。他们充分发挥了自己的想象力，大胆地造神，而且在很大程度上得到了义理思维者（经师、论师、翻译家）的认可。为什么各个时代的艺术工匠制作的佛、菩萨能得到僧尼们的认可？能得到各阶层信仰者的喜爱和崇拜？首先，是因为他们是在这种形象思维传统里成长起来的。这个传统渊源于世代的社会生活。艺术工匠、佛教僧尼、世俗信众都出自这个传统，受过这个传统的哺育。每个时代的社会变迁，又必然要给这个传统添进新的内容与新的形式，也就是传统的新的延

[1] 前引史苇湘：《敦煌历史与莫高窟艺术研究》，第 578 ~ 580 页。

续。新一代的造神者、僧尼、世俗信众，似乎是十分欣赏与适应这些新的形式和内容，因为生活是怎么的形态，审美意识与信仰态度也必然与之相适应。"[1] 这也是敦煌历代的艺术工匠们设计思维的特征。

二、从古人对莫高窟的外景描写看环境设计的意义

石窟群作为佛教建筑，选址是十分重要的一道环节，敦煌亦不例外。而选址的过程就是一个环境设计的实施过程。敦煌文献中有许多关于莫高窟外景外貌的描述。首先是莫高窟初创建时的环境状况：

莫高窟者，厥初，秦建元二年，有沙门乐僔，戒行清虚，执心恬静，尝杖锡林野，行至此山，忽见金光，状有千佛，遂架空凿岩，造窟一龛。次有法良禅师，从东届此，又于僔师龛侧，更即营建。伽蓝之起，滥觞于二僧。复有刺史建平公、东阳王等，各修一大窟。而后，合州黎庶，造作相仍。实神秀之幽岩、灵奇之净域也。[2]

这是唐武周圣历元年（698 年）的《李氏莫高窟修佛龛碑》（圣历碑）的追述，对莫高窟当时适合造窟的环境作了简单的说明。接下来，就是对当时环境的具体表述：

西连九陇坂，鸣沙飞井擅其名；东接三危峰，泫露翔云腾其美。左右形胜，前后显敞，川原丽，物色新。仙禽瑞兽育其阿，斑羽毛而百彩；珍木嘉卉生其谷，绚花叶而千光。尔其镌锷开基，植瑞橘而既日；鐉山为塔，构层台以篸天。刻石穷阿育之工，雕檀极优阗之妙。每至景躔月陆，节启朱明，四海士人，八方缁素，云趋兮煊赫，波香兮沸腾，如归鸡足之山，似赴鹫头之岭。升其栏槛，疑绝累于人间；窥其宫阙，似游神乎天上。岂异夫龙王散馥，化作金台；梵王飞花，变成云盖。幢幡五色而焕烂，钟磬八声而铿锵。香积之饼俱臻，纯陀之供齐至。极于无极，共喜芳馨；人及非人，咸歆晟馔。遥自秦建元之日，迄大周圣历之辰，乐僔、法良发其宗，建平、东阳弘其迹，推甲子四百他岁，计窟室一千余龛，今见

---

[1] 前引史苇湘：《敦煌历史与莫高窟艺术研究》，第 625 ~ 626 页。

[2] 本节所引碑铭资料，参见马德：《敦煌莫高窟史研究》，第 275 ~ 310 页。

莫高窟外景 1

莫高窟周边环境

置僧徒，即为崇教寺也。

《圣历碑》还对莫高窟的环境作了热情洋溢的赞颂：

爰有名窟，实为妙境；雁塔浮空，蜂台架迥。珠泊星缀，璇题月莹；自秦创兴，于周转晟。西连九陇，东接三危；川坻绮错，物产珍奇。花开德水，鸟弄禅枝；十方会合，四辈交驰。凋薨跂凤，镂槛盘龙；锦披石砌，乡点山窗。云萦宝盏，日灼金幢；芳味珍羞（珍饈），香气浮空。奥秘粤惟信士，披诚回向；脱履尘劳，拂衣高尚。旁求巧妙，广选名匠；陈彼钩绳，凿斯岩嶂。代修七觉，门袭三归；取与有信，仁义无违。凋镌宝刹，绚饰金晖；真仪若在，灵卫如飞。营葺兮既终，丹青兮已毕；相好备兮圆满，福祥臻兮祯吉。

立于唐大历十一年（776 年）的《陇西李氏修功德记》（《大历碑》）的描写，

则展示了更加广阔的敦煌大环境：

敦煌之东南，有山曰三危，结积阴之气坤为德，成凝质之形垠为象。棱增千峰，磅礴万里；呀豁中绝，映坁相廕。凿为灵龛，上下云矗；构以飞阁，南北霞连。依然地居，杳出人境；圣灯时照，一川星悬。神钟乍鸣，四山雷发；灵仙鬼物，往往而在。属以贼臣干纪，勍寇幸灾；磔裂地杂，暴殄天物。东自陇坂，旧陌走狐兔之群；西尽阳关，遗邑聚豺狼之窟。析木夜惊，和门昼扃；塔中委尘，禅处生草。

同时对莫高窟的环境描述更加生动和具体：

丕休哉，千佛分身，聚成沙界；八部敷众，重围铁山。希夷无声，悉窣欲动。尔其檐飞雁翅，砌盘龙鳞；云雾生于户牖，雷霆走于阶陛。左豁平陆，目极远山，前流长河，波映重阁。风鸣道树，每韵苦空之声；露滴禅池，更澄清净之趣。

唐咸通年间（867年左右）成书的《翟家碑》有如是说：

盖敦煌固封，控三危而作镇；龙堆磅礴，透弱水而非流。渥洼西望金鞍，宕谷东临焉秀。长岩万仞，开圣洞之千龛；呀豁澄泉，引青龙而吐润。破磑垠像，体势平源，分野膏腴，维邑坤德。……盘龙秀出，舞凤扬翔；嶝道逶连，云楼架回；峥嵘翠阁，张鹰翅而腾飞；栏槛雕楹，接重轩而璨烂；绀窗晓露，分星月之明；阶阙藏春，度彩云之色；溪聚道树，遍金地而森；林涧澄河，泛涟泥而流，清凉圣境，僧宝住持；□物知津使归，球喻苦集之因。绝蔓菩提，种智抽芳，弘誓克周，咸通随念。乃轸陵成碧海，谷变岘山。

唐元和年间的《沙州释门索法律窟铭》则云：

盖乾运二光，罗太虚如著象；坤维八极，陶川岳以为形。若乃至道幽玄，理出轮回之表；性相无相，巨凡圣而能观。然则拯拔樊笼，如来以乘时出现；随机诱迪，降法雨于大千。是以能寂之应，西旋腾兰之风；东扇故使邪山。匼匝佛日舒光，人天莫不归依率土，咸知戒定。则玉塞敦煌，镇神沙而白净；三危黑秀，刺石壁而泉飞。一带长河，沉警波而派润；渥洼小海，献天骥之龙媒。瑞草秀七净之莲台；庆云呈五色之佳气。……云楼驾回，笋嶷峥嵘；蹬道连绵，势侵云汉，朱栏赫弈，环栱雕楹；绀窗映焜煌之宝扉，绣柱镂盘龙而霞错；溪芳忍草，林秀觉花，贞松垂万岁之藤萝，桂树吐千春之媚色。

这些描述，向我们展示了莫高窟石窟群的环境，和敦煌古代匠师们在石窟环境设计方面的独特构思，体现了人与自然的和谐。

三、敦煌壁画的重复构成设计

设计学或艺术设计学的研究领域十分广泛。这里，我们就设计学中的重复构成理论作为特例对敦煌壁画进行一点研究。

"重复"尽管是在 20 世纪 80 年代初随着三大构成理论引进国内，才被人更加系统地了解其中的内涵与外延，但是却不能说在缺乏详细理论支持之前，中国具有设计性质的艺术作品里就缺乏对构成理论的另一种诠释。如早在 1500 多年前，敦煌的画匠们就成功地将重复构成运用于敦煌壁画的设计和制作之中。无论是重复的审美感受还是实用功能，在敦煌各时代的壁画中都表现出相当的水准，敦煌古代的无名画匠们就一直在发掘这种构成形式所带来的各种审美感受与功效。我们在这里并不是用新的理论去解释历史，而是去继承本民族历史中的瑰宝并使之发扬，最终能够站在中国文化深厚的基座之上，创作出真正具有本民族特色的现代设计作品和设计理论。

"重复"对每个具有设计专业知识的人来说是再熟悉不过的，它被很广泛地应用于现代设计各种领域中，也是平面构成理论里十分重要的一个环节。在平面构成中被解释为形同或近似形象的反复排列，它的特征就是形象的连续性。一般分为两种形式：一个是指单元形的反复；一个是骨骼的重复。这两种形式的"重复"有时被分开应用；有时则被结合起来应用，但是无论是何种形式它所传达信息的都不是向它的表面看起来那样的简单。首先在平面构成中"形"的再次出现就起到了最基本的强调作用，这好比乐曲中反复重复某一小段的旋律一样，用来更加深化大脑的印象。图像也是一样，当一个形由一个变为两个，再由两个变为 N 个时，我们想轻视它就变为一件很困难的事，它比起一个单独的图形来说更具有一种吸引力。

敦煌艺术中所出现的各种"重复"，不仅仅是为了给观者留下深刻的感受，更重要的是，它还具有审美性和功能性的双重需要。敦煌石窟艺术是佛教艺术，壁画中大量出现的"重复"，有其宗教艺术之属性。众所周知，与信仰有关联的认识与行为都具有极尽庄严精妙的特征，而其庄严的特征又多表现在信仰的仪式上，既为仪式，也就有了其固定的程序，而那些基本凝固的程序就奠定了宗教艺术从内容到形式的"重复"基础。

1."重复"的审美感受

艺术的起源与早期的人类对自然认知度低下有关，因而产生原始宗教，艺术的最初功用与目的不外乎取悦神祇，而艺术取媚于神祇的最高境界就是"完美"。当然这种完美的感觉其实来自于艺术的创作者——工匠。工匠为了达到最高的媚神境界，在艺术设计和表现上都付出自己才能的极致，极尽完美也就达到了最能表达"神性"的境界。这种艺术形式一旦被人们认可，就能从此固定下来，成为"样板"，从而不断地在同类艺术中重复出现。

敦煌石窟中美丽的壁画艺术就是这种追求的表现，至今被都被现代人所研究和借鉴。我们单用设计的眼光去分析，其中含有"构成"概念装饰手法随处可见。尤其是对"重复"的应用，古人对它有着特殊的偏好。

（1）"重复"产生的秩序感

"重复"所具有的最强烈的感觉，首先是秩序性，这种秩序性反映在人们的视觉中，便产生一种秩序美感。

"重复"手段出现最频繁的当属装饰纹样，以几何形或花草的自然形构成的二方连续装饰纹样常出现在古人的服装、器皿或建筑物中。这些都被敦煌的画匠们用壁画的形式记录了下来。可以看到敦煌壁画中不仅继承了常规的装饰纹样而且还出现了以佛像为单元形的装饰，这一点仅能在与宗教有关的造型艺术中看到。在莫高窟第 420 窟四壁底部，绘有以菩萨和花卉为图案进行有规律的穿插的二方连续图案，这里的菩萨远看造型酷似，但是近看却是姿态、服饰、表情各不相同，变化丰富，细品起来有滋有味，满足了观看者对丰富细节的需求（否则呆滞的纹样容易产生疲劳感）。用现在的理论来讲，此处便是使用了平面构成中近似形的重复。同时，四壁底部并非是表现佛窟的主体内容，为了不至于使装饰的纹样因过度复杂产生喧宾夺主、本末倒置的情况，画匠安排菩萨们除尺寸相同外，用色保持一致，整体上清新淡雅，使众多微妙的变化隐藏在整体的尺度之下，秩序之美便油然而生。

如果说细腻复杂的菩萨造型缺少了现代意识的美感，那么更让人惊叹的是在

莫高窟第 401 窟菩萨

这一洞窟中左右（南北）两壁的装饰：它把佛传统的较复杂的造型简约概念化，只用寥寥几笔弧形线条勾勒，辅以少量的色彩为单元形，以四个不同着色的佛像为一组，使用错位的骨骼，进行循环排列。这里的佛像造型已经被隐藏在整体的装饰效果之下变成了一个个符号般的元素。整个壁面看上去构成了大规模的秩序性倾斜条纹，使平面化的装饰图案具有了层次感和空间感。此处使用的是平面构成中重复骨骼重复基本形的构成，它能使画面产生一种韵律美，既统一又有变化；其特点为依靠重复骨骼的构架，基本形越简单效果越强烈。这种简约的单元形重复构成，和在当时的社会中罕见的排序手法，使整个壁面看起来有点像现代艺术的欧普风格——用几何形按规律排列，不仅有强烈的节奏感，而且还产生了动态的韵律美。

"重复就是韵律的本质，在同一个因素反复出现的时候，如心脏的搏动一般会形成运动的感觉，使画面充满生机……将过度规整僵硬的东西重组为韵律化的结构时，它的组织便趋于有机化，同时也会带来生命感。"[1]这是朝仓直巳教授在20世纪70年代所说的话，而敦煌的画匠则在600年前后（隋朝时期）早已使用了这样的艺术手段。

敦煌壁画中除佛、菩萨形象以外，绘制最多的就数普通人物形象了。这些人物由于反映生活而显得更加生动。"图像具有提供最大视觉信息的能力。这种能力只有在艺术的风格足以丰富多变、足以胜任其职的时候才能被挖掘。"通过这种挖掘我们知道人物形象在各朝各代的风格差异。例如，唐代时期无论佛的形象

---

[1]（日）朝仓直巳：《艺术·设计的平面构成》，中国计划出版社，2000 年，第 208 页。

还是人物形象都被塑造得十分圆润、丰腴。位于莫高窟第 130 窟的"都督夫人太原王氏供养人像"就是一个非常具有时代特色的壁画：描绘的是都督夫人及其家眷侍女等共十一个女子的形象，按身份等级的不同从右向左身量依次从大到小排列，这点是唐代人物画非常特殊的地方，地位的高低可以通过身材的大小一目了然地判断出来。然而此图更特殊于唐代其他人物画。画面中一共安排了十一个女子，其中有十个人的面部处理手法都是一致的：为四分之三侧面，五官包括脸形采取同样的线条进行勾勒，几乎都是同一个模子

莫高窟第 329 窟供养菩萨

里倒出来的。这一点在唐代的很多人物画中都未曾见过。再看女子的服饰、发型复杂多变，细节之处也十分生动，可以算是钗光鬓影、绮丽纷陈了，几乎可与张萱《虢国夫人游春图》相媲美。如此，脸部的雷同问题就排除了此画的作者有偷工减料或者技术欠佳的嫌疑。我们可以看到画面虽是阳春三月、春意盎然，但是人物表情却肃穆有加、秩序井然，由此体现了虔诚的宗教信念及对神佛的崇敬之感。这就解释了重复的脸部造型在此画面中所起到的作用——强烈的秩序之美。试想一下，如果人物表情各异，脸部朝向各个方向，那么在这种春光明媚的气氛之下可能更像是一次春游出行，而不像是描绘供养人礼佛的一次宗教活动。

贡布里希说过："视觉印象具有唤起各种情感的力量，这一点自古以来就被人们所注意到……早在现代广告商之前，牧师和教师就已知道，他不仅仅局限于固定和完整的图像，线条和颜色也同样具有影响情感的潜在力……"[1] 唐代没有留

---

[1]（英）贡布里希：《贡布里希论设计》，湖南科学技术出版社，2001 年，第 107 页。

莫高窟第 159 窟龛顶灵鸟石榴花边

莫高窟第 428 窟人字披图案

下姓名的画匠早就深知这一点，并且知道同一造型的重复所具有的力量不只是一种形式感的加强，而且会产生秩序上的韵律和协调的美感，或许这些安排只是一种下意识审美经验所造成的，在保留下来的艺术史论中对此也没有明确的记载。这里至少可以说明，古人与现代人在一些本质的构成关系中态度并没有分歧。由此可见，我们现在所津津乐道的构成艺术，实际上是一种继承式的发展。

（2）"重复"产生的错视感

敦煌壁画中著名的藻井图案有很高的艺术价值。它以正方形为基本结构，中心对称的格局，以主要图形辅之层叠的装饰纹样，色彩浓丽、结构紧密。通常是以若干个优美的飞天造型围绕一个中心点展开的"重复"，造成一种绵延不绝或首尾相融的形式，抬头望去更是"天衣飞扬、面壁风动"。其中最典型的代表为三兔飞天藻井，图案中心绘以三只兔子，它们分别朝三个方向旋转放置，虽只设计了三只耳朵，但三耳相接使每个兔子看上去都有完整的两只耳朵，它们好似相互奔跑追逐、旋转不息。画匠们利用视错觉的原理，使原本正方形的天井空间产生循环往复的视觉感受，同时符合了天圆地方的传统观念，和追求圆满、平衡的中国式审美需求。

出土于莫高窟五代时期（10 世纪初）的彩色绢画 MG26462《华严经变》之"七

处九会图"，作者为了展现佛在七个场所的九次说法集会，用菱纹图案的边饰分割出九个画面，每个画面都出现相同的佛与众弟子的形象，只是在细小的环节上略微改动，借此分别表现佛说法场地的不同；画面以佛为中心，周围环绕听法菩萨、圣众等，描绘复杂，除图中佛印的细微差别外，其他大都雷同。此处运用了重复的骨骼并且进行相似形的重复，使整个画面呈现出非常繁复的局面，密密匝匝的人物堆砌在其他的地方或许会显得过于缭乱而缺乏喘息的空间，但由于所构建的框架是九宫格式的重复骨骼框架，使得整幅画看上去非常紧凑；相似图示的反复出现使画面主次关系不再那么鲜明——每一个形象或多或少的失掉了它的个性特征。这时这幅典型具有重复色彩的"华严经变像"以重复来造成一种宏大的气势，并且使人产生更加迷惑的如同万花筒一般的眩晕效果。这种所谓的眩晕之感也就是审美感受中所说的模糊性，他使得主体在此种特殊的表现形式下从精神感受上与同客体产生共通、和谐。在欣赏的过程中观者对异度空间的期望值增高，从而达到了宗教通过图像手段向民众传达它如同罂粟般绚烂而神秘的理想世界的目的。

2."重复"的实用功能

重复除了它在审美方面的价值外，在敦煌壁画的创作过程中也有它的现实功能。

（1）"重复"的造型功能

"重复"从另一个角度讲其实也就是一种夸张的体现。千手千眼观音是观音菩萨的变化身，又叫大悲观音。据说观音菩萨为体恤生苦，大发慈悲，誓要度尽众生，若愿不能偿，自己的头便裂十份，身体分解为千份。茫茫世界，芸芸众生，照应极难，

莫高窟第 321 窟西龛顶天女与飞天

莫高窟第 407 窟三兔莲花飞天井心

寂静四十二尊曼荼图

于是他将身躯化四十二段，每段化为一尊观音，惟仍穷于应付。此时阿弥陀佛前来告诫，说观音不应残害身体，应以扩大法力实现宏愿，并施法将观音四十二段合为一体，除原有两臂，留十手臂，每臂手掌现一眼，表示一个身及二十五"有"（"有"代表因果），二十五乘四十即一千，故名千手千眼观音。以绘画形式展现在我们面前的观音，他的每一个手臂的动态、手势、方向都绝不重复。千手观音的这种构成可以说是以其手臂为基本形放射排列。在平面设计中称为"重复基本形的群化构成"。以手臂为基本单元形朝多个方向扩散开去，使观音由原本自然形的构造转化为一种意向形，也就是根本不存在的造型。这种组合造成了对实物的夸张，使图形效果稳定，造型完美。最后成为一种标志化的概念符号而易于识别，并且更加彰显其独特的造型魅力。

莫高窟第 3 窟千手千眼观音图

（2）"重复"的分割功能

在敦煌艺术中，无论石窟的开凿、塑像的造型和壁画、卷轴的绘制，其重复的出现都遵循着这个"神性"的原则。所以能在一个相当长的历史时期完整地保持着凝固下来的形式与技术，从而留下最具时代特征的文物。

贡布里希说过："图像本生无法向一个崇拜者诉说一个他从未听过的故事，一位图像大师只要改变一下作品的手段和目的就能使我们感受到图像中殉难者的英雄主义和他所受的痛苦。我们中许多人对传统的了解很可能就是从图像开始的。"[1]

敦煌壁画中大量的故事画，为我们讲述了很多传奇的故事。它们在构图形式

---

[1] 前引（英）贡布里希：《贡布里希论设计》，第122页。

莫高窟第 206 窟错位千佛

上都采用了连环画的手法，对每个重点场景进行描绘，无论这种叙事顺序是由"s"形、"之"字形，还是独特的两端开始中间结束的方式，但在整个叙事壁画中都不存在严格意义上的分割线，对于故事情节的进展有的采取以山峦、房屋、树木来进行分割（如莫高窟第 428 窟萨埵太子本生故事）；有的则在画面中出现题榜文字加以说明（如莫高窟第 290 窟佛传故事），但这些可能存在的文字因年代的久远或颜料成分不同的缘故，而未能像画面一般保留下来，即便是保留下来也只有可能被少数专业人士识别出，因为很难讲当初的画匠会用什么文字作记载。对于各个朝代包括现今的阅读者来说，最为有力的方式便是通过相同人物形象的再次出现来判断故事的进展。如莫高窟第 257 窟的"鹿王本生"壁画，通过九色鹿和溺水者形象的重复出现就可以直接判断出故事的分隔是在基于长方形构图之上，从而分段描绘故事情节的。画面中还反复用到图形化很强的花草和山峰来填补空白，使其装饰美感达到了一定的高度。莫高窟第 420 窟的"西域商队"，讲述的是在古丝绸之路上的一组商队在出发前、行驶中和到达终点所经历的曲折的过程。全画的构图十分严密，只能通过商队的反复出现和植物的分隔来寻找每个故事的情节，而重复的人物造型在这里就显得相当重要。造型反复"重复"在很

莫高窟第 290 窟窟顶人字披佛传故事全图

莫高窟第 303 窟须达拏太子本生故事图

莫高窟第 257 窟沙弥守戒自杀故事画

莫高窟第 420 窟西域商队

多种情况下会以降低本身的个性来达到集体的强烈形式美感，而此处的人物重复却不是常规概念上的构成，它不再是因规模化而失去其特征，反而因此更显其独特的艺术表现力。

（3）重复的艺术追求

敦煌的石窟本是人为的建筑艺术。石窟的开凿源于印度，最初为僧人避世修行习禅之便，往往是修行者自己在僻静山林修建，谈不上建筑技术和修饰艺术，而只能因陋就简。原始石窟的开凿程序大体相同，其形制和工序极易被固定下来。由于佛教早期的修行者大都被尊为神圣，从而使石窟这一简陋的原始建筑具有了"神性"而为后人视为不可变更的形式。后来的石窟多为供养人雇工开凿，原来

的形制与工序仍没有根本性的变化，可谓不敢越雷池一步。然而，敦煌古代的工匠在石窟建筑的重复前提下，石窟不再是僧人的修行场所，而变成了神祇的供奉之地，因此在石窟内绘制壁画，进一步使之成为以媚神的目的装饰的神的居所；在装饰形式达到完美程度后凝固下来而再次形成重复，即使有创新变化，也不会超越其凝固了的大模式，从而使艺术朝另一个与自由创作完全相反的途径发展，成为一种有着严格规范的重复性工作。即人们通常所说的"匠作"。而固定、重复的匠作，可以从中了解当时的工艺水准状况。而不是偶尔出现的个别天才人物的超前认识。因此，凝固而重复的艺术表现，是对完美艺术形式的追求，其在一个历史时期内代表着最高的艺术水准。

　　当然，艺术形式的凝固，难免阻滞了工匠的个性创造力，使他们的思维退出了"创作"的状态,而进入习惯性的"匠作"。在敦煌石窟一些先后经历几个时代绘完的壁画中,特别是我们看到的一些后代补绘的前代壁面,有一种应付差事的感觉,如莫高窟第 206 窟窟顶四坡下部的千佛,补绘者非常随意的信手填画,根本没有在意整体性,致使原本应该齐整一统的千佛画面出现半行和空缺,显得与整个洞窟的气氛很不协调。对补绘的画匠们来说,这类重复的限制,近乎对艺术生命的扼杀,因而引发很多人对于"重复"的否定。

然而,对于技艺精湛的工匠,当然是不能满足于重复性劳动的,于是在为了保持庄严性而重复的工作中,将智慧运用于艺术表现的"精妙"方面。即注重刻画的传神、色彩的效果、线条的变化等等。敦煌工匠正是在"重复"的前提下,不断地寻求技术的提高与创新,使作品的"精妙"达到了极致,同时又为后来者继承,参加"重复"。所以,敦煌艺术中的重复,并不是一成不变的仿制,而是能够始终保持其纯粹与完美,并且不断发展提高着的艺术创造。

同时,"重复"也是在文学、音乐以及美术、设计等领域经常用到的艺术形式。今天单纯的从设计角度来看待、挖掘它,并结合敦煌艺术来看,发现其价值深远、意义深广:它不仅是现代人喜闻乐见的一种艺术构成,也是我们的祖先不离不弃的表现形式。并且仅从这一点上我们可以看出,构成艺术虽然是一门较为新型的艺术学科,却并非没有厚重的文化积淀,并且早在一千多年前,敦煌的无名画匠们就一直在发掘这种构成形式所带来的各种审美感受与功效,只是当时缺少一种理论的体系而未能使其更好的发挥价值罢了。而如今,我们需要做的并不是用新的理论去解释历史,而是去继承本民族历史中的瑰宝并使之发扬,最终能够站在中国文化深厚的基座之上,创作出真正具有本民族特色的现代设计作品和设计理论,从而推动我国现代设计事业的发展。

第八章
从敦煌艺术看宗教图式中的
"工匠"概念

一、"工匠"的正名

在艺术史研究中，特别是宗教艺术研究领域中，以艺术工匠研究作为切入点，可以在此领域中解决一个重要的问题，即：不是片面地面对石窟或宗教艺术遗产进行分析，而是包括工匠在内，将宗教艺术与其制造者作为一个整体，全面而更具有深度地开展研究。但是在具体问题的分析中"画家"与"工匠"的界限又十分含糊，概念无法确定。现借《敦煌古代工匠研究》的机会，本文将从艺术史类型方面，对"工匠"的概念，以及画家（艺术家）和画工（工匠）问题作一尝试性的探讨。

敦煌石窟的造像艺术年代跨度较大，并且比较集中、全面和典型地反映了宗教艺术形态特征，所以在工匠史的研究中也做得较全面和深入。在对敦煌艺术的研究中，始初画家与工匠的概念界限并不突出，往往出现"工匠"与"艺术家""画工"与"画家"混淆的现象。最早提出造像与工匠问题的是向达先生，后来史苇湘先生也提出过敦煌佛教艺术的历史是艺术工匠们所创造一说[1]。文中"画工""艺术工匠""画家""艺术家"混用的现象经常出现，当然，他们没有对这一问题做专门研究，这种混用现象是不足为奇的。

关于敦煌石窟的营造是否有艺术家参加，并且对"画家"与"工匠"的概念

[1] 向达：《莫高、榆林二窟小考》，载向达著：《唐代长安与西域文明》，生活·读书·新知三联书店，1987年，第405页。史苇湘：《敦煌佛教艺术产生的历史依据》《形象思维与法性——石窟艺术研究随笔之二》等相关论文，均载于史苇湘著《敦煌历史与莫高窟艺术研究》。

进行界定，姜伯勤先生有专文研究，分析了敦煌石窟艺术是否有画家参与制作的问题[1]。饶宗颐先生将敦煌石窟艺术的参与者身份定为"画官"与"画人"[2]。

通过前面对敦煌工匠史料的分析，就工匠与石窟营造的关系来说，古代敦煌的工匠，是敦煌石窟的营造者，是敦煌艺术的创造者，可以总结为六点：（1）创造了敦煌艺术的敦煌历代工匠都是伟大的艺术家；（2）敦煌古代工匠同样是社会最底层的劳动者；（3）在中古时期敦煌工匠有属于寺院的"寺户"，在寺院的严格控制下，世袭服役，有在官府直接控制下从事本行业劳动；（4）敦煌古代工匠是一支庞大的手工业人才队伍；（5）敦煌古代工匠都是默默无闻的无名创造者；（6）敦煌古代工匠史料为研究古代敦煌社会经济生活各方面提供了第一手资料。

对"画家"或"艺术家"与"工匠"作界定这一问题，专家学者们意见不一。到底敦煌艺术的制造者是工匠，还是艺术家？或者是否存在着艺术家的介入？对宗教艺术史中的造像制作者的研究，如果仅从具体形态上分析其工匠的经济地位、社会身份，并且以技艺高低为标准，用概率的方法做层次高低的界定，以此来划分"工匠"与"艺术家"之间的界限就显得这是一个难解的问题，因为边缘界限的概念是模糊和难辨的。

我们认为，如果从艺术形态[3]上分析，敦煌艺术属于宗教艺术，再从艺术史类型角度反观这一艺术形态，可能会找到一个明确的理论概念。在艺术史的类型研究中，本身存在着"艺术家的艺术史"和"无名的艺术史"的分野。由于艺术制作者在制作时所处的艺术形态不同，其身份性质的概念也就有所不同。如果他是某一种题材样式的创制者，他就是艺术家，如果他是某一题材样式的沿袭者，他就是工匠。甚至有些制作者本身就身处两种形态之中，因此也就具备着两重身份，他们可能既是艺术家同时也是工匠，这两重身份有时是相互置换的。

在文字训诂学中，做木工活的人被称为"匠"。《周礼·冬官考工记》："攻木

---

[1] 姜伯勤：《论敦煌的"画师"、"绘画手"与"丹青上士"》，载于姜伯勤著《敦煌艺术宗教与礼乐文明——敦煌心史散论》，中国社会科学出版社，1996年。

[2] 饶宗颐：《敦煌白画》，第16页。

[3] "形态"与"类型"是本文中的关键词，在此有必要加以解释："形态"是"类型"的内涵，反之"类型"是"形态"外延。"形态"在《辞海》的解释中，既是物的具体形状，又指事物在一定条件下的表现形式。"任何一种物质形态都属于一定的类型"。在艺术史的研究范畴中，"形态"所指为具体的艺术再现内容，"类型"所指为该再现内容的性质归属。

之工：轮、舆、弓、庐、匠、车、梓。"[1]《说文解字》释为：匠，木工也，从匚，从斤，斤所以作器也[2]。

后又引申为凡具有一技之长的劳动者皆为"匠"。段玉裁《说文解字注》："工者，巧饬也。百工皆称工。称匠，独举木工者，其字从斤也。以木工之称引申为凡工之称也。"[3]

从事宗庙造型绘事的现在又称为"艺人""艺术家"，在中国古代文字训诂中"艺"为种植者。《说文解字》作："埶，种也。从丮（jǐ）坴（lù）。丮持种之。"《说文解字》中只有"埶"而无"藝"字。段玉裁《说文解字注》："然'蓺''藝'字皆不见于《说文》。周时六'藝'字盖亦作'埶'。儒者之于礼、乐、御、射、书、数，由农者之树埶也。"[4]

"艺"引申也是"技能"之义。陆德明《经典释文·毛诗音义上》："蓺，鱼世反。树也。或作'藝'，技艺字耳。"[5]司马光《类篇》："蓺、艺。种也。一曰技能也，或作艺文。"[6]

总之，"匠"与"艺"在由字到词的发展过程就是由从事具体行业所指引申到众多技能行业的泛指的过程。

从社会学角度而言，在宗教工匠史的研究中，对工匠身份界定的名词十分多样。本文前引论中就有"工匠""艺术工匠""艺术家""画工""画家""画官"与"画人"之称谓。这些称谓概括而言，应分为两种形态：一是以工匠的社会地位作界定，普通劳动者称"工"；有一定社会经济地位并且具有管理职位的称为"官"[7]。二是具有一定技艺，在宗教和石窟艺术建设和塑绘中具体劳动者称"匠"；技术高超，在宗教和石窟艺术的绘制和制作中，其总体设计、规划中起主导策划作用的人称为"家""师"。

---

[1]（清）阮元：《十三经注疏》上册，浙江古籍出版社影印本，1998年。第906页。

[2]（汉）许慎撰：《说文解字》，中华书局影印版，1963年，1990年。第268页。

[3]（清）段玉裁：《说文解字注》，上海古籍出版社影印本，1988年，1993年。第635页。

[4]（清）段玉裁：《说文解字注》，上海古籍出版社影印本，1988年，1993年。第113页。

[5]（唐）陆德明撰：《经典释文》上册，上海古籍出版社影印本，1985年，第257页。

[6]（宋）司马光等编：《类篇》，中华书局影印版，1984年，第31～32页。

[7]马德通过对敦煌史料整理，将工匠的技术级别梳理出：都料、博士、师（先生）、匠、生（人）等级别。参见马德：《敦煌工匠史料》，第9～13页。

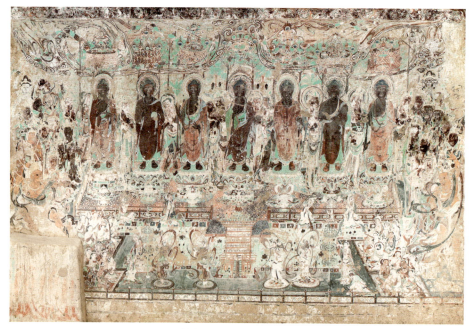

莫高窟第 220 窟药师经变

如果从艺术史类型方面而言，似乎做身份和"职称"的分类并不起作用。许多在艺术史上开宗创派可称为艺术家的人生前既无厚禄，又非高官；而生前被授以"内教博士"后又升为"宁王友"、创制"吴家样"的唐代画家吴道子，后来却被宗教画匠们尊为"画圣"，拜为"祖师"。[1]

二、艺术形态与工匠身份的界定

在艺术史的研究领域中存在着一个极为明显的类型分野，即以研究画家为中心，并结合其作品而展开分析的"艺术家的艺术史"和仅见艺术遗产而不知其作者的"无名的艺术史"。在艺术史类型的研究中甚至会出现一种相对隔离的现状，就是这两个领域的研究是各自独立的，有时甚至是互相陌生的。前者的创造者往往是"有名"的艺术家；在后一种艺术史类型中，研究的对象主要是类似于敦煌石窟或寺观中的宗教艺术，并且包括考古发掘的墓葬艺术品，这些艺术形态的制

---

[1] 王伯敏著：《吴道子》，上海人民出版社，1981 年，第 33 页。

作者往往是"无名"的工匠。

纵观中国传统的艺术治史方法，在中国艺术史中还没有真正列为主题、关注过"艺术工匠"的问题，中国传统的艺术史观念基本是以画家为中心的"画家——品位"层次的研究方法。甚至在国外西方的艺术史中也没有成系统的关于艺术工匠历史的研究，但是在西方艺术史中，有关于艺术风格起源的研究方法可以作为这一研究理念的基础，因为形式与风格的创制与沿袭也是艺术家的艺术史与无名的艺术史的核心问题。

关于艺术史的类型，德国的现代艺术史学家汉斯·贝尔廷（Hans Belting）曾作了界定：从罗马后期到 1400 年的西方基督教的宗教史为一个阶段，这是"艺术时代之前的图像"阶段；1400 年之后（即意大利文艺复兴之后）到 20 世纪 80 年代为一个阶段，是艺术家创作的时代；从 20 世纪 80 年代至今为"艺术史终结"阶段[1]。

"艺术史终结"的问题与本文无关，本文仅就前两个形态及类型进行分析。特别是第一阶段，这是一个以基督教艺术为中心的欧洲中世纪阶段，从形态性质而言，与敦煌石窟所代表的佛教艺术是相同的，都属于宗教艺术类型。美国艺术史学家阿瑟·C. 丹托（Arthur C.Danto）对这一艺术类型的研究内容进行了归纳：

广义地讲，并非这些图像不是艺术，而是这些图像作为艺术在它们的创造中没有突出的地位，因为艺术的概念还没有完全作为一般的意识出现，某些图像——主要是圣像——在人们的日常生活中扮演着的作用，不同于艺术概念出现后艺术作品所扮演的作用……它们甚至不被看作是艺术品，但是被视作具有神奇的起源，就像耶稣图像印在圣女维罗尼卡（Veronica）的圣帕上一样。[2]

---

[1]（德）汉斯·贝尔廷等著，常宁生译：《艺术史的终结？——当代西方艺术哲学文选》，中国人民大学出版社，2004 年，第 266～331 页。

[2]（美）阿瑟·C. 丹托著，王春辰译：《艺术的终结之后·当代艺术与历史的界限》，第 4 页。"维罗妮卡圣帕"是基督教中拜占庭希腊正教和东正教中的一种圣像图式（俄语：спаснерукотворный；英语：a cheiropoieton，或为：THE VERNICLE），意为"非人工所创造的"，是印有基督面像的汗巾。传说圣女维罗尼卡（Saint Veronica）曾以汗巾为基督拭汗，其面像即留于此巾上，后即成为印有基督容貌画像的称谓词。关于基督形象的样式，认为不是人所画，而是基督将他的圣容印在布上的影像。有关问题可参见刘海编译：《当基督遇上佛陀·东西方人像艺术博弈全录》，陕西师范大学出版社，2006 年，第 77～79 页。

其中"艺术的概念还没有完全作为一般的意识出现",这一现象可能与敦煌石窟艺术形态的研究现状不同,在中国,宗教图式时期是与艺术概念同时出现的,特别是隋唐时期及以后,中国的画家及绘画理论和艺术概念已十分成熟。但是作为宗教艺术,艺术的审美不是第一功能这一概念是相同的。在这种艺术形态的研究中,往往因为无法寻觅作品的制作者,不得不将研究范围仅放在单一的艺术遗留现象中。

这种宗教性质的艺术形态被巫鸿先生称为"礼仪美术":

礼仪美术一方面与日常生活中使用的视觉物质形式不同,另一方面又有别于魏晋以后的"艺术家的艺术",后者以作为独立艺术作品创作和欣赏的绘画和书法为主。礼仪美术大多数是无名工匠的创作,所反映的是集体的文化意识而非个人的艺术想象。它从属于各种礼仪场合和空间,包括为祖先所建的宗庙和墓葬,或是佛教和道教的寺观道场。[1] (重点为笔者所加)

巫鸿先生在这里明确地界定了这种艺术形态的研究范畴:"礼仪美术",并且是由无名的工匠完成的;它所反映的是"集体的文化意识";其中的内容包括两个方面,就是"祖先所建的宗庙和墓葬,或是佛教和道教的寺观道场"中所需的图式。

作为宗教艺术史类型中的敦煌艺术,其形态性质与内涵,陈梦家先生在20世纪50年代曾作过精辟的概述:

中国古代并无像佛教景教一类的宗教,对于祖先的崇拜与祭祀只是一种家庭仪式。商代贵族墓室中,亡者所住所用的恐怕比生前还要富丽,其中石雕刻,铜铸器和壁上彩绘是主要的艺术。……等到佛教兴盛以后,对已亡父母的追念,作墓之外,更移之于开窟造像,希冀以此公德保佑先人。……因此崇佛与崇祖两事混淆起来,使地下的墓室变成了石窟与寺庙。……

敦煌画之可以断代和没有真伪的问题,使它成为最好的艺术史材料。敦煌画之成于无数无名的画人之手,使它成为最好的民间艺术的代表,成为某一时代一般性的代表。[2] (重点为笔者所加)

---

[1] 巫鸿著,郑岩、王睿编,郑岩等译:《礼仪中的美术》,生活·读书·新知三联书店,2005年。
[2] 陈梦家:《敦煌在中国考古艺术史上的重要》,载《文物参考资料》,1951年第2卷4期,第71~72页。

所举中西学者在不同时期对这一艺术史形态的论述观点几乎是一致的。只是陈梦家先生将敦煌艺术归为民间艺术的观点值得考虑，因为民间艺术仍是自由的，不受某种仪轨、礼仪所约束，民间艺术的研究应属于民俗学的范畴。

几乎与此同时，中国的美术史论家郑午昌在 1929 年出版的《中国画学全史》中也提出了中国古代美术发展四个阶段的形态说理论：一为"实用时期"（史前至唐虞）；二为"礼教时期"（唐虞至汉末）；三为"宗教化时期"（汉末至唐代）；四为"文学化时期"（唐代至清）。

并且也提出"无名的艺术史"的观点："顾三代以前，画以实用为归，但见应用绘画之史实，未著制作绘画之家数。汉世祠堂石室，多有石刻画像，尚不署作者姓名，……"[1]

通过对以上数家材料的分析，可将这种艺术形态概括为：

（1）这种形态的艺术是"礼仪"的艺术，包括宗教和墓葬两个方面的图式内容。

（2）这种"礼仪"性质的艺术，它的第一目的不是观赏和审美。如果它是观赏的，审美的，就无法解释墓葬中的图式现象，因为它的产生随着下葬就从现实中消失了；寺观中的图式首先是为敬拜而设，敬拜者对宗教的敬畏心态超过了对图式本身的欣赏、审美，在宗教图示中所反映的主要不应该是"美"，而应是"庄严的样式"，这种艺术形态最大的特点就是它的规范性。

（3）这种艺术形态的性质决定了它自身有着严格的宗教仪轨、丧葬礼俗的规定。制作者被雇用，不能违背雇主的要求和意愿随意创作。

（4）由于上述界定和规约，这种形态的艺术，其制作的被雇用者必须是"无名的工匠"。即使被雇用者社会地位上流、经济身份显赫甚至是技艺职能高超的"画家"，身处这一艺术类型的"范式"中，也要转变身份，以"画匠""塑匠"或"石匠"的身份参与这种艺术形态的图式制作。

很显然，这里只有类型的界定而无层次的差别，唐代皇家墓室壁画的制作者应该是当时的"艺术家"，但在制作墓室壁画时，他们仍是以"工匠"的身份被雇用，他们只能按规定完成符合礼仪的墓室图式。敦煌石窟中的壁画制作者再被称为"画家"，与当时在长安绘制皇家墓室壁画的"工匠"相比，无论哪方面的条件而言，

---

[1] 郑午昌：《中国画学全史》，上海古籍出版社，2001 年，第 3、5 ~ 9 页。

莫高窟第 329 窟夜半逾城

在理论的概念中也只能是工匠了。

三、艺术史类型中的称谓与工匠的作用

在现有的文献中，几乎很难找到直接反映艺术工匠在劳动创造中所具有历史意义和价值的资料，要想证明这一点，就只能借用相关材料，采取旁证的方法来进行。

被巫鸿先生称为"礼仪"的艺术，内含包括宗教和墓葬图式，从艺术史类型

上看，如果将这种艺术形态与工匠作为整体加以研究，它又被称为"无名的艺术史"。此词为笔者从西方艺术哲学领域中的舶来品。它与另一个相对的名词"艺术家的艺术史"同时出现在西欧 20 世纪初期。两个词的西方意义与内涵与本文的论述完全不是一回事，它们连同创建者深植于西方的传统文化观念之中。此处借用是一种尝试，因为其中也存在某些可借鉴的因素。

"无名的美术史"（德语：Kunstgeschichte ohne Namsn；英语：Art History withont names）是西方美术史学界对瑞士的形式主义美术史学家海因里希·沃尔夫林（Heinrigh Wölffin）美术史观念的定论词。

中国学者中对沃尔夫林理论进行介绍，具有代表性的是潘耀昌先生：

他（沃尔夫林）的特色是把文化史、心理学和形式分析统一于一个编年史体系之中，因此不去过多地研究艺术家，而是紧紧地盯着艺术品本身，力图创建一部"无名的美术史"，把风格变化的解释和说明作为美术史的首要任务。[1]

潘耀昌先生还进一步分析了这一理论的历史来源：

19 世纪末和 20 世纪初，西方艺术学摆脱了传统美术史以艺术家——作品为核心的单一模式，不再局限于艺术家传记、作品鉴赏和编年史式的作品罗列，而步入文化史这个广阔的领域之中，向各门学科渗透，开拓了广阔的前景。海因里希·沃尔夫林是这个时期艺术学的开拓者之一，他的贡献主要在形式分析和风格学研究方面。[2]

在沃尔夫林的理论分析中，有两点值得本文借鉴。首先沃尔夫林风格理论创立是为了一反过去以"艺术家——作品"为核心的传统美术史类型，这个类型的视野相对狭窄，主要展示的是艺术家与作品的单一个案，因而忽略了美术史的本体形态规律；随之第二点是他开始注重美术史研究的本体规律和广泛的横向关系，即作品的形式与风格的问题，并且将这种研究扩展到文化史和历史的领域之中。

与本文艺术史类型研究的不同之处，是沃尔夫林的研究毕竟在"艺术家的艺术史"范围，即在文艺复兴后兴起的艺术家的作品分析之内进行的。他的"无名的美术史"也是对这一范围具体个案研究的总体抽象。反言之，如果沃尔夫林的研究领域是在西欧"艺术时代之前的图像"时期，就是在基督教艺术的研究领域之中就完全不同了[3]。本文正是要将他的形式与风格的分析方法借用在对敦煌艺术，这样典型的"礼仪"艺术图式研究之中。这是一个大多数都丢失了"艺术家"名分的、只有将历史延续中的艺术遗存按形式风格进行排列和分类进行研究的问题。

沃尔夫林"无名的美术史"的理论产生之后，曾遭到意大利新黑格尔主义

[1]（瑞士）海因里希·沃尔夫林著，潘耀昌译：《艺术风格学——美术史的基本概念》，中国人民大学出版社，2004 年，译者前言第 1 页。

[2] 潘耀昌：《沃尔夫林与新康德主义》，载曹意强、迈克尔·波德罗等著：《艺术史的视野——图像研究的理论、方法与意义》，中国美术学院出版社，2007 年，第 233 页。

[3] 在当时西欧已经有用风格学方法研究中世纪的美术史学家，尤利乌斯·冯·施洛塞尔就是其中一人，参见尤利乌斯·冯·施洛塞尔：《论美术史编纂史中的哥特式》，载范景中主编，傅新生、李本正翻译：《美术史的形状·从瓦萨里到 20 世纪 20 年代》I 卷，中国美术学院出版社，2003 年。第 333～334 页。

美学家贝奈戴托·克罗齐（Benedetto Corice）的批判，他认为沃尔夫林"不是
深入探讨艺术作品和艺术人格，不是设法捕捉和理解其中细微而奥妙的内在冲
动，从而确定其历史的和个人的面貌"，而是"从个别而具体的作品中提取出
来的抽象的东西"，去研究艺术过程，研究风格[1]。在克罗齐看来，没有美术史，
只有艺术家的历史，只有最伟大的真正有创造力的艺术家才有资格在美术史上
有立足之地[2]。

　　克罗齐不是从历史，而是从美学角度提出这样的问题：只有艺术家的概念，
而无艺术史的理论。这可能正印证了巫鸿先生观点，即美学成为一个学科属于哲
学的，是从概念出发，最后还要回到概念，"美学没有史的基本框架"[3]。

　　作为主观唯心主义美学家的克罗齐，他在美学上提出了直觉说理论。这种理
论认为艺术家在自己的心灵中通过直觉到意象即已完成了"艺术活动"，他反对将
这种心灵的直觉活动"物化"成外在的各种艺术形式（文学、图画、雕刻、音乐、
建筑等）[4]"艺术家的历史"正是出于这一哲学观念。因此他不承认艺术存在于"物
化"的形式之中，更加反对艺术还有"风格史"的存在。但是克罗齐所说的"艺
术家"并非历史中真有实名的艺术家，出自他的哲学理论，艺术创造过程仅仅是
一个心理活动过程，在心理将直觉置换成意象，艺术创造就得以完成了，所以他
的"艺术家的历史"并没有回到先前"艺术家——作品"的历史研究形态之中。
朱光潜对这一理论都无法理解，艺术家怎能除了"想象"而无表现的作品呢[5]？

　　克罗齐反对沃尔夫林，从而提出自己的"艺术家的历史"是一个哲学概念，
并不是历史研究中的艺术家——作品的历史研究类型，所以克罗齐的批判并没有
真正对沃尔夫林造成影响。真正对沃尔夫林理论进行批判并产生影响的应该是后
来潘诺夫斯基（Erwin Panofsky）的"图像学"（Iconology）理论。潘诺夫斯基校

[1]（意）贝奈戴托·克罗齐：《造型艺术的批评和历史及其现状》，载贝奈戴托·克罗齐著，黄文捷译：《美
　　学或艺术和语言哲学》，中国社会科学出版社，1992年，第180～181页。

[2] 克罗齐关于艺术家的历史观点参见尤利乌斯·冯·施洛塞尔：《论美术史编纂史中的哥特式》，载范景中
　　主编，傅新生、李本正翻译：《美术史的形状·从瓦萨里到20世纪20年代》I卷，第336页。

[3] 李清泉、郑岩：《巫鸿教授访谈录》，载巫鸿著，郑岩、王睿编：《礼仪中的美术·巫鸿中国古代美术史
　　文编》下册，生活·读书·新知三联书店，2005年，第701～702页。

[4] 朱光潜：《克罗齐哲学评述》，载《朱光潜美学文集》第2卷，上海文艺出版社，1982年，第452～453页。

[5] 朱光潜：《文艺心理学》，载《朱光潜美学文集》第1卷，上海文艺出版社，1982年，第168页。

正了沃尔夫林理论中形式主义分析的单一性，强调在对图像（包括形式与风格）的分析中应注意图像与文本、文献之间的关系，即他的"图像志"（Iconography）的分析 [1]。

范景中先生对"图像志"理论总结道："其对象是约定俗成的题材，这些题材组成了图像、故事和寓意的世界，解释者的必备知识则是文献，这种知识使他熟悉特定的主题和概念，解释者的观察得受下述因素，即把握不同历史条件下运用对象和事件来表现特定主题和概念的方法的因素的控制。" [2]

从研究"礼仪"艺术角度看，潘诺夫斯基的理论弥补了沃尔夫林美术史理论的不足。作为"无名的艺术史"类型中的"礼仪"艺术，最突出的特点就是它所内涵的寓意与象征，这是由于它受制于主题、题材限制所决定的。在宗教艺术中它受制于经典文本与仪轨，对这种内涵的解读就得依靠其背景文献。正是由于这一原因，它就在表现方面限制了画家之所以为画家的先天条件，使它处于对经典文本进行诠释的从属地位，因而产生了佛教艺术中作为定式的"变相"、传记及本生等图式形态，这种限制既来源于教规，又受制于雇佣者。同时也正因为这一特性，使它独立于"艺术家的艺术史"之外，严格地说，它不以审美为第一功能，与其说他是"美术"，不如说它是"图式"更为恰当。即使在宗教壁画中出现有任画者随意发挥的风俗场景，在此绘画者也展示了"美"的因素与个人愿望，也只能说是宗教图式中的"调味品"而已。

以上所展开的理论分析为艺术工匠的研究奠定了这样一个基础：在美术史的研究领域中，除了以"艺术家——作品"为中心的"艺术家的艺术史"类型外，还存在一个以研究艺术（主要是造型艺术）风格延续关系的"无名的艺术史"。后一种艺术史类型虽然产生于沃尔夫林对"艺术家的艺术史"研究范围之内，是将艺术家的作品从历史角度进行风格化的提炼、抽象而形成的。但是这一理

---

[1] "图像学"理论的在中国介绍与研究主要是 20 世纪末在中国美术学院艺术史论群体中进行的，大量的文献资料主要集中在他们所出的刊物《美术译丛》和《新美术》中。

[2] 关于"图像学"的理论，参见三个潘诺夫斯基著的译本：阿庞译：《图像志与图像学》，载中国美术学院《美术译丛》，1984 年第 3 期；傅志强译：《视觉艺术的含义》，辽宁美术出版社，1987 年，第 48 页；杨思梁、范景中译：《图像志与图像学》，载《贡布里希图像学文集——象征的图像》，上海书画出版社，1990 年，第 421 页。范景中：《图像学研究》中文本序，载《新美术》，2007 年第 2 期。

论仍可用在对"礼仪"艺术,即由工匠所完成的真正"无名的艺术史"领域之中。所不同的是,在以工匠制作为主的"礼仪"艺术研究中,通过对艺术遗产的风格进行比较分类,结合相关的历史文献解读,同时也应包括对这些艺术品的表现者——工匠的创造意义及价值文献的研究,属于"图像志"的研究范畴。

从概念上讲,"画家"应具有两个特点:一为开宗创派者,是被美术史所记载的画家;二为自由创作者,所画之作本身就是目的,没有过多的主题和题材的内涵限制,不需对其进行教规或礼仪文本的解读,在这种艺术中,技艺占主导地位,是以作品的"品位"为标准的画家。

制作者是工匠还是画家,完全由他所从事的绘事性质所决定,吴道子创"吴带当风"是画家,但是当他事后被雇于寺院画壁,即使他受雇主的要求用自己的画风完成,他也是"工匠",这时他就是他自己风格的工匠,因为他此时是在"沿袭"自己的风格,所画的主题、题材则受制于他雇主规定。同样,当敦煌工匠们在画邈真像时,如果他技艺达到一定的水平,他可能就是"画家",因为在这时他们摆脱了佛教图式制作时的规定和制约。

四、风格样式与工匠

在艺术史形态中只有通过对形式与风格变化的分类排序,同时运用文献资料进行解释和说明才能真正解决艺术史中工匠的作用及意义问题。在"礼仪"艺术中,风格是通过"样式"(模式)得以显现的,样式又是通过"创制"与"沿袭"得以展现的。

若从艺术史的类型方面看,在艺术形式与风格的演变史中,画家与工匠这两条线索的关系应该是"创制"与"沿袭"的关系。沃尔夫林的一段话有助于对这种关系的深入理解:

我们最终必须有一个艺术史,在这个艺术史中,现代观点的发展不仅仅是在讲述个体艺术家,而是可以沿着一个在连续的序列中揭示各种风格产生的原因和过程一步步展开。[1]

[1] 前引(德)汉斯·贝尔廷等著,常宁生译:《艺术史的终结?——当代西方艺术哲学文选》,第284页。

在中国佛教艺术发展中，除早先由印度传来最初样式后，造像形式与风格就在中国展开并发展着。历朝历代均有画家开创的样式，使其逐渐演变成为中国样式。这个过程应该是："创制"就是新样式的产生，样式是具有时代特性的，是画家独自或是皇家授权下所开创的。样式产生之后它的延续则是由工匠们进行的。

在敦煌佛教艺术中也是如此，这种"沿着一个在连续的序列中揭示各种风格产生"，其过程是由工匠们所沿袭、完成的。

在敦煌石窟的佛教艺术中所展现的中国中古时期近一千年的宗教图式沿革史中，姜伯勤先生在他的《敦煌的"画行"与"画院"》和《论敦煌的"画师"、"绘画手"与"丹青上士"》[1]两篇文章中深入分析了其中"创制"与"沿袭"的关系。其中"创制"最重要的是张彦远《历代名画记》中的两条史料记载：（1）曹创佛事画，佛有曹家样，张家样及吴家样；（2）至今刻画之家，列其模范，曰曹、曰张、曰吴、曰周。斯万古不易矣[2]。

佛教艺术由曹仲达初创，随后又由张僧繇、吴道子承袭并进行再创制。

在佛教艺术发展的形式与风格中，创制阶段又分为：曹仲达、张僧繇、吴道子、周昉，形成阶段性的变化与联续。

以上应为各时期的画家们创制的关键点，点与点之间的连续就是每种创制形式风格的发展阶段。完全可用"纲"与"目"的关系来理解，画家们的创制为纲，各时期具有时代风貌的风格范式由工匠们在石窟佛寺中具体实施，得以发扬，为"目张"的表现。姜伯勤先生很深入地分析了各种风格在敦煌石窟艺术中的"对位"展现。

在属于"礼仪"艺术形态的宗教艺术中，研究样式的历史就是研究工匠沿袭形式与风格发展的历史。

在有画家"创制"历史资料记载之外，还存在着无史可查，但史实中流传至今的艺术遗产现象。这种现象表现在石窟艺术中，明确存在着形式与风格的演变历史进程。为此宿白先生曾提出过"凉州模式"与"云冈模式"的问题，随后常青先生针对长安周围的石窟遗存又提出过"长安模式"的问题。

---

[1] 前引姜伯勤著：《敦煌艺术宗教与礼乐文明》。

[2] （唐）张彦远：《历代名画记》，人民美术出版社，1983年，第20、126页。

　　虽然无史可查，但不能完全说这些模式的初创不是"艺术家"所为。历史现象让我们看到了各种模式的历史沿袭和变化的连接过程。宿白先生采用排年、分期、形制和考古类型学的方法，并结合历史文献对中国早期石窟进行研究，突显了新疆地区石窟与河西走廊地区石窟的关系，得出了以武威天梯山石窟为中心的"凉州模式"[1]。随后又用历史文献进行考证，认为当时北魏政权"特别注意人才、伎巧的搜求"，开凿了云冈石窟，创造了"云冈模式"。这也从侧面反映了艺术工匠的迁徙历史和他们在佛教艺术史中的重要作用。

　　他对云冈模式创制问题具体谈道：

　　……平城既具备充足的人力、物力和包括工巧在内的各种人才；又具备雄厚的佛事基础，包括建寺造像的丰富经验；还和早已流行佛教的西域诸国往来密切，包括佛像画迹的传来。在这种情况下，北魏皇室以其新兴民族的魄力，融合东西方各方面的技艺，创造出新的石窟模式，应是理所当然的事。[2]

　　这里所含最重要的内容应该是，其中包含他对一种"模式"由皇室创制和工匠沿袭的侧面肯定。随后他又考证、论述了云冈模式作为范式在全国的推广现象。这些问题都是为本文的论题起到了支撑作用。

　　"长安模式"由常青先生提出[3]，其中包括一个子模式"洛阳模式"。他从洞窟形制、造像内容、造像样式与风格等方面对模式的类型及性质进行了分析与界定。并且考证出了长安模式的原创作品：现藏于日本京都藤井有邻馆的唐贞观十三年马周造坐佛像，以及产生于唐武周时期七宝台，现仍存世的三十二件"宝庆寺"佛造像等等。为研究这一问题提供了重要的资料信息，并且分析、论证了

[1] 宿白：《凉州石窟遗迹与"凉州模式"》，载《中国石窟寺研究》，文物出版社，1996年，第119～120页。

[2] 宿白：《平城实力的集聚和"云冈模式"的形成与发展》，载《中国石窟寺研究》，第119～120页、第125页。

[3] "长安模式"曾引起过争论，先后提出"长安模式"的有三人，他们的观点分别处于几处材料之中：常青：《彬县大佛寺造像艺术》，现代出版社，1998年。这部著作中专门有两章："大佛寺石窟造像的时代风格"与"西京长安造像艺术的展望"（第216～277页）专门论述这一模式问题。随后王建新：《试论佛教造像的长安模式与盛唐风格》，载西北大学考古专业等著《慈善寺与麟溪桥》，文物出版社，2002年，第142～152页；常青又有与王建新商榷的文章《浅谈石窟考古断代方法与样式研究》一文，载陕西考古所编《考古与文物》2003年第5期。李淞先生在《陕西古代佛教美术》（陕西人民教育出版社，2000年1月，第62～66页）中也谈到了"长安模式"问题。

榆林窟第 25 窟观无量寿经变

这一模式随后在中国传播的状况 [1]。

　　不论是"凉州模式""云冈模式"还是"长安模式",他们的创制都与皇家的提倡有关,它们都产生于当时的国都,随后通过周边向全国推广。这种模式既带有时代风尚,同时又成为全国沿袭的时代样式,这种现象也说明了"纲"与"目"的关系,其中传播力量仍来自于当时的工匠。皇家是"雇主","被雇用"的传播者就是工匠。

　　常青先生在论述"长安模式"时,应分析当时唐代画家在创制中的作用可能问题就会更完整,因为按姜伯勤先生对敦煌佛教艺术的分析,在唐代"创制"与"沿袭"的关系中,其中的"曹创佛事画,佛有曹家样,张家样及吴家样",以及"至今刻画之家,列其模范,曰曹、曰张、曰吴、曰周。斯万古不易矣"。佛教艺术由曹仲达初创,随后又由张僧繇、吴道子承袭并进行再创制的现象不会在当时的国都长安没有影响。

　　关于艺术家创制,工匠沿袭的具体事例很多,《维摩诘经变》最为典型,这是历代画家所喜爱的题材,从顾恺之开始画维摩诘像,可谓创制,但沿袭却在工匠之中,从炳灵寺到云冈石窟,从龙门石窟到敦煌莫高窟,《维摩诘经变》图示与内容变化如此之大,其中形式与风格的演进与教义内容的扩充让人耳目一新,这种沿袭与演变的过程无不显示着"创制"与"沿袭"的历史意义,是研究图式变化的典型范例。再有《水月观音像》,自周昉创制以后,在陕西北部、河西走

---

[1] 常青：《彬县大佛寺造像艺术》,现代出版社,1998 年。

廊延绵不断地沿袭与演变着，其中对陕北石窟中的水月观音沿袭与演变的历史的研究，很可能揭示出西夏王朝与汉文化的交流关系，因为这是宋朝时期与西夏交界，战事时起之地。陕北石窟中的水月观音信仰会更直接地影响西夏人的宗教信仰观念。同时也可弄清为何在后来敦煌莫高窟，甚至安西榆林窟西夏石窟中出现如此众多水月观音图式的问题，进而解决在西夏佛教艺术中，除藏传佛教艺术因素外，还存在一个汉传佛教艺术影响的问题。这一主题的延续者，其主要功绩仍是艺术工匠。

在宗教艺术甚至在整个作为"礼仪"艺术的无名艺术史类型中，工匠是一个角色的概念，而不是一种固定的身份。有的艺术制作者在"艺术家的艺术史"中是艺术家，但在"无名的艺术史"的"礼仪"艺术中从事制作时，他就是工匠。艺术工匠在"礼仪"艺术类型中，是将一种时代典型的"模式"进行延续的主要力量，起着不可或缺的作用。

"礼仪"性质的艺术是艺术史类型中的另一形态，它与"艺术家的艺术史"类型中的画家"品位"的形态并行发展，它沿着自己的"图式"规律自律地进行，并无间断。

这是一个伟大艺术家与伟大的工匠跨艺术史类型界限的合作，甚至有时是某人自己与自己的合作，他用艺术家的身份创制，同时又用工匠的身份在"礼仪"艺术规范下重复自己。两者的天地同样广阔，两者的劳动同样伟大。

"礼仪"艺术即是一种艺术现象，更是一种具有深厚积淀的人文现象。它们的制造者是无数的工匠，在对这种图式的形式与风格变化的分析中，在对其内在含义的解读中，我们充分感受到了工匠创造的伟大，更加感到这种延绵不绝的图式史是一座神奇的中国文化历史的纪念碑。

第九章
敦煌工匠特色论

一、地域特色

在中国封建社会里，手工业的存在与发展，在一定程度上代表着当时生产力进步和发展的水平，并展示着科学技术的发展进步。古代敦煌细致的社会分工、发达的手工业及其相应存在的庞大的工匠队伍，在手工业经济的科学技术方面显示其极富地方特色。

1.本地资源与需要

古代敦煌的工匠队伍，是建立在本地资源、本地需要的基础上的一支庞大的手工业劳动者群体。

敦煌自汉代开发以来就一直是一个以农业为基础的地区，手工业的发达，不仅促进了农业的不断发展，而且也不断改变着人们的衣食住行习惯，形成敦煌地方特色的社会生产、生活风俗。敦煌文献记载了各种农具，粮食加工工具，在石窟壁画中也有描绘。

从敦煌有金银匠、金银行、玉匠、玉行等记载看，敦煌古代应该有丰富的金、玉资源，使金银匠、玉匠队伍应运而生并扩大为行会作坊。敦煌一带至今仍有一定的金矿及玉石矿资源，仍被开发和利用。

今天的敦煌还是产棉基地。虽然我们还没有发现敦煌历史上是否产棉产桑，但从敦煌遗书中存有大量纺织业方面的记载，及壁画中的纺织机具和纺织图像分析，敦煌也有一定的纺织业资源；而作为丝绸之路上的重镇，丝棉产品不仅仅是生活必需品，同时又广泛用于交换与交流，需求量大，这就为造就技术全面、工艺先进的纺织业队伍提供客观条件。敦煌古代又同时作为牧业基地，各类皮货加工业发达；皮毛加工业兴盛。

敦煌历来也是兵家必争之要塞。但敦煌地处大漠戈壁，战争中主要使用远距离杀伤武器，这就需要有地方特色的军工手工制造业。敦煌有完整的弓箭制造业及其附属设备如箭袋制造业，也有鞍具等军马装备制造业，还有皮衣、鞋靴铠甲等军人服饰的制造，这就最大限度地适应了大漠战争的需要，提供了大量的远距离杀伤武器。

壁画中的工匠劳作场面，则是地域特色的具体展示。在敦煌石窟各时期的壁画中，有少量表现古代工匠劳作的场面，如房屋（塔、庙）建造、钉马掌、凿石磨、制陶、酿酒、打铁、纺线、织布、制皮、做靴等，这些都生动地表现了敦煌地方古代手工业劳动的具体情景。

2. 经济交流

敦煌地处东西方交通要塞，历史上就是中外经济文化交流的重镇。这里聚集了许多不同肤色、不同生活习惯的民族，他们需要各式各样的生产生活用品。而且，由于多民族杂居，宗教也显得各式各样。敦煌古代多种宗教并存，宗教用品也种类繁多，给敦煌的手工业提出新的要求，使敦煌古代的手工业分工细致，门类众多，最大限度地满足了这些要求。

敦煌古代的手工业，随着历史的发展在不断进步，而且越来越发达，说明敦煌的手工业在广泛的交流当中，不断地适应了各个行业、各个民族、各种场所的需要，历代工匠们为此付出了全部心血。

敦煌的寺院经济是历史上独具特色的经济形式。而敦煌寺院的手工业者则是寺院经济的创造者，他们的创造也具有地域特色、宗教特色、经济特色、文化特色以及民族特色。因为敦煌寺院的工匠们也来自各个民族，使得敦煌古代的佛教寺院也是一个多元化的经济文化交流场所。

在九、十世纪，敦煌的工匠按职业类别都建立有自己的行会组织，这些行会一般都受制于官府，行会头目在官府担任一些虚职。当然，与封建时代的中国其他地区一样，敦煌古代的手工业是封建经济的一部分，它没有冲出封建制度的

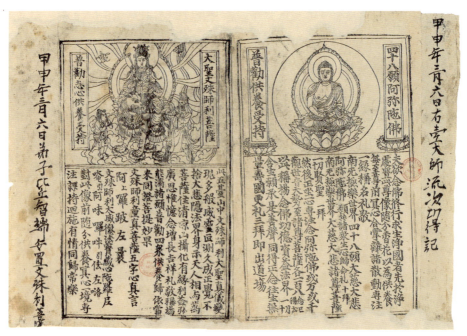

拼版阿弥陀佛与文殊版画

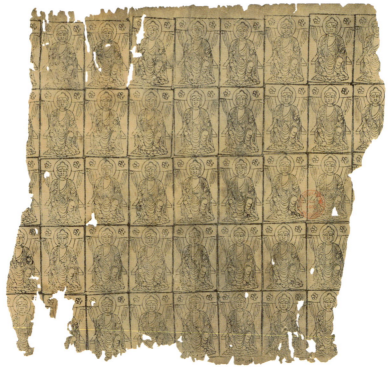

P4514 拼版千佛捺印

羁绊，受到官府或寺院的严格
控制；虽然部分手工业者的身
份、地位不时发生一些进步性
的变化，但始终没有出现过能
够促进社会历史变革意义上的
进步。这是在中国封建社会的
前期和中期的一种普遍现象。

3.地域文化、科技特色

文化的发达、文化活动的
繁荣，使敦煌有较大规模的造
纸业，以及小规模的制笔业、
印刷业等。而作为四维八荒景
仰的佛教圣域，千年的石窟营
造业造就了一代又一代工种齐
全、技术高超的石窟营造队伍，
这是敦煌手工业最大的地方特
色，又是文化艺术特色，而且
这里有领先于世界的技术！

在敦煌的雕版印画中，有
一件是五代后晋开运四年（947
年），新上任不久的归义军节度
使曹元忠，请官府匠人、押衙
雷延美雕刻了《大慈大悲救苦
观世音菩萨》并发愿文。这身
观音像与下面的发愿文分为两
块印版，观音像在单独印制时
添染彩色，因此现存的这身拓
印观音像就有一部分是彩色的。

莫高窟第 320 窟菩萨

这幅画观音像首先展示的是两块拼版印制一幅画。这种拼版印刷在中国早期印刷作品中并不多见。拼版印刷在五代时期也算是新型的技术。但还有更早一些的木捺小佛像、小菩萨像，用的也是小印板拼着一身一身的捺印，也可以算是一种拼版印刷技术的运用了。据说，小佛像、小菩萨像类小小印版的捺印技法，曾经启发毕昇发明了活字印刷；毕昇开始也是制作木活字，后来才改用烧制的泥活字。所以，如果说木活字是活字之父的话，那么木雕小像版应该是活字之祖了。敦煌佛教版画对研究中国印刷科学技术的起源及发展有重要的史料价值，是中国科技发展史上的珍贵文献。它填补了中国印刷科技史的部分空白，并可为当代印刷事业提供历史的借鉴。

另外还有一件是宽约10、高30厘米的《大慈大悲救苦观世音菩萨》立像，墨色印刷后广为流播，现存印品十余件。但与众不同的是，在这幅本来是全墨色的版画上，出现了不同位置、不同程度的施彩填色情况。

同时，它作为施彩的印刷版画，比日本的浮世绘要早近700年！仅这一点，就可以让西方人重新认识历史上的东方艺术[1]，重新改写世界美术史。

二、艺术特色

1. 表现佛教内容的艺术创作

敦煌石窟创建与发展的历史，实际上可以说是一部艺术设计的历史。敦煌石窟是以佛教为内容的艺术，佛教思想在艺术设计方面起主导作用。虽然所有的作品都可以看成是创作，但是它是在一定条件制约下的创作。具体来讲，总体的布局和主题内容是设计，而具体的画面是创作，是在设计前提下的创作。正如史苇湘先生所说："对照佛典就会发现，石窟里所有的艺术品无一不是创作；因为在浩瀚的《大藏经》里，无论经、律、论、史都没有提供壁画上的这些细节。"[2]佛经未限制，画塑制作中又不受限制，使得从事石窟制作的工匠们又有一定的创作的自由，可以发挥他们的主观能动性。敦煌石窟各时代壁画中最富魅力的飞天，

[1] 周安平：《由敦煌雕版佛画管窥中国古代版画的美术史作用》，《敦煌研究》2005年第2期。
[2] 前引史苇湘：《敦煌历史与莫高窟艺术研究》，第676页。

莫高窟第 220 窟帝王图

现在的西方净土世界，未来的弥勒净土世界，飞天带起的驰骋的思绪，乐舞颂扬
的太平盛世，对未来的幻想，对美好生活的向往……敦煌壁画所展示的天上也好，
人间也好，各个时期都有所不同，它表达着不同时期人们对自然和社会的认识，
以及对未来的需求和向往。幻想可以变为理想，理想可以变为现实，人类社会就
是在不断地寻求和探索中进步和发展，需要的就是人们勇于探索的精神，以及在
探索中毫无保留地发挥自己所有的聪明和智能。按中国人自己的观念来理解佛教
教义，创作佛教的神；以中国人喜闻乐见的形式宣传佛教思想，表现佛教内容；
在创造和表现中极大地发挥工匠们的聪明和智能，这就是在石窟中所展示的敦煌
历代工匠们伟大卓越的创造精神。

　　神的形象和佛国世界的境况，是现实世界的折光反射。敦煌石窟正是古代
工匠们从自己的生活体验中撷取形象与精神来创造神的形象和"神的世界"。"对

佛陀的信仰，为佛陀造像，描绘佛国世界的种种情景，都是人类的精神活动的表现。这些活动表现既出自于社会生活，又依赖于社会生活，社会生活始终是佛教艺术唯一的'粉本'。没有人类自我的审美意识，从何提出'三十二相、八十种好'的崇高标准？没有人间被少数人占有的宫殿、衙署、宗庙、园囿，艺术工匠凭什么去创作'佛国净土'与'极乐世界'？由于人间的贫困，艺术工匠才为人们幸福的憧憬在墙壁上描绘出富足与豪华的彼岸世界；由于社会充满了暴戾与邪恶，石窟、庙宇里才出现了怀有忠肝义胆表情刚烈正直的天王、力士；对于生计艰难、内心凄楚、充满委屈和贫困者，还有什么比塑造得温柔、慈悲的菩萨更能安慰他们的痛苦？这些艺术除了照佛教教义去认识，更需要从历史上的社会生活中去理解：时代不同，艺术工匠们师承关系各异，个人的性格、素质和社会经历也是千差万别的，他们个人的'人的风格'必然影响到制作'神的风格'。"[1]"佛教艺术是我国造型艺术史中的重要组成部分，也是中华民族创物述形、发挥想象力的重要历史成果；它把佛经上的义理变成艺术，把譬喻变成形象，用各时代、各民族的生活情景来叙述异域故事；它对外来文化取精去粗，在形式上严肃地保存并发挥民族固有的传统。这种文化现象本身，已经超越了宗教范畴。"[2] 更有甚者，石窟中"有趣的艺术现象已使壁画有离经叛道之嫌，但当时的画工们却是认真而又虔敬地在为大乘佛法的义理比喻进行艺术创作，竭尽可能的使这些'空'的义理形象化"[3]。

2. 石窟艺术展示的敦煌及中国社会风貌

在建于 538～539 年的莫高窟第 285 窟壁画中，作为统治者的鲜卑族官吏身着汉族官服，而当地的汉族平民百姓却身着鲜卑族裤褶；故事画中国王、大臣与贵族供养人的衣冠服饰同属一式，而强盗、刽子手与平民供养人的衣冠服饰同属一式；"这种现象正说明拓跋氏虽然统治着中国北方，用民族统治管理民众，而统治者们自己却醉心于汉文化，服膺于汉族统治者的'治术'，凡衣冠、服饰、礼乐、建筑、车

---

[1] 前引韦湘：《敦煌历史与莫高窟艺术研究》，第 670～671 页。

[2] 前引韦湘：《敦煌历史与莫高窟艺术研究》，第 674 页。

[3] 前引韦湘：《敦煌历史与莫高窟艺术研究》，第 677 页。

莫高窟第 103 窟化城喻品

舆等，无不遵循汉制。"[1] 北周时代用人们熟悉的社会生活情景的细节表现佛经故事的内容，是佛教面对毁灭性的打击而采取的求得生存和发展的方式。隋代《福田经变》《观音普门品》中对经文内容进行了极大发挥的壁画细节的描写，则更多的是为了丝绸之路上东来西往的商旅行人。"画师们实事求是的昭示人们：要做好准备，前面漫长的旅途上有恶风、干渴、饥寒、疾疠，有被抢劫的种种危险；但是也一定会有山泉、水井、驿站、旅舍，激励人们勇往直前。"[2] 唐代以后，佛窟进一步社会化，"家窟"大量出现，使佛窟起到敦煌官宦们家族祠堂的作用，佛教经典和佛教艺术进一步为统治者所用，特别为最高统治者服务，如莫高窟第 321 窟的《宝雨经变》就是为武则天的统治大造舆论的历史证据。从吐蕃占领末期开始，一窟之中出现十多幅大幅经变画，反映了异族统治下灾难深重的敦煌人民对佛教的依赖感和精神寄托。归义军时期的石窟艺术及所有的佛教活动，均受制于世俗生活的支配；其中莫高窟第 61 窟的《五台山图》，不光是一般人认为的历史地理资料，更是"反映了远在边塞的敦煌民众表达对中原山河的向往和热爱，它

---

[1] 前引史苇湘：《敦煌历史与莫高窟艺术研究》，第 473 页。
[2] 前引史苇湘：《敦煌历史与莫高窟艺术研究》，第 479 页。

莫高窟第 112 窟反弹琵琶图

包含着浓厚的浸染着佛教色彩的民族感情"[1]。敦煌石窟就是这样一座装载着中国古代社会 1000 年历史的宝库。

3. 敦煌艺术的程式化特征

佛教艺术的创作是按照佛教经典中规定的仪轨限制而形成了一定的程式化表现方法，这种程式化的表现方法在一定的时期内保持一种相对的稳定性。中国早期佛教艺术主要是对来自于印度和西域的"犍陀罗""秣菟罗"样式的模仿或临摹，关于这一点我们从北魏以前的敦煌、云冈、炳灵寺、麦积山石窟与新疆克孜尔等石窟的比较中可以看出，其人物形象特征为高鼻深目，身着印度式袈裟，壁画的表现方法也是运用了西域的明暗晕染法表现人物造型。

莫高窟"中唐时期的《维摩诘经变》现存九铺……构图除与唐前期基本相似以外，还有两个明显的特点：第一，吐蕃赞普及其侍从画在'维摩示疾'下部的

---

[1] 前引见史苇湘：《敦煌历史与莫高窟艺术研究》，第 490 页。

莫高窟第 196 窟四魔女

位置……第二，经变下部出现了屏风画……"[1] 又如"第 55 窟（宋）东壁南侧的
《金光明最胜王经变》形式和内容都承袭中唐（154 窟）"[2]。特别是从 12 窟《金
刚经变》中我们可以看出，如果没有榜题说明，画面上许多变相的内容都很难辨
别。并且，"自从初盛唐第 220、103 窟《维摩诘经变》的画法布局以来，以此为
蓝本基本定格，到中晚唐更进一步程式化，到五代宋时，由于设立画院，更是承
袭前期，走向固定程式化"[3]。出现这种情况的原因是因为敦煌经变画的出现晚于
中原，但能在初唐时期形成不同的模式，除了敦煌本土画工卓越的创造才能外，
主要借鉴了中原粉本，模仿中原格式，吸收中原经变创作经验。隋唐时代的中原，
特别是长安和洛阳两京，寺院中的经变画已蔚然成风，形成了中国经变画的独特
风格。古代画工们在绘制壁画时，或是依据一定的粉本而绘制，或是模仿其他洞
窟中的壁画而绘制。

[1] 贺世哲：《敦煌壁画中的维摩诘经变》，《敦煌石窟论稿》，第 254 页。

[2] 施萍婷：《金光明经变研究》，《敦煌习学集（下）》，甘肃民族出版社，2004 年，第 567 页。

[3] 段文杰：《敦煌艺术论文集·敦煌壁画概述》，甘肃人民出版社，1994 年。

三、民族民间特色

中古时期，佛教艺术的创造活动，几乎都是有造诣的民间工匠，民间艺人也几乎没有一个不参与佛教艺术的创作。敦煌石窟的创造历史也是如此。这就体现着佛教石窟艺术及其创造者们的民间和民族特色。

1. 敦煌石窟艺术设计的民族风格与审美观念

就敦煌石窟讲，无论是大型石窟群，还是每一座洞窟，以及每一面墙壁，每一幅画，都体现着敦煌历代艺术匠师们高超的艺术设计才华。这其中最主要的，就是敦煌石窟佛教艺术的民族风格及其所展示的民族精神。敦煌石窟是建造在中国大地上的佛教石窟群，尽管佛教是外来的文化，但敦煌石窟艺术自始至终都体现着中国深厚的文化传统，即在以儒家文化为核心和根基的中国传统文化背景下，设计和建造的中国式的佛教建筑。

敦煌石窟的设计建造，是中华民族的民族风格在大漠戈壁这种气候环境下的体现，和敦煌作为东西方文化交汇的中心地理位置中的展示。历史上的敦煌文化是以汉文化为根基，不断吸收、改造、融合外部文化所形成的有地方特色的本土文化。

越是民族的，也就越是世界的。敦煌文化也是世界性的文化，敦煌石窟艺术是属于全人类的共同的文化遗产。敦煌石窟的艺术设计风格就体现着这一点。敦煌石窟首先是中国人自己的观念来理解佛教教义，创作佛教的神；以中国人喜闻乐见的形式宣传佛教思想，表现佛教内容；在创造和表现中极大地发挥工匠们的聪明和才智，这就是在石窟中所展示的敦煌历代工匠们伟大卓越的创造精神。

史苇湘先生指出："河西文化——敦煌文化，是汉晋文化在河西、敦煌这个长时期相对安定的地方和西域文化以及各兄弟民族文化长时期切磋的结晶。主体文化是历史积累的结果。古代敦煌人……十分景慕中原文化，也勇于吸收西域风格，与周边兄弟民族频繁交往，不断取长补短。特别在敦煌佛教艺术中表现出强烈的主体意识，处处都可以看出是'以我为主'，从内容到形式都是按照自己的需要对东西文化进行甄选取舍。"[1]这便是敦煌历代工匠们用自己的聪明和才智创

[1] 前引史苇湘：《敦煌历史与莫高窟艺术研究》，第606～607页。

造敦煌石窟艺术的文化基础。

首先，敦煌石窟作为佛教建筑，并不是照搬印度佛教建筑的模式，而是一开始就将它融进中国传统建筑，创造成为中国式的佛教建筑。匠师们将佛窟建造成为中国帝王的宫殿形式，显示出各个时期的中国建筑风格和高超的建筑技术。其次，敦煌的彩塑，无论是佛、菩萨、天王还是力士，大多都是按照中国人的审美要求而制作的中国式的神像。

而更为丰富和重要的是，敦煌壁画所反映的民族情感和民族精神。在建于538～539年的莫高窟第285窟壁画中，作为统治者的鲜卑族官吏身着汉族官服，而当地的汉族平民百姓却身着鲜卑族裤褶；故事画中国王、大臣与贵族供养人的衣冠服饰同属一式，而强盗、刽子手与平民供养人的衣冠服饰同属一式；"这种现象正说明拓跋氏虽然管辖着中国北方，用民族统治管理民众，而统治者们自己却醉心于汉文化，服膺于汉族统治者的'治术'，凡衣冠、服饰、礼乐、建筑、车舆等，无不遵循汉制。"[1]北周时代用人们熟悉的社会生活情景的细节表现佛经故事的内容，是佛教面对毁灭性的打击而采取的求得生存和发展的方式。隋代《福田经变》《观音普门品》中对经文内容进行了极大发挥的壁画细节的描写，则更多地是为了丝绸之路上东来西往的商旅行人。"画师们实事求是的昭示人们：要做好准备，前面漫长的旅途上有恶风、干渴、饥寒、疾疠，有被抢劫的种种危险；但是也一定会有山泉、水井、驿站、旅舍，激励人们勇往直前。"[2]唐代以后，佛窟进一步社会化，"家窟"大量出现，使佛窟起到敦煌官贵们家族祠堂的作用，佛教经典和佛教艺术进一步为统治者所用，特别为最高统治者服务，如莫高窟第321窟的《宝雨经变》就是为武则天的统治大造舆论的历史证据。从吐蕃占领末期开始，一窟之中出现十多幅大幅经变画，反映了异族统治下灾难深重的敦煌人民对佛教的领带感和精神寄托。归义军时期的石窟艺术及所有的佛教活动，均受制于世俗生活的支配；其中莫高窟第61窟的《五台山图》，不光是一般人认为的历史地理资料，更是远在边塞的敦煌民众表达对中原山河的向往和热爱之情的历史见证，"它包含着浓厚的浸染着佛教色彩的民族感情"[3]。

---

[1] 前引史苇湘：《敦煌历史与莫高窟艺术研究》，第473页。

[2] 前引史苇湘：《敦煌历史与莫高窟艺术研究》，第479页。

[3] 前引史苇湘：《敦煌历史与莫高窟艺术研究》，第490页。

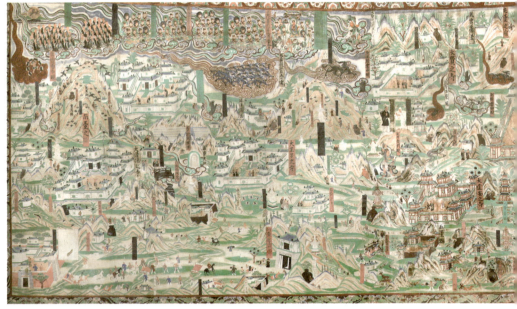

莫高窟第 61 窟五台山全图

莫高窟第 296 窟微妙比丘尼品、福田经变

2. 敦煌艺术中直接表现当时社会生活的题材

佛教艺术是离不开民间匠师，更离不开早已为平民百姓喜闻乐见的种种民间美术形式。民间艺人来自于民间，他们在佛教艺术的创作中往往把民众的思想感情、风俗习惯以及民众自身的需求等主体因素注入作品之中，从而使其更具某种合目的性。

敦煌古代工匠在壁画中表现佛教经典内容的同时，还直接表现了当时人们的现实生活，如狩猎、耕作、打渔、收割、推磨、舂米、盖房等社会图景，以及婚丧、嫁娶等社会生活画面。如第 249 窟北魏时代的《射虎图》，第 290 窟的《驯马图》以及榆林窟第 25 窟里的《耕获图》等等。

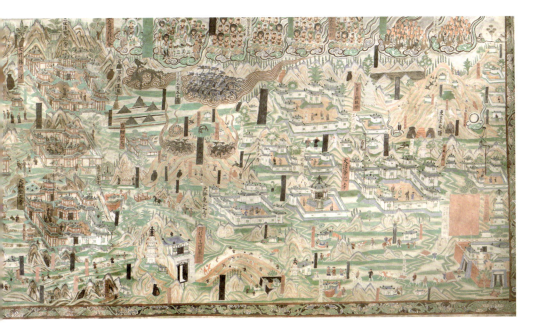

北周第 296 窟《福田经变壁画》，分上下两层，表现了"七法"中的五个场面：立佛图，建堂阁；植果园，施清凉；施医院；旷路作井；架设桥梁，过渡羸弱。这铺经变之所以具有重要价值，在于直接描绘了显示生活中某些劳动场景。人们可以看到，赤裸上身的泥瓦工匠在建造两层砖塔，在装饰堂阁。还可以看到"丝绸之路"上商旅往来。中原商队赶着毛驴，驮着货物，走上桥头；西域胡商牵着骆驼，等待过渡。这与当时胡商贩客，填委于旗亭[1]所记情况是一致的。盛唐时期的第 445 窟《弥勒变》中出现了一幅规模不大的耕获图，图中画双牛拉着曲辕犁，农夫扶犁耕地、下

---

[1]《周书·异域传》，中华书局，1971 年。

莫高窟第 321 窟宝雨经变

莫高窟第 112 窟南壁乐舞图

种，还有收割、打场等场面，收获的粮食堆上斗斛横陈，厅堂里坐着一位地主或者收租的官吏，另有一人，跪在面前作禀告状。这是一幅地道的地主庄园图。

敦煌壁画中表现了世俗信众礼佛的供养人像画像，"敦煌壁画中有大量的供养人画像，它们描绘的是当时当地现实生活中有名有姓的人物，不仅图画其仪容，而且有详细的题名结衔，直接反映着现实人物及其活动，是具有现实和真实性的"[1]。供养人像一般在壁画的下方，排列成行，少则十几身、数十身，最多的第428窟达一千二百身。每一身像旁均有榜题书写本人姓名，有的还有职衔籍贯。应该说，供养人像应当是真人的肖像。但是这类宗教"功德像"往往是大批制作的，画师自然无法以特定的个人为蓝本，只能采取程式化和类型化的办法以表现其民族特征、等级身份和虔诚的宗教热诚，不能脱去千人一面的倾向。

供养人画像十分丰富。壁画显著的位置画有王公贵族和官吏。庶民百姓的形象则摆在次要的壁面。另外还描绘了大量的奴婢、少数民族人物形象。晚唐的出行图是供养人画像的新的形式，各种出行图中所描写的人物众多，场面宏伟，主题鲜明，色彩浓丽醇厚，是敦煌晚期壁画中的杰出作品。

供养人画像，早期多为小身，画于说法图下方，极不显著。到了唐代，画像逐渐增大，出现了等身巨像。开元天宝时期，晋昌郡太守乐庭瓌及其夫人太原王氏的阖家供养像，造型丰美而意蕴深厚，是唐代肖像画的杰出作品。瓜沙二州曹氏统治期间，从一家三代、一族到节度使衙门的文官武将同列一窟。说明石窟已不是单纯的佛殿，而是兼有祠堂宗庙性质[2]。

五代时期营造的莫高窟第72窟南壁《刘萨诃和尚因缘变相》中，有两幅直接表现敦煌石窟艺术创作的壁画：《修塑大佛图》和《临摹佛像图》。《修塑大佛图》表现的是六位塑匠调整巨身立佛像头部位置的场面，佛像高达几十米，像前搭起了上下三层脚手架，六位赤裸上身的工匠们立于架上安置佛头。从这幅画中可以领略到古代工匠们制作巨身塑像的情景。《临摹佛像图》分两部分，前者为一立佛塑像，一位衣冠整齐的工匠正在用长尺从上到下丈量佛像尺寸；后者为一组与前佛像尺寸相当的绘画板架，附着于画板上的纸面上已绘出佛像的轮廓，一位上

---

[1] 段文杰：《敦煌艺术论文集·形象的历史——谈敦煌壁画的历史价值》，甘肃人民出版社，1994年。
[2] 段文杰：《敦煌艺术论文集·敦煌壁画概述》，甘肃人民出版社，1994年。

莫高窟第 138 窟主室东壁门上女尼安国寺法律智惠性等供养像

莫高窟第 138 窟主室东壁南侧下部僧人与女供养人像

莫高窟第 12 窟东壁门上索奉珍夫妇及侍从供养像

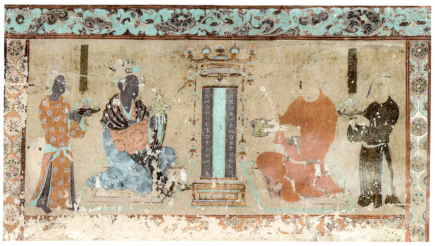

莫高窟第 231 窟东壁门上阴处士父母供养像

莫高窟第 199 窟供养比丘

莫高窟第 225 窟东壁南侧
王沙奴敬画千佛六百一十躯供养像

身赤裸的画匠正在画架前调配颜料，画家的左右两边分别为一小和尚和一位上身赤裸的工匠用手扶架。画板上临摹的佛像轮廓要比原塑像小一些。从这幅壁画中我们可以直观地了解敦煌古代画匠们从事石窟艺术创作活动的情况及其特点。

3. 敦煌艺术中以佛教为题材，但包含有民间美术的观念

敦煌版画是敦煌佛教艺术体裁的重要组成部分，从敦煌版画的内容上看到当时的佛教信仰已经完全民众化和社会化了，即从早期佛教美术的偶像崇拜变为功利性很强的实用特征。人们根据社会和个人精神生活方面的需求，选取具有求生、祈福、禳灾功能的佛教内容刻制成版画并广为流布。

人类生存发展需要的三项基本

莫高窟第 98 窟李圣天供养像

条件是：（1）人的生物性存在，如生命、繁衍；（2）维持人的生物性存在的基本生活资料，如食物、衣服、隐蔽处和工具；（3）安全的生活环境，如较少疾疫病毒、自然灾害和动物伤害。这些条件与人的生存发展有着根本的利害关系，而这种利害关系反映在人的意识中就成为功利意愿，求生观念、趋利观念和避害观念，并体现着中国古老文化的特征，也是支配民间美术创作的民众集体意识。本来，中国民间的封建宗法群体的凝聚力对于任何的外来文化都表现出顽强的抵抗本能。但是，佛教的某些图像似乎"现实地"关联着这种特定的观念，并具有一种特殊的"神力"和意义，可以帮助人们摆脱厄运，驱遣灾难祸疫，奉献利福生命。我们在敦煌版画中就能找出与之有联系的题材内容。如佛与菩萨所具有的救苦救难、

莫高窟第 161 窟藻井

莫高窟第 234 窟藻井

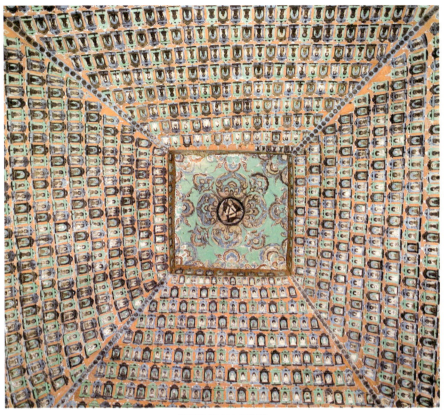

莫高窟第 205 窟藻井

莫高窟第 428 窟平棊飞天

莫高窟第 217 窟斜方格边纹

普度众生及有求必应的法力；天王、地藏菩萨和陀罗尼能"拔除一切众生罪障、烦恼、苦难及疾病，消灾增福"的咒符。《毗沙门天王》中就是直接采用了民间美术象征性图形语言，如"桃""鱼""童子""金山""银山"。其发愿文中明确写到"唯愿国安人泰，社稷恒昌，道路和平，普天安乐。"这些都是佛教在本土化过程中和民间美术中特有的观念之契合。

虽然敦煌版画中存在与中国民间美术观念有关联的图像，由于受佛教教义的限制，与原生态的我国民间美术相比，无论是所具有的内涵或象征、引申的意义看，都显得比较贫乏。但是在特定的社会历史时期内，佛教美术借用了民间美术中庶民百姓喜闻乐见的表意方式，达到其宣传教义的目的，而人民大众也得到精神需求上的慰藉。如果从其流布的广泛性及普及性上看，敦煌佛教艺术与中国民间美术有其内在的联系。

敦煌莫高窟中的装饰图案，主要是平棊和藻井等建筑装饰。这些装饰图案主要是植物、云气纹为主。植物纹样种类繁多，早期主要有莲花纹、忍冬纹等，唐代又从前期纹样中演变出了莲荷纹、葡萄纹、石榴纹、茶花纹等。莫高窟晚期又出现了牡丹纹、团花纹。莲花是我国古老的装饰纹样之一，春秋时代青铜莲鹤方壶上已经出现了展瓣莲花，汉墓中已有完整的莲花藻井。这说明在我国佛教艺术兴起之前，莲花已被广泛使用。佛教也利用莲花作为"净土"的象征。另外，在我国民间美术中，莲花和牡丹具有与生育有关的象征寓意，如"鱼（男）戏莲（女）""鱼（男）钻莲（女）""鸡（男）卧牡丹（女）"等[1]。牡丹还象征富贵、繁荣。

---

[1] 靳之林：《论中国民间美术》，《美术研究》2003 年第 3 期。

莫高窟中的装饰图案到了后期，变形的植物纹逐渐冲淡了宗教的神秘感，不断增强了世俗性。如葡萄和石榴都是丝路沿线的产物，象征着丰收与富足。

洛阳卜千秋墓壁画的云彩中出现了最早的忍冬纹，武威东汉墓出土的屏风也用忍冬纹作装饰。到了两晋南北朝时期，忍冬纹成为佛教石窟主要的装饰纹样之一。古代的工匠们，巧妙地运用反复、连续、对称、均衡、多样统一、动静结合的等形式规律，把三瓣忍冬组成了各种各样的边饰。

云气纹早在西汉时期的随葬品上就可以频繁地看到，汉代倡导天地万物皆由"气"而生，神仙世界就是"气"的上升。汉代随葬品上所表现日月天空往往填充着云气，如西王母等神仙的肩部以及神仙世界有关的灵兽周围也表现出云气。

敦煌壁画继承了民族文化的传统，运用现实主义与浪漫主义相结合的创作方法，形成了线描造型，夸张变形，想象组合、散点透视、装饰构图、随类赋彩、以形写神等系统的表现方法，创造了单幅画、组画、连环画、屏风画、"胡粉图壁，紫青界之"[1]"法起形貌，置其官爵姓名"[2]"左图右史"等表现形式。在此基础上接纳了传自西域的佛教题材，以佛经为依据，以现实生活为素材，经过"万类由心"的营构过程，创造了神人结合的形象和宗教幻想境界。形成了具有中国特色的新风貌和独特的体系。它绝不是机械地继承民族传统和简单地模仿汉晋墓室壁画风格，而是古代民间匠师驻足现实生活，大胆地吸收新的艺术营养，不断地丰富、发展和创新的结果。

---

[1] 蔡质《汉官典职仪式选用》一卷。

[2]《汉书·苏武传》，中华书局，1962年。

第十章
敦煌工匠的民族精神

　　敦煌历史上的创造者们，留给了我们太多太多的财富。然而，对敦煌故乡的每一个中国人来讲，敦煌首先是一种精神。几千年来，敦煌的几十代的劳动人民，特别是从事各种手工业劳动的工匠们，用他们的聪明和智慧，用他们的生命和鲜血筑造了敦煌石窟这座历史的丰碑。在创造光辉灿烂的敦煌历史文化的同时，把他们的精神一道留给了我们。这种精神就是中华民族的民族精神，体现我们中华民族的先民们聪明智慧、吃苦耐劳和海纳百川的创造、奉献与包容的精神。了解敦煌的历史文化，最重要的就是要了解创造了敦煌历史文化的历代列祖列宗。敦煌事业培养和造就了敦煌精神和民族精神，同敦煌宝库一样属于中华民族的宝贵财富。无论社会发展和进步到什么程度，这种精神永远是促进社会进步发展的动力，而且在发展中不断得到升华。

一、海纳百川的包容精神

　　敦煌石窟体现出来的中华民族精神，首先就是包容精神。佛教是外来文化。以汉文化为根基的敦煌，首先用自己博大宽广的胸怀，容纳、吸收了来自西方的佛教文化，让佛教深深地植根于敦煌的大地上，开出绚丽的花朵，结下丰硕的果实。
　　因为敦煌地处亚洲腹地，历史上一直是中国与西方各国进行经济、文化交流的中心地带。人类的埃及文明、印度文明、中华文明、希腊文明等在这块土地上神奇地进行了交汇和融合，形成了集东西方世界古代文明为一体的作为人类古代文明的象征。敦煌历史文化是在中华民族传统文化的基础上，吸收了来自东南西北各地的优秀文化，所形成的具有世界性的文化；因此敦煌又被誉为人类古代文明的中心。而在敦煌大地上保存下来的敦煌石窟，就是这个中心的标志和见证，是人类古代文明的结晶。而这一切，首先有赖于敦煌这片土地上的世世代代的敦

莫高窟第 275 窟主尊及窟形

莫高窟第 45 窟佛龛

莫高窟第 419 窟隋代群塑

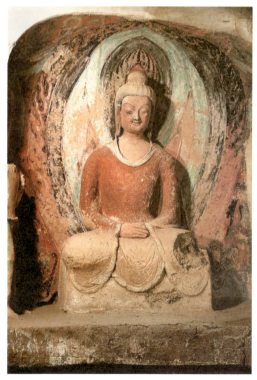

莫高窟第 259 窟禅定佛

煌人的宽广的胸怀和博大的包容精神。这方面不需要举出具体证据，敦煌石窟这座历史的丰碑永远高高耸立在世界民族之林！

我们从敦煌石窟的佛教造像中首先就可以看到，外来的佛教诸神形象，各个时期都有不同。早期的第 275 窟，北魏的第 259 窟，隋代的第 419 窟和唐代的第 45 窟，我们逐一进行比较的话，就不难看出，虽然表现的都是佛祖，不仅根据时代不同而发生变化，更主要的是他们一起出现在同一崖面上，适应着各个时期各方人士的各种需求。就是因为有了敦煌石窟的包容，才使得佛祖的形象丰富多彩。

在壁画中，有一种题材叫"各国王子听法图"和"各国王子举哀图"，更是具体地绘制了各种肤色和各种装束的各国"王子"，大家共处一室，这里体现了佛教文化的世界性，也是敦煌石窟包容精神的展示。

我们还可以从一个侧面去看一下这个问题，石窟壁画上表现的中国人特别喜欢的观世音菩萨救难的情景之一——商人遇盗：壁画上的外国商人与中国"强盗"。北周时代就有大量胡人形象出现

莫高窟第 103 窟各国王子

在壁画上。隋代亦然，从第 302、303 窟开始，到第 420 窟的观音普门品，再到盛唐第 217、45、444 窟等，商人是胡人，"强盗"是汉人，特别是全副武装的汉人（第 45 窟除外）。不仅反映了封建史学家们津津乐道的隋唐盛世的另一面，更主要的是体现了画家作为中国人的宽广胸襟，敢于直面盛世的另一面。这也是一种包容，一种敢于向世人暴露自己的阴暗面的自我批评精神。

　　也许有人会说，这画不是汉族人画的，是外国人画的吧？的确在敦煌石窟的早期营造中，有大量的西域人参与，这本身也是一种包容；而从莫高窟北周第 290 窟汉人画工的题名看，此后的画工主体也是汉人，画风亦与中国画史所记相同。如果说隋代壁画还有一点西域画风的痕迹的话，盛唐壁画就是全汉式的了，如第 217、45、444 窟等不会是汉族以外的人画的。这里体现的博大胸襟更是值得称道的。

二、绽放聪明与智慧的创造精神

莫高窟第 158 窟王子举哀图

　　敦煌自汉代开发以来，就是中国封建经济文化较为发达的地区之一。汉晋时代，敦煌不仅有先进的农业和手工业，而且也有灿烂的文化，包括书法艺术、音乐舞蹈、医药卫生、科学技术、教育、学术等都十分发达。这一切，都源于敦煌人民富于创造精神；佛教传入更是给这种创造精神注入了极大的活力。这是因为，佛教在启迪人生智慧方面的作用是无法估量的。以敦煌石窟营造历史和艺术活动：敦煌石窟建筑一开始就是创造性的改造，阙形龛的出现，就是中国传统建筑形式的创造性运用，如莫高窟最早的佛窟——北凉第 275 窟。再如北魏佛窟里的木构斗栱与人字坡的橡形装饰如莫高窟第 254、251 窟等。大乘佛典给工匠们提供了充分发挥聪明才智的平台，让他们尽情尽智地发挥创作。工匠们利用自己所熟悉的社会生活，描绘出天国的理想境界。壁画和塑像方面的中国化，如何适应中国人的胃口和需要，一开始就需要进行再创造。

莫高窟第 217 窟胡商遇盗

　　在这一方面，史苇湘先生曾做过深入研究。先后在多篇文章里有过阐述。总括起来，主要分如下三方面：

1. 敦煌人——中国人创造的属于自己的佛和菩萨诸神

　　众所周知，佛教最初的教义是禁止塑造释迦的形象。阿含经就说过，"佛形不可量，佛容不可测"。早期的佛教文物，被大家公认的桑奇大塔，就只雕刻了佛的纪念物而无佛像。从大乘教兴起后，希腊人的后裔在北沙瓦地方开始造佛像，佛、菩萨就出现了具体的形象，同时在理论上也出现了一些规定。从《观佛三昧海经》到《造像度量经》，从尺寸到"相、好"都说得具体而详尽。须知，既然神学的本质是人学，神的形象必须是人的形象，人类在塑造自己崇拜的对象时，实质上是自我心灵、自我形象的异化（或对象化）。具体地说：尽管有"三十二相，八十种随形好"的严格规定，不仅是在敦煌石窟，在我们所见到的所有的佛教造

莫高窟第 305 窟飞天

莫高窟第 428 窟四飞天

莫高窟第 320 窟双飞天

像中，就没有两身面貌、神态完全相同的佛或菩萨的像。敦煌石窟不过是表现得
集中、明显和突出一些。同时代洞窟已经如此，不同时代、不同民族的佛、菩萨
造像差异就更大。佛经上记载有人对此也曾发生过疑问，《大智度论》卷八十八载：
"复次有人言，佛菩萨相不定。"事实也正是这样，如果从众多佛、菩萨像的面型、
表情、体态上来看，真是千差万别，即使是在同一个范模里翻制出来铜像或泥像，
经过涂泽加工，因为都是具体的手工操作，也有细微的区别；这些操作在一般情
况下可能是无意的，但是也有些可能是工匠们有意而为之。这些佛像据说都体现
了"三十二相""八十种好"，都被尊敬为佛。《观无量寿经》如是解释："是故汝
等心想佛时，是心即三十二相，八十种随形好，是心作佛、是心是佛。"《大智度论》
说佛是"随众生所好、可以导其心者为现"这个"通圆无碍"的解释，给佛教艺
术工匠留下了广阔的创作条件。因为各时代、各地区、各民族到各家族，甚至同
一家族的各代子孙所造的佛、菩萨像也当然有所不同。因为"众生所好"是因时、
因地、因人而异的，当然"众生"理解的"三十二相、八十种好"必然要出现千
差万别，而这些差别又正是各个历史时期，各阶层的思想意识和审美观念的具体
反映[1]。"对照佛典就会发现，石窟里所有的艺术品无一不是创作；因为在浩瀚的

---

[1] 史苇湘：《敦煌佛教艺术的基础》，《中国佛学论文集》，陕西人民出版社，1984 年。

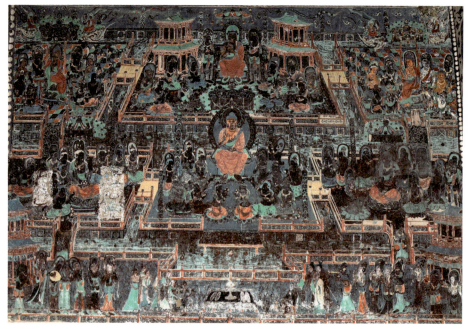

莫高窟第 329 窟净土变

《大藏经》里，无论经、律、论、史都没有提供壁画上的这些细节。"[1] 佛经未限制，画塑制作中又不受限制，便得从事石窟制作的工匠们又有一定的创作的自由，可以发挥他们的主观能动性。

2. 表达向往美好未来的丰富想象力

"佛教艺术是我国造型艺术史中的重要组成部分，也是中华民族创物述形、发挥想象力的重要历史成果；它把佛经上的义理变成艺术，把譬喻变成形象，用各时代、各民族的生活情景来叙述异域故事；它对外来文化去粗取精，在形式上严肃地保存并发挥民族固有的传统。这种文化现象本身，已经超越了宗教范畴。"[2]

敦煌石窟各时代壁画中最富魅力的飞天，现在的西方净土世界，未来的弥勒净土世界，飞天带起的驰骋的思绪，乐舞颂扬的太平盛世，对未来的幻想，对美好生活的向往……敦煌壁画所展示的天上也好，人间也好，各个时期都有所不同，它表

---

[1] 前引史苇湘：《敦煌历史与莫高窟艺术研究》，第 676 页。
[2] 前引史苇湘：《敦煌历史与莫高窟艺术研究》，第 674 页。

达着不同时期人们对自然和社会的认识，以及对未来的需求和向往。幻想可以变为理想，理想可以变为现实，人类社会就是在不断地寻求和探索中进步和发展，需要的就是人们勇于探索的精神，以及在探索中毫无保留地发挥自己所有的聪明和智能。按中国人自己的观念来理解佛教教义，创作佛教的神；以中国人喜闻乐见的形式宣传佛教思想，表现佛教内容；在创造和表现中极大地发挥工匠们的聪明和智能，这就是在石窟中所展示的敦煌历代工匠们伟大卓越的创造精神。

史苇湘先生指出："创造敦煌石窟的世世代代的人民群众，……世世代代把他们的愿望、想象、祈求用形象表达出来，又把他们对生活的憧憬寄托在这些艺术品上。"[1] 敦煌石窟各时代壁画中最富魅力的飞天，现在的西方净土世界，未来的弥勒净土世界，飞天带起的驰骋的思绪，乐舞颂扬的太平盛世，对未来的幻想，对美好生活的向往……这一切，即使是置身佛窟、面对壁画和彩塑的我们现代人，也会感到超凡脱俗，心驰神往。如果不是亲眼所见，那就很难想象，在一千多年前社会生产力十分低下的时代里，我们的祖先们会有如此丰富的想象力，而且是那样专注，那样真诚，没有任何的藏掖和躲闪，不掺杂任何虚假和自私，将他们的聪明才智表现得淋漓尽致！

敦煌壁画所展示的天上也好，人间也好，各个时期都有所不同，它表达着不同时期人们对自然和社会的认识，以及对未来的需求和向往。随着时间的失衡，幻想可以变为理想，理想可以变为现实，人类社会就是在不断地寻求和探索中进步和发展，需要的就是人们勇于探索的精神，以及在探索中毫无保留地发挥自己所有的聪明和智能。

3. 古代工匠们的创造，向我们展现出千年的中国社会

正是因为社会生活是艺术创作的素材和源泉，所以艺术工匠们的想象发挥，离不开他们生存的社会，他们各自所处的时代。艺术来源于生活，又反过来表现生活。敦煌古代工匠们在石窟上的创造精神，也表现在从社会生活中撷取形象的同时，又记录和反映社会生活。我们从工匠们创造的石窟艺术中看到了中国古代社会的方方面面，又反过来从历史的角度认识石窟艺术。

敦煌石窟艺术是中国古代千年历史与社会的记录，佛窟中全面反映了它创建

---

[1] 前引史苇湘：《敦煌历史与莫高窟艺术研究》，第 678 页。

时代的社会面貌，记录了人们和各种社会活动，全方位地向我们展示了敦煌乃至整个中国古代的社会历史背景，表现了中华民族的精神和传统。

首先就石窟群本身讲，佛教艺术是佛教理论的一种表现形式，但它同时又是一笔文化财产，它的创造则需要一定的经济基础作后盾。敦煌佛教石窟艺术是一种综合性的文化，它的规模和水平似乎并不能反映敦煌历史上人们对佛教的信仰程度，我们从前面的分析中可以看出，它更多的是比较明确地反映了包括经济发展在内的敦煌的历史与社会。反映人与社会需要的程度，反映社会经济发展的程度。社会动荡、经济萧条时，人们想的和做的更多的是如何生存、如何尽快地安定和繁荣，石窟营造和艺术创造自然不会太景气；当社会安定、经济繁荣时，人们想的和做的又是更多精神上的追求。

其次，敦煌石窟是古代敦煌人表达佛教的信仰、从事佛教活动的场所。佛教这一关于社会和人生的哲学的理论，一直建立在人们精神需求的基础上，并且随着历史与社会的进步不断发展和完善。敦煌石窟艺术在敦煌的历史上适应和满足了各个历史时期、各阶层人们的各种社会需要：各类净土变相，表现出人们所追求的理想世界；维摩诘的形象为中国士大夫所钟爱；描写一种七收场景的壁画，是现实的写真，也可能是人们对美好事物的向往。在一个洞窟内绘了十几幅大幅经变画，即所谓"方丈室内，化尽十方；一窟之中，宛然三界"[1]，则全面反映了人们的各种各样的需求。

再次，我们可以从石窟中的人物形象及其社会生产、生活场面进一步认识和理解这一问题。石窟中的人物大致可分为两类，一是佛教人物，即菩萨、弟子、天王、力士等；二是世俗人物，上至帝王将相，下至平民百姓，以及各国、各民族；当然，佛教人物的大部分也是按照现实中的世俗人物为蓝本的。至于石窟壁画中所反映的社会生产、生活场景，内容十分丰富和具体。

三、信仰与信念支撑下的奉献精神

敦煌石窟本身就是一座不朽的丰碑，是敦煌艺术的历代创造者们奉献精神的

---

[1] 敦煌文书 P2762《张公德政碑》，参见马德：《敦煌莫高窟史研究》，第 302 页。

历史见证。

敦煌壁画中有一些
反映各个时代的工匠们
劳作的画面，如莫高窟
第 296 窟的"建塔画壁
图"、第 302 窟的"伐木
修造图"、第 323 窟的"建
屋图"、第 85 窟的"制
陶图"、第 72 窟的"修
塑大佛图"、第 55 窟的
"拆宝幢图"等。但无论
哪个时代的画面，参与
施工的工匠们都是赤裸
着上身，衣不蔽体，暴

榆林窟第 3 窟唐僧取经图

骨露肋。这一切都表明了敦煌古代工匠们生活的贫困和窘迫，与唐代官员张廷
瑰《谏表》中所描述的"通世工匠，率多贫窭，朝驱暮役，劳筋苦骨，簟食标饮，
晨饮星饭，饥渴所致，疾病交集"的情景是一致的；敦煌文献《王梵志诗》也吟
道："工匠莫学巧，巧即他人使；人是自来奴，妻是官家婢。"[1]

敦煌古代的工匠们，就是在生活极端贫困、社会地位极端低下的处境下，为我
们创造出这样伟大卓绝的敦煌石窟艺术的。当然，在中国封建社会里，工匠作为手
工业劳动者，普遍的地位低下、生活贫困。唐代的官员们就曾注意到这一现象。但
敦煌的记载更具体，更让人触目惊心。工匠们一般隶属于官府、寺院或者大户人家，
没有任何人身自由，没有属于自己的一寸土地，没有家园和任何属于自己的财产，而
且他们的身份还是世袭的；他们为人随意役使，成为他们的主人之间的交易。敦煌
石窟的营造就是工匠们为窟主、施主们所役使而为。工匠们有行业类别和技术等级
的区别，但不论哪一类、哪个级别的工匠，都是一日两餐、一餐两块胡饼；作为艺
术家的塑匠，平时还要从事泥火炉一类的简单泥匠劳动。

---

[1] 前引马德：《敦煌工匠史料》，第 33、34 页。

莫高窟第 159 窟文殊变

工匠们要依赖自己微薄的收入养家糊口，不得不拼命地去劳作；工匠们也可能有一部分信仰佛教，全身心地投入到佛窟工程营造之中；但作为艺术工匠，对艺术的孜孜追求，痴心于艺术创作，陶醉于艺术想象，才让他们把自己的一切都奉献给了敦煌石窟艺术事业。普通工匠们在严酷的封建法规制度下不得有半点疏忽，在艺术品作为手工业产品的制作方面更是一丝不苟；与同时代的大师们相比，虽然他们的身份、地位和待遇等有着天壤之别，但他们的作品所显示的艺术水平却毫不逊色，以至于我们今天好多人都认为敦煌石窟艺术的创造者们都是艺术大师而不是普通工匠。

当然，在晚些时候，敦煌的工匠们有了一定的人身自由，自己可以拥有少量土地，可以利用手工业劳动为自己赚取雇价；一少部分高级工匠还在官府担任一定的职务或本行业行会的头目，使自己的生存条件有了一定改善。但是，更多的工匠们依然是衣不蔽体、食不饱腹。而有一点可以肯定的是，工匠们无论是贫穷还是富有，他们对敦煌艺术的创造和奉献精神是一致的。

所有这一切都说明，敦煌石窟艺术对她的历代创造者来讲，是一种信念，是一种信仰，是一种精神追求，是一种无私无畏的奉献！

四、工匠精神的传承与升华

1944 年，中国政府在敦煌莫高窟成立敦煌艺术研究所，1950 年更名为敦煌文物研究所，1984 年扩建为敦煌研究院。莫高窟地处戈壁深山，远离城镇乡村，周围 30 里杳无人烟，其工作条件和生活环境的艰苦难以想象。然而，七十多年来，莫高窟的老前辈们却把一生都奉献到这里。以名满天下、誉享全球的常书鸿先生、段文杰先生等老一辈的艺术大师，和一代又一代的敦煌学人，用他们的奉献和创造，传承着敦煌古代工匠的民族精神；他们所从事的保护、研究和宣传事业，上对列祖列宗，下对子孙后代；不断总结历史的经验教训，为人类社会的发展进步提供借鉴；永远激励一代又一代的炎黄子孙更深刻、准确的认识敦煌，从敦煌汲取营养，继承和发扬中华民族的包容、创造与奉献精神。他们身上体现出的崇高的社会责任和神圣的历史使命感，又是敦煌石窟民族精神在新的历史时期的升华！在这里，我们以敦煌研究院知识分子的杰出代表史苇湘、欧阳琳夫妇的事迹，诠释新的历史时期的敦煌工匠精神的传承与升华。

1943 年 9 月，四川省立美术专科学校迎来了新一届的青年学子，其中就有史苇湘和欧阳琳；开学不久，被后世誉为国画大师的张大千先生带着他和弟子们在敦煌两年零七个月的石窟壁画临本，在成都举办"临抚敦煌壁画"展；大千从四川省立美术专科学校借调了部分学生进行了短暂培训后担任展览的讲解员，史苇湘有幸被选中；而欧阳琳则是前后七次去看了这个展览！这就让他们与敦煌结下了不解之缘，有了共同的志向和爱好，而且也为他们的结合奠定了基础。史苇湘后来说："在我三灾八难的一生中，还没有一次可以与初到莫高窟时，心灵受到的震撼与冲击可以比拟，当时我回忆起 1943 年在成都为张大千先生'临抚敦煌壁画'展览会上服务时，见到那些大幅壁画临本，如何使我动心，大千先生对我说'要做一个中国画家，一定要到敦煌去。'……也许就是这一点'一见钟情'和'一往情深'，造成我这近五十年与莫高窟的欲罢难休……"所以两个人在艺专毕业后谁也没有犹豫，直接奔赴敦煌。欧阳先生是 1947 年毕业后到敦煌，史先生则是因为 1944 年参加远征军奔赴中缅抗日前线，一年后回学校于 1948 年完成学业后到敦煌的。共同的追求和神圣使命，成就了他们共同的事业和美满的家庭，让他们为敦煌、为艺术、为国家和民族贡献了一生，为后人留下了丰富而宝贵的文化、精神财富，也为后来的学子艺匠们树立了光辉的典范。作为老一辈的敦煌研究专家，他们在为人、治学方面所表现的崇高品德和奉献、开拓精神，则深深地刻在敦煌历史的丰碑上，与敦煌同在，与日月同辉！

先说史苇湘先生。

史苇湘先生 1924 年出生于四川省绵阳市，18 岁开始学习绘画。1948 年 8 月到敦煌。50 多年来，他将对敦煌的炽热的感情化为研究工作中的历史使命感和社会责任感，把全部精力投入到敦煌文物保护、敦煌壁画临摹、敦煌石窟内容的调查、敦煌历史、敦煌石窟艺术史及艺术理论的研究等工作，以及敦煌研究院资料建设和敦煌学术队伍的建设，从不计较个人的名利得失，为敦煌事业默默地奉献了一生。他共临摹壁画三百余幅，发表学术论文八十余篇，已出版和即将出版的专著及各类画册、图录、资料辑录、论文集共十多种。先生的论文是在他去世后，根据生前的意见，选编为《敦煌历史与莫高窟艺术研究》于 2002 年出版；2012年又编辑出版《陇上学人文存·史苇湘卷》。

　　史先生的工作，除了与大家共同承担的文物保护以外，主要分壁画临摹、资料整理和理论研究三个方面。成就史先生敦煌事业的基础也主要是这三个方面：壁画临摹、雄厚的文史功底和对敦煌资料的熟悉。

　　史苇湘先生是学油画出身，但他到敦煌后一直从事壁画临摹工作，工作间隙也从事一些创作。他的作品，富有时代气息，1956 年在全国美术作品展览中曾获得二等奖。但他对壁画临摹非常投人和执着，他和段文杰、李其琼先生临摹的敦煌壁画，被公认为一流水平，多次发表和在国内外展出，受到美术界极高的评价；史先生是以壁画临摹作为敦煌艺术与历史研究的起点，在长期的工作实践中认识壁画、认识艺术，通过壁画认识中国古代社会等方面，总结出一套系统的壁画临摹方法和理论，在中国乃至世界美术史上独树一帜，贡献非凡。

　　在敦煌石窟艺术的研究方面，史先生的贡献是奠基性的：大到艺术断代，如划分北周石窟，分唐代艺术为初、盛、中、晚四期等；小到壁画的具体内容，特别是其中一些有重大历史价值的内容如"曲辕犁"。一些重要的经变如《福田经变》，脍炙人口的故事画如《微妙比丘尼缘品》《刘萨诃》等佛教史传故事等，都是史老师最先发现的。正是资料调查工作和壁画临摹工作这两大研究领域里的突出成就，使史老师始终处于敦煌研究的前沿阵地。而集敦煌研究院几代学者的心血，最终以史老师为主完成的《敦煌莫高窟内容总录》，史老师制作的《敦煌历史大事年表》等基础工具书，不仅在敦煌历史和敦煌石窟内容方面为后来的研究者奠定了坚实的基础，而且也具有指导作用。

　　史老师治学严谨，富于开拓和创新。对敦煌艺术理论的研究，刻苦钻研，孜孜不倦，用他自己的话说，他一直都在做基础性的研究。他的资料工作是基础研究工作，他的敦煌研究理论也同样是基础理论。在敦煌研究基础理论方面，先生有三大贡献：第一，本土文化论。史先生提出并一贯坚持敦煌文化是以汉文化为根基，不断吸收、改造、融合外来文化所形成的具有地方特色的本土文化的理论，特别强调中古时代敦煌人的信仰和审美心态的新思路，同时也涉及国内其他地方的佛教艺术研究。先生常说，一方水土养一方人，一方人养一方神，就是宗教艺术本土文化论的形象概括。第二，石窟皆史。史老师将石窟作为历史来读，用石窟论证历史，用历史说明石窟。他经常说，敦煌石窟装着中国古代一千年的历史和社会。他仔细地考察和精辟地分析过每一个时代所建造的每一座石窟，甚至每一幅壁画、每一尊塑像的社会历史现象。并将这些现象与敦煌文献的记载结合起来研究。第三，敦煌艺术社会学。西方学术界关于艺术社会学的理论，关于文化艺术与社会制度、组织关系的理论，史老师早就已经成功地运用于敦煌石窟艺术和敦煌历史文化的研究之中，史老师通过临摹和调查，从石窟中看到了中国古代社会的方方面面，进而上升到理论高度并作深入研究，将石窟的内容及艺术形式置于各个时代的社会大环境中，全方位、深入细致地考察敦煌文化的历史背景。他还在探讨敦煌石窟艺术与敦煌文学作品相互关系的基础上，一起将其纳入这一文化史领域里作了深入研究。可以说，在敦煌文化艺术理论的研究方面，史先生的成就和贡献是开创性、突破性的。特别是在中国大陆，史先生始终站在国际学术的前沿阵地，不仅顺应和赶超世界学术潮流，而且对今后敦煌石窟艺术研究仍有启发和指导意义。早在 1980 年，日本敦煌学专家代表团访问敦煌，史老师挥毫为注明敦煌学家、《中国古代籍账研究》一书的作者池田温先生赠诗一首："残篇断简理遗书，隋唐盛业眼底浮。徘徊窟中意无限，籍账男女呼欲出。"这不光是一首即席赠诗，它里面包含着十分广博的敦煌研究理论及方法的内涵。

　　史先生的学识不光是保存在自己的记忆里，而是更多地嘉惠他人。对很多人来说，有了史先生，会省去对浩如烟海的史籍的翻检之劳和对壁画的追寻之苦。史先生对每一个热爱、学习和研究敦煌的人，都是这样毫无保留地传授自己平生所学，真正做到了"学而不厌、诲人不倦"。史先生受聘兼任许多学术团体的领导职务。五十年间，他曾为数以千计的美术家、历史学家、考古学家、文学家、艺术家们讲解敦煌石窟艺术，耐心而准确地回答他们提出的各类专业问题，帮助他们学习和掌握敦煌文化艺术的真谛。他曾为国内外专业人员举行过百余次学术演讲，在敦煌石窟艺术的继承、借鉴、弘扬、创新等方面做了大量的启蒙、指导和帮助、提高工作。他像蜡烛一样燃尽了自己，照亮了别人。多年来一直在国内外享有盛名的舞剧《丝路花雨》就凝结着先生的巨大心血；先生的教诲和精神，一直是这出剧的编导和演员们永久的话题。类似的例子还有很多。应该说，二十多年来，无论是国内还是国外敦煌学的成果，至少有一半是在史先生奠定的基础上进行的。史老师的成就、贡献及精神、情操，堪称敦煌研究的一代尊师、学界典范。

　　再说欧阳琳先生。

　　欧阳先生 1924 年出生于四川彭县，1947 年到莫高窟成为敦煌研究院一名美术工作者，从事敦煌壁画临摹和研究。欧阳老师从事壁画临摹工作五十多年，她一刻也没有停下手中的画笔。她的绘画工作就只有壁画临摹这一项，这就是说，她一生就专心致志地做着一件事，而这又是一般的美术家们极不愿意做的事。从事绘画的人一般都自称或被称为艺术家，而欧阳老师和她的同事们都自诩为"画匠"，她心甘情愿地一辈子做画匠，一辈子默默地从事着敦煌壁画的临摹工作。她所临摹的敦煌壁画大小计千余件，曾在北京、上海、甘肃、香港、台湾以及日本、法国、前苏联等地展览，并被日本、法国出版了图录画册《中国敦煌壁画展》。主要著作有《敦煌图案》《敦煌纹样拾零》，合著《敦煌图案》《敦煌壁画线描集》《敦煌图案临摹本》《史苇湘、欧阳琳敦煌壁画选》《敦煌壁画复原图》等。先生在繁忙而又紧张的壁画临摹工作的间隙，也按照自己的方式从事敦煌艺术的研究工作，发表过一些敦煌图案研究方面的文章，在学术界有较大影响。

　　欧阳琳老师来敦煌的时候，当时的敦煌艺术研究所全部工作人员只有十几个人，主要的工作就是壁画临摹。如果说大漠的风情让初来乍到的年轻人忽略了饮水困难、缺乏蔬菜的种种不适应，那么他们从事的壁画临摹工作也让人不再有与世隔绝的孤独沉闷。那些美轮美奂的艺术形象，让年轻的艺术家神游物外。一画入眼里，万事离心中。1986 年退休后，到 1999 年不幸腿摔伤前，她继续像上班时候一样临摹敦煌壁画。那 13 年里，"我整日临摹敦煌壁画，不停地放稿、修改、印稿、描稿、上色，再描最后一道提色线或定稿线描，完成每一幅画的所有工序，年复一年，日复一日，老伴在世时也协助我修改、上色，共同完成各类临摹画幅。这期间，大型、中型、小幅的敦煌壁画都尝试过、涉猎过，后来用面积计算过，这些临摹品有 100 平方米以上。使用的技法是略加整理，是研究性地临摹敦煌壁画，可以肯定的成绩和收获不小。13 年中，我整日站在画板旁边握笔图画，从宣纸到布画到绢上作画，我都使用过。"欧阳琳老师的临摹品，尤其是图案，早已到了别人无法企及的地步。临摹那么多，既不办个人展览，又不出画册，到底为什么？"就是喜欢它，觉得画着美丽，好看。还有，如果有一两天不临摹，心里就空落落的，只有拿起画笔，心里才会平静下来。"先生也经常这样回答亲友们、记者们的提问，或者时不时的自问自答。

　　欧阳先生谱写了自己一生的辉煌事业和完美的人生，特别是对敦煌事业贡献

史苇湘、欧阳琳在临摹

巨大。但从来没有人从她那里听到什么豪言壮语或高谈阔论。每当提起当年为什么要来敦煌时，她总是淡淡地说："听老师说那里可以画画，正好常书鸿先生在四川院校聘招人员，就过来了。"在大漠深处的山沟里半个多世纪的艰辛岁月，她更是简简单单的一句带过："能待那么多年，是敦煌使我们安下了。"她特别不愿意提过去的事，只往前看不往后看，认为"老回忆过去是浪费时间"。和很多老辈知识分子一样，欧阳老师经历了"反右""文革"等政治运动，养过猪，放过羊，种过菜，栽过树，也经常遇到不公正的事，但她把所有的一切都看得很淡，心里只有工作和事业。当然，她也是在饱经沧桑、洞察世事的基础上，甘愿默默无闻，与世无争。在她的眼里，世界总是那这么美。

实际上，无论是艰辛的岁月、坎坷的经历里，欧阳先生经历的并不比同代的任何人少，但她都能泰然置之，置若旁婺，几乎达到了真正超凡脱俗的境界。她退休后出版的《感悟敦煌》透露了欧阳先生的人生和事业成功的秘诀，就是两个字：忍和悟。忍，需要宽阔的胸襟和坚强的毅力；悟，需要对事业执着的追求。半个多世纪坎坎坷坷、风风雨雨的人生里程，造就了欧阳先生独特的、常人无法想象的忍性。对敦煌艺术的挚爱，又培育了欧阳先生极高的悟性。欧阳先生不求名利，默默无闻，无论在什么样的大风大浪中，无论在如何险恶的环境中，都用她一生的沉默，冷眼面对，在沉默中悟人生，在临摹中悟敦煌。欧阳先生就是在这样的前提下，于忍中悟，于悟中忍，越忍悟得越透，越悟忍得越宽。有容乃大，无欲则刚。欧阳先生用自己独到的思维，独特的眼光，独有的做法，悟出了敦煌艺术的博大精深，成就了自己钟爱一生的敦煌事业并做出重大贡献，也悟出了人生的真谛。

敦煌是我们中华民族的老祖宗留给子孙后代文化财富，但敦煌首先是一种精神，是两千年间几十代人的前仆后继、锲而不舍的创造与奉献精神，和海纳百川的包容精神，这也应该是每一位敦煌工作者所具有的精神。而在史苇湘、欧阳琳先生身上，集中展示了敦煌研究院广大知识分子的优秀品质，充分地体现着敦煌工匠的民族精神。五十多年间，他们相濡以沫，同甘共苦，

史苇湘、欧阳琳在研究

最终成为在国内外享有盛誉的一代宗师，一起为铸造敦煌事业的辉煌贡献了毕生精力。不仅如此，二位先生又把自己用一生的心血悟到的关于人生和事业，关于对敦煌艺术的认识，毫无保留地奉献给大家。这就是作为新时期的敦煌工匠们的高度的社会责任心和神圣的历史使命感！敦煌事业的进步和发展是历史赋予我们的神圣使命，我们都需要进一步继承和发扬敦煌石窟艺术的创造者们留给我们的光荣传统和民族精神，在人类社会创造与发展的历史长河中寻找自己的地位，做出应有的贡献。

余 论
敦煌工匠研究与艺术人类学

一、敦煌古代工匠研究的新思维

对于一个当代史学工作者来说，人类学是必须掌握的方法和手段。在敦煌历史文化的研究中，需要运用文化人类学的方法体系；而对于一个从事敦煌历史文化，特别是敦煌艺术研究的学人来说，艺术人类学无疑是必不可少的方法手段。艺术人类学的研究范畴便更多地倾向于那些较少受到关注的弱势艺术群体，其目的是为了对人类的艺术有一个更全面和更完整的认识。敦煌古代工匠们是人类历史上的弱势群体，即是人类学的研究对象。

作为文化人类学的分支，艺术人类学是一门立足于人类学的立场和方法、从艺术的角度研究人、研究人类创造艺术的科学，或运用当代文化人类学的理论和方法对艺术进行研究，将艺术方面的知识与人类文化学方面的知识相结合或交叉运用所形成的学科。是立足于人类学的立场和方法、从艺术的角度研究人的学科。它不仅研究艺术的概念、行为、表现，也研究与艺术相关的各种文化现象。具体到某一艺术类别就是通过研究其文化变迁、文化内涵、对人们的影响及人们对这一艺术的影响之间的关系，这一艺术对文化的贡献，甚至其中蕴涵的文化规律等等。总之就是通过考察与艺术相关联的"人"和"文化"，从更广阔的意义上理解艺术的特征和规律，进而认识历史和文化的内涵和规律。艺术人类学是艺术与人类学之间的离合关系的产物。艺术人类学视野中的"艺术"在时间性和地区性上要有更大的范围，只有涵盖各个历史时期、各个区域、各个族群和各种表达方式的艺术品与人工制品及其相应的观念与行为，才能充分揭示人类艺术的多样性和复杂性，从而为重建迄今为止世界上所有民族的艺术性的生活方式做出独特的贡献；这样，艺术人类学才有望真正直面艺术的真理。它不仅研究艺术的概念、行为、表现，也研究与艺术相关的各种文化现象。具体到某一艺术类别就是通过研究其文化变迁、文化内涵、对人们的影响及人们对这一艺术的影响之间的关系，这一艺术对文化的贡献，甚至其中蕴涵的文化规律等等。总之就是通过考察与艺术相关联的"人"和"文化"，从更广阔的意义上理解艺术的特征和规律，进而认识历史和文化的内涵和规律。艺术人类学是艺术与人类学之间的离合关系的产物。旧式的"艺术人类学"主要以研究无文字社会的艺术为己任，而新的艺术人类学的触角已开始延伸到各个历史时期和各个层面的人类文化和艺术制作，在时间性和地区性上有其更大的范围，因为它要重建迄今为止世界上所有民族的艺术性的生活方式，它不但承诺要对全景式的人类艺术景观做出更加广泛的、全面的观察，而且寻求对艺术和人生的真理做出自己的理解。它的研究范畴便更多地倾向于那些较少受到关注的弱势艺术群体，其目的是为了对人类的艺术有一个更全面和更完整的认识。艺术和社会空间中的文化、宗教、政治、经济、科学技术乃至自然生态都有千丝万缕的关系，而艺术人类学恰恰要做的就是有关这一方面研究的补充。这种具有开阔的全球文化视角和人类学视野的研究方法，对人类艺术文化的深入研究和深刻理解，将会加深我们对人类艺术创造、艺术表现以及各种社会艺术文化行为实践体验的了解，使我们能在人类社会文化的不断发展中，运用艺术去适应、调整和转变自身状态。特别是要从艺术人类学的角度去理解和研究民族民间艺术。艺术人类学不仅以全球性的眼光来平等地看待人类不同历史时期以及不同民族地区、不同社会阶层中的各种艺术。同时，也把艺术作为一个与社会各部分相互联系的整体来看待。也就是说，艺术人类学把艺术放在一个社会的网络空间中来认识，放在一个完整的、具体的生活情景中来理解，走出以往为艺术而艺术的象牙塔。而且，艺术人类学既是一门不断地处于生成之中的学科，同时又是一种超乎学科格局的精神现象学，它的基本含义所承载的学科诉求，并不只是知识性的诉求，更是一种精神期待上的诉求，因而不会满足于一般意义上的人类学与艺术之间的交叉。艺术人类学通过自己所面对的各种鲜活的人类艺术活动图景和事实来留存艺术真理和人生真理的形迹。

我们研究的是敦煌艺术，研究的是敦煌古代社会的宗教、文化、政治、经济、科学技术、民族关系等一系列敦煌的历史现象。敦煌艺术从 4 世纪创造一直

莫高窟第 323 窟南壁大景

莫高窟第 148 窟东壁南侧

到 14 世纪延续了一千多年。我们面对的就是这一千多年间各种鲜活的人类艺术活动图景和事实，是几十代艺术家们从他们的聪明、才智、心血、汗水乃至毕生的精力，留给我们的艺术真理和人生真理的形迹。每一个时期，每一座洞，每一尊彩塑，每一幅壁画，都有一个完整的、具体的生活情景和社会背景。

我们前面所做的工作，就是用人类学者的方法，面对敦煌艺术，与敦煌艺术的创造者们对话。而今天继续学习和继承、弘扬敦煌艺术的艺术工作者，对敦煌艺术的创造有直接感受，也就是敦煌艺术创造者们的直接感受。这就是敦煌艺术的历史传承性，创当代艺术家们对历史上的艺术家们的继承和发扬。敦煌艺术和敦煌的历代艺术家们，不仅为我们创造了辉煌灿烂的艺术，更重要的是留给子孙后代一笔取之不尽、用之不竭的精神财富，这就是我们的祖宗，我们的民族几千年的奉献和创造精神，在敦煌艺术的历史长河中得到最大的体现。

艺术对于人的需要不仅表现在宗教文化方面，同样也表现在科学技术方面。在这里，艺术的功能建立在经济价值之上，并刺激人类精湛技巧的发展。敦煌艺术及其创造者们也是如此。敦煌古代工匠们从事和各类手工业劳动，都是相互紧密联系、不可分割，缺一不可的。工匠们在制造生产生活用具用品的同时，也参与艺术创造，只是当时一律被视为手工业者的普通劳作罢了。创造艺术也好，发展经济也好，科学技术的进步发展好也，都离不开工匠们的辛苦劳动和聪明才智。经济活动也好，科技活动也好，艺术活动也好，一直都是在同一批人群中在相互刺激，相互促进，共同进步，共同发展。敦煌艺术的创造者们，也是敦煌的生产力大军，也就是敦煌的科技力量。这一切，都在我们前面的研究中得到证实。

敦煌艺术是佛教艺术。艺术和社会空间中的文化、宗教、政治、经济、科学技术乃至自然生态都有千丝万缕的关系，而艺术人类学恰恰要做的就是有关这一方面研究的补充。这种具有开阔的全球文化视角和人类学视野的研究方法，对人类艺术文化的深入研究和深刻理解，将会加深我们对人类艺术创造、艺术表现以及各种社会艺术文化行为实践体验的了解，使我们能在人类社会文化的不断发展中，运用艺术去适应、调整和转变自身状态。

特别是要从艺术人类学的角度去理解和研究民族民间艺术。艺术人类学不仅以全球性的眼光来平等地看待人类不同历史时期以及不同民族地区、不同社会阶层中的各种艺术。同时，也把艺术作为一个与社会各部分相互联系的整体来看待。

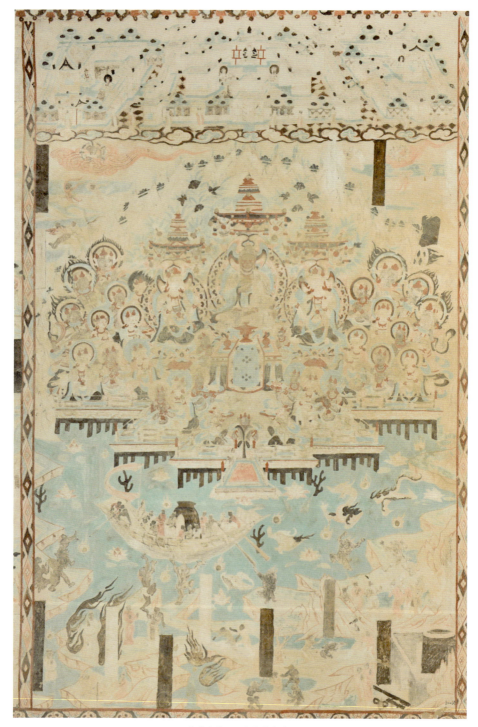

莫高窟第 55 窟法华经变

也就是说，艺术人类学把艺术放在一个社会的网络空间中来认识，放在一个完整的、具体的生活情景中来理解，走出以往为艺术而艺术的象牙塔。

二、跨越历史时空的对话

艺术人类学一个非常重要的研究视野，那就是对人的研究，对从事艺术创作的艺术家、艺人们以及各种艺术群体的研究。对于艺术的研究，其主要的对象不再仅仅是可以作为文物而保存下来的作品的实体，而还应该包括这些作品背后的非物质的人的社会活动以及思想活动的部分。因为，艺术的实质不仅仅是作品，也不仅是产生这一艺术的社会环境，还有更重要的就是创作这些作品的人以及创作这些作品的群体，他们的深邃的思想，他们丰富的情感，他们坎坷的人生经历，他们的集体意识，他们的经验世界以及他们和社会生活形成的各种复杂的网络关系等等。作品的本身很重要，但更重要的是操作这些作品发生与结束过程中的行为；系列的艺术作品（工匠作品），其实都是系列的社会事件。运用人类学的研究方法研究敦煌石窟，一个重要的方面，就是我们这些研究人员与创造了敦煌石窟的历代工匠们之间跨越历史时空的对话。我们所面对的不仅仅是敦煌石窟历代的艺术作品，而且也面对的敦煌石窟历史上那一代又一代的艺术创造者们，即敦煌的历代工匠、历代艺术家。而艺术人类学以真理为念，驻守人类学所固有的文化多样性的视野，从艺术的真理中透析人生的真理，是人类学直面人生真理的过程中的一个中介，通过自己所面对的各种鲜活的人类艺术活动图景和事实来留存艺术真理和人生真理的形迹。

艺术人类学的研究范畴便更多地倾向于那些较少受到关注的弱势艺术群体，我们研究敦煌历代工匠，就是敦煌历史上那些默默无闻的手工业劳动者，那些默默无闻的艺术创造者，他们实际上是敦煌历史的真正的创造者，是历史的主人，他们都是伟大的艺术家,但他们却是真正的弱势群体。我们就是要研究他们的思想，他们的情感，他们的经历，他们的艺术性的生活方式，他们的集体意识，他们的经验世界，以及他们所生活的社会背景。把他们的艺术作品当成社会事件，把他们的艺术活动作为社会活动。我们前面也都是这样做的。同时，艺术人类学不仅以全球性的眼光来平等地看待人类不同历史时期以及不同民族地区、不同社会阶层中的各种艺术,而且也把艺术作为一个与社会各部分相互联系的整体来看待。创造了敦煌艺术的敦煌历代工匠之所以是弱势群体,就是因为他们大多来自民间。我们完全可以从民间艺术的角度来研究敦煌艺术,理解这些民间艺术家们的作品,也就是用艺术人类学的方法研究敦煌艺术和敦煌历代艺术家。特别是要从艺术人类学的角度去理解和研究民族民间艺术。

我们用人类学者的方法,面对敦煌艺术,与敦煌艺术的历代创造者们对话,还有一条捷径可走,那就是与从事敦煌艺术工作的现代艺术家们对话,从现代艺术工作者们身上感受和认识古代艺术家(工匠)。艺术家们有着从古到今一脉相承爱美之心和创造精神,现代艺术家们面对古代艺术作品的时候,他们会有更深切更准确的感悟;在今天继续学习和继承、弘扬敦煌艺术的艺术工作者,对敦煌艺术的创造有直接感受,也就是敦煌艺术创造者们的直接感受。这就是敦煌艺术的历史传承性,是当代艺术家们对历史上的艺术家们的继承和发扬。

著名敦煌学者史苇湘先生晚年的扛鼎之作《临摹是敦煌研究的重要方法》,实际上就是敦煌艺术的古代创造者们与当代传承者之间的对话。史先生以自己长期的临摹实践,对古代艺术工匠们的奉献与创造有着活灵活现的理解:

佛教艺术是我国造型艺术史中的重要组成部分,也是中华民族创物述形、发挥想象力的重要历史成果,它把佛经上的义理变成艺术,把譬喻变成形象,用各时代、各民族的生活情景来叙述异域故事。它对外来文化去粗取精,在形式上严肃地继承并发挥民族固有的传统,这种文化现象本身,已经超越了宗教范畴。在漫长的封建历史长河中,随着佛教在神州大地的广泛蔓延,从通都大邑到穷乡僻壤,凡人迹所至,都有大小不等的庵堂、兰若、寺塔、庙宇,无不从事佛教艺术活动,曾经有过大量的绘塑作品,为此也造就了一大批绘塑工匠,成为封建社会一项不可少的职业,他们当中有师徒相承的集团,社会上也有专业的行会组织,这些人的作品作为信仰、崇拜、祈祷对象之外,对当时的群众也是审美对象。民族艺术风格的形成,绝非几个著名画师、艺术巨匠所发明的。生活在人民群众中的匠师们,作为当时当地社会的一个成员,必然要受到人民群众审美经验的濡染,受到他们生活中爱憎、好恶以及风俗习惯……社会意识的影响,因此匠师们的绘塑虽是为宗教而作,其作品就无法离开他们生活的基础。他们制作的塑像、壁画除了表达宗教教义、仪轨外,还包含着丰富的历史内容,我们说莫高窟保存的这些历史形象也就是一部宏伟的形象历史。因此，我们的临摹工作就不仅仅是一个内容理解和技巧表达的问题，还要在操作中探索出这些作品诞生的外在因素——社会条件和制作者的内在因素——匠师们本人的素质和修养。举例来说，在敦煌莫高窟营造的一千余年间，特别重视弥勒信仰，早期的造像，后来的经变，都体现了当时敦煌人在饥馑、兵燹的威胁和其他民族包围中，渴望清平安乐的弥勒净土世界早日降临。现在保存的从隋代开始直到北宋的《弥勒净土变》还有 87 幅，隋代多以《弥勒上生经变》为主，到了初唐就出现了《弥勒上生下生经变》，壁上以三分之一的面积画居处在兜率天宫里的弥勒菩萨，三分之二的壁面画《弥勒下生经变》里的弥勒佛，开始有阇王与后妃剃度的情景（第 329 窟），到了盛唐，《弥勒上生下生经变》仅用墙壁顶端很少的位置画"兜率天宫"，而"下生经"的内容就大为丰富，剃度场面空前热闹，还有"女人五百岁出嫁""一种七收""树上生衣""送老人入墓""路不拾遗""龙王夜间降雨""罗刹鬼扫城""迦叶禅窟"等等细节（第444 窟、榆林窟第 25 窟）。这些人间生活进入壁画，就意味着"弥勒净土世界"就在眼前，这些形象与场景无一不是直接取材于现实。我在临摹这些壁画时惊讶地发现，古代敦煌画师不仅仅是在为当时的人民群众描绘一幅幅弥勒世界里理想的生活，而是直接地在反映他们当时的现实生活，那些歌舞饮宴的青庐，临终泣别的葬礼，辛勤的耕种，收获，地主如何计量粮食……把当时社会的生、老、病、死等人间现象如实地描绘在墙壁上，以致今天的考古学家能在"一种七收"的弥勒世界里，考证出在盛唐时代中国农民已经使用了曲辕犁，舞蹈史研究者能在"女人五百岁出嫁"的婚宴上发现六么舞，用人间社会作"粉本"，古代敦煌画师们有依有据地在莫高窟墙壁上创作佛经上的净土世界，只要我们认真地临摹这些壁画，再去对照经典，就会发现石窟里所有的艺术无一不是创作，因为在浩瀚的《大藏经》里，无论经、律、论、史都没有提供壁画上的这些细节。[1]

通过史先生的论述，我们不仅了解了现代艺术家们对敦煌艺术的准确认识，也了解到了古代艺术家们的创作环境与背景。这就是我们通过与现代艺术家们对话，从现代艺术工作者们身上感受古代艺术家（工匠）们的各个方面，体会艺术家们古今相承的艺术文脉。同时也可以全面了解和深刻认识包括敦煌艺术的创造者们在内的敦煌古代工匠群体。

[1] 前引史苇湘：《敦煌历史与莫高窟艺术研究》，第 490 页。

三、精神财富——艺术与人生的真理

　　艺术人类学是一门立足于人类学的立场和方法、从艺术的角度研究人的学科。发掘一种全景式的人类艺术（史）景观图、为人类艺术的历史内容和系统结构提供合理的全方位的知识体系、真正以艺术性的方式看待艺术、健全和完善该学科的知识范式和思想体系等，指称艺术人类学的研究对象是"全景式的人类艺术景观"，学科目标和使命是"直面人的存在，直面艺术的真理和人生的真理"。[1] 这是因为，艺术的功能建立在经济价值之上，并刺激人类精湛技巧的发展。艺术人类学视野中的"艺术"在时间性和地区性上要有更大的范围，只有涵盖各个历史时期、各个区域、各个族群和各种表达方式的艺术品与人工制品及其相应的观念与行为，才能充分揭示人类艺术的多样性和复杂性，才能真正以艺术性的方式看待艺术，真正直面艺术的真理，为人类艺术的历史内容和系统结构提供合理的全方位的知识体系。因此，作为中国中古时期的敦煌石窟艺术及其创造者们，完全可以运用艺术人类学的方法手段进行研究。通过运用艺术人类学研究敦煌石窟艺术的创造者及其相关的劳动群体，留存人生行迹，直面艺术真理。

　　敦煌艺术及其创造者们也是如此。敦煌古代工匠们是一群不可分割的劳动者群体，制造生产生活用具用品与艺术创造同时进行，无论是经济活动、科技活动还是艺术活动也好，一千多年间都是在同一批人群中在相互刺激，相互促进，共同进步，共同发展。敦煌艺术的创造者们，也是敦煌的生产力大军，也就是敦煌的科技力量。这一切，都在我们前面的研究中得到证实。完全的艺术人类学必须关乎人的存在和人生的真理，不满足于一般意义上的人类学与艺术之间的交叉，这是因为它既是一门不断地处于生成之中的学科，同时又是一种超乎学科格局的精神现象学；它的基本含义所承载的学科诉求，并不只是知识性的诉求，更是一种精神期待上的诉求。艺术人类学通过自己所面对的各种鲜活的人类艺术活动图景和事实来留存艺术真理和人生真理的形迹。而敦煌艺术和敦煌的历代艺术家们，不仅为我们创造了辉煌灿烂的艺术，更重要的是留给子孙后代一笔取之不尽、用之不竭的精神财富，这就是我们的祖宗，我们的民族几千年的奉献和创造精神，

---

[1] 郑元者：《艺术人类学与知识重构》，《文汇报·学林版》2000 年 2 月 12 日。

绢画弥勒下生经变相图

在敦煌艺术的历史长河中得到最大的体现。我们研究敦煌古代工匠和他们的艺术
创造，以及他们留给我们的作品，其实就是为了进一步认识他们的奉献与创造精
神。这就是我们面对的敦煌古代"全景式的人类艺术景观"，以及我们承担的"直
面人的存在，直面艺术的真理和人生的真理"学科目标与使命。

艺术人类学通过自己所面对的各种鲜活的人类艺术活动图景和事实，来留存
艺术真理和人生真理的形迹。而我们所研究的不仅仅是敦煌艺术，而且也是敦煌
古代社会的宗教、文化、政治、经济、科学技术、民族关系等一系列敦煌的历史
现象。敦煌艺术从 4 世纪创造一直到 14 世纪延续了一千多年。我们面对的就是
这一千多年间各种鲜活的人类艺术活动图景和事实，是几十代艺术家们从他们的

绢画降魔

聪明、才智、心血、汗水乃至毕生的精力,留给我们的艺术真理和人生真理的形迹。每一个时期,每一座洞窟,每一尊彩塑,每一幅壁画,都有一个完整的、具体的生活情景和社会背景。因此,从某种意义上讲,敦煌石窟与其说是系列的艺术作品,还不如说是系列的社会事件。艺术和社会空间中的文化、宗教、政治、经济、科学技术乃至自然生态都有千丝万缕的关系,而艺术人类学恰恰要做的就是有关这一方面研究的补充。这种具有开阔的全球文化视角和人类学视野的研究方法,对人类艺术文化的深入研究和深刻理解,将会加深我们对人类艺术创造、艺术表现以及各种社会艺术文化行为实践体验的了解,使我们能在人类社会文化的不断发展中,运用艺术去适应、调整和转变自身状态。

艺术人类学又是一门交叉学科,对研究敦煌艺术和敦煌古代工匠来说更是这样。这就需要我们建立专门的敦煌艺术人类学的方法体系。敦煌艺术人类学涵盖了敦煌艺术考古学、敦煌艺术社会学、敦煌图像学、敦煌艺术设计学和敦煌艺术史、敦煌经济史、敦煌科学技术史、敦煌社会史、敦煌民族关系史等各个学科领域,又是这些学科领域的交叉和综合。通过对敦煌古代工匠的研究建立敦煌艺术人类学的理论、方法体系,是我们下一步要做的工作。

总而言之,敦煌历代的工匠们留给我们的太多太多,无论从哪个领域、哪个角度,无论用哪种手段、哪种方法,都可以对他们各方面的情况进行研究。而艺术人类学的方法手段更有助于我们对敦煌艺术及艺术的创造者们的深刻认识和了解。拓宽和强化艺术人类学在艺术问题上的学术和思想涵盖力。

史料篇

编辑体例

一、本书所收敦煌工匠史料，辑自敦煌遗书、敦煌石窟题记、敦煌绢画题记等文献，凡 800 余条（包括重复者近百条）。

二、史料分一（工匠颂）、二（工匠职业）、三（工匠级别）和四（工匠遗迹）四篇，采取分类编号的办法，即：0 头为一篇；1 头为二篇，其中 10—12 为制作生产工具类工匠，13—17 为制作生活用品（包括建筑、军事）类工匠，18 为文化制品之工匠；2 头为三篇，其中 21 为都料，22—24 为博士、25 为师、26 为匠、27 为工、生等；3 头为四篇，是按照洞窟序号和敦煌遗书流水号选取部分记载手工产品的写本。

三、史料条目在类别和子目下基本按年代顺序编排；其中一些不能确定其年代的文献，按其所属时代排列；同一文献内各条以其出现之先后次序编排。

四、史料各条目的出处，均按通行的敦煌文献编号（中国国家图书馆千字文头、英国国家图书馆 S 头、法国国家图书馆 P 头等）、敦煌石窟编号（敦煌研究院编号）、敦煌绢画收藏地点编号（大英博物馆、吉美博物馆等）注明，编号不明者依发表书刊注出。

五、史料录文使用通用简化汉字，并加标点和简单的校勘。

一　良工巧匠颂

0001 乃召巧匠、选工师，穷天下之谲诡，尽人间之丽饰。(P.2551)

0002 遂千金贸工，百堵兴役，奋锤聱壑，揭石聒山。(P.3608)

0003 □乃呼标，道命良工，……粉之绘之，再涂再腹，或饰或装，复雕复错。(莫高窟 216 窟)

0004 更凿仙岩，镌龛一所，召良工而朴琢，凭巧匠以崇成。(P.4638)

0005 杼匠治材而朴属斤，郢人兴役以施功。(P.2762)

0006 不逾数稔，良工斯就，内素并毕。(P.4640)

0007 (前略) 是以同心启愿，减削资储，贸召良工，竖兹少福，乃于莫高岩窟龛内塑阿弥陀佛像一铺七事；于北壁上画《药师变相》一铺，又画《天请问经变相》一铺；又于南壁上画《西方阿弥陀变相》一铺，又画《弥勒佛变相》一铺；又于西壁上内龛两侧画文殊、普贤各一躯并侍从；又于东壁上门两侧画不空绢索、如意圣纶各一躯；又于天窗画四方佛并千佛一千二百九十六躯；又于门外造檐一间。庄严塑画，圆备功毕，穷丹青之妙姿，尽绮绚之绝世。(莫高窟 192 窟)

0008 遂罄舍房资，贸工兴役，于是銮锤竞奋，块圠磅轰，硗确聒山，宏开虚洞。……郢人尽善以钌镘，匠者运斫而逞巧。(P.4640)

0009 攒铁锤以和石，架钢錾以傍通，日住月来，俄成广宇。……班输妙尽，构天匠以济功；紫殿龙轩，对凤楼而青翠。(P.3720)

0010 梁栋刻仙吐凤，盘龙乍去惊天。便是上方匠制，直下屈取鲁班。(3905)

0011 便募良工立制，俄成□□□□。□□□□□□，钻龙刻凤金鸾。不似人间匠制，……(3905v)

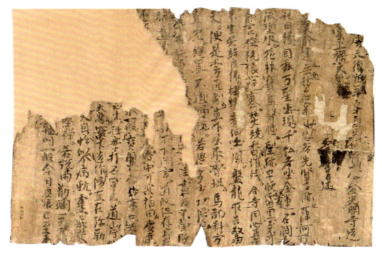

S.3905 上梁文

0012　选上胜之幽岩，募良工而镌凿。（P.3405《营窟稿》）

0013　□镌石室、发弘愿以济含生，广命良工，用膂力而錾凿。（P.3262）

0014　匠来奇妙，笔写具三十二相无亏；工召幽仙，彩妆而八十种好圆满。（P.3556《康贤照赞》）

0015　故我大师图形留教，弟子固合奉行；遂慕（募）良匠，丹青乃绘生前影质。日掩西山之后，将为虔仰之真仪；月流东海之昏，状表平生之法会。（P.3556《氾福高赞》）

0016　当命巧匠，遍览良材，不计多年，使成檐□。（P.3564）

0017　内龛隘窄，凿石开宽；外厦单□，新装重样。莫不匠征郢手，巧出班心，镂栱雕甍，鸾飞凤舞。（P.3276）

0018　雕镌石室、发弘愿以济含灵，广命良工，用膂力而錾凿。（P.3457）

0019　遂请丹青上士、僧氏门人，绘十地之圣贤，采三身之相好。（P.2641v）

0020　每遇月初旦朔，僚佐乘参，燕会高宾，厅馆阻壁。乃命巧匠缔构新楼。邀鲁国之名贤，请丹青之上客。于是巍峨入汉，雕牖以踝风；峻节凌云，镇飞廉而障日；璧雾染琉璃之瓦，丹霞妆玳瑁之粉。奇异多般，不可备载。（P.2481）

0021　请工人巧匠等真身邈容时。（莫高窟 72 窟）

0022　请丹青巧匠邈圣容真身时。（莫高窟 72 窟）

0023 值因凋瘵，预写生前之仪；故召良工，乃就丹青之缋。……命垂朝夕，免后颜喧；乃召匠伯，盼像题篇，留影同先。(P.3718《刘庆力赞》)

0024 乃召匠伯，预写生前；丹青绘像，留影同先。(P.3718《阎子悦赞》)

0025 偶因凋瘵，预写生前之容；故命良工，爰缋丹青之貌。……乃召匠伯，绘影生前；遗留祀礼，粗佐亏借。(P.3718《张良真赞》)

0026 偻俙玉貌，古（故）召良工，预写生前之仪，绵帐丹青绘影。……固命匠伯，邈影他年。(P.3718《范海印赞》)

0027 悲哉掩逝，偻依平生之颜；乃召良工，丹青绘留真影。(P.2991：《张灵俊写真赞》)

0028 恐葬礼之难旋，虑门人之恳切，固（故）召匠伯，绘影图真，帏留万代之芳，侯表千秋不朽。(P.3792《张和尚写真赞》)

0029 厥有清信弟子节度押衙、知副后槽使、银青光禄大夫、检校太子宾客马千进，儒襟舜海，煦影尧曦，睹垂露以驰心，想悬针而矜驿，虑是以修诸故事，创此新图，憎恶业远诚他门，受善缘逼自户。时遇初秋，白月团圆，忆恋慈亲，难睹灵迹，遂召良工，乃邈真影。之间敬画大悲观世音菩萨一躯并侍从，又画水月观音一躯二铺，观音救民护国，济拔沉沦，愿罪弃倦，流之亦福，祉之覆体，遂使往来瞻礼，莫不倾心，显悟迷途，暗增殊佑。(MG.17775)

0030 助修勾当：应管内外都僧统辨正大师赐钢惠、释门僧政愿启、释门僧政信力、都头知子弟虞候索幸恩；一十二寺每寺僧十二人；木匠五十六人，泥匠十人。其工匠官家供备食饭；师僧三日供食，已后当寺供给。(CH.00207)

0031 爰命良工、巧匠，彩画装金，上图佛会而千融，下邈真仪而一样。(甘肃省博物馆藏：北宋淳化二年绘报父母恩重经变图)

0032 工匠莫学巧，巧即他人使。身是自来奴，妻是官家婢。(S.5641、P.3211)

0033 天福五年（940年）前后卢茂钦诗(P.3195)

　　偶游仙院睹灵台，罗绮分明塑匠裁（裁）。

　　高绾绿鬟鬈（？）髻重，手垂罗袖牡丹开。

　　容仪一见情难舍，玉貌重看意懒回。

　　若表恳成（诚）心所志，愿将姿貌梦中来。

0034 工匠之鬼，敲敲琢琢。(P.3648《进夜胡词》)

0035 P.2518：谨案二十五等人图（选录）

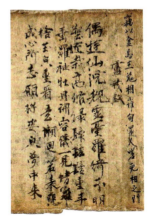

P.3197 卢茂钦诗

1　谨案二十五等人图　并序

2　人分二十五等，实常标举之最，遂使愚智可鉴，经谓殊源，优

3　劣不同，浅深区异。维书纲目，竞未档谕。况夫人即品类最

4　灵，有长生之质，无永备于一人。假如越锦青裂，甘瓜苦蒂，明

5　月必晦，白玉有暇，故知天下无全美者也。录其行善，采之

6　一材，则可佳焉。无所弃用，余复率尔，表替先贤，苟欲增深，非能

7　润色。人虽盖土，各有等伦，而看古吏今书人之。

8　凡人二十五等，但看图行，可鉴庸愚；究察情怀，委知圣智。是

9　次薄言得失，各举端倪，计未合仪。但为来者之抚掌耳目，其

10　注及异类于后，其者鉴之，以为机要之尔。

11　上上五等人　神人　圣人　真人　道人　志人

12　上五等人　　德人　贤人　智人　善人　辨人

13　中五等人　　公人　忠人　信人　义人　礼人

14　次五等人　　士人　工人　庶人　农人　商人

15　下五等人　　众人　奴人　肉人　小人　愚人

　　（中略）　士人第十六

64　士人者，余绪人志也。未坠弓裘之业，无乖婚宦之仪；守则灌园育蔬

65　隐乃颎濑流卧石；居必择地，交则近仁，委命顺理。此士人之尚也。工人第十七

66　工人者，艺士也。非隐非士，不农不商；虽有操持之劳，信谓代耕之妙；或

67　专粉缋之最，或在医巫之能；百伎无妨，济身之要；华佗负千古之誉，般

68　业有百代之名；禄在其中，工人之上；虽无四人之业，常有济世之能。此工人之

69　妙矣。　　庶人第十八　庶人者，白屋之士也。家无轩冕，世□缙绅，既旷

70 土风，或不知礼；输十一之税，役丁年之夫；牧豕负薪，其体若一；井邑相望，其

71 流实繁；或有业在典坟，心惟孝悌，竟从乡赋，自致青云；何物之能

72 谐，岂常途之有计；既非脱落，并庶人之足也；不然则谨身节用，以养父

73 母。此庶人之本也。　农人第十九　农人得，平人也。习四人之业，耕二

74 倾之田；上律天时，下顺地理；审五土之肥瘦，察高下之所宜；诛除草茅，

75 长我禾黍；虽日计不足，而岁计有余；或仓廪至多，机杼盈足，足卒致千箱。

76 此老农之业也。　商人第二十　商人者，见利人也。善于货易，常荣

77 满堂之珍；趋日中之市，莫不厌多。居则相比于财，交乃荣及于义；但思润

78 屈，岂敢怀仁？遂意不出于锥刀，经求未越于方寸；助丧家之奢祭，争供主

79 之盛名；朋社赌钱，必为众首；鲜妆华服，亦过于人；遇晦迹文儒，失路君

80 子，不拔一毛，涓滴无施；别有大隐高流漂泊之士，苟且失家屠贾之间，

81 玉石不有殊异。即众商人侪也。（后略）

0036 Дx02822《杂集时要用字》选录

诸匠部第七

银匠	鞍匠	花匠	甲匠	石匠
桶匠	木匠	泥匠	索匠	纸匠
金匠	银匠	铁匠	针匠	漆匠
鞘鞭	鞦辔	伞盖	赤白	弓箭
销金	撚塑	砌垒	扎抓	铸泻
结瓦	生铁	针工	彩画	雕刻
剜刀	镔剪	结绾	镟匠	笔匠
结丝匠				

二　工匠职业类别

1.石匠、打窟人

1001 请石匠除碨五人,逐日三时,用面叁斗,十日中间条饭羊一口,逐日料酒壹斗。

　　　(S.4373)

1002 羊一口,付石匠用。(S.4373)

1003 (辛丑年正月)廿二日,酒半瓮,屈石匠用。(P.4697)

1004 酒壹斗,送路石匠用。(P.4697)

1005 麦贰斗,买胡饼,屈石匠用。(S.5039)

1006 唐佑子绢一匹,付石匠刘建昌用。(S.4120)

1007 (八月)贰拾肆日,供石匠逐日酒五升。(P.2629)

1008 准旧,石匠工场赛神烧饼面三斗、油一升、灯油二升。(S.2474)

1009 又粟壹石贰斗,沽酒,屈石匠用。(S.2474)

1010 粟叁斗,沽酒,商议碨日看石匠用。(S.5050)

1011 (麦)三石屈石匠用。(P.3165)

1012 粟陆斗,沽酒,屈石匠用。(S.4642v)

1013 粟叁硕肆斗,付石匠圆斗价用。粟叁斗,沽酒,看石匠用。(S.4642v)

1014 面壹硕,付石匠圆碨用。(S.4642v)

1015 正月……三日,酒贰斗,付押衙看石匠用。(S.8426B2)

1016 六日,酒壹瓮,付押衙,石匠行宫合火用。(S.8426B2)

1017 社官知打窟都计料……(莫高窟370窟)

1018 押衙知打窟……使□青□禄大夫……(莫高窟370窟)

1019 打窟人胡饼贰拾枚。(P.2641)

1020 设打窟人细供拾伍分、贰胡饼。(P.2641)

1021 十五日，支打窟人上番胡饼二十枚，用面一斗、料油二升。(S.1366)

1022 十七日，……支打窟人上番胡饼二十枚，用面一斗。(S.1366)

1023 支打窟人上番料油二升、胡饼廿枚，用面一斗。(S.1366)

1024 十四日，支打窟人酒半瓮。(DY.001)

2. 铁匠（钐匠）

1101 同日，……支与铁匠索海全细布一匹。(P.4640v)

1102 面拾肆硕玖斗贰胜（胜即升，后同），八月十四日已（以）后至九月十一日，
　　　看木匠、泥匠、铁匠及人夫用。(P.2040v)

1103 粟一石六斗，铁匠史都料手工用。(P.2032v)

1104 粟叁硕，史奴奴打叶手工用。(P.2032v)

1105 豆叁硕，史奴奴镍榻时铁价用。(P.2032v)

1106 粟拾硕陆斗，八月十四日已（以）后，至九月一日已（以）前，中间卧酒，
　　　看木匠、泥匠、铁匠、人夫及局席等。(P.3763v)

1107 铁匠史奴奴等贰拾人，早上馎饦，午时各胡饼两枚，供壹日，食断。(P.2641)

1108 又铁匠拾人，早上馎饦，午时各胡饼两枚，供壹日，食断。(P.2641)

1109 铁匠史奴奴等拾人，早上馎饦，午时各胡饼叁枚，供壹日，食断。(P.2641)

1110 窟上油壹斗肆升，付通达生铁匠。(P.2641)

　　　（壬午年（982年）七月）廿三日，铁匠陈丑子造作，酒壹斗。(S.6452)

1111 埚子匠赵丑子等贰人，早午胡饼捌枚。(P.2641)

1112 十一日，写（钐）匠纳镍酒壹角。(Dy.0001)

1113 廿二日，支于泻匠酒半瓮。(Dy.0001)

1114 十七日，支写（钐）匠酒半瓮。(P.2629)

1115 四日，支写（钐）匠酒壹瓮。(P.2629)

1116 准旧：写（钐）匠赖甘灯油五升。(S.2474)

1117 麦陆硕肆斗、粟两硕肆斗，入紫罗衫子一，充与泻（钐）匠。(P.2838)

1118 麦叁硕贰、粟壹硕伍斗，于写（钐）匠田盈子边卖（买）铁古路釜子用。
　　　(P. 2032v)

1119 粟三斗五升，卧酒，屈写（锅）匠用。(P.3763v)

1120 粟二斗，与写（锅）匠张像德用。(P.3763v)

1121 ……三斗，看泻（锅）匠用。(P.3165v)

1122 面壹斗，粟壹斗，……看泻（锅）匠用。(S.9409)

3. 木匠

1201 社户令狐海员知木匠一心供养。(莫高窟第 370 窟)

1202 木工缔构精舍（莫高窟第 454 窟）

1203 故父木匠王丑奴一心供养（EO.22799）

1204 施主李知顺　王文沼雕版……太平兴国五年六月二十五日雕版手毕记（CH.
　　xiii,004）

1205 史英俊木匠，修安国五日，造革桉凡两日。(S.0542)

1206 二月十八日，……又出白面伍升，供木匠任珪一日食。(S.6233)

1207 羊一口、酒两瓮、细供四十分，去碨轮局席看木匠及众僧吃用。(S.4373)

1208 （戊寅年 [978 年] ？正月）廿四日，粟贰斗，沽酒，垒油墙泥匠、木匠吃用。
　　(S.4899)

1209 （二月八日）又粟贰斗，沽酒，塑匠及木匠早午食用。(S.4899)

1210 油三胜壹抄，三月造局席屈塑匠、木匠等用。(P.3490v)

1211 （辛巳年 [981 年] ？）面贰斗柒胜，二月八日前，修行像塑匠、木匠等用。
　　(P.3490v)

1212 面壹硕，三月造局席，屈塑匠、木匠及众僧等用。(P.3490v)

1213 廿一日，……支木匠彭友子酒壹瓮。(Dy.0001)

1214 十二日，支木匠、泥匠酒贰斗。(P.2629)

1215 贰拾肆日,供造碨轮木匠逐日酒壹斗,至贰拾玖日夜断,中间陆日,给酒壹瓮。
　　(P.2629)

1216 十五日，……斫柞木匠面四斗。(S.2474)

1217 八日，供造彭床木匠九人，逐日早上各面一升，午时各胡饼两枚，至十五
　　日午时吃料断，中间八日，用面一石四斗四升。(S.1366)

1218 九日，供造牙床木匠八人、勾当人，逐日早、夜面各二升，午时各坆饼两枚，

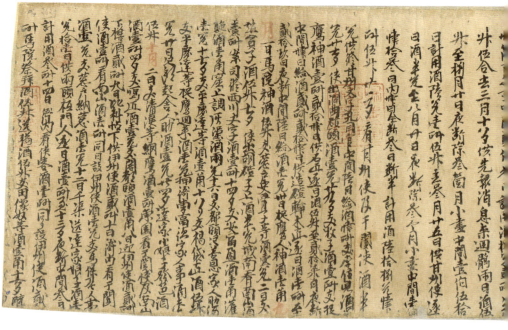

P.2629 酒账

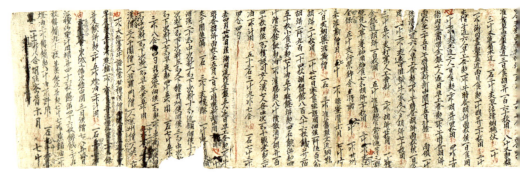

S.1366 油面历

至十六日认错断，中间八日用面一斗六升。（S.1366）

1219 又造扇木匠面一石二斗。（S.1366）

1220 面拾肆硕玖斗贰胜，八月十四日已（以）后至九月十一日，看木匠、泥匠、铁匠及人夫用。（P.2040v）

1221 面陆硕捌斗捌胜，八月十四日已（以）后至九月十一日中间，木匠、人夫等用。……（P.2040v）

1222 布十七匹，木匠造籧篨手工用。（P.2040v）

1223 立机壹匹，搜梁日木匠用。（P.2040v）

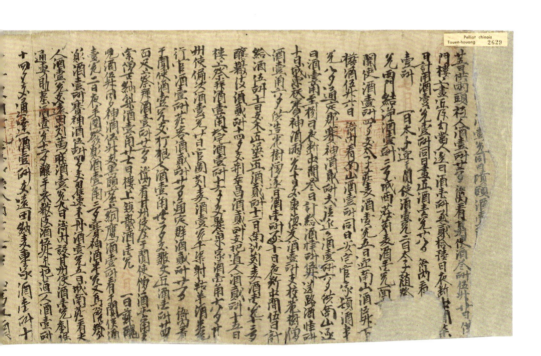

1224 粗绌拾壹匹，造筵时木匠手工用。（P.2040v）

1225 面二斗，（癸卯年（943 年）正月）三日木匠、画人兼弘建撩治佛炎二时食用。
　　　（P.3234v）

1226 面柒斗伍胜、油叁胜、卧酒粟柒筵，二月六日，造局席屈木匠、塑匠及众
　　　僧等用。（P.2032v）

1227 面陆斗、油贰胜半、粟柒斗卧酒，檐了时造局席看木匠、众僧等用。（P.2032v）

1228 面一石、油三胜半、粟一石四斗卧酒，钟楼了日，木匠、众僧等用。（P.2032v）

1229 粟一斗，木匠边刀来沽酒用。（P.2032v）

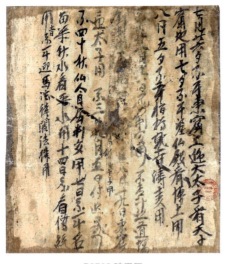

P3763 破用历

1230 面一斗五升，安窟（门）木匠及僧等用。（P.2032v）

1231 面一斗五升、莲（连）麸面一斗二升、油一合、粟五升，料（撩）治牙盘木匠兼及女人用。（P.2032v）

1232 细绀壹匹、布壹匹、粗绀肆尺，木匠手工用。（P.2032v）

1233 又粟陆硕，造钟楼木匠董万千手工用。（P.2032v）

1234 面二斗八升、油六合、粗面一斗，剪行廊及油梁子木匠及僧食用。（P.2032v）

1235 粟捌斗，两件木匠将用。（P.3763v）

1236 粟贰斗，付木匠行头。（P.3763v）

1237 粟七半卧酒，八月木匠造作局席。（P.3763v）

1238 粟一石□升，八月秋座局席，众僧、木匠及上仰泥博士等用。（P.3763v）

1239 粟拾硕陆斗，八月十四日已（以）后，至九月一日已（以）前，中间卧酒，看木匠、泥匠、铁匠、人夫及局席等。（P.3763v）

1240 豆两硕伍斗，将去粟伍斗，于木匠邓再通面上读锅子用。（4657）

1241 （麦）六斗，看木匠用。（P.3165）

1242 弟子归义军节度、瓜沙等州观察处置、管内营田押蕃落等使、特进检校太傅、谯郡开国侯曹元忠雕此印版。奉为城隍安泰、阖郡康宁、东西之道路开通、南北之凶渠顺化、励（疠）疾消散、刁斗藏音、随喜见闻，俱沾福佑。于时大晋开运四年丁未岁七月十五日记。匠人雷延美。（P.4514，共五幅）

1243 弟子归义军节度、瓜沙等州观察处置、管内营田押蕃落等使、特进检校太傅、谯郡开国侯曹元忠雕此印版。奉为城隍安泰、阖郡康宁、东西之道路开通、南北之凶渠顺化、励（疠）疾消散、刁斗藏音、随喜见闻，俱沾福祐。于时大晋开运四年丁未岁七月十五日记。匠人雷延美。（EO.1218D）

1244 弟子归义军节度使特进检校太傅兼御史大夫谯郡开国侯曹元忠普施受持。天

福十五年己酉岁五月十五日记。雕版押衙雷延美。(P.4515)

1245　弟子归义军节度使特进检校太傅兼御史大夫谯郡开国侯曹元忠普施受持。

　　　天福十五年己酉岁五月十五日记。雕版押衙雷延美。(《沙州文录补》)

1246　造鼓木匠拾人,共面捌斗。(P.2641)

1247　造鼓木匠冯常安等捌人,早上馎饦,午时各胡饼两枚,供伍日,食断。(P.2641)

1248　造鼓木匠捌人,早上馎饦,午时各胡饼两枚,供壹日,食断。

1249　木匠五十六人。(CH.00207)

1250　其木匠杨君子千万发遣西州来所不知昔(惜)也。(P.2826)

1251　廿一日,对木匠酒半……(S.8426F)

1252　……伍升,木(匠)装门用。(S.8426F)

1253　月尽日,酒伍升,付山多看木匠用。(S.8426B1)

1254　……麻柒……斗,充木匠手用。(S.9409)

1255　十一日,……同日,见转匠酒伍升。(S.8426B1)

1256　十月三日,酒壹斗看旋匠用。(S.8426B1)

4.泥匠(托壁匠、瓮匠、瓦匠、灰匠)

1301　龙兴王仙泥匠。(S.0542)

1302　(丙戌年,806年)六月二日,出粟柒斗,付荣清等充仰泥手功。

1303　同日,出粟叁斗,麦壹硕伍斗,与王庶子仰泥手功。(6829v)

1304　廿一日,出粟肆斗,麦壹硕伍斗,与王庶子仰泥手功。(6829v)

1305　(戊寅年(978年)?正月)廿四日,粟贰斗,沽酒,垒油墙泥匠、木匠吃用。
　　　(S.4899)

1306　粟壹硕肆斗,付泥匠令狐友德用。(S.5039)

1307　麦肆斗,付泥匠用。又麦壹斗,买胡饼、泥匠点心。(S.5039)

1308　(九日)衙内造作,泥匠及人夫胡饼六十枚,用面三斗。(S.1366)

1309　粟壹斗,沽酒,修寺院日看泥匠博士用。(P.2049vl)

1310　粟壹斗,其时与泥匠用。(P.2049vl)

1311　油壹胜,修造了日,众僧及泥匠斋时用。(P.2049vl)

1312　面柒斗,寺字和泥及上屋泥、修基阶叁日,众僧及功(工)匠解斋,斋时

夜饭等用。面叁斗，修造了日，众僧及泥匠斋时食用。（P.2049vl）

1313 面拾肆硕玖斗贰胜，八月十四日已（以）后至九月十一日，看木匠、泥匠、铁匠及人夫用。（P.2040v）

1314 面二斗二升、粟四斗、油一合，泥匠张留住窟上后件泥沙麻博士及沙弥食。（P.2032v）

1315 布四尺，造二泥匠用。（P.2032v）

1316 粟肆斗，垒钟楼张留信手工用。（P.2032v）

1317 粟陆斗，史生垒舍迎顿用。（P.2032v）

1318 粟拾硕陆斗，八月十四日已（以）后，至九月一日已（以）前，中间卧酒，看木匠、泥匠、铁匠、人夫及局席等。（P.3763v）

1319 （麦）七斗，看泥匠用。（P.2032v）

1320 一石一斗，泥匠及勾当法律沽酒用。（P.2032v）

1321 一石一斗，泥匠及法律沽酒用。（P.2032v）

1322 泥匠贰人，早上馎饦、午时各胡饼两枚，供柒日，食断。（P.2641）

1323 木匠、泥匠中次料贰拾肆分。（P.2641）

1324 泥匠张保盈麦。（P.2953v）

1325 泥匠十人。（CH.00207）

1326 六日，……支托壁匠粗面贰斗。（S.6185）

1327 瓮匠索万兴壹步。（S.4703）

1328 十日，瓦匠造作、赛神酒壹角。（北大图 D.194）

1329 十三日，瓦匠酒半瓮。（北大图 D.194）

1330 支灰匠酒壹角。（DY.0001）

1331 廿八日，支灰匠酒壹斗。（DY.0001）

5. 皮匠、鞋靴匠、皱文匠

1401 兴国，持韦皮匠，帖马群五日。（S.0542）

1402 己未年（899 年）四月三日，支与靴匠安阿丹助葬粗纸壹帖。（P.4640v）

1403 供：缝皮匠八人，早上各面一升，午时各胡饼两枚，供两日食，用面三斗六升。

供：缝皮匠六人，早上各面一斗。时各胡饼两枚，供一日食，用面一斗二升。

(S.1366)

1404　日支除皮人王义成等酒壹角。(S.1398v)

1405　马院皮条匠胡饼肆枚。(P.2641)

1406　麦壹斗，龙兴寺官缝裘人午食用。(S.5039)

1407　(三日) 酿羊皮酒叁斗伍升。(DY.0001)

1408　(十四日) 酿牛皮酒壹斗，酿羔皮子酒壹瓮壹角。(DY.0001)

1409　(十六日) 支缝皮人酒壹角。(DY.0001)

1410　廿一日，酿貉子皮酒贰斗。(DY.0001)

1411　(壬午年 [982] 年正月廿二日) 皮匠索章三面壹秤。(S.6452)

1412　(同上年二月) 廿日，面壹斗，柔皮匠幸者用。(S.6452)

1413　清信弟子缝鞋匠索章三一心供养。(P.4518—35)

1414　南无观世音菩萨 清信弟子缝鞋靴匠索章三一心供养。(Ch.liv,0011)

1415　南无多宝如来佛 施主清信弟子皮匠缝鞋靴录事索章三一心供养。(EO.1398)

1416　廿八日，皮匠董润儿。

1417　十七日，酒壹角，付押衙酿皮用。(S.8426A1)

1418　十六日，支柔皮匠烧酘子酒伍升。(S.8426A2)

1419　四日，酒半瓮，酿皮用，付愿富。(S.8426B1)

1420　十九日，付皮匠酒壹角。(S.8426B2)

1421　廿三日，支皱 (文) 匠酒半瓮。(Dy.001)

1422　廿日，支皱文匠酒壹斗。(Dy.001)

1423　廿二日，支皱文匠酒壹斗。(P.2629)

1424　准旧：皱文匠纳鞋胡饼二十枚，用面壹斗。(S.1366)

1425　供皱文匠唤 (换) 苏油壹升。(P.2641)

6. 帽子匠、褐袋匠、染布匠、毡匠、索匠、罗筋匠、桑匠

1501　支帽子匠六人早上各面一斗，午时各胡饼两枚，供一日食，用面一斗二升。
　　　(S.1366)

1502　十八日，支褐袋匠酒伍升。(P.2629)

1503　粟柒斗壹胜，卧酒，供做钉鍱佛艳 (焰) 铁、修治佛手塑师及罗筋匠、梁

P2049 诸匠破用历局部

布匠等用。（P.2040v）

1504 粟壹，喜郎染布手工用。（P.2040v）

1505 大乘寺何名立毡匠。（S.0542）

1506 九月八日，支毡匠就都料酒半瓮。（P.4525）

1507 十三（日）……同日，酒壹升，付愿富看毡匠□。（S.8426A1）

1508 十六（日），酒壹升，看毡匠用，付虫儿。（S.8426A1）

1509 十八日，毡匠酒壹升，付虫儿。（S.8426A1）

1510 同日，毡匠酒壹升。（S.8426A1）

1511 廿九日，□毡人酒壹斗。（北大图 D.194）

1512 （五月十九日）支索匠酒壹斗。（DY.0001）

1513 （六月）支索子匠酒伍升。（DY.0001）

1514 九日，酒伍升，付意郎，看秋䉡匠用。（S.8426B2）

1505 粟柒斗壹胜，卧酒，供做钉鍱佛艳（焰）铁、修治佛手塑师及罗筋匠、染
布匠等用。（P.2040v）

1506 丁巳所九月廿五日，酒壹斗，桑匠郭赤儿吃用。（P.5032v）

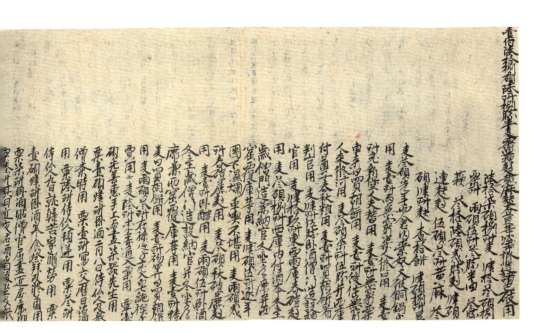

7. 金银匠、玉匠

1601　十六日，奉判支与金银匠王神神妻亡助葬粗纸两帖。（P.4640v）

1602　十一日，衙内造腰带金银（匠）七人，逐日，早上各面一升，午时各胡饼两枚，
　　　至二十五日午时吃料断，中间十五日，计给面两硕一斗。（S.1366）

1603　偿（赏）金银匠胡饼一百枚，用面五斗。（S.1366）

1604　粟肆斗，金银匠设斋解劳用。（P.2032v）

1605　麦八斗，金银匠王流住患念诵入。（P.2049v）

1606　粟柒斗，造菩萨头冠，从廿日至廿九日，中间供金银匠及选伞骨阇梨兼钉
　　　鍱博士用。

1607　粟肆斗，金银匠设斋解劳用。（P.2049v）

1608　油肆胜，选菩萨头冠，从廿日至廿九日，中间供金银匠及选伞骨令狐阇梨
　　　兼钉鍱博士等三时食用。（P.2049v）

1609　油肆胜两抄，二月二日至六日中间，缝伞尼阇梨三时食用。（P.2049v）

1610　面壹硕捌斗，造菩萨顶冠，从廿日至廿九日，中间供金银匠及造伞骨阇梨
　　　兼钉鍱博士等三时食用。（P.2049v）

1611　金银匠捌人，早上博饦，午时各胡饼两枚，供两日，食断。

1612 金银匠阴苟子等贰人，胡饼肆枚。(P.2641)

1613 （丙946年正月）金银匠赤旦便粟肆硕，至秋陆硕。(S.6045)

1614 粟肆斗，与金银匠李员住用。(S.6330)

1615 （壬午年（982年））二月三日，金银匠张恶眼麦壹秤。(S.6452)

1616

　　1 金银匠翟信子、曹灰子、吴神奴等三人状

　　2 翟信子等三人，去甲戌年，缘无年粮

　　3 种子，遂于都头高康子面上寄

　　4 取麦叁硕，到旧年秋翻作陆硕。

　　5 共陆硕内填还，纳壹硕贰斗，亥

　　6 年翻作玖硕陆斗，于丙子年秋填

　　7 还，内柒硕陆斗，更余残两硕。今年

　　8 阿（郎）起大慈悲放其大赦，矜割旧年

　　9 宿债。其他家笠两硕，不肯矜放。今信子

　　10 依理有屈，伏望 阿郎，特赐

　　11 公凭，裁下处分。

　　12 （判词）其翟信子等三人，若是宿债，

　　13 其两硕矜放者。(北剑98，BD04698)

1617 支玉匠二日一日食：面二升、胡饼肆枚，用面四升。(S.1366)

1618 支玉匠平庆子等二人，共面柒斗。(P.2641)

1619 玉匠面叁斗伍升。(P.2641)

8. 鞍匠、弓匠、箭匠、胡禄匠

1701 鞍匠张儿儿等拾壹人，早上餺饦，午时各胡饼两枚，供两日，食断。(P.2641)

1702 （三月十三日）李僧政酒壹斗，造鞍匠食用。(S.6452)

1703 （三月二十九日）同日，酒壹斗，李僧政造鞍局席用。(S.6452)

1704 （十二月十日）同日，付刺鞍匠麻壹束。(P.3878)

1705 十二月一日，酒壹斗，付虫儿，看鞍匠用。(S.8426B2)

1706 二日，酒壹斗，付虫儿，看鞍匠用。(S.8426B2)

1707 四日，酒壹斗付虫儿，看鞍匠用。（S.8426B2）

1708 十月九日，支与箭匠董飔飔母助葬粗纸两帖。（P.4640v）

1709 支弓匠令狐……（S.1398v）

1710 供衙内造作箭匠十人，早上各面一升，午时各胡饼两枚，供肆日，食断，
计用面八斗。（S.2474）

1722 （六月）廿日，支弓匠酒贰斗。（DY.0001）

1712 （廿八日）同日，箭匠酒伍升。（DY.0001）

1713 胡禄匠赵员子面贰斗。（P.2641）

1714 付胡禄匠阴应子等面壹硕。（P.2641）

1715 支胡禄匠赵员子面贰斗。（P.2641）

1716 付巧匠阴应子等造胡禄面两硕陆斗。（P.2641）

9. 画匠、纸匠、笔匠

1801 辛杖和（莫高窟第 290 窟北壁上部图案中题名）

1802 郑洛生仁……（莫高窟第 290 窟中心柱西向面龛龛沿下北端朱红横书）

1803 窟主男节押衙知左右厢绘画手银青光禄大夫检校国……兼监察御史上柱国
安存立一心供养。（莫高窟第 129 窟）

1804 子聳衙前正兵使兼绘画手银青光禄大夫检校太子宾客试殿中监张弘恩永充
一心供养。（莫高窟第 129 窟）

1805 社人节度押衙知画匠潘……（莫高窟第 322 窟）

1806 太平兴国三年戊申岁正月初三日和尚画窟三人壹汜定全。（莫高窟第 444 窟）

1807 至正十七年正月六日来此记耳 史小玉到此。（莫高窟第 444 窟）

1808 至正十七年正月十四日甘州桥楼上史小玉烧香到此。（莫高窟第 444 窟）

1809 救苦救难观世音菩萨上报四恩下资三愿息……甘州史小玉笔。（莫高窟第
3 窟）

1810 临洮府后学待诏刘世福到此画佛殿一所记耳。（榆林窟第 12 窟）

1811 乾祐廿四年□□□日画师甘州住户高崇德小名那征到此画秘室记之。（榆林
窟第 19 窟）

1812 雍熙伍年令狐信延画窟题记（拟）

1 雍熙伍年岁次戊子三月十五日沙州押衙令狐信延下手。

2 画副监使窟至五月卅日□具画此窟周□愿。

3 君王万岁世界清平田莹善熟家□□□□孙莫绝值主。

4 窟岩长发大愿莫断善心坐处雍护行□通达莫遇灾。

5 难见其窟岩也（榆林窟第 20 窟）。

1813 画匠弟子……（榆林窟第 32 窟）

画匠弟子李园心一心供养。（榆林窟第 32 窟）

1814 节度押衙、知画手、银青光禄大夫、检校太子宾客武保琳一心供养。（榆林
第 32 窟）

1815 男节度押衙知军资库知画手银青光禄大夫检校太子宾客□寿……

1816 妻弟节度押衙知画手银青光禄大夫检校田子祭酒……（四川省博物院藏北
宋建隆二年绘敦煌绢画水月观音图供养人题记）

1817 廿日，供门楼上画匠及勾当人逐日酒壹斗。（P.2629）

1818 同日，画匠酒一瓮。（P.2629）

1819 窟上支大师面五斗、油一升，支画匠面三斗，肃州使面二斗，于阗使面一斗。
（S.2474）

1820 六日供城东园造作画匠五人、塑匠三人，逐日早上各面一升，午时各胡饼
两枚，至八日午时料断，中间三日，内一日塑匠三人全断，计给面四斗二升。
（S.2474）

1821 画匠调白面一斗、油半升。（S.2474）

1822 十二日，支画匠油油丹油 二升。（S.2474）

1823 十五日，供画鼓画匠五人，膛日午时各胡饼两枚，至十九日午时吃料断，
中间五日，用面二斗五升。（S.1366）

1824 准旧：画扇画匠三日食胡饼一百六十枚，用面捌斗。（S.1366）

1825 衙内画鼓画匠两日食面一斗、胡饼二十枚，用面二斗。（S.1366）

1826 粟柒斗，卧酒，贴僧官屈画匠局席用。（P.2049vl）

1827 油壹胜半，僧官屈画匠贴顿用。（P.2049vl）

1828 面柒斗，僧官画窟时贴顿、局席及众僧等用。（P.2049vl）

1829 面陆斗、油二升一合、粟七（斗）卧酒，屈画匠用。

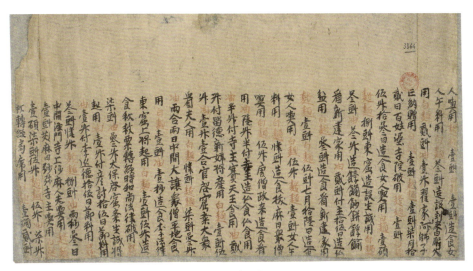

P3364 油面破历

1830　面两石壹斗伍升、并调灰粗面壹石、油壹胜半、粟两石叁斗伍升卧酒沽酒，
　　　　钟楼上灰泥看画匠、塑匠及众僧三时食用。（P.2032v）

1831　粟二斗，于画匠安铁子所卖（买）同录用。（P.3763v）

1832　（麦）六斗，看画匠用。（P.3165v）

1833　甲寅年（954 年？）正月一日，都僧政愿清……奉官处分：……麻子壹硕贰斗，
　　　　压油、换油，供画匠用。（P.2846）

1834　百尺子修神堂画匠面陆斗。（P.2641）

1835　偿设画匠胡饼贰拾枚。（P.2641）

1836　抽金扇画匠叁人，早上餺饦，午时各胡饼两枚，供两日，食断。（P.2641）

1837　画匠田生壹步。（S.4703）

1838　……匠酒壹斗，付面千。（S.8426A1）

1839　七日，酒□□，□匠吃用，付与愿富。（S.8426Al）

1840　八日，酒壹斗，城北画匠吃用，付山多。（S.8426Al）

1841　九日，画匠酒壹角，付山多。（S.8426Al）

1842　十日，画匠酒□角，付山多。（S.8426Al）

1843　十二日，酒壹角，城北画匠用，付山多。（S.8426A1）

1844 十五日，酒壹角，城北看画匠用，付山多。(S.8426A1)

1845 ……夜间，就店看画匠酒贰升。(S.8426A1)

1846 十九□，付画匠酒半瓮。(S.8426A1)

1847 十五日，酒壹（□），付虫儿，看画匠用。(S.8426A2)

1848 故弟子纸匠何员定一心供养。(莫高窟 196 窟)

1849 葵曹八纸匠。(S.0542)

1850 ……付纸匠。(S.5845)

1851 (己亥年（959 年）年二月十七日）纸匠张留住贷面叁斗。(S.5845)

1852 麦贰斗，写经人及打至（纸）人、僧吃用。(S.5039)

1853 十四日，支与纸匠造洗麻緤粗布壹匹。(P.4640v)

1854 樊崇圣纳笔账（拟）

樊崇圣四月二十九日纳笔肆拾管。又五月卅日纳笔肆拾管。又，六月十六日。
纳笔叁拾管。六月廿日纳笔玖管。又，六月二十三日纳陆拾管。又，
廿五日纳笔壹拾伍管。廿九日纳笔柒管。七月七日纳笔贰
拾管。七月十五日纳笔玖管。七月廿一日纳笔肆拾管。又，廿
一日纳笔伍管。又，八月廿四日纳笔叁拾伍管。九月廿六日
纳笔肆管。十一月三日纳笔肆管。

计纳二百六十八管。(S.4411)

10. 塑匠

1901 (戊寅年（978 年）？）二月八日，粟壹斗，付塑匠赵僧子。(S.4899)

1902 又粟贰斗，沽酒，塑匠及木匠早、午吃用。(S.4899)

1903 油叁胜壹抄，三月造局席，屈塑匠、木匠等用。(P.3490)

1904 油贰胜，寒食付塑匠张建宗用。(P.3490)

1905 油□胜，与塑匠令狐博士塑壁手功用。(P.3490)

1906 面贰斗柒胜，二月八日前修行像塑匠、木匠等用。(P.3490)

1907 面壹硕，三月造局席，屈塑匠、木匠及众僧等用。(P.3490)

1908 (辛丑年（941 年）？二月廿一日）又酒伍升，塑匠来吃用（押）。(P.4697)

1909 六日供城东园造作画匠五人、塑匠三人，逐日早上各面一升，午时各胡饼

两枚，至八日午时料断，中间三日，内一日塑匠三人全断，计给面四斗二升。

(S.2474)

1910　塑匠调灰面一斗五升、油五升。(S.2474)

1911　面壹斗，酉年二月六日，修补行像塑匠食用。(P.2049v1)

1912　粟壹斗，塑匠造佛焰胎日沽酒用。(P.2049v2)

1913　粟贰斗，佛焰初使胶布两日看塑匠用。(P.2049v2)

1914　面贰斗，造小佛焰子看塑匠用。(P.2049v2)

1915　面柒斗捌胜，上赤白僧及上沙麻塑匠等用。(P.3234v)

1916　面柒斗伍胜、油叁胜、粟七斗，料（撩）治行像手看塑匠用。(P.2032v)

1917　面三斗半、油半胜、粟七斗，料（撩）治行像手看塑匠用。(P.2032v)

1918　面两石壹斗伍升、并调灰粗面壹石、油壹胜半、粟两石叁斗伍升卧酒沽酒，钟楼上灰泥看画匠、塑匠及众僧三时食用。(P.2032v)

1919　布壹匹，与塑匠用。(P.2032v)

1920　面五升，塑匠泥火炉用。(P.2032v)

1921　大厅设画匠并塑匠用细供肆拾叁分，壹胡饼，上次伍分。(P.2641)

1922　辛未年六月一日，塑匠马报达在伊州作客写记之耳。(北往40)

1923　廿三日，……支门楼塑匠酒壹瓮。(P.2629)

1924　愿已写经，功德回施。一切有情，离苦得乐；烦恼山崩，无明海竭；若欲远行，早达乡中；若有鸾斯，日进前程；怀胎难日，母子平安；一切贫穷，速得珍财；盲聋言亚，心眼早开；生生世世，见佛闻法；早悟真空，成待正觉。辛未年六月一日,塑匠马报达在伊州作客写记之耳。（罗福苌《古写经尾题录存》）

三　工匠技术级别

1. 都料

2101 故父纸匠都料何员住一心供养。(莫高窟第 196 窟)

2102 孙木行都料兼步军队头像奴一心供养。(莫高窟第 39 窟)

2103 ……押衙都画匠……(榆林窟第 20 窟)

清信弟子、节度押衙、知画行都画匠作、银青光禄大夫白般□一心供养。
(榆林窟第 33 窟)

2105 清信弟子伎匠都料张胜郎一心供养。(榆林窟第 33 窟)

2106 社长、押衙、知金银行都料、银青光禄大夫、检校太子宾客郁民主党迟宝
令一心供养。(榆林窟第 34 窟)

2107 社耆镇兵马使兼弓行都料赵安定一心供养。(榆林窟第 34 窟)

2108 施主、沙州工匠、都勾当画院使、归义军节度押衙、银青光禄大夫、检校
太子宾客竺保一心供养。(榆林窟第 35 窟)

2109 马都料方□且空，绳墨不遵师难。若得多少功价，尽行布施与□。

2110 凤楼更多巧妙，李都料绳墨维过，算截本无弃者，方圆结角藤萝；枓栱皇
回软五，攒梁用柱极多；直向空里架镂，鲁班不是大哥。(P.3302v)

2111 (董保德诸佛事功德颂)

S.3929 之一

1 盖闻三身化现，化同三界之仪；四智圆明，圆救四生之苦，迦毗尔迹，梦
瑞诞于

2 危峦；震旦垂风；灵祥生于宕谷。爰自乐傅遥礼，法良起崇，君臣缔构而

3 兴 / 隆，道俗镌妆而信仰。石壁刀削，虫书记仙岩之文；铁岭锥穿，像迹

4 有维摩之室。金容宝相，晃耀千龛；月面星仪，晶晕万窟。仙葩圣果，

5 遍林麓以馨鲜；异兽祥禽，满溪峦而遨跃。三贤道者，进道茅

6 庵；十地圣人，证圣草屋。矧以修行张（长）老，寂住其中；食苦子以充

7 斋。著麻莎裳而蔽体。乃有往来瞻礼，见耀炎于黄昏；去返巡游，

8 睹香云于白日。观音菩萨，易体而行；萨诃圣人，改形化现。由是山

9 头谷地，佛刹之精丽难名；窟宇途间，梵室之殊严莫喻。厥有节度押衙知

10 画行都料董保德等，廉和作志，温雅为怀，抱君子之清风，蕴淑人

11 之励节；故传丹青巧妙，粉墨希（稀）奇，手迹及于僧瑶，笔势邻于曹氏。

12 画蝇如活，佛铺妙似于祇园；邈影如生，圣会雅同于鹫岭。而又经文

13 粗晓，礼乐兼精，实圣代之贤能，乃明持之应世。时遇曹王累代，道俗

14 兴平，营善事而无傍，增福因而不绝。或奉上命驱荣，或承信士招携，

15 每广受于缠盘，亦厚沾于 赏赐。家资丰足，人食有余。乃与上下商宜：

16 "行侣评薄，君王之恩隆顶报，信心之敬重要酬，共修功德，众

17 意如何？"寻即大之与小，尊之与卑，异口齐欢，同音共办。保德自己先依

18 当府子城内北街西横巷东口弊居，联璧形胜之地，创造蓝若一所，刹心

19 四廊，图塑诸妙佛铺；结脊四角，垂拽铁索鸣铃。宛然具足，新疑弥勒之

20 宫，创似育王之塔。其时积善之家，长幼归依敬信。又云又云，又于窟宇讲堂

21 后，建此普净之塔，四壁图绘云云。是以五土平分，迥开灵刹三峨时秀，势接

22 隆基。辉浮孟敏之津，影辉神农之水。门开慧日，窗豁慈云；清风

23 鸣金铎之音，白鹤沐玉毫之舞。果唇疑笑，演花句于花台；莲脸将止，披业

24 文于业座。威灵罕侧，谅瞻仰之难思；色相所求，因归依而有属。功德即毕，心愿

25 斯圆。

S.3929 之二

1 盖闻三身化现，化同三界之仪；四智圆明，圆救四生

2 之苦，迦毗尔迹，梦瑞诞于危峦；震旦垂风；灵祥

3 生于宕谷。爰自乐僔遥礼，法良起崇，君臣缔构而兴

4 隆，道俗镌妆而信仰。石壁刀削，虫书记仙岩之文；铁

5 岭锥穿，像迹有维摩之室。金容宝相，晃耀不啻于

6 千龛；月面星仪，挺持有侔于万窟。仙葩圣果，遍林

7 麓以馨鲜；异兽祥禽，满溪峦而遨跃。三贤道者，

8 进道溢塞于茅庵；十地圣人，证圣骈填于草屋。

9 矧以修行张（长）老，寂住其中；食苦参子以充斋。著麻莎

10 裳而蔽体。乃有往来瞻礼，见耀炎于黄昏；去返巡

11 游，睹香云于白日。观音菩萨，易体而行；萨

12 诃圣人，改形化现。由是山头谷地，佛刹之精丽难

13 名；窟宇途间，梵室之殊严莫喻。厥有节度押衙

14 知画行都料董保德等，廉和作志，温雅为怀，守

15 君子之清风，蕴淑人之励节；故传丹青巧妙，粉墨希（稀）

16 奇，手迹及于僧瑶，笔势邻于曹氏。画蝇如活，佛铺

17 妙越前贤；邈影如生，圣会雅超于后哲。而又经

18 文粗晓，礼乐兼精，实佐代之良工，乃明持之膺世。时

19 遇曹王累代，道俗兴平，营善事而无傍，增福因而

20 不绝。或奉上命驱荣，或承信士招携，每广受于缠

21 盘，亦厚沾于赏赐。衣资给足，粮食供余。先思仰报，

22 报于君恩；仍酬答于施然，以轻酬于信施。

23 修当来之胜福。先于当府子城内北街西横

24 巷东口弊居，联璧形胜之地，创造蓝若一所，刹心四廊图

25 塑诸妙佛铺；结脊四角，垂拽铁索鸣铃，宛然具足。又

26 于此岩，共诸施主权修窟五龛，彩绘一一妙毕。又有

27 信心募召，彩绘灵龛，住箔多时，居傍日久。

（中间删去三行）

28 因即行侣会坐，上下商宜，共修此古精蓝，报答

29 君恩施主，岂非好事？遂乃同音共办，异口齐欢，即日施工，下手

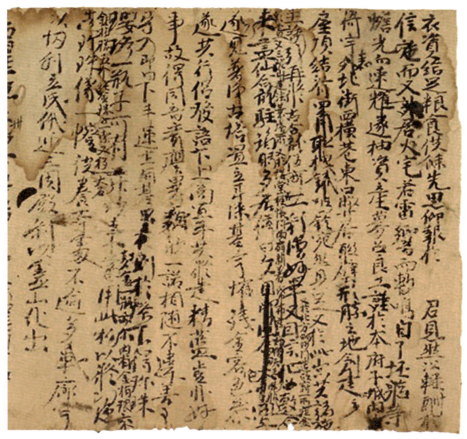

S3937V 画行都料董保德功德记草稿

建造。即

30 于古塔下得珍珠缨珞一瓶子，可有贰升次米；内有某物

31 当破上件物色，造一珠缨，亦可藏存，以酬先人心愿矣。

32 先资国泰人安，法轮常转。大王遐寿，以日月而齐明；永握

33 西关，作苍生之父母。

附 S.3937

（前缺）

1 衣资给足，粮食供余。先思仰报于君恩；然以轻酬于

2 信施。而又讶居火宅，若雷响而暂鸣；自了坏躯，等

3 蟾光而速耀。遂制裁资产，募召良工，谨于本府子城

4 种下宇外北街西横巷东口弊居，联璧形胜之地，创建云云

5 屋顶结脊，四角联拽，铁索鸣铃，宛然具足。又于此岩，共诸施

6 主诱引，再修古龛五所，彩绘一一妙毕。又于北方毗沙门造头冠一所，妆金

7 彩画；又三岹山建法华塔一所，又于讲堂捚帐门两扇，新著纸布，妆饰绘
天王两躯

8 又因信心邀命，来画仙龛，驻箔多时，居傍日久

9 遂见普净古塔置立年深，基宇摧残，金容色参，

10 遂共行侣发语，上下商宜，再共修造精蓝，岂非好

11 事？故得同音齐应，异口称欣，一诺相随，不违善事。

12 守乃即日下手，运土开基建造。则于塔下得珍珠

13 璎珞一瓶子，可有贰升次米；麸金一瓶亦在，内有金指环六个。

14 银指环五个，纯金珠子一索，又得一大石。当用此物以修功德

15 造珍珠像一帧，供养本处。不逾多载，廊穹

16 以忉利立成；俄匝三周，殿刹以灵山化出。

2112 P.3964 赵僧子典儿契

1 乙未年十一月三日立契：塑匠都料赵僧子，伏缘家中户内有地

2 水出来，阙少手上工物，无地方觅，今有腹生男苟子，只典与

3 亲家翁贤者李千定。断作典直价数：麦贰拾硕、粟贰

4 拾硕。自典已（以）后，人无雇价，物无利润。如或典人苟子身上病

5 疾、疮出、病死者，一仰兄佛奴面上取于本物；若有畔上及城

6 内偷却高下之时，仰在苟子祇当。忽若恐怕人无凭信，

7 车无明月，二此之间，两情不和，限至陆年。其限满足，容许

8 修赎。若不满之时，不喜修赎。伏恐后时交加，故立此

9 契，用为后验。（记号）

10 只典身男苟子（押）

11 内典口承兄佛奴（押）

12 商量取物父塑匠都料赵僧子（押）

13 知见亲情米愿昌（押）

14 知见亲情米愿盈（押）

15 知见并畔村人杨清忽（押）

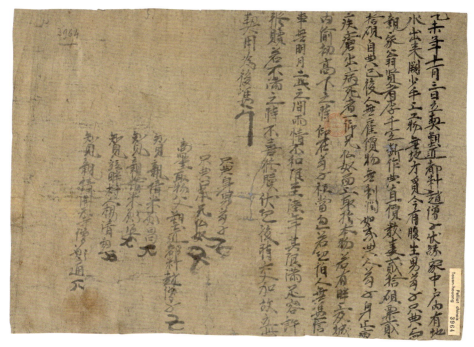

P3964 赵僧子典儿契

16　知见亲情载元寺僧愿通（押）

2113　……付都师。（P.3875B）

2114　（二月）十八日，出白面三斗，都师往千渠食用。（P.3875B）

2115　□子年八月廿六日，修造都师……及诸处伐木油、面、粟等……（P.3875B）

2116　正月□日，□手打养日，看都了（料）等□□面陆斗、粗面捌斗、（油胜）半。
　　　（P.3875B）

2117　面柒斗、油壹升壹抄、酒四斗，吴都了（料）等博士放木日局席用。（P.3875B）

2118　粟贰斗、沽酒，和尚、孟都料吃用。（S.5039）

2119　粟贰斗、洒酒，孟都料、安录事等吃用。（S.5039）

2120　九月八日，支毡匠就都料酒半瓮。（P.4525）

2121　麻壹石，与史都料用。（P.2040v）

2122　布二尺五寸，永都料孙子亡吊用。（P.2040v）

2123　粟一斗，沽酒，看史都料用。（P.2032v）

2124　（乙亥年）粟贰拾硕，康都料造西仓檐手工用。（P.2032v）

2125 粟一石六斗，铁匠史都料用手工。（P.2032v）

2126 麦贰斗、粟贰斗，付都师卖炭用。（P.2032v）

2127 麦叁斗，付都师炭贾（价）用。（P.2032v）

2128 粟壹斗，与史都料用。（P.2032v）

2129 粟壹斗，宋僧政处分，支与史都料用。（P.2032v）

2130 粟贰斗，五月史都料、李都料与用。（P.2032v）

2131 粟壹斗，送镍来日，与史都料用。（P.2032v）

2132 蕃褐一段，立幡午康料（都）料手工用。（P.2032v）

2133 昌褐八尺，康都料妻念诵入。（P.2032v）

2134 布贰尺五（寸），吊康都料用。（P.2032v）

2135 粟一斗，沽酒，弟子寒食日看康都料用。（P.3763v）

2136 粟四斗沽酒，两件看打样康都料用。（P.3763v）

2137 （甲辰年（944年）二月后）史都料贷豆叁硕。（押）（P.3234v）

2138 豆一石五斗，史都料打佛艳手工用。（P.3234v）

2139 麦陆斗，王都料利润入。（P.2049v）

2140 布陆尺，王都料、令狐都料通吊用。（P.2049v2）

2141 （开运三年（946年）三月一日）准账尾：麦肆石贰斗、粟肆石三斗，伏缘
都师造檐，一年周新（辛）苦，和尚及徒众务放福信。（S.4452）

2142 吴都料壹步。（S.4703）

2143 安都料壹步。（S.4703）

2144 安都料壹步。（S.4703）

2145 油叁胜，充王都料手直用。（S.5071）

2146 （七月）廿八日，屈董都料，沽酒粟两斗。（S.6542）

2147 （辛巳年（981年）十月六日）同日，粟贰斗，沽酒，看仕（侍）马都料用。
（S.6542）

2148 （辛巳年（981年）十二月）廿九日，粟两硕，于汜都料边买银用。（S.6542）

2149 （壬午年（982年）二月）十日，酒壹瓮，马都料家住葬用。（S.6542）

2150 （壬午年（982年）六月十七日）连面壹斗，造胡饼，都料送槃用。（S.6542）

2151 端供（拱）二年岁次乙丑八月十八日，其汉大师智坚往西天，去马都料赛

亭庄宿一夜，其廿日发去。（Дx.366）

2152 麦拾硕叁斗，付都师法海碾面用。（S.5039）

2153 三石四斗，庚午年付都师福建用。（P.3882）

2154 五斗，辛未年付都师福因用。（P.3882）

2155 一石七斗，壬申年付都师应净用。（P.3882）

2156 一石在斗五升，癸酉年付都师应集用。（P.3882）

2157 四斗，甲戌年付都师应□□。（P.3882）

2158 戊辰年四月十六日，都料董保德铠湿麦两车，乾麦十石，粟十石，胡湿麦两车。（Дx01448）

2159 Дx01428：某寺破历

　1（前缺）疋，昌褐贰丈，付擎像人用；又立机裸壹疋，付官水袋用；

　2 又土布壹疋，张流德地价用。（押）昌褐半疋（由张僧正出）石塚

　3 井画刘萨诃堂人助用；昌褐叁丈，还白午子木价

　4 用。善因立机壹疋，又昌褐壹疋，修铠与吴师手工用。

　5 又惠智褐壹疋，又昌褐半疋，尹博士手工用；布贰尺，

　6 氾押牙亡，吊孝僧政用；布三尺，杨押牙妻亡，吊孝张

　7 僧统用；布壹丈，沈押衙亡，吊孝　夫人及小娘子、都

　8 衙、翟法律等用；布三尺，曹都头娘子亡，吊孝张僧

　9 统用。昌褐壹丈七尺，与皈顺柴价用。昌褐壹疋，

　10 县令窟头上梁人助用。布壹疋，与泥匠王都料

　11 垒墙价。布三尺，两件吊孝，李法律用。布壹疋，买窗用。土（后缺）

2160 金银行两团都料录事十人，弓行都料录事七人，刺鞍行都料（四团）录事八人，皱文行三团都料录事六人。（北新1450）

2. 博士

2201 北碱59、BD06359 僧慈灯雇氾英振契

　1 寅年八月七日，僧慈灯于东河庄造佛堂一所，为

　2 无博士，遂共悉东萨部落百姓氾英振平章

　3 造前佛堂，断作麦捌汉硕。共佛堂对面壹

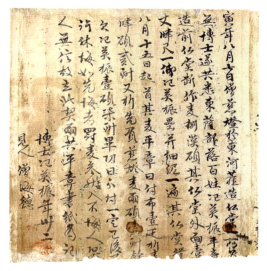

BD06359 慈灯雇氾英振契

4 丈肆尺，一仰氾英振垒，并细泥一遍。其佛堂从

5 八月十五日起首，其麦平章日付布壹匹，折麦

6 肆硕贰斗，又折先负慈灯麦两硕壹斗，余

7 欠氾英振壹硕壹斗，毕功日分付。一定已（以）后，不

8 许休悔。如先悔者，罚麦叁驮，入不悔人。恐

9 人无信，故立此契，两共平章，书写为记。

10 博士氾英振年三十二（押）

11 见人僧海德。

2202 咒愿已毕，请受春装；赏设博士，美酒肥羊。（《沙州文录补·康再荣建宅文》）

2203 任博士本性柔软，执作也不说。□□□□□□□，□能将时喧拳。王博士最是让避，性□□□□□。（S.3905v）

2204 康博士能行钤斧，苦也不得楼啰。（P.3302v）

2205 张博士不曾道病，到来便如琢如磨。（P.3302v）

2206 （六月）廿日，出白面两硕，付金紫，充起毡博士用。

2207 （七月十三日）同日，出白面贰斗，付金紫，充煮盆博士食。

2208 （九月）十一日，出白面陆斗，付金紫，充剪羊博士用。（S.3074v）

2209 油半升，供氾博士团尖子用。（S.1519）

2210 博士手功价物（麦）柒斗。（S.4705）

2211 油贰胜半，四月修金刚，中间四日，博士解斋时夜饭等用。（P.3490）

2212 油伍胜半，造沙子中间，看博士及拽锯人夫，件局席，众僧等用。（P.3490）

2213 油贰升，于寒食付康博士、郭博士用。（P.3490）

2214 油半胜，五月五日与郭博士用。（P.3490）

2215 油伍胜，与塑匠令狐博士塑壁手功用。（P.3490）

2216 面壹硕陆斗伍胜，四月修金刚，中间四日，博士解斋时，夜饭等用。(P.3490)

2217 面壹斗伍胜，造食，看博士食用。(P.3490)

2218 丁巳年九月廿五日，……造圙博士酒五升，付孙义成。

2219 (同日) 料利车看博士酒一斗，付友全。(P.5032v)

2220 面贰斗、油壹合，第二日打养都匠看博士□食用。(P.3875v)

2221 面捌斗、□面壹硕贰斗、苏壹升、荠头油半升，于郎君□□□博士及僧食料。(P.3875v)

2222 面陆斗、粗面壹硕叁斗、油壹升、□□□，亦于郎君庄上看博士用。(P.3875v)

2223 面伍斗、粗面捌斗、……庄上斋僧、看博士用。(P.3875v)

2224 面伍斗、粗面柒□、□□□、粟贰斗，寺家庄上看博士、众僧食用。道力 (P.3875v)

2225 面壹斗、氾家庄载木、□□、看博士食用。(P.3875v)

2226 面陆斗伍升、粗面壹斗、油壹升、酒壹瓮，□□博士局席食用。(P.3875v)

2227 面壹斗、粗面叁斗，王僧政庄载木、看博士、众僧食用。(P.3875v)

2228 面壹斗，载木博士夜食用。道力 (P.3875v)

2229 □壹斗、粟一斗，诸庄看木、早上看博士食用。(P.3875v)

2230 面壹斗，博士放木日仵食用。(P.3875v)

2231 面壹斗，早上看铁博士及□士食用。(P.3875v)

2232 面贰斗、粟贰斗、油□□，□日仵看铁博士及木博士破用。(P.3875v)

2233 面壹斗、油一抄，夜头看铁博□。道力 (P.3875v)

2234 面叁硕贰斗、粗面叁硕贰斗、油叁升、□□□□酒、赛神油半升、然 (燃) 灯油两瓮，于索家庄上两团……博士叁日食用。(P.3875v)

2235 □□□玖斗、粗面捌斗、油壹升、酒壹瓮，索都知庄上□□□载木博士、两团僧破用。道力 (P.3875v)

2236 面贰斗，第二日看博士用。(P.3875v)

2237 面壹斗、油一合、粟壹斗，其□□看博士用。(P.3875v)

2238 面贰斗、油一合、粟六斗，第三日夜看博士□。(P.3875v)

2239 面贰斗，第三日早上看博士用。(P.3875v)

2240 面叁斗、粟叁斗、油半升，打鹦尾檐样，看博士食用。(P.3875v)

2241 面贰斗，早上□博士食用。(P.3875v)

2242 面贰斗、油壹合、粟贰斗，第四日认错看博士□。(P.3875v)

2243 面壹斗五升、油半升、粟三斗，充除碛看博士用。(P.3875v)

2244 面陆斗、粗面壹石三斗、油半升，氾家庄上斫木及载木、看博士用。(P.3875v)

2245 酒壹斗，亦赛神看博士用。(P.3875v)

2246 面贰斗，第四日早上看博士食用。道力 (P.3875v)

2247 面肆斗、油半升、粟贰斗，第四日夜□看博士用。(P.3875v)

2248 面肆斗第五日早上两庄博士食用。(P.3875v)

2249 面肆斗、粗面五斗、粟二斗、油一抄，亦第五日作看博士食用。(P.3875v)

2250 面壹斗五升、酒壹角，第二日，氾家庄载木，□来作时看博士食用。道力
　　　(P.3875v)

2251 面叁斗、粗面二斗、粟贰斗，第五日载木根、看博士夜食用。(P.3875v)

2252 粟壹斗，看博士用。(P.3875v)

2253 面柒斗、油壹□、酒壹瓮，放木日看博士用。(P.3875v)

2254 面一斗，宋博士错锯食用。(P.3875v)

2255 面壹斗五升，早上、日作、夜头看错锯博士食用。(P.3875v)

2256 面贰斗、粟贰斗，第□日看错锯博士用。(P.3875v)

2257 粟贰斗，看点釜博士用。(P.3875v)

2258 面贰斗、粗面五斗，第五日看博士及解木人食用。(P.3875v)

2259 面四斗、油一抄，早上放木博士食用。(P.3875v)

2260 面陆斗、油一升、酒叁斗，放木日作看博士用。(P.3875v)

2261 面贰斗、油壹合，第二日打养都匠等看博士食用。(P.3875v)

2262 面柒斗、油壹升壹抄、酒四斗，吴都了（料）等博士放木日局席用。道力

2263 面一斗，□起看团锯博士用。(P.3875v)

2264 面三斗、油斗升、粟三斗，日作及夜食用，及□博士食用。(P.3875v)

2265 面四斗、油半升、粟□斗，第二日三时看铁□博士、拽木博士食用。(P.3875v)

2266 面一斗，开锯齿博士两日食用。(P.3875v)

2267 面柒斗、粗面一斗、油地升、酒□瓮，初下手日看博士食用。(P.3875v)

2268 酒壹瓮，打银椀（碗）博士吃用。(S.6452)

2269 （辛巳年（981年）正月）十二日，酒壹角，造门博士吃用。(S.6452)

2270 十四日，酒壹斗，造门博士吃用。(S.6452)

2271 （壬午年（982年）六月）十三日，酒壹角，屈毡博士用。(S.6452)

2272 （同上月）十五日，的面壹斗，造胡饼，毡博士吃用。(S.6452)

2273 （同上年）十月一日，高家还黄麻来，黄麻伍斗，与油梁博士、遂法律、耽麻人员还酒本粟拾肆硕。(S.6452)

2274 （同上年）十二月三日，□壹斗，唐博士用。(S.6452)

2275 粟壹斗，垒墙博士夜料用。(S.5039)

2276 粟肆硕，与尹博士用。(P.4906)

2277 粟一斗，沽酒，看写博士用。(P.4906)

2278 白面壹斗、油两合，早料看博士用。(P.4906)

2279 白面贰斗伍升、煮油贰升半入铛，造局席，写鍉了看博士用。(P.4906)

2280 十日，白面壹斗、油两合，修车槽夜料看博士用。(P.4906)

2281 ……叁斗，博士、人夫早料用。(P.4906)

2282 壹斗伍升、□□面叁斗，博士、人夫早料用。(P.4906)

2283 五日，白面壹斗、□面叁斗，博士、人夫早料用。(P.4906)

2284 白面壹斗柒升、□面叁斗，博士店（点）心及人夫午料用。(P.4906)

2285 白面叁斗伍升，博士、人夫夜料用。(P.4906)

2286 六日，白面壹斗、□面叁斗，博士、人夫早料用。(P.4906)

2287 白面壹斗、□面叁斗，博士、人夫午料用。(P.4906)

2288 七日，白面伍升、□面叁斗，博士、人夫早料用。(P.4906)

2289 白面壹斗、□面叁斗，博士、人夫午料用。(P.4906)

2290 白面叁斗，博士、□□夜料用。(P.4906)

2291 （七月）廿七日，粟一斗，泥佛殿看博士用。(P.3763)

2292 （八月廿七日）氾孔目支油梁博士氾丑奴酒伍升。(P.4525)

2293 ……充缝皮鞋博士及屈（掘）井、押油人粮用。(S.1733)

2294 白面两硕贰斗、粟壹硕壹斗、油壹升、麦壹斗伍升，已上充打碾轮博士及解木人食用。(S.4782)

2295 面壹硕伍升、油贰升、粟壹硕叁斗，已上，充碾轮了日，设博士破用。(S.4782)

2296 面两硕叁斗、油捌升、粟壹硕，起碨轮设博士破用。(S.4782)

2297 面贰斗，造罗底博士食用。(S.4782)

2298 粟贰斗，沽酒，与博士用。(S.4782)

2299 面两硕壹斗、粟两硕、油壹斗壹胜，碨槽了日徒众设博士用。(P.2838)

2300 麦捌斗、油伍胜、粟壹硕柒斗，修南殿画神脚博士用。(P.2838)

2301 粟陆斗、麦肆斗、油叁胜，写鏁看博士用。(P.2838)

2302 麦贰斗伍升、油壹升、粟肆斗，修桥看博士用。(P.2838)

2303 学音声，屈博士，弄钵调弦浑喜。(P.2418)

2304 卯年缘油梁破坏，徒众矜放油叁斗，纳布柒拾尺，准油叁剠五胜用，充楼
    博士手功用。(P.3082)

2305 粟贰斗，与政穀博士用。(S.1053v)

2306 粟壹斗，沽酒，修寺院日看泥匠博士用。(P.2049v1)

2307 粟叁斗，寒苦卧酒，看洛法律及麻胡博士本行用。(P.2049v1)

2308 粟贰斗，洗緤博士（士）用。(P.2049v2)

2309 油壹胜，看春碨博士用。(P.2049v2)

2310 布叁尺，康博士女亡时吊孝用。(P.2049v2)

2311 面贰拾陆硕柒斗伍胜，四月廿七日已（以）后至六月十四日已（以）前中间，
    看博士局席、般（搬）沙墼车牛、人夫及徒众等用。(P.2040v)

2312 布九尺，小骨亡时吊，僧正行像汉儿贺博士等用。(P.2040v)

2313 粟三斗，支与罗筋博士手工用。(P.2040v)

2314 粟贰斗，七月十三日泥佛殿基博士用。(P.2040v)

2315 油壹斗壹胜，造门、安门及安油梁博士点铛用。(P.2040v)

2316 面柒斗，造后门及作斗博士食用。(P.3234v)

2317 面贰斗，……时看作坊及博士用。(P.3234v)

2318 面三斗、油一抄、粟八升卧酒，造芲篱人及撩治佛炎博士用。(P.2032v)

2319 面壹（硕）捌斗贰胜、粗面壹硕柒胜、油叁胜、粟壹硕贰斗卧酒，西仓造檐时，
    博士及人夫等三时食用。(P.2032v)

2320 面二斗、油一抄，窟上上仰泥博士食用。(P.2032v)

2321 粟二斗，沽酒，古露釜子博士用。(P.2032v)

2322 面八斗、油三升半、粟六斗沽酒,起首造楼子,造局席,屈博士及用。(P.2032v)

2323 粟七斗,卧酒,吴僧政看造钟楼博士用。(P.2032v)

2324 面七斗二升,油叁胜半、粟七斗卧酒,楼子了日,造局席,看侍博士。(P.2032v)

2325 面二斗二升、粟四斗、油一合,泥匠张留住窟上后件泥沙麻博士及沙弥食。

　　　(P.2032v)

2326 麦肆斗、面壹斗、粗面一斗、粟二斗,宋博士闻治牙盘看侍及手工用。

　　　(P.2032v)

2327 粟叁拾硕,造钟楼博士手工用。(P.2032v)

2328 布壹匹,王博士边买榆木用。(P.2032v)

2329 粟一斗,与弓博士用。(P.2032v)

2330 粟一斗,支与钙匠,闻治镂子博士用。(P.2032v)

2331 粟壹硕,烈钥匙博士手工用。(P.2032v)

2332 粟拾硕,……支与毡胎博士及僧等解斋斋时用。(P.2032v)

2333 白面壹石壹斗陆胜、粗面玖斗伍胜、粟面叁斗、油叁胜,四日中间,擀毡
　　　博士及众僧食用。(P.2032v)

2334 粟叁石、麦壹石一斗、褐半匹、油一胜,擀毡博士手工用。(P.2032v)

2335 粟叁斗、垒油梁博士用。(P.2032v)

2336 布三尺,油梁博士母亡吊用。(P.2032v)

2337 白面伍胜、油壹合、粗面贰胜、粟壹斗,安众堂门及仓院门博士及女人食用。

　　　(P.2032v)

2338 白面陆斗伍胜、粗面壹硕壹斗、油胜半、粟贰斗陆胜,两日立幡竿及盖恩子舍,
　　　博士及众僧等用。(P.2032v)

2339 白面叁斗陆胜、油贰胜壹抄、麦伍斗、粟肆斗卧酒,立幡竿三日,屈博士
　　　及众僧等用。(P.2032v)

2340 粟壹斗,沽酒,看取碨课博士用。(P.2032v)

2341 麸一石五斗,与碨博士用。(P.2032v)

2342 面陆斗,造床博士用。(P.2032v)

2343 面柒斗,造床博士、人夫等五日中间食用。(P.2032v)

2344 面陆斗,擀毡博士三日及僧食用。(P.2032v)

2345 面九斗，三日中间接墙、盖郎舍从僧、博士用。（P.2032v）

2346 面三斗，造芘篱博士用。（P.2032v）

2347 面一斗，木博士修治火炉及门用。（P.2032v）

2348 面陆硕壹斗，第二件修油梁人夫及博士用。（P.2032v）

2349 面壹硕壹斗，第三件修梁，安油盘、安门及造门兼隔垒东头舍子博士及人
　　　夫等用。（P.2032v）

2350 面壹斗伍升，错穀及政穀博士食用。（P.2032v）

2351 麸两硕，碾面时与碾博士用。（P.2032v）

2352 麸壹硕，碾与博士用。（P.2032v）

2353 粟二斗，与贺博士用。（P.3763v）

2354 粟柒斗卧酒，屈木博士造檐初下手局席用。（P.3763v）

2355 粟柒胜，下手截木日博士用。（P.3763v）

2356 粟壹斗，廿六日近夜看博士用。（P.3763v）

2357 粟一斗，造塔座博士用。（P.3763v）

2358 粟一石□，八月秋座局席，众僧、木匠及上仰泥博士等用。（P.3763v）

2359 粟二十一石七斗，四月廿七日已（以）后至六月十四日已（以）前造檐中
　　　间卧酒，看博士及局席人夫并般（搬）墼沙车牛、徒众等用。（P.3763v）

2360 ……看泥博士……（S.5050）

2361 （麦）六斗，看博士用。（P.3165v）

2362 一石六斗，修仓，看博士、老宿用。（P.3165v）

2363 四斗，打索博士……（P.3165v）

2364 ……仓博士用。（P.3165v）

2365 面伍斗，看造银碗博士用。（P.2776）

2366 粟陆斗，城外看博士用。（S.4642v）

2367 油肆胜，付族博士工直价用。（S.4642v）

2368 看博士酒肆杓。（S.4705）

2369 博士手工价物柒斗。（S.4705）

2370 ……油壹升，付打番棹索博士用。（S.6981）

2371 屈博士□饼面贰斗，□饼一□，菜饼五升，博□一□。（S.8659）

2372 同日（廿日），酒壹角，付愿富，看博士用。(S.8426A1)

2373 又同日，酒壹斗，付愿富，看博士用。(S.8426A1)

2374 八日，酒壹斗，付虫儿，看博士额头 (S.8426A1)

2375 廿八日，看博士（酒）壹斗，付与石判官。(S.8426A1)

2376 廿一日，酒壹斗，付愿富，（看）博士用。(S.8426A1)

2377 十九日，愿富酒壹斗，看博士用。(S.8426A1)

2378 廿日，……同日，酒壹角，付山多，看博士用。(S.8426A1)

2379 廿三日，付山多酒壹角，看博士用。(S.8426A1)

2380 廿五日，酒□□，绛衣博士舍佛用，付宋志。(S.8426B1)

2381 廿七日，酒壹斗，付与董员付看博士用。(S.8426B1)

2382 廿八日，……同日，酒一角，付赵富子，看博士用。(S.8426B1)

2383 月尽日，酒壹斗，付福达。看博士用。(S.8426B1)

2384 廿四日，酒壹斗付愿富看博士。(S.8426B1)

2385 廿六日，付山多酒伍升，同日就店看博士酒壹瓮。(S.8426B1)

2386 八日，酒壹角，付虫儿，看博士用。(S.8426B1)

2387 六（月）……三日，……又酒伍升，铁博士午□□。(S.8426C)

2388 又同日，酒壹斗，博士共押牙就店吃用。(S.8426C)

2389 十四日，酒伍升，看博士，付奴子。(S.8426C)

2390 十五日，……同日，看放车博士酒五升，付奴子。(S.8426C)

2391 ……付胜子酒壹斗，亦看博士……(S.8426D)

2392 ……衙，石匠及木匠吃用。(S.8426D)

2393 ……又同日，看博士酒……(S.8426D)

2394 ……伍升，看博士。(S.8426D)

2395 ……十二日，酒□□，付愿富有看博士……(S.8426D)

2396 ……同日，看博士……(S.8426D)

2397 十月……二日，付再昌酒壹斗，看鞍博士用 (S.8426E)

2398 同日，酒壹斗，绛衣人用，付与永庆。(S.8426E)

2399 十四日，付义成酒伍升，看博士用。(S.8426E)

2400 十七日，酒伍升，看箬博士用。(S.8426E)

2401 面壹硕贰斗，油贰胜，粟叁□，众僧及博士食用。(S.11282)

2402 面壹硕陆胜，油伍胜半，充司徒解斋及博士食用。(S.11282)

2403 面两硕柒斗，油叁升半，麦壹斗，已上充博士用团锯铁博士食用。(S.11282)

2404 面柒斗，油壹胜，粟壹硕贰斗，充博士及众僧食用。(S.11282)

2405 面壹硕柒斗，油捌胜，粟壹硕伍斗伍升，已上充打碾轮博士及众僧食用。(S.11282)

2406 面壹斗伍胜，粟叁斗，充泻轮博士用。(S.11282)

2408 ……四日，酒半瓮，付僧子，看博士用。(S.9475)

2409 ……酒半瓮，看博士，付僧子。(S.9475)

2410 九日，……又同日，酒五升，付山多，看博士用。(S.8426B1)

2411 十七日，木博士酒壹瓮。(S.8426B1)

2412 ……十五日，窟头供养斋时及解斋，计人数一百□十，□次料五十，破面十石四斗，油六斗五升，苏四升。子年六月廿一日，供曹僧政等修赤岸窟圈（团？）堂人夫、博士手功粮用一一具名如后：博士手功布六十尺；买芘篱十四扇，各麦三斗；泥斤（匠）布一丈；人夫十三人，九日人各料四升；修堂了日设博士及人夫破面八斗、油三升、酒一瓮、粟一石二斗；人夫五人，每日雇价麦一斗五升。子年四月廿五日，都贷生绢一疋，熟布一疋，分付与李山日，和□库内取与。(不却收得) 金光步（寺？）衢乐（后缺）

（浙敦第 116 号 23279-28，浙博 091）

2413 廿五曰，粟贰斗，沽酒，打橍棹索博士吃用。(S.4649)

3. 师（先生）

2501 尽（画）师平咄子。(莫高窟 303 窟)

2502 八月一日，……出白面壹硕伍斗，付张履玖，充窟设吐浑阿师。(P.3074v)

2503 廿五日，粟壹斗，塑师陈阵衙用。(P.4909)

2504 （甲子年）三月，布壹匹，于画师面上买铜录用。(S.4120)

2505 白面贰斗、油壹升，造食，石众进看画师用。(S.4906)

2506 粟壹斗，先善惠手上与画柒（漆）器先生用。

2507 粟贰斗，诸判官窟上看画师日沽酒用。(P.2049v1)

2508 二月一日撩治佛塑师吃用。(P.3234v)

2509 面壹硕八斗五升、油肆胜六合、粟两石二斗五升卧酒沽酒，画窟先生兼造
食人回来迎顿兼第二日看侍等用。(P.2032v)

2510 面二斗，画床先生用。(P.2032v)

2511 粟伍斗，与画师买镙用。(P.2032v)

2512 粟壹斗，付恭楼子画师用。(S.6981)

2513 廿日，画师支酒壹瓮。(S.8426A1)

2514 十一月，月生写，酒壹斗，付与从儿，也了看画师用。(S.8426B1)

4. 匠

2601 油五胜两抄，北院修造，中间肆日，众僧及功（工）匠斋时解斋夜饭炒麨
籽谕等用。油叁胜半抄,北院修造了日屈工匠及众僧兼第二日椁打博功（工）
（匠）解斋等用。(P.3490)

2602 油贰胜，后件修金刚中间四日工匠及人夫等炒麨籽谕等用。油叁胜半，后
件修金刚及下彭局席屈工匠及众僧等用。(P.3490)

2603 面壹硕柒斗伍胜,北院修造中间四日功(工)匠及众僧解斋夜饭等用。面捌斗，
修造北院了日屈工匠及众僧解斋，兼第二日解斋功（工）匠手工用。(P.3490)

2604 面玖斗，后件修金刚中间四日看工匠及人夫等食用。面壹硕贰斗，后件修
金刚了日下彭局席屈工匠及众僧等用。(P.3490)

2605 面伍斗伍胜，中间四日修造众僧及功（工）匠等用。(P.3490)

2606 ……修仓，供工匠……(S.1474v)

2607 三界寺修观音堂工匠中间五日，午时胡棋柒拾陆枚。(P.2641)

2608 （十月）二日，粟一石贰斗，看徒众及工匠用。三日，粟八斗，城内造作沽酒，
看僧官及工匠用。四日，粟八斗，城内造作沽酒,看僧官及工匠用。(P.2642v)

2609 面贰斗，抄霍油两合，造局席看邓镇使及工匠用。(P.4906)

2610 白面壹斗玖升，□面叁斗，工匠及人夫午料用。白面叁斗伍升，工匠人夫
夜料用。(P.4906)

2611 （六日）同日，城南园设工匠酒一瓮。……索子匠酒伍升。(DY.001)

2612 一十七石三升，诸工匠碨不得课。(S.6223v)

2613 宕泉造窟一所，……沿窟缠裹工匠。（Дx.6069）

2614 面柒斗，寺院和泥及上屋泥、修基阶叁日，众僧及功（工）匠解斋用。（P.2049v1）

2615 粟壹硕肆斗，造起伞局席及屈诸工像（匠）、当寺徒众等用。（P.2049v2）

2616 油伍胜两抄，造起伞局席，诸工匠及众僧等用。（P.2049v2）

2617 油叁胜半，修土门时看教头、乡官、工匠并众僧等用。（P.2049v2）

2618 面两硕叁斗，造起伞局席，屈诸工匠及当寺徒众等用。（P.2049v2）

2619 面柒斗，修土门时看勾当都头、乡官及工匠兼众僧等用。（P.2049v2）

2620 粟柒斗，卧酒，造入梁局席，屈索邓二僧政、工匠及众僧等吃用。（P.2040v）

2611 油伍胜两抄，造入梁局席，屈索邓二僧政、工匠及众僧等吃用。（P.2040v）

2612 面拾叁硕陆斗四升、粗面九硕五斗、谷面叁硕九斗五升、油贰斗贰胜，粟壹拾陆硕三斗六升，卧酒、沽酒，造钟楼时，五月廿三日至六月十三日，中间廿一日，工匠及众僧般（搬）沙车牛、人夫等三时食用。（P.2032v）

2613 面陆硕伍胜、粗面两硕九斗、油玖胜半、粟叁硕柒斗，又粟八斗五升、粟面壹硕壹斗伍升，六月廿七日至七月八日，中间十二日木匠造钟楼，下接工匠及众（僧）三时食用。（P.2032v）

2614 面柒硕六斗五胜、油三斗七胜、苏二胜、粟六硕三斗、鹿面叁斗，起钟楼时，看官造盘及屈诸和尚、工匠、施和及当寺徒众等，及荣食尼阇梨及村方及当寺女人等用。……（P.2032v）

2615 豆两石，造钟楼时张再升手工用。（P.2032v）

2616 麦肆斗、粟六硕五升卧酒，正月十五日，窟上及堆园下蕃（幡）竿，索及撩治行像工匠诸杂吃用。（P.2032v）

2617 粟一石五斗，张再升造钟楼用。（P.2032v）

2618 面壹硕六斗，造八梁局席工匠及索、邓二僧政、众僧等用。（P.2032v）

2619 粟贰斗，打钉时与黑子用。（P.3763v）

2620 一石二斗屈工匠用；又一石口斗亦屈工匠用。六斗窟上迎……（P.3165v）

2621 粗面伍胜，二月八日前修补行像时看功（工）匠女悉儿用。（P.2776）

2622 （乙卯年（955年）三月）廿三日，设东窟工匠，付设司柴壹束（S.3728）

2623 施主敦煌王曹宗寿与济北郡夫人氾氏，同发信心命当府匠人编造帙子及添

写卷轴，入报恩寺藏讫。维大宋咸平五年壬寅岁五月十五日。（φ032c）

2624　施主敦煌王曹厶与济北郡夫人氾氏，同发信心先命当府匠人编造帙子，后请手笔新旧经、律、论等，通共成满，报恩寺藏教讫。维大宋咸平五年壬寅岁七月十五日记。（φ032c）

2625　（前略）右件社人，依其所配，好生精心注灸，不得懈怠、触秽。若有阙燃及秽不尽者，匠人罚布一匹，充为工廨；匠下之人痛决尻杖十五，的无容免。（DY.0322）

5. 工（人、生）

2701　粟陆斗、油壹胜、麦贰斗，看画人用。（P.2838）

2702　面二斗，三日，木匠、画人兼弘建、撩治佛炎二时食。（P.3234v）

2703　粟玖硕，与画窟人手工用。（P.2032v）

2704　粟伍斗，与画人边卖（买）录用。（P.2032v）

2705　面叁胜、粟叁斗沽酒，看院生画窟门用。（P.2032v）

2706　粟陆斗，史生垒舍迎顿用。（P.2032v）

2707　粟一斗沽酒，看安士、史生用。（P.3763v）

2708　（壬午年（982年）六月十五日）又，连面壹斗，擀毡人吃用。（S.6452）

2709　（同上月廿三日）又，连（麸）面壹斗，擀毡人吃用。（S.6452）

2710　面一斗，充织褐袋及上泥人食用。（S.1733）

2711　（观音菩萨像）信士弟子兼伎术子弟董文员一心供养（Ch.xxxviii.005）

四 工匠作品略记

3001 莫高窟第 427 窟窟檐题梁

　　维大宋乾德八年岁次庚午正月癸卯朔二十六日戊辰勅推诚奉国保塞功臣归
　　义军节度使特进检校太师兼中书令西平王曹元忠之世籾建此窟檐记

3002 莫高窟第 431 窟窟檐题梁

　　维大宋太平兴（国）五年年岁次庚二月癸甲辰朔廿二日乙丑勅归义军节度
　　瓜沙等州观察处置管内营田押蕃落等使特进检校太傅同中书门下平章事谯
　　郡开国公食邑一阡伍佰户实封七佰户曹延禄之世籾建此窟檐记
　　窟主节度内亲从知紫亭县令兼衙前都押衙银青光禄大夫检刑弄部尚书兼御
　　史大夫上柱国阎员清

3003 莫高窟第 444 窟窟檐题梁

　　维大宋开宝九年岁次丙子正月戊辰朔七日甲戌勅归义军节度使瓜沙等州观
　　察处置管内营田押蕃落等使特进检校太傅同中书门下平章事谯郡开国公食
　　邑一仟伍佰户实封三佰户曹延恭之世籾建记

3004 张延锷写画《心经》并绘四天王六神将题记（印度新德里博物馆藏
　　CH.XVNI002v）

　1 时当龙纪二载二月十八日弟子

　2 将士郎左神武统军长使（史）兼御史中丞

　3 上柱国赐绯鱼袋张延锷敬

　4 心写画此经一册此皆是我本尊经法及

　5 四大天王六神将等威力得受宪衔兼赐章服永为供养记

　6 表兄僧喜首同心勘校

3004 附：S.4654 张延锷等咏莫高窟诗

1　巡礼仙岩，经宿届此。况宕泉圣地，昔傅公之旧游；月窟

2　神踪，仿中天之鹫领。三危峭峻，映宝阁以当轩；碧水流泉，

3　绕金池而泛艳。中春景气，犹希同云；偶有所思，载（裁）成短句：

4　三危极目耸丹霄，万里□家去且遥。满眼同去添塞色，

5　报恩终不恨征辽。　今日同游上碧天，手持香积蹈

6　红莲。雪（灵）窟初会应相见，分明收取（买）花钱。延锷奉和

7　南阳一雨（水）应天恩，石壁题名感圣君。功臣石迹居溪

8　内，敦煌伊比已先闻。东流一带凝秋水，略尽横山地邑分。

9　从此穿涉无虏骑，五季勤苦扫风尘。　又　瑭彦不揆荒

10　芜聊申长句五言口号：宝阁下云崖，灵龛万户开。

11　涧深流水急，林迥叶风催。露凝香空下，祥花雪际来。诸公燃

12　圣烛，荐福益三台。

3005 新大德造窟檐计料（拟）（日本九州大学文学部藏东哲 20 号）

1　新大德造窟檐计料材木多少起□□

2　大枓要肆，各长壹丈贰尺五寸，径壹尺贰寸；

3　柱肆个，旧有；栏额叁，旧者堪用；

4　桦栿方子参条，各长壹丈贰尺伍寸、径头要捌寸；

5　柎子计要六截，各长壹丈贰尺伍寸，径要捌寸；

6　丞椽方子三片，各长壹丈贰尺伍寸，径要捌寸；

7　丞柱通地枋长贰（丈）捌尺；

8　驼峰肆，要榆木壹丈、径捌寸；

9　马头肆个，各长壹丈参尺；

10　要小枓子贰拾个，计用榆木贰丈、径捌寸；

11　大枓肆，要榆木伍尺，径壹尺贰寸；

12　贴捌个，各长伍尺，径壹尺贰寸；

13　花贴要肆，各长叁尺伍寸；

14　门额方子要好乾木，长玖尺，阔捌寸；

15　门神方子亦长玖尺，径陆寸；

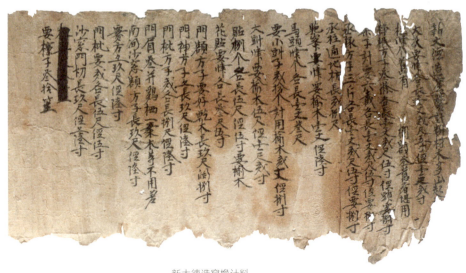

新大德造窟檐计料

16 门比方子贰，各长捌尺，径捌寸；

17 门眉叁，并鸡栖壹，桑木等不用，差；

18 南间沙窗额方子长玖尺，径陆寸；

19 腰方亦玖尺，径陆寸；

20 南窗门枕贰，各长伍尺，径伍寸；

21 门神玖尺，径陆寸；

22 北边沙窗额，亦长玖尺，径陆寸；

23 腰方亦玖尺，径陆寸；

24 门比要贰，各长伍尺，径伍寸；

25 沙窗门切长玖尺，径陆寸；

26 （原卷此行涂去）

27 要檩子叁拾笙。

3006——S.518：后晋天福五年窟檐题梁

　　维大汉天福拾肆年岁次丙午八月丁丑朔廿二日戊戌勅河西归义军节度瓜沙
　　等州观察处置支度营田押蕃落等使光禄大夫特进检校太傅食邑壹仟户食实
　　封叁佰户谯郡开国侯曹厶之世再建此檐记

3007——S.584《己亥年二月十七日某寺贷油面麻历》

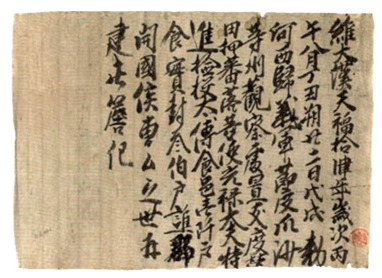

S518窟檐题梁稿

1　己亥年二月十七日，郭僧政贷油肆升。索

2　付纸匠。洪渐贷面贰斗。郭僧政贷面叁斗。

3　通。邓法律贷麻两硕、金光会。信力贷面贰斗。

4　邓彦弘贷麻壹硕肆斗又一石三斗，保人邓法律。洪渐贷麻壹

5　斗。氾法律贷麻壹硕伍斗，宗明。大库贷谷面五斗，拔

6　至用。邓上座贷麻贰斗。王欺子贷面两秤、油壹

7　升。索上座贷面叁硕，南山。大库又贷谷面陆斗佛事又一斗。

8　郭僧政贷面壹硕叁斗。氾法律贷面贰斗，屈作坊孔目用。

9　郭寺主贷面叁斗。吴盈子贷面壹秤

10　贷叁斗。纸匠张留住贷面叁斗。

11　阎加□妻贷□□斗。李义盈妻贷油半升。

12　张流住贷麻柒斗，窟上碾普光寺所由贷麻。

13　壹硕开元寺贷面叁硕玖斗付上座惠郎。惠郎。法受贷麻贰斗（押）。龙建贷
　　麻贰斗（押）。

14　贺安定贷麻贰斗（押）弘渐贷麻贰斗（押）

15　七月五日阎友子贷麻壹

16　斗。吴保子贷黄麻壹斗

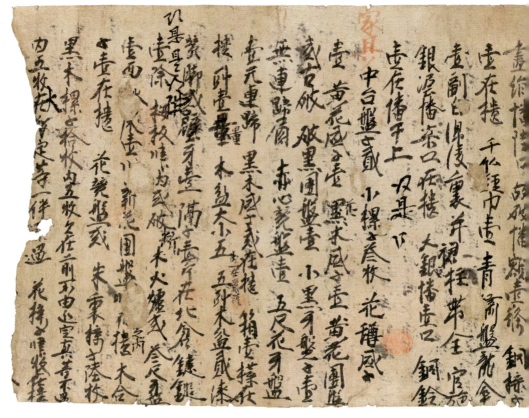

S.1774 点检历

17 吴保子（后缺）

3008——S.1624《后晋天福七年（942年）某寺交割常住什物点历》

1 （前缺）着香楪子贰。铜铃壹并铎。铜

2 佛印壹。经藏壹，在殿。黑石枕三。摩候罗

3 壹，在柜。大经案壹，在殿。小桉架贰，在北仓。

4 木灯树壹。司马锦经壹，在柜。金油师子壹，

5 在柜。大佛名经壹部，壹拾捌卷并函。黄布经（巾）

6 壹条，又程阇梨入黄布经巾壹，在柜。黄项菩萨幡

7 贰拾口，在柜。小菩萨幡贰拾捌口，在柜。画

8 绢幡陆口。故破幡额壹条。铜楪子壹，在柜。

9 千佛经巾壹。青绣盘龙伞壹副，并骨，兼

10 帛绵绫里，裙带具全。官施银泥幡柒口，

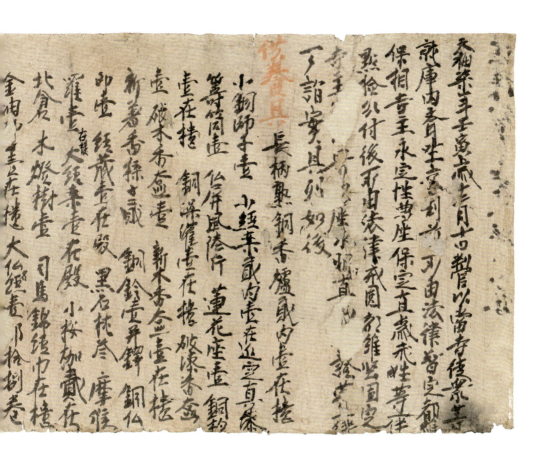

11　在柜。大银泥幡壹口。铜铃在幡干上。大

12　铜铃肆，在殿四角，内贰在柜。

13　家具。中台盘子贰。小楪子三枚。花罇盛壹。黄花盛子壹。

14　花木盛子壹。黄花团盘子贰，故破。

15　破黑团盘壹。小黑牙盘子壹，无连蹄。赤

16　心竞盘壹。五尺花牙盘壹，无连蹄。黑木

17　盛子贰，在柜。箱壹叶，在柜。豆斗壹量。木盆大

18　小五，内壹在严护。五斗木盆贰。漆竞脚贰。

19　壁牙壹。隔子壹片，在北仓。桉板肆，内贰破。

20　木火炉贰。三尺牙盘壹面。踏床壹张。新

21　花团盘肆，在柜。木合子壹，在柜。花竞盘贰。

22　朱里楪子陆枚。黑木楪子拾枚，内五枚在前

23 所由延定真等不过，又五枚在智定等不过。花

24 楪子肆枚，在柜。银镂枕子壹，在柜。漆楪子

25 贰，在柜。四尺花牙盘子壹。花盘子壹，在柜。三

26 脚床子壹。黑木盛子壹。鐏子壹，在柜。花

27 烈盛子壹。小黄花楪子贰，在柜。大不杓壹。

28 新漆椀壹，在柜。花椀拾枚，在柜。花盘子壹，

29 在柜。黑木㯼子贰，在柜。花鐏子贰，内壹破。

30 花楪子贰，在柜。蛮㯼子壹，在柜。箱壹合，在

31 柜。小牙盘子壹。竞盘壹面。四尺花牙盘壹

32 面。白牙盘壹面。黑木槐子壹。花牙盘一面。

33 绿净牙盘壹面。又桉架壹，在北仓。花牙盘

34 壹面，在程阇梨。踏床壹张，在北仓。白花团

35 盘壹面，在柜。四尺花牙盘壹面。朱里椀

36 子五枚，在柜。朱里楪子玖枚，在柜。桉枊

37 壹量，在北仓。踏床壹张。木盆壹只三斗。黄花

38 竞盘壹，在柜。朱里椀子楪子拾枚，在

39 柜。黄花鐏子壹。漆筯两双，在柜。

40 铜铁器，铜悉罗壹，在柜铁金齿离壹。铜楪子

41 壹，在柜。锁三具，并钥匙。四豆斗铛壹口，

42 有烈。三斗方耳铛壹，全。壹尺八寸鏉壹面。

43 壹尺贰寸鏉壹面，顶破。八斗釜子壹口，有烈。

44 贰尺烈鏉壹面。金甚钟壹副。又烈鏉壹面。

45 壹斗八升圆耳铛壹口，壹脚短。又壹斗八升方

46 耳铛壹口。（下缺）

3009——S.1774《后晋天福七年（942年）某寺法律智定等交割常住什物点检历状》

1 天福柒年壬寅岁十二月十日，判官以当寺徒众等

2 就库内齐坐交割前所由法律智定，都维

3 保相、寺主永定性、典座保定、直岁戒性等一伴

4 点检分付后所由法律戒圆、都维坚固定

5　寺主□□，典座永明、直岁□证等一伴，

6　一一诣实，具列如后：

7　供养具长柄熟铜香炉贰，内壹在柜。

8　小铜师子壹。小经案贰，内一在延定真。漆

9　筹筒壹。佛屏风陆片。莲花座壹。铜杓

10　壹，在柜。铜澡灌壹，在柜。破漆香奁

11　壹。破木香奁壹，新木香奁壹，在柜。

12　新着香楪子贰。铜铃壹并铎。铜佛

13　印壹。经藏壹，在殿。黑石枕三。摩候

14　罗壹，在柜。大经案壹，在殿。小桉木架贰，在

15　北仓。木灯树壹。司马锦经巾在柜。

16　金油师子壹，在柜。大佛名经壹部拾捌卷

17　并函。黄布经巾壹条。黄项菩萨幡

18　贰拾口，在柜。小菩萨幡贰拾捌口，在柜。

19　画绢幡陆口。故破幡额壹条。铜楪子

20　壹，在柜。千佛经巾壹。青绣盘龙伞

21　壹副白锦绫里并裙柱带全。官施

22　银泥幡柒口，在柜。大银幡壹口。铜铃

23　壹在幡干上。□是

24　家具。中台盘子贰。小楪子三枚。花镈盛子

25　壹，黄花盛子壹，花木盛子壹。黄花团盘

26　贰，古破。破黑团盘壹。小黑牙盘子壹，

27　无连蹄厕。赤心竞声壹。五尺花牙盘

28　壹，无连蹄。黑木盛子贰，在柜。箱壹楪，在

29　柜。豆斗壹量。木盆大小五，（内一在严护）。五豆斗木盆贰。漆

30　竞脚贰。壁牙壹。隔子壹片，在北仓。键锤

31　壹除。桉板肆，内贰破断。木火炉贰。三尺牙盘

32　壹面。踏床壹张。新花团盘子□在柜（定内）。木合

33　子壹，在柜。花竞盘贰。朱里楪子陆枚。

34 黑木楪子拾枚，内五枚欠在前所由延定真等不过，

35 内五枚在智定等一伴□过花楪子肆枚在柜。（后缺）。

3010——S.1776 显德五年（958 年）某寺常住什物点割历

1（显）德五年戊午岁十一月十三日，判官与当寺徒众就库交

2 割所由法律尼戒性、都维永明、典座慈保、直岁□□

3 等一伴点检常住什物，见分付后，所由法律尼明照、都维

4 □心、都维菩提性、典座善戒、直岁善性等一伴执掌常

5 住物色，谨分析如后：

6 供养具 长柄熟铜香炉壹；又长柄熟铜香炉壹，在

7 柜；小铜师子壹；小经案贰，内壹在延定真；漆筹

8 筒壹；佛屏风陆扇；莲花座壹；铜杓子壹；铜澡

9 灌壹，在柜；破漆香奁壹；新木香奁壹，在柜；新香

10 楪贰；铜铃并铎壹；铜佛印壹；经藏壹，在殿；小

11 桉架贰，内壹在北仓；黑石枕叁；磨睺罗壹，在柜；大

12 经案壹，在殿；大灯树壹，在殿；司马锦经由壹，在柜；

13 金油师子壹，在柜；大佛名经壹拾陆卷；黄布经巾

14 壹；又黄布经巾壹；黄项菩萨幡贰拾口，在柜；小菩萨幡贰拾

15 捌口，在柜；大绢幡陆口，在柜；故破幡额壹条；铜楪壹，

16 在柜；百纳经巾壹；青绣盘龙伞壹副，兼帛绵绫里

17 并裙、柱、带俱全；官施银泥幡壹口；又大银泥幡壹口；

18 铜铃壹，在竿上；大铜铃肆，内贰在柜。

19 家具中台盘贰；小楪子叁；花罇子壹；花□子壹；黄花团盘

20 贰；故黑团盘壹；小黑牙盘壹，无连蹄；赤心擎盘

21 壹，在恒子；五尺花牙盘壹面，无连蹄；黑木□壹；花□

22 壹，无盖；箱壹叶，在柜；斗壹量；木盆大小肆；伍斗木口

23 贰；漆擎子脚贰；壁牙壹；案板贰；木火炉贰；叁尺

24 花牙盘壹；踏床壹张；新花团盘肆，在柜；又花擎盘贰，

25 内壹在柜；朱里楪子陆枚；又花楪子肆，在柜；银镂枕子（中缺）

26 函柜柜大小壹拾贰口，内贰无象鼻，三口象鼻胡

27 戍俱全；四尺新踏床一张；古破踏床壹张除；

28 大床肆张，内壹在妙喜；床梯壹除；拓壁两条，

29 内壹破；又五石柜壹口；员定经函壹，破；赤

30 椀壹；程阇梨施两石柜壹口，故。

31 瓦器瓮大小拾壹口，内三口在北仓；□大小肆口，内两口

32 有裂；细项瓶子壹口；肆斗瓦盛壹口；严忍入

33 □两口，内壹破，内壹在智定伴；曹法律入乾

34 盛瓮两口，内壹在邓阇梨；瓦盛壹口；程阇梨施入

35 瓦盛壹口、□壹口

36 毡褥贰色氍毹两条，内壹条在柜；新白方毡

37 五领；新白毡五条；旧白毡两领；故花

38 毡壹领；绣褥壹条，在柜；王都维施入褥壹条、

39 蕃褥壹条；黑毡条贰，内壹在北仓；使君入

40 花毡壹领；妙惠花毡壹领；张阇梨蕃褥

41 壹条；□羊毡两条除；青花毡两领；白毡

42 条壹；白方毡壹领；程阇梨白毡壹领；政

43 修白毡壹领；真如白毡壹领；阴家善来入

44 白毡壹领；碨户康义盈、李粉堆贰人折债

45 各入白毡两领。

46 ……常住什物等对徒众——（后缺）

3011——S.1947《唐咸通四年（863 年）敦煌所管十六寺和三所禅窟以及抄绿再成毡数目》

1 大唐咸通四年岁次癸未，河西释门都僧统缘敦煌。

2 管内一十六所寺及三所禅窟，自司空吴僧统酉，

3 年算会后丑年分都司已来，从酉至未一十一年。

4 癸未年五月廿三日抄绿官标籍上明照手下再成毡定如后：

5 新方褥一，细缬𢂜锦面。丝麻锦褥一，毡𢂜。绯治毡一领，锦缘。

6 又圣僧褥子一，故。天王褥子三。小袄袄故方绣褥子一，白毡𢂜。东

7 河水硙一轮。油梁一所。青花毡一领。五色花毡三领，

8　内一破。绯绣罗褥一。七尺氍（毹）一。新方毡九领。

9　新夹毡一条。袄毡廿三条。黑毡一条，白傢。香

10　衾小褥子一。故破毛锦二，内一非（绯）缘。故破五色

11　褥一条，（在吴和尚）。杜心秤产一。（一／开）钵一。神幡五口。钟一口。

12　除褥计褥毡方毡廿八领。

3012——S.2009 官衙什物点割历

1　（前缺）花连袋子两个；

2　袋子两个；蕙皮袋两个。

3　镔越斧一柄；又钿鍮石越一柄；铁越斧一柄；鸭□

4　阿朵三柄；钿鍮石阿朵一柄；竹柄大阿朵一柄；小阿朵三柄内一柄在司俊；

5　铁练锤三柄；铁鞭四柄；银缠刀一口；黑梢铁装刀三口；

6　又刀锃一口；钏锃一口在韩家□；大斧三柄；尖斧两柄章久员斧关数内；

7　漏手两柄；银叶骨划一个在令狐押衙身上；胡桃根阿卓一人在流往；

8　□鍮石大骨卓一个；小鍮石骨卓一个；又胡桃根小骨卓

9　一个。马头盘大小三面内一面□木，在众官健；又华木马头盘一

10　面；又柳木马头盘一面。熟铁瓶一口温酒；铫子两口；小铁

11　□子一口。大白汗□琵琶一面；又大琵琶两面；小琵琶三

12　面内一面在吴安庆。细弓十五张；粗弓一张，小弓一张。

13　镔镯子二十只有鹘戌；大柳叶四十七只，钢镯子三十四只两只在孔都保；

14　又达坦钢镯杂箭三十四只；大钾脚二十一只；大锥头三

15　只；小竹竿锥头两只；竹射箭拾具内一具在憨溪；

16　小竹柳叶十一只，悉奴收心十只；大齐头十三只，马

17　射用尽；竹镯十四只。贴金行路神旗面一口；新火朱

18　旗一面。又阿朵贵端铁镯子十只；小钾脚十只。

19　狂皮七张；狼皮九张；野狐皮八张；□朽皮四勒；

20　犴牛尾两株；豹皮壹张；熊皮两张；大虫皮一张；

21　狮皮一张；猞子皮一张；鹿皮八张；马皮三张半；牛皮

22　八张；赤皱皮一张。纸□十贴内十贴在人上。

3013——S.2447《亥年十一月以后诸家散入经物历稿》

1 亥年十月一日以后，应诸家散施入经物，一一具色目如

2 后。

3 僧伯明施三岁特子壹头，出唱得经纸三拾贴。

4 杜都督施红单绢裙壹并腰带，出唱得布壹

5 佰三拾尺，又施麦伍豆斗。子年五月廿一日，僧灵秀

6 施经纸伍贴，计贰佰肆拾捌张。

3014——S.2607V1-4《某寺交割常住什物点检历》

1 ▢▢▢▢□䄾两面住带具

2 ▢▢▢▢□锦伞壹，白布里

3 ▢▢▢▢□䄾并两面住带□

4 ▢▢▢▢□窠独织锦伞壹白□，

5 ▢▢▢▢□䄾住带具足，大额壹

6 ▢▢▢▢□壹条，录绫裙古破红绫

7 ▢▢▢▢□堪使用同为壹角封□

8 全▢▢▢□条并䄽录罗绫裙红锦腰

9 内有住带肆□□□▢▢▢□玖尺红绫额壹条，红

10 锦腰并破，并住一百六十四。新附董师子幡小额子壹条，录绫裙红□

11 腰住带贰拾玖，织成锦经巾壹白紬里，古破绣锦□

12 经巾壹无里，新锦绣大经巾壹红川锦缘□/

13 绢里面破青缬经巾壹欠里壹副，而意杖并□

14 机唱经案壹莲花坐并幢坐两副。

15 □（供）养具铜香炉贰，内壹柄折，幡杆上铜大铃壹并铎，铜

16 师子壹无壹□经师壹在道政，铜铃贰并□

17 铎内壹项折，经案贰，蛮二脚壹副，转经□

18 壹副并□在都判官，捌尺大经案□，螺具贰

19 破香奁贰，□食花镜贰内壹□蛮，木师子贰□

20 □□□壹，盛□□□□子贰，紫牒三条，竹箱子

21 壹，方食床壹，小经藏子壹在教授，小经藏子

22 壹在法□，□□藏子壹在管内法律，□□□子

23 脚经案壹在□烈口，又□□壹□

24（空）

25 □□□□捌枚面破，又

26 □□□子壹，又古破磁椀贰□

27 □□□斗木盆壹，古破牙盘

28 肆面无连蹄，黑团盘壹，□□壹，漆叠子

29 拾枚，花合子壹副，花竞□叁面内壹在管内

30 法律，□槐□□□壹破，花累□壹□□□/

31 竞脚肆内贰破，方牙盘壹，小花团□□/

32 黑漆合壹副，白木□子壹并盖，小□□/

33 壹面，柜壹，□食□壹，赤楪子叁枚内壹破，

34 白木椀叁□，□□□□□壹枚，内五枚欠在道政，又新附画牖/

35 子肆拾□□出□□□□肆拾柒枚，又叠子□□/

36 何楪子肆□□，花盘□□拾玖枚，□肆枚累二枚，欠在

37 石寺主□□阴寺主□□盘子拾枚，二欠在

38 石寺主，□□张□□黄花楪子壹拾伍枚，黄□

39 花合□□□□破，□□盆贰内壹在南梁，白□

40 木盆贰内壹破烈，□□壹，花竞盘壹面，□

41 录画□□子肆□□黑木叠子肆枚，白

42 木盛子壹，□木杓□□/

43. 铜盘，案内壹有脚，□□盘子贰内有壹□□□/

44 铜□□壹，铁□□铜□□壹，铜□贰

45 内壹在□□，铜灌壹副□□瓶□□□□

46 铜钹□□破，□□叁内壹在□□，破尼瓶

47 壹□□□，大龙□镜壹面具全，又螺贝□□

48 壹在□寺主□□/

49 壹硕□斗，镬壹新□□两硕壹豆斗，大铛壹口□

50 并铫，壹硕贰豆斗铛壹口破，叁豆斗煮油铛壹口，

51 贰豆斗肆升铛壹口□贰尺肆寸大铸镢壹□

52 有烈，破釜肆口，叁豆斗破□壹口，□豆斗贰升，

53 铛壹口，柒升方耳铛子壹破用换铁写□。

54 壹尺壹寸铸鏉壹口，又壹尺柒寸铸鏉壹面，

55 □□子，又贰尺铸鏉壹面有□烈子，又贰豆斗贰升

56 铛壹口，肆豆斗破镬壹口，又半升小铛子壹□，

57 □□子失却破用，贰豆斗烈铛壹口，壹豆斗铜□□□□/

58 □□贰豆斗□锅壹口内有烈，釜两口内壹烈□，

59 梁壹在北梁，砲金口□壹□□□□□钟在砲□□□□/

60 镬陆具内壹换铁□□五□□□□/

61 印壹，□□□□壹重贰斤叁两，□□□□，

62 玖两□□□壹□在□老宿，浮丁壹袋□/

63 □□□□梁，镬壹具重壹斤叁两，□□□□/

64 □□□袋子封印全□□□壹□

65 □□□柒两在阴□□□/

66 □□□，□□□封印全□□□铁两□封印全

67 □□□□□壹袋□□用破

68 □□□贰拾壹口□□□像鼻胡钺□□□/

69 □□□□在□□□吴老宿施入□□□/

70 □□□在吴老宿□□□/

71 □□□壹口胡钺像具全□□□/

72 □□□壹□□，食柜贰在行□□□/

73 □□□在石□□□□□/

74 □□□豆斗具□□□具并□□□/

75 函大小肆，秤壹□并铁□□□/

76 □□□管内院壹在都□□□/

77 □□□子壹片子□□□/

78 □□□隔□□□/

79 □□□管内□□□/

80 □□□□□□□□/

81 □□□□□脚壹□□□□□ /

82 □□□□□□□□□□□（后缺）。

3015——S.2687《河西节度使曹元忠浔阳郡夫人翟氏回向疏二件》

1 弟子河（西）归义军节度瓜沙等州管内

2 营田观察处置押蕃落等使、特进

3 检校太傅、谯郡开国侯、食邑一千

4 户曹元忠、浔阳郡夫人翟氏，（中略）敬造万色锦绣经

5 巾一条，施入宕泉窟，永充共（供）养。于时大汉

6 天福十三年丁未岁十一月壬子朔十九日庚

7 午毕功纪。

8 归义军节度使检校太师兼中书

9 令敦煌王曹公之凉国夫人浔阳翟氏，敬

10 造五色绣经巾一施入窟内。（中略）

11 于时大汉（宋）乾德二年甲子岁四月廿

12 二日题记之耳。

3016——S.3416《乙未年某某荣葬名目》

1 （前缺）名目如后。

2 社官程□□

3 社长郭饼粟白练一疋共怀恩合。

4 屈录事饼粟。

5 虞候程□□

6 辛押衙饼粟破生□□袖白□。

7 郭憨子饼粟白紬二丈五尺。

8 张钵子饼粟白练紫袖一丈四尺。

9 张六子饼粟青紬白练绯紫紬二丈。

10 郭贞信饼粟白绵绫一丈二尺黄画披子七尺。

11 郭再升饼粟白绵绫二丈四尺。

12 张文导□□□□白紬六尺紫紬二尺。

13 张怀恩饼粟□□□□二丈四尺□□□□□（后缺）

3017——S.3565《归义军节度使曹元忠设斋功德疏》

1 弟子归义军节度使检校太保曹元忠于衡龙

2 楼上，请大德九人，开龙兴灵图二寺大藏

3 经一变，启扬鸿愿，设斋

4 功德疏。

5 施红锦壹疋，新造经袟

6 贰拾壹个，充龙兴寺经儭。

7 楼机绫壹疋，经袟拾个

8 充灵图经儭生绢壹疋，经袟

9 拾伍个充三界寺经俸。马壹疋充见前僧俸。

3018——S.3565《河西归义军节度使曹元忠浔阳郡夫人等供养具疏》

1 弟子束力河西归义军节度使检校太保曹元忠以

2 浔阳郡夫人及姑姊

3 妹娘子等造供养具疏。

4 造五色锦绣经

5 中壹条，杂彩

6 幡额壹条，银泥

7 幡施入法

8 门寺，永充供养。

9 右件功德今并圆就，

10 请忏念。

11 赐紫沙门闻。

3019——S.3579《将去西州物色目》

1 □月十七日，将取西州去物色目。

2 大家绢贰拾疋，楼绫叁疋，漆椀一个，阎家绢壹疋，

3 氾师子楼绫两疋，绢两步，碧绫半疋，漆牒子两个，漆盏子壹个，

4 ……白绢壹疋，细褐丈五，漆牒子壹个。

5 □□□绢叁疋，碧绢壹疋，绿绢壹丈，白绢拾

6 □□□香壹两，赤□一个，弓壹张。

3020——S.3875：

　　清泰三年丙申岁十一月十一日新造笔一管，写此本。

3021——S.4199《某寺交割常住什物点检历》

1 （前缺）案肆。小木屋账三，内壹借在张衍鸡。又贰在小

2 正李僧正。大床三张内壹在大和尚，又壹在李

3 壹在保定。灵举骨及床具全。

4 大铜镬壹。柒豆斗釜壹，破，在库。陆豆斗方耳铛，

5 破镦铁不堪所用，在库。大铸镦壹面无底，

6 耳铜锅壹，底上有列不漏。羊印壹。熟薄

7 壹面重肆斤。柒豆斗方耳铛壹口，脚断，底有列。陆

8 枕壹在官马院擎豆昔。铜灌壹只壹豆斗。镰

9 并钥匙在库门。新大铸镦贰，各壹尺捌寸，

10 底上有破碎烈子，各叁脚全。肆豆斗，王庆住人债三

11 壹口有古路。张江子入债柒升锅子壹口，底上有烈。

12 大木炉贰。圣僧盘贰，内壹新。赛天王椀子

13 壹破，在寺主保惠。座车羊门壹，上有铁花子壹

14 □，古破大木盆壹。壹硕打物木函壹。六脚大

15 库。又古破大床厅贰，在麻库。新画大柜壹口镰

16 全。小柜子在大和尚。又柜壹口，王宅官借将在南宅，

17 壹口在功德司。大柜柒口，小柜子贰，肆石柜子壹，

18 车脚壹具。案架肆量，内壹在王上座，壹愿长，（架却入库）壹保

19 在库。革子壹在大和尚。骨如意杖壹。黄绢

20 无腰带在角。踏床两张，内壹在大和尚。柜（后缺）。

3022— S.4215《庚子年（940年）后某寺交割常住什物点检历》

　　（前缺）

1 ……（壹领）古红绣毡壹领，内有鹿肆个。圣僧坐花

2 ……（毡子壹领。汉擀白）□□□方毡伍领，内壹领欠在寺

3 主明藏，又两领欠在寺主法兴，又内壹领从拽砲

4 来，张法律将去。于阗毛褐壹条，方汉褥贰，氍

5 毯褥贰，又氾铁奴折债新花毡壹领，又娘子于

6 阗花毡壹领。又红锦褥白方毡两领。

7 小胡锦褥子壹。白方毡肆领，欠在寺主保惠。又

8 白方毡壹，欠在寺主员会。又白毡壹条，欠在明

9 信、教真二人。白方毡伍领，欠在寺主保藏。又新白

10 毡壹条，欠在惠索僧正。又毡壹条，欠在寺主明信。

11 又新白方毡叁领。又新白毡条贰拾壹条，内壹

12 欠在寺主法清，内壹欠在寺主法林。又白银椀壹

13 枚，重捌两半。符僧正镙壹副钥匙具全，在

14 般若藏。又候槽都头大镙壹副并钥匙全，在杂

15 藏。又邓县令镙壹副，并钥匙全，在华严藏。镙

16 壹副并钥匙在藏门。又伍尺大锯壹梁，又叁尺锯

17 壹梁，又叁尺伍寸锯壹梁，在库，锯错壹，重壹两。大斧

18 壹柄，重拾伍两。又大斧壹柄，重拾两。打砣☐☐（后缺）。

3023——S.4252v《某寺付什物历》

1 （前缺）紫绣礼巾壹条，又礼巾两条。

2 阿朶悉难锦壹疋。

3 拴都督绮壹疋。曹家紫锦绫壹疋。使君紫锦壹疋。

4 陈都牙绮壹疋。龙家阿梇大红锦壹疋。衙内门檐一，

5 银角壹，勾骏珠两节。密略丁红绮壹疋。官大锦

6 两疋。绮三疋。独俄大锦壹疋。苟奴都知锦壹疋。

7 永安寺伞。大云寺香金农付举子社。

8 龙兴寺？壹条。

9 付☐子社金锦绣裙五福。绮两疋付李保子。又付保子黄

10 画被☐两条。

11 付邈生社叫壁。付车社银角，其角付戒果。

12 又付福昌大锦壹疋。又付邓愿千举屋绮三疋，青锦壹疋，绣礼巾三条。

13 又付邈举社人邓福昌于阗花毡壹领，红绵绢壹条。

14 付邓流定大锦壹疋。

S4474 庆兰若文

15 付车社阴家官健郭山昌花毡壹条。

16 又付邈举社绿绫裙壹，碧线裙壹并带具全，锦襈裆贴金衫子壹，

17 贴金礼巾壹，紫绣礼巾壹，缬缬绮壹。（后缺）

3024——S.4470 IV《唐乾宁二年（895 年）三月归义军节度使张承奉副使李弘愿
　　回向疏》

1 细毡壹疋、面贰盘，麨贰盘，纥林子贰盘，

2 狗气子一盘。已上施入大众。苏一盘子绁壹疋充法事。

（中略）乾宁二年三月十日弟子归义军节度使张承奉副使李弘愿谨疏。

3025——S.4474 庆兰若文

（前略）庆兰若闻大圣金仙，大

23 隐虚无之际；洎乎五百之岁，像教郁兴。是知大师

24 释迦，不可思议者矣！今日大院虚敞，宿净道场；

25 千花□月面之尊，广坐列珍羞（珍馐）之供。盛会若此，

26 谁人当之？则有信士等。惟公等月练秋霜，心净寒

27 水；凛凛风骨，英英德人。实可谓香桂林中，森森不杂。

28 若不然者，何以结志同心，共造斯院？布金平地，不异

29 祇园。敬造瓦堂一所，塑僧伽和尚一躯。圆墙區

30 匝，廊宇徘徊，功积颇多，今并成就。瓦堂乃虹霓

31 数道，化出奇梁；一段青烟，遥分瓦色。和尚且邈

32 普先王之本质，一处不遗；写金兰之土衣，千般

33 □□□□常怀敬上之心，惠严处右而兢兢，

34 惠岸……门楼也，是一院眉首，为外御之

35 □□远睹近观，貌哉气色。行廊也，五间高敞，

36 安乎方外之眉；两道长檐，每集听经之鸟。

37 行墙乃窈窕一条，若白云抱映于仙苑；周回四合，

38 如……千花。当下手之日，斤斧齐运，

39 砰訇震天。木星迸而入碧空，瓦布鱼鳞翠烟色。计

40 日功就，翕而成焉。乍疑忉利下中天，又似龙宫拥

41 金地。其殿势压虬岗，接谯城之偃蹇；迥耸霄汉，连

42 云阁以巍峨。虹梁加（架）虫带虫束，横空；斗拱星攒夜月。檐喜

43 凤翼，疑□飞来；瓦布鱼鳞，状星宫而涌出。

44 鸱尾也，如双鸾之对舞；其兽也，若鲸鲵皆于青山。

45 遥睹一段碧烟生，近睹千般花种色。其锦像也，召郢匠，

46 邀莲模；端严开月面之容，绀发弯旋螺之色。两

47 点红莲成宝足，千叶花开坐净身，眉间一道白毫

48 光，宛转□□□□佛。其石铭也，取玉石于昆岭，召郢

49 匠于秦川。其文也，花攒渌林；其札也，云飞手下；（其）镌也，

50 在郢人之手。随笔势以盘旋，尽巧思以澄心，逐毫峰（锋）

51 而宛转。以彰不朽之号，将传万代之功。卓立莲宫，屹

52 然不坏。当下手时，肖却浮疏之金。斤斧运而声振

53 彻天，木星迸□云飞碎锦。功成即日，大庆今朝；月圆

54 十五碧天中，江日朦胧绿波上。（后略）

3026——S.4474V

1 敦煌乡信士贤者张安三父子敬造佛堂功德记

2 河西管内都僧录京城内外临坛供奉大德阐扬三教法师赐

3 紫沙门述。

4 窃闻刹号庄严，雕七珍而成梵宇；方称极乐，

5 敷百宝之仙宫，八定高楼，映珠莹而

6 煜彩。曳珠网于禅林，三空妙阁；绫宝殿以通晖，解金绳于福地。佛

7 法大海，信心能入；功德宝山，信手能取。是

8 知趣求大果者，非信无以篚功德。

9　厥有信士张安三父子，倾心真境，志慕善因；思福

10　润之良田，求当来之胜果；悟四大非

11　坚，体无上乘之可托。遂割舍资财，谨依

12　敦煌里自庄西北隅阴施主僧慈惠、龙应应地角敬造佛堂两层一所。

13　下层功德未就，上层内堂敬塑释迦牟尼并侍从，阿难、迦叶

14　二菩萨（西方毗楼勒叉天王东方提头赖

15　叉）及二天王等各一躯，并塑绘功毕。东西二壁

16　画文殊、普贤并侍从，兼画天龙八部

17　并侍从。北壁画大声闻圣众。屋顶四

18　隅各画四天王。四面各画阿弥陀如来。观音

19　势至，顶伞徘徊；如帝释献其宝盖，佛之

20　神通，力遍三界而普覆，而上功德福分，并已功毕。

21　先用资益：过往亡灵，神生净土，见佛闻法，

22　永离三途八难，超升涅槃彼岸。现存居卷，

23　九横不□，□□必兴，世荣不绝。法界众生，

24　俱沾福分。□佛堂两道则及佛堂门，开

25　荒地两畦，共二亩。西至王曹三，东至井，南至阴进进，北至阴悉钓摩。
又于地泽南坎麻潢壹所，

26　且上居业，并是安三劳力开荒，永充供养。

27　亦非他人地分，若有侵掠人□，愿生生世世，

28　三途受报。维大唐天复八月十月□日□□记。

3027——S.4525《付什物数目抄录》

1　堂内敷置花毡肆领，又花毡壹领，白毡肆领付大娘胜美。

2　付官健阿朵子曹顺德与毡数目：于阗花毡两领，

3　又花毡壹领，曹家于阗花毡两领，阎家花毡两领，

4　张家花毡两领，张法律花毡壹领，邓都知花毡壹领，

5　阴家花毡壹领，又邓都知白毡两领，□壹□又氾都牙

6　花毡两领。

7　付官健石达子康富昌椀楪数目：花楪子十五个。

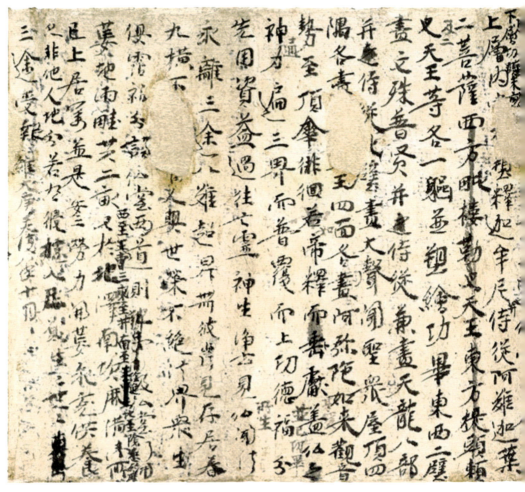

S4474 建佛堂

8　楪子三十四个，木箸七只。

9　付白山银楪子壹只，银锄壹只，银盛子壹，大银椀壹枚，

10　盘盏壹副，丹地木机壹个，付岳富定银椀四枚，

11　孔员昌壹枚，米永兴壹枚张章儿壹枚，史残友壹枚。

12　邓家愿连阿师子布壹疋，宋家八娘子布壹疋，丑子阿师子

13　布两疋，紫锦壹疋付车社，又付缬缚壹条，又车社大红

14　锦壹疋，又大红锦壹疋，又付车社举屋紫绣礼巾六条，

15　大锦三疋。

3028——S.4609《宋太平兴国九年（984年）十月邓家财礼目》

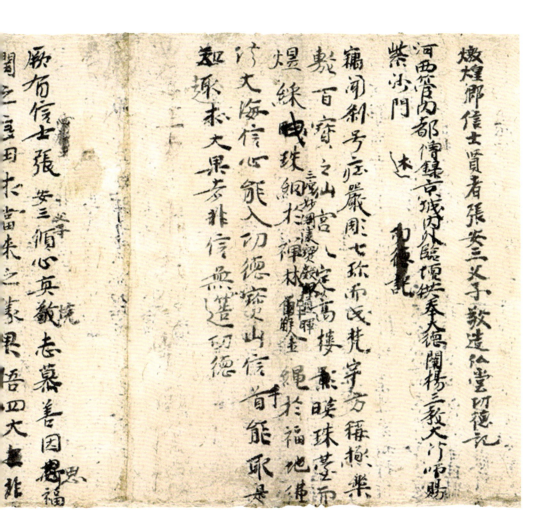

1　邓家财礼目。

2　碧绫裙壹腰、紫绫襕裆壹领、黄画被子一条，三事

3　共壹对。红罗裙壹腰、贴金衫子壹领、贴金礼巾

4　壹条，三事共壹对。绿绫裙壹腰、红锦襕裆壹领、

5　黄画被子壹条，三事共壹对。紫绣裙壹腰、紫

6　绣襕裆壹领、紫绣礼巾壹条，三事共壹对。又红罗

7　裙壹腰、红锦襕裆壹领、黄画被子壹条，三事共

8　壹对。又紫绣裙壹腰、绣襕裆壹领、绣礼巾壹条，

9　三事共壹对。又绿绫裙壹腰、红锦襕裆壹领、银

10 泥礼巾壹条，三事共壹对。沙沙那锦壹张、青锦

11 壹张、红锦两疋、绣锦壹疋、白罗壹疋、紫罗壹疋、绮正

12 绫壹疋、楼机绫壹疋、生绢两疋、红锦被两张、非（绯）锦被

13 壹张、紫绮褥壹面、非（绯）锦褥壹面。

14 布绁壹玖壹玖、联盏壹副、油酥肆驮、麦肆载、羊二口、

15 驼贰头、马贰疋。

16 右前件物至渐寡薄，实愧轻微，聊申

17 亲礼之仪，用表丹诚之恳，伏垂亲家翁容许

18 领纳，谨状。

19 牒件状如前，谨牒。

20 太平兴国九年十月日表□节度都头知衙前虞候阎章作牒

3029——S.4706 某寺什物点检历

1 （前缺）定昌二人相壹□并簸面钾壹

2 领，通计陆佰肆拾玖叶。又大床壹，在惠索

3 僧正。花镜盘壹，在库。又花镜盘壹，欠在

4 寺主教㻧。又镜盘壹，欠在法超。又李僧正

5 花镜盘壹，在库。又李僧正花柜子壹，在惠

6 索僧正，故小索僧正花柜子壹，并镰具全，

7 在库。大合盘壹副，又张午子折债新花

8 合盘壹副（内一副欠在寺主法净）。红锦褥贰于曹库官施入。

9 毡褥：伍色新花毡壹领，梁户宋员达折债入。

10 又伍色新花毡柒领，内叁领故坡；内壹领

11 欠在寺主法兴。白毡叁条，内壹条欠在

12 □□□内方毡壹领。

3030——S.4957:《付绢练物等历》

（前缺）

1 保护生绢六尺，又生绢

2 又古白练七尺，内一接紫绁壹丈八尺。

3 孙寺主黄缬壹丈。

4 潜弁绿䌷六尺，碧绸五尺内接，碧

5 衫子壹付阇梨□。

6 留住黄绢壹疋，绵两疋并叁丈

7 法界黄罗帔子一七尺，淡黄绢□□□生绢一疋，又生绢一疋叁丈八。

8 康文通生绢一疋叁丈八。

9 康昌进黄缬壹丈八尺。

10 善胜黄画帔壹条。

11 王义恩淡绣帔子一，古黄画帔□。

12 安略子绫壹疋付法灵□□。

13 史阇梨碧绢六尺，紫䌷六尺付□□。

14 索阇梨破罗五尺，古破红绢□□紫绣帔子一付善藏。

3031——S.5073：

　　若人造笔先看头，腰粗尾细似箭镞

3032——S.5571 酒户邓留定牒并判凭（拟）

1 酒户邓留定

2 伏以今月十日城南庄刈麦酒壹瓮；支毡匠酒壹剠。伏请

3 处分　　戊辰年七月 日酒户邓留定

4 为凭　　十二日（押符）

3033——S.5590 酒户邓留定牒并判凭（拟）

1 伏以今月十四日支瓜户安阿朵酒壹剠。伏请 处分

2 　　戊辰年七月□日酒户邓留定

3 为凭　　十五日（押符）

3034——S.5790：纸墨帐（拟）

　　……五张，又五十张，又五十张。笔两管，墨一片。

3035——S.5878 子年领物历

1 子年领得白羊毛毡拾柒领内二小，故破。骨力毛毡廿壹，内狭小六，故破。
　　褥二。

2 马犬袋玖口内六，故破。袋子四，故破？两具□肆面，一在阇阇梨边。

3 大木盆三，一在油量博事边。小木盆子，牙盘一，铛肆口，床肆张，二惠明边。

3036——S.5896 点检历残片

1 又一张，在阎阇梨边。叠子肆拾壹，叠子□，椀捌，盖（?）子廿六，

2 经斤二，绁壹段，靴目长具六，靴底拾量，腐（釜?）两口，

3 讫落一，称壹，钵壹，牛皮拾张，内一付恒傅

3037——S.5897 点检历残片

1 小杂珠子四索，内十课珍珠，胡粉一分，惮皮三张，

2 银钜钗子壹只，铜铁钗子三只，故铜腰带一□，绵（棉）线二两，牛胶十两，

曲尘绢七尺，绢却不唱。

3038——S.5973《宋开宝七年（974年）二月归义军节度使曹元忠施入回向疏》

（前缺）布三疋充大众，布壹疋充大像，绵绫壹疋充法事。

（中略）开宝七年二月日归义军节度使检校太师兼中书令敦煌王曹元忠疏。

3039——S.5973《宋开宝八年（975年）正月归义军节度使曹延恭施入回向疏》

庭子布两疋充大众，纸　四门四角法事

（中略）开宝八年正月日归义军节度使检校太保兼御史大夫曹延恭疏。

3040——S.5973《宋开宝八年（975年）二月归义军节度使曹延恭施入回向疏》

1 布三疋充大众，布壹疋充大像，绯锦绸壹疋充法事。（中略）

2 开宝八年二月日弟子归义军节度使侍御史检校太保兼□□曹延恭疏。

3041——S.6050《常住什物点检历》

1 （前缺）　绫罗柒□壹，紫绫衫□，

2 壹□家娘子黄画帔子一条，故□□帔

3 子壹，在梁法律。故破绯绣衫子壹。故破

4 绯绣衫子壹。紫绢壹尺伍寸。青□罗

5 帔子壹。白绫裙表壹并锦腰紫罗

6 带。小红锦袜肚壹紫绢里。紫羊头

7 刺珠子三拾个。又大羊头刺珠子三拾个。

8 □□贤妻牙□壹。绿绢贰尺。黄

9 锦小袜肚表壹，长贰尺。银金刚杵

10 □壹。瑚珀子玖。墨绿绫满绁

11 □白绣一方子。青绢壹□

12 □□□□衫子壹，黄

13 练衫子壹（后缺）。

3042——S.6217《乙巳年（945年）二月十二日交割常住什物历》

1 乙巳年二月十二日常住新□

2 目如后：大统壹，大盛壹，

3 壹斗魁子贰，木盘子壹，大椀叁拾个，又

4 次椀肆拾个，更次椀叁拾个，小椀子叁拾七个并楪子，

5 又漳木小盘子壹，树根椀捌个，木盆贰，

6 内壹徒众偿僧录和尚用，木灌壹只壹斗。

7 计得椀大小壹伯叁拾玖个楪子陆个法眼。

3043—— S.6217《丙午年（946年）四月十五日分付常住什物历》

1 丙午年四月十五日，常住新椀楪盛统盘子

2 盆魁，都计数壹佰伍拾壹个，现分付法

3 律智员、法政等仓家柒人。

3044—— S.6276《什物点检历》

1（前缺）伞壹，□□壹副，锦绣□

2 大红锦伞壹，番锦缘绿绫裙并

3 紫丝纲上有金渡含口铜铃子

4 拾柒，铜火镜子大小肆□

5 □□□含铃壹拾□，□

6 香□□□□珠子

7 □□□□宓宓□贰（后缺）。

3045——S.6829《戌年（806年）八月氾元光施舍房舍入干元寺牒并判》

1（前残）宅内北房一口并檐，次西空房地一口无屋，庑舍一口。

2 右元光自生已来，不食熏茹，白衣

3 道向，历卅余年。从阴和上已来，

4 乾元寺取缘听法，来住不恒，腾踏已

5 常，涕唾恶地，及诸罪障，卒陈难尽。

6 从今年四月已来染患，见加困劣，无

7 常将逼。谨将前件房舍施入干元

8 佛殿，恐后无凭，请乞判命，请处分。

9 牒件状如前，谨牒。戌年八月日汜元光牒。

10 任施仍为凭

11 据润示。

12 廿七日。

3045——S.6829V《丙戌年（806年）正月十一日已后缘修破用斛斗布等历》

1 丙戌年正月十一日已（以）后，缘修造破用斛斗布等历。

2 十九日，买张奉进木，付麦肆硕。

3 廿二日，买康家木价，付布肆疋，计壹佰柒拾陆尺折麦壹拾硕，又付粟叁硕。

4 二月十一日，付翟朝木价，布壹疋肆拾伍尺却入。

5 三月十四日，出麦捌斗，雇索鸾子解木手工城西。

6 四月二日，出麦柒斗，付曹昙恩解木七日价。

7 同日，出麦贰斗，付索家儿充解木两日价。又一日价，麦壹斗。

8 九日，出粟柒斗，付索鸾子充解木五日价。

9 廿一日，出粟柒斗，付彭庭贤雇车载城西木。

10 廿三日，出麦肆硕捌斗，付唐十一回造白面。又出麦壹硕贰斗，回帖造。

11 五月三日，出麦壹硕肆斗，粟壹硕捌斗，付孟家木价。

12 同日，出粟壹硕与荣国造岫及毗离手功。

13 九日，出麦壹硕肆斗，粟叁斗伍胜，买铁四斤打钉。

14 十六日，出麦贰斗壹胜，买铁壹拾叁两。

15 同日，付康太清粟叁硕，充先买材木价。

16 六月二日，出粟柒硕，付荣清等充仰泥手功。

17 同日出粟叁硕、麦壹硕伍斗，与王庶子仰泥手工。

18 九日，出粟贰斗伍胜碾供取草人等食。

19 同日，出粟陆硕，付康太清买柱子价。

20 十二日，出粟陆硕叁斗，还道莘等，先修佛殿手功。斗杜足足又将粟三斗。

21 廿一日，出粟肆硕，麦壹硕伍斗，与王庶子仰泥手功。

22 七月一日，出粟壹硕碾供修造离使人食。

23　八日，出苏贰胜半，面壹硕肆斗另历收，米壹斗，供众僧泥佛殿阶别历收。

24　白面贰斗，将窟取赤土付不要别历收，出布叁丈贰尺与法日赤白造。

25　出油陆胜内二升入石灰泥；四升油鸱吻。

26　八月二日，出布陆拾尺，与道恽修佛坐赏物。

27　同日，出布陆拾柒尺，付灵图金光佛充杜邕木价。

28　同日，出白面叁斗，付智英将窟取赤土食别历收。

29　同日出白面壹硕柒斗别历收，供赤白人，从六月廿三日到七月

30　十四日，并修佛坐人等食。布肆尺，造泥巾。

31　又出白面贰斗别历收，入赤白处。油半胜，赤白柱用。

32　以前都计,出麦粟五十二石二斗一升内一十七石八斗一升麦,卅四石四斗粟,油九升,

33　布三百卅九尺。又布一丈一尺出卖，每尺五升无念。（后略）

3046——S.8673　都头知作坊使邓守兴状并判凭

1　头知作坊使邓守兴

2　伏以今月六日都头索流定请箭伍拾只七日押衙闻瘦子□□

3　肆拾只未蒙　判凭伏请　处分

4　　丁丑年八月　日都头知作坊使邓守兴

5　为凭　　　九日

3047——S.9455　都头知作坊使邓守兴状并判凭

1　都头知作坊使邓守兴

2　伏以今月十七日衙内造佛轴用□杖柄

3　处分　　　丁丑年九月

4　为凭　　　十八日

3048——S.8666　都头知作坊使邓守兴状并判凭

1　……知作坊使邓守兴

2　伏以今月廿六日南城上赛神箭拾只未蒙　判凭伏请　处分

3　戊寅年七月　日都头知作坊使邓守兴

4　为凭　　　廿七日

3049——P.2555《诸亲借毡褥名目如数》

1 今月十六日诸亲借毡褥名目如数。

2 金光明寺借花毡两领、褥一条，白方毡肆领。索家白

3 方毡一领方褥两领。康端公红花毡三领，一领在堂内。

4 酒官家一瓮，羊一口。

3050——P.2567v《癸酉年（793年）二月沙州莲台寺诸家散施历状》

1 莲台寺状上。

2 从癸酉年正月三日起首戒忏，至二月八日以前，中间所有诸

3 家散施斛豆斗银器绢帛布纸衣袄材木等，一一抄数如后：

4 麦三拾三硕陆豆斗，粟贰拾壹硕豆斗，面拾硕伍豆斗伍胜，米四硕

5 壹豆斗，黄麻三硕柒斗，红蓝柒硕三斗，已（以）前斛豆斗都计捌拾硕肆
  豆斗伍胜。

6 油贰豆斗九升，苏六升半，绢十一疋半，青花罗一疋，一疋，布五百四十九尺，

7 纸八十二贴半，红花一百二十一斤，银镮子四，银一两三钱，十量金花银

8 瓶子一，八量银胡禄带一，银火铁一，又银一钱半，金八薄，又金一钱，

9 银靴带一量，瑠（琉）璃瓶子一，钿石瓶子一只，马两疋，三岁黄牛一头，
  紫袖袄子

10 一领，青绫衫

11 子一，青绢衫子一，紫袖襦裆一，红绢衫子一，緤缬衫子一，朝霞锦

12 缠头一，红绢衫子偏衫一，帛绫半臂一碧绫兰，紫绢伍条袈裟一，禄

13 绫襦裆一，绯绫袜肚一，绯绫衫子一，黄绢偏衫一，红绢衫子

14 一，青绫袜肚，行像紫罗偏衫一，青绢裙一腰，红绫长袖一，曲尘绢兰

15 □罗缚头二顶，绯绢衫子一，青绫袄子一，绣綎衣一，天王半臂一，帛

16 □袄子一，青罗裙一腰，帛绢衫子一，新黄绫袜裆一，黄绢偏衫一，

17 □绫衫子一，新帛绫袄子一，尼绢裙衫一对，紫绢覆博一，红绢

18 衫子一，帛绢衫子一，紫银尼罗被子一，赤黄绫袄子一，紫绫装

19 袄子一，帛绫半臂一并绫兰，青银泥罗裙一，帛绫长袜一并兰□，

20 帛绫袴一，红绢衫子一，赤黄绢衫一，红罗衫子一，帛绫半臂一

21 并兰一，紫绢衫子一，量绢被子一，青绢袜裆一，古紫绢五条袈裟一

22 青绫七尺，红罗八尺，皂绫八尺，緤缬五尺，青地缬子八尺，禄绫六尺，

緤缬

23 七尺，又緤缬□尺，红罗六尺，紫绢八尺，紫锦七尺，緤缬二尺，又緤缬八尺，又

24 緤缬八尺，碧绢二丈七尺，细布衫一领，布偏衫一，红布衫子一，黑布柒条

25 袈裟一，麻履一量，十综孝布柒（条）袈裟一，细布衫一领，黑布柒条袈裟覆

26 博头巾一对，黄布偏衫一，布衫一领，黄布袈裟头巾覆博偏衫一对，黄

27 布衫子一，细布衫一领，又细布衫一，又布衫一领，帛毡褐衫一领，尼黄

28 布偏衫覆博一对，真（珍）珠廿壹线，玛瑙珠子八十四枚，琥珀二，瑟瑟五，钾石

29 钗子六十四只，鬏五百五十二剪，又鬏一十二两半，大刀子三，弓六张，箭

30 二十一支，器械一副，锵一张，越（钺）铁一，怗银腰带一，钾石腰带一，铁腰带三，

31 铜腰带二，绣针毡一，铜椀子一，赤铜十两，碁子一副，牙疏（梳）子一，

32 青铜镜二，火镜一十五，大瓮两口，黑靴一两，鞍瓦七具，镑一，铁锅子一，

33 胡禄带一，铜匙箸一副，靴底两量，铜火铁一，铁火铁二，

34 供养　漆椀二，花椀五，花叠子一，木

35 火炉一，三斗油　，白杨木卅条，榆木五根，椓十一（壹）行，石灰两石，炭卅斤，

36 □五十六斤，没苏子三斗。

3051——P.2583《申年比丘尼修德等施舍疏十三件》

1 申年正月十五日，时□□时福田紫一疋卅七尺，绢两疋各十五

2 箭，金五两，上锦两张，杂绢两疋各十五箭。（牛三头折得上牛两头，共计十三石）

3 二月五日，宰相上乞心儿福田入僧金拾伍两，金花（银）

4 拾两，银瓶壹，上锦壹张。

5 日宰相上讫结罗福田僧拾伍两，金花银盘壹

6 拾两银盘壹，柒两银盘壹（三事准得麦陆拾马犬，□□□□报恩寺未入）。

7 十月九日宰相上乞心儿及论勃 藏福田捌头牛价折得

8 曲尘绢两疋绯绢三疋，紫绫壹疋（折绢三疋，每牛一头，得绢一疋）。

9 □（官）绝檀七条袈裟并副博黄古榖子头巾一副，十综布七条袈裟并副博
　 头巾

10 □一副赤黄布偏衫一，生绢八尺，八综布五十尺，七综半布一疋，于阗花毡

11 十领，箭刀一具。以上物施入合城大众。（绝）

12 黄绝绢二丈五尺（施入灵图寺行像）细布八尺充法事。

13 右所施意者，为己身染疾，经今一旬有余，药食

14 虽投，不蒙抽减，虑恐身隋井竭，命逐腾危，谨

15 舍前件衣资、投二部大众，起慈济心，乞垂

16 忏谢。

17 ▢▢▢十二月十五日比丘尼修德谨疏。

18 十综布袈裟覆膊头巾一对，官绝裙衫一对，紫绢衫一对，白锦袜肚一，

19 曲陈绢二丈，已上物施入合城大众。白绣袜一量，

20 细布衣兰一，入法事。

21 右真意所施意者，奉为亡姚舍化，不知神

22 识讬生何道，及为己身染患，经余累月，未能

23 痊损，医疗无方，虑恐过去宿业，现世偬疣，敢此

24 缠痾，疼痛苦楚。伏愿大众起慈济心，乞垂加护，广

25 为忏念。

26 ▢▢▢十二月廿比丘尼真意谨疏。

27 紫绢袈裟一条官施。绢裙一腰，绢偏衫一。

28 右明谦患病九（久）床枕，依迟不诠。今投

29 清净道场，请为念诵。

30 正月三日尼明谦谨疏。

31 ▢▢▢法事惠严。

32 八综布一疋册尺，七综（都司用）布一疋四十尺，手巾一条法事。

33 右智性染患，已经累月，不得诠差。今

34 将前件等物，投净清道场，请为念诵。

35 正月七日比丘尼智性谨疏。

36 □一疋二丈九尺。蒲桃一斗，解毒药五两，已上勿（物）充转经僧俫。

37 解毒药二两，充正月一日夜燃灯法仕宋教授和上

38 ……药。

39 正月七日弟子节儿论莽热谨疏。

40 莽没热节儿为钵单布福田，施曲陈绢一疋，三丈四尺。

41 檀绝被一张，禄绝裤子一，黄绢裙衫一对，

42 紫官绝袜裆一，紫绢衫子一，九综布袈裟覆裆一对，九综布裙衫一对，

43 细布衫子一，针毡子一（施入合成大众）。布一疋（施入报恩常住）。

44 麦五石、花盘子二、花椀五、花叠子五花钵子一（施入灵修寺常住）。

45 细布手巾一条入法事。

46 右慈心舍施意者，为髫年入道，脱俗披

47 缁，接以僧论，揽沾行末，近以火风不适，

48 地水乖违，瘿疾数旬，缠痾累月。频投

49 药食，敬未痊除。二鼠将侵，四虫也逼恼。

50 恐将危命，难可安存。所以身是女人，多

51 诸垢障。或五篇七聚，多阙忮违，性戒

52 之中，难持易犯。或污渥伽蓝，侵损常

53 住。或妄言起语，疾妒悭贪，我慢贡高，

54 衡突师长。或呵叱家客，口过尤多。如

55 斯等罪，无量无边，卒陈难尽。今投

56 道场，请为忏念。

57 □□□申年正月十五日比丘尼慈心谨疏。

58 红蕴披子一施入合城大众。

59 右所施意者，为己身染患，

60 经今一月，药石虽投，未

61 蒙诠损。今投道场，请为

62 念诵。

63 二月廿日弟子王氏谨疏。

64 净心斋施 卅两，兴灵修寺。（后空）

65 髮壹两，沙唐伍两入大众。

66 右弟子薄福，离此本乡，小失翁母，处于大蕃，配充驿

67 户。隋缘信业，受诸辛苦。求死不得，乃贪生路。饥食

68 众生血肉，破斋破戒，恶业无数。今投清净道场，请

69 为念诵。

70 ☐☐☐☐申年正月日女弟子张什二谨疏。

71 沙唐一两崇哲取，准三斗。（后空）

72 青绢裙一腰施入合成（城）大众。

73 右弟子所施意者，为己身染患，经今

74 数旬，药石虽投，不蒙诠损。虑恐

75 身处凡夫，多诸垢累，污泥伽监，经

76 慢三宝。如斯等罪，卒难忏谢。今将

77 前件物，投清净道场，请为念诵。

78 申年正月十五日弟子朱进兴谨疏。（后空）

79 亡尼坚正衣物。八综布七条袈裟并头巾覆博一对，

80 黄布偏衫一，单经布偏衫一，夹缘坐具一，单缘坐具一，

81 赤黄九综布八尺，八综一疋卅八尺，槐花二升半。

82 右通坚正亡后，衣物如前，请为

83 念诵。

84 ☐☐☐☐申年正月十七日寺主戒倩疏。

85 法会为薛阇梨亡斋俵施布两疋布二疋回法阇梨写价，与

86 李颙一疋准麦四石五斗，又与张寺加一疋，准麦四石五斗，其布却入法阇

87 梨，布两疋充都头人士赏珍法宝讫。

88 檀把刀子一。

89 申年二月十三日尼明证念诵施入大众衣

90 物数。单经故破七条一，单经故破裙衫一对，

91 故破黄绌布里袜裆一，故布付博一，头巾

92 二故。新坐具一。故单坐具一。又细布裙

93 衫一对。黄布衫子一。又粗布裙一。袜一两。单经

94 布丈一。新绵半两，粹布纳一果。故麻履

95 一量。栲老子一。箱一。正勤。

3052——P.2613《唐咸通十四年（873年）正月四日沙州某寺交割常住物点检历》

1 咸通十四年癸巳岁正月四日，当寺尊宿刚管徒众等，就库

2 交割前都师义进、法进手下，常住方番像、幢伞、供养具、铛镦、铜铁、

3 函柜、车乘、毡褥、天王衣物、金银器皿，及官疋帛纸布等，一一

4 点活，分付后都唯法胜、直岁法深，具色目如后。

5 夹颉围伞子贰，白绢里罗锦者舌青绢裙。故破碎罗

6 锦幢裙子捌，并杂绢里。破碎高离锦幢裙子贰拾，内壹

7 全。白强木油金渡珠索贰，破碎不堪受用。白强幢子贰，各长

8 伍尺，破碎。又破碎珠幡贰，不堪受用，在未着漆函子内，封印金。故破碎高

9 离锦经巾壹，曲尘绢里，每面各长壹箭半。画紫绢佛帐额

10 带肆条，金花贴。绯罗绣带贰，新。白绣罗带贰，各长壹箭半。

11 故破碎曲尘绢。（长）拾箭，不堪受用。故破黄绫铜经巾壹,长三箭,不堪受用。

12 杂绢路袋壹。漆香奁底壹，无脚。铜悉罗三，内贰全。桃骨帐

13 子壹副。剉碓礲头壹，贰拾两。干盛瓮大小共肆口。贰豆斗伍胜浧

14 壹。柜大小共三口，内贰在索僧政。帐写牙盘子壹，长贰尺。破漆食魁壹。

15 壹丈贰尺绢幡壹口。肆拾三尺大绢幡肆口。绯绢幡陆口，各长陆尺。

16 画布幡壹拾三口。破碎珠幡贰，在漆函子内。画紫绢带拾条。故破碎墨

17 绿绢贰丈，不堪受用。紫绫竖纬壹，故破，不堪受用。绣花拾片。红绢

18 画带八条。绯绢贰尺三寸。绯绢壹拾三条。白绁壹丈陆尺，

19 内肆尺半幅。故破黄绢幞壹。紫牒食单壹，长捌尺，内撰。三胜木

20 油瓮子壹。生铜叠子壹。蛮箱壹合。木油花盛子贰，屏风骨两副。

21 升方壹。贰尺伍寸镞壹面，列（裂）。胡铁镬子壹，无底。破磁掬壹。

22 皮连袋贰。大木盆壹，（在梁下）甘土瓮壹，破列（裂）。壹豆斗伍胜破浧壹。破

23 咄笼壹。韦皮两张。白绁祆子壹。天王木绳床子肆。锌丁

24 子伍佰陆拾三枚。屏风角鑠伍拾三。小绢伞子三。漆筹筒壹。

25 竹筹贰拾伍双。漆案几贰。枪轩壹，并龙头。门靴壹副，在后门上。

26 佛名经木架壹，在经家。木祖勃壹。木钵子贰。恰盛壹副柒事。

27 深漆盘子贰拾壹。竹笼贰。故破鼓腔贰（内壹在音声）。莲花架贰。

28 大幢坐贰。紫绫幢壹。曲尘绢裙。玉刀子把壹。铜铁各壹

29 片子。絁氍□壹，长壹丈贰尺，四缘破。故破毛锦壹，（不堪用）。肆拾玖

30 尺大布幡捌□。捌胜铜灌壹，五寸列（裂），并有小孔。铜香宝壹，并盖。

31 生铜屈支灌子。贰豆斗磁□子壹。三胜毡子壹。伍胜几钵壹。故

32 破错菜（彩）经巾壹，紫绢绯绢里。故破花罗经巾壹，不堪用。错彩

33 绢幡拾口。大食柜两口。贰拾硕柜壹口。文书函子壹。木白像

34 壹。细竹兼子壹。大箱壹镞。手巾木架子壹。大铁秤锤壹。

35 破碎氍毛壹，不堪用，次籍除。□壹口，在邓寺主房，贰拾伍硕。破碎绯
   毡连袋壹。木火炉

36 壹。杂药壹裹子，在印子下。故破绯绢贰丈，不堪用。绫锦针毡壹。深漆

37 木花壹。深漆叠子壹。等身布幡三拾口。壹幅半紫绢伞壹。

38 漆香奁底壹。秋木函子壹，无盖。白绫幢贰，绯绢里。司马锦毒

39 一。又白绫幢壹，绯绢里曲陈绢裙。瑠（琉）璃屏子壹双。白玛瑙珠贰，

40 无孔。绯地青花鸟毛锦壹，壹拾三窠，上有蠹孔壹伯玖拾三。小

41 钟壹口，在奉唐寺。司锦项菩萨幡捌口。黄绢浴裈贰。白沙壹丈陆尺。

42 壹硕木盆壹。伍色絁食单壹，无缘。小经桉壹。大布幡伍口。

43 鹿罗圈壹。紫单绢伞壹，杂绢裙。小布幡拾口。小白绫伞壹。

44 绯绫单伞壹，曲陈绢者舌。大箱壹合。红绫大幡额壹，长肆拾

45 肆尺伍寸。番锦腰杂汉锦夹缬者舌，花带伍拾肆。白绢曲陈绢

46 带伍拾三。大白绣伞壹，白布里，长壹丈三尺，阔壹丈。龟具青

47 绫裙、红锦腰，阔伍寸。司马锦里杂色绢柱子玖拾柒枚，各长壹

48 尺玖寸。绯绢带玖拾陆双，各长贰尺贰寸。白绫者舌玖拾陆。里面杂

49 色柱子玖拾肆，各长壹尺玖寸。杂色绢带玖拾伍双，长贰尺贰

50 寸。白绫者舌玖拾伍，并画木争壹副。紫绢单伞壹，每面各长

51 壹箭半，紫绫者舌。肆拾伍尺大绢幡三口。破碎漆叠子贰拾壹。

52 大铜莲花贰，并轩。里弟遊队纸屏风面壹副，在马寺主。金花小漆禄

53 子壹合，全。贰拾辐车脚壹具，内壹全，无钏。等身彩破碎绢幡

54 三拾口。青贰色绫单伞壹。大铜盆壹，两耳。桉架壹，在邓寺主。

55 羊印壹。错彩绢幡柒口。紫檀鼓腔壹，在音声。小银泥幡子伍

56 口，在索僧政院佛帐子内。伍色褐食单壹条。生铜香炉壹条，阙尾。等身

57 银泥幡贰拾肆口。破碎生绢菩萨幡贰拾肆口。青绢小方伞子贰，

58 罗锦者舌。小布拾口。银香炉壹，贰拾肆两，并银师子。柒两弗

59 临银盏壹，并底。三两肆钱银盏壹。肆两伍银盏壹。肆两

60 银盏壹。弱金肆钱，在印子下。鍮石香宝子贰，内壹阙底。大

61 金渡铜香炉壹，肆脚上有莲花两枝，并香宝子贰及莲

62 花叶。木白像子上有莲花埵、铜悉罗、并盖、铜讲桥肆片。

63 蜀柱子捌，勾子陆片，铜柱子柒，首头柒。孰（熟）铜叠子壹拾肆。

64 大铜钟壹口。独织锦经巾壹拾捌窠。铜军冶壹。生铜洒瓶壹。

65 大铜瓶壹。胡锁壹具，并龠匙。胡锁腔壹。汉锁壹具，并龠

66 匙，在张僧政。小柜子壹，无盖。在张僧政。故破牙盘壹，无脚。捌尺大牙

67 盘壹，无脚。伍硕柜子壹口，在灯司。大柜壹口，在修造司。小柜壹口，

68 （在）行像司。又大小柜肆口。生铁大火炉壹，破碎不堪用，再写煮油铛用，

69 次籍除。经桉贰。青布幔天壹，长丈伍，陆幅。天王像子肆，各长

70 肆尺柒寸。大绢幡壹肆口，各长肆拾玖尺。壹拾玖尺布幡壹拾

71 柒口。千佛布像壹。织成像壹，白绢里，青紬缘。缲像子壹。画

72 布像壹。白绫圈伞子贰，杂绢者舌。菩萨幡贰拾贰口，各长玖尺。红

73 绫大伞壹。紫绢裙，长肆尺，在何上座。菩萨绢幡壹拾捌口。壹角小伞

74 子壹拾肆。紫绫幢壹，曲陈绢裙，紫绢里。壹角紫绢伞子壹。

75 青缬子香奁褥壹，毻綵。破镔钵盂壹。紫丝网子三条。三脚

76 鍮石盏子壹。壹升铜灌子壹，并纟，在张僧政。青绫小褥三，䌷

77 里。龙须席壹。熏笼贰，内壹无盖。壹豆斗磁渋壹。磁枕子

78 壹。木着漆香印壹。铁杵臼壹副。生铁小镦子壹，三片。破圣

79 圣僧盘壹。绯地毛锦壹，捌窠，破碎。贰拾窠鹿（绿）花毛锦壹，破。

80 青绣幢裙陆。珠绳腰，并青伞子贰。食柜大小三口。绯绫绣

81 褥壹。舍利塔子壹。曲陈单伞壹，长肆尺伍寸。盛佛衣漆禄壹

82 合。坛锦伞壹，每面长三尺，白锦缘。青绢裙，杂绢者舌，上有金渡

83 花伍枚。绣像壹片。单曲陈绢伞壹，长伍尺，绯绢裙，在道哲。绯

84 绢夹经巾肆，每面各长壹箭，阔肆尺。经桉壹。影灯面像三，破。大

85 银泥潘贰拾口。绯绫伞壹，曲陈绢裙，绯绢里，紫绢者舌，长陆尺。

86 肆拾玖尺大绢潘壹拾柒口。绯绢伞壹，黄绢者舌，每面各长三尺。

87 曲陈单伞壹（经架孔），绯裙，长壹箭。又曲陈绢伞壹，绯紫者舌，每面
   各长

88 壹箭。壹角曲陈绢伞子伍。壹角绯伞子贰。白绢伞子壹。

89 阿弥陁瓶风壹合。等身银泥潘壹拾贰口，内伍口，在前孙都师。黄夹缬
   大伞

90 壹，草绿绢裙，周围壹丈肆尺。红绝伞子壹，绣伞子壹，绯绢

91 者舌，夹缬带。金渡生铜脚伍。汉锁壹具，并龠匙，在库门。又汉锁壹具，

92 在何上坐。瑟瑟壹，在官印子下。生绢千佛像壹。壹角小伞子壹。生绢卢
   舍那

93 像壹，紫绢缘。贰胜生铜钵壹。壹角绯绢伞子三。草绿单伞壹，

94 紫绢缘。深漆叠子壹拾壹。士心秤（秤）笙壹。紫绢单伞壹，紫绢裙，
   绯者

95 舌。青绢伞子壹，每面长贰尺。等身错彩绢潘壹拾伍口。故破

96 错彩绢潘三拾柒口。草绿绢单伞壹，长壹箭半。夹缬潘伍口。紫

97 绫幢贰，紫绢里司马毒。珍珠壹佰陆课（棵），银珠贰拾陆，金渡铃子贰，

98 并在函子内印子下。壹角杂绢伞子伍。夹缬伞子壹，曲陈者者（舌）。紫绫

99 伞壹，绯绢里，青绢裙，杂色柱子。绯绢伞子壹。司马锦伞子贰，青

100 里，绿绢裙，各长壹箭半。绯绫幢贰，草绿里，白绫毒。大红

101 番锦伞壹，新，长丈伍尺，阔壹丈，心内花两窠。又壹张内每窠各师子

102 贰，四缘红番锦，伍色鸟玖拾陆。青吴绫裙，长贰丈三尺伍寸。红锦腰，

103 阔肆寸，青夹缬里，每面杂色柱子肆拾枚，阔肆寸，长壹尺伍寸。贰色绢带

104 肆拾双。白绫者舌肆拾枚，每面杂色柱子拾枚，又青吴绫壹，长贰（后缺）

3053——P.2631《付绢罗物等历》

（前缺）

1 ……又福成家青绢壹段，□

2 段，又张宜宜家青绢壹段内两接

3 ……黄军罗玖尺，青绫壹段

4 幡额壹，又付青绢壹段，应□

5 付贺良温紫绫壹段，又良温家

6 接，又良温家白绫壹段，又付法成。（后缺）

3054——P.2638《后唐清泰三年（936年）沙州僧司教授福集等状》

1 僧司教授福集法律金光定法律原油清等状。

2 右奉处分，令执掌大众僧利，从癸巳年六

3 月一日以后，至丙甲年六月一日以前，中间三年，应

4 所有官施、私施、疾病死亡僧尼散施及车

5 头、斋僧，兼前僧回残，所得绫锦绵绫绢絁褐布

6 衣物盘椀卧具什物等，请诸寺僧首、禅律、老宿

7 等，就净土寺补会，逐年破除兼支给以应管僧尼一一

8 出唱，具名如右：

9 巳年官施衣物唱得布贰仟三伯贰拾尺，阴僧

10 统和尚衣物唱得布玖仟三拾贰尺，价法律衣物唱

11 得布三佰陆拾三尺，阴家夫人监旷（圹）衣物唱得

12 布捌佰三拾尺。甲午年官施衣物唱得布贰仟三

13 佰贰拾尺，又壹件衣物唱得布肆仟捌佰壹拾尺，又

14 壹件衣物唱得布伍仟伍佰捌拾尺，龙张僧政衣

15 物唱得布肆仟柒佰拾陆尺，普精进衣物唱

16 得布贰仟玖佰壹拾捌尺。乙未年曹仆射临旷（圹）衣物

17 唱得布叁仟伍佰肆拾尺，大王临圹衣物唱

18 得布捌仟叁佰贰拾尺，梁马步临圹衣物唱得

19 布伍佰壹拾尺，国无染衣物唱得布三仟肆佰

20 柒拾伍尺，普祥能衣物唱得布贰仟伍佰捌拾

21 尺，天公主花罗裙唱得布捌佰尺，王僧统

22 和尚衣物唱得布陆仟三佰捌拾贰尺，孙法律衣

23 物唱得布贰仟贰佰陆拾陆尺。

24 上件应出唱衣物，计得布伍

25 万捌仟伍佰贰尺。

26 回残：楼机绫三疋，生绢伍疋，黄小绫袄子壹领，乌玉要

27 带壹，革呈踝具玖事，计又得见布捌佰肆尺，粗紬

28 叁拾疋，细紬贰疋，绢壹佰贰拾捌尺，绵绫贰疋，

29 官施见布肆佰尺，粗紬壹拾壹疋，大绫贰疋，

30 宰相锦袄子价楼机绫贰疋，散施绵绫三疋，又

31 绵绫壹疋王僧统袄子价入，细紬陆疋，粗紬柒

32 疋，又粗紬玖疋价入。

33 上件三年共得大小绫柒疋，

34 生绢伍疋，绵绫陆疋，生绢

35 壹佰贰拾八尺，粗紬伍拾

36 柒疋，计壹仟肆佰伍拾贰

37 尺，细紬壹拾三疋计三佰

38 贰拾伍尺，布壹仟贰佰肆

39 尺，已（以）前出唱衣物及见紬，右

40 计陆万壹仟肆佰伍拾陆

41 尺。

42 出破数：楼机绫壹疋，寄上于阗皇后用。

43 楼机壹疋，月卖鞍上官家用。大绫壹疋，

44 上司空用。又楼机壹疋，沿大众所用。生

45 绢贰疋，大云、永安庆寺人事用。又生绢

46 贰疋，郎君小娘子会僚人事用。又生绢壹

47 疋，贺官鞍价用。生绢壹疋，买粗紬

48 玖疋，沿大众用。生绢壹疋，二月八日赏法师

49 用。生绢壹疋，天公主上梁人事用。绢捌

50 尺，归文寄信用。绵绫壹疋，圣光寺庆锺用。

51 绵绫壹疋，开元寺南殿上梁用。绵绫壹疋，安

52 国庆寺人事用。绵绫壹疋，甘州天公主满月

53 人事用。绵绫壹疋，二月八日赏法师用。

54 绵绫壹疋，于阗僧革免衣用绵（黄）绫袄子壹领，

55 三界，净土赏法事用。细𬭼壹拾柒疋，天公

56 主满月及三年中间诸处人事等用。细𬭼

57 伍拾柒疋，三年中间诸处人事、七月十五日

58 赏乐人、二月八日赏法师禅僧衣直、诸寺

59 兰若庆阳等用。布贰仟柒佰壹拾尺，三

60 年中间沿僧门、八日法师、七月十五日设乐

61 三窟禅僧衣直布萨庆阳吊孝等用。

62 贰佰壹拾尺，申年修开永支布萨法事用。

63 捌拾尺，赏监俸和尚用。壹佰伍拾尺，赏支

64 俸大德三人用。玖拾尺，赏都司三判官等用。

65 贰拾尺，支大众维那用。肆佰尺，给䄍日供主

66 用。贰佰肆拾尺，折送路漆椀三枚用。

67 已前件，都计破得大小绫肆疋，

68 生绢捌疋捌尺，绵绫陆疋，细𬭼

69 叁佰贰拾伍尺，粗𬭼壹仟肆佰

70 贰佰伍尺，布三仟玖佰尺。上件

71 三年间破除外，见存大白绫壹

72 疋，楼机绫贰疋，布伍万伍仟

73 捌佰陆尺。

74 应管诸寺合得俸僧计三佰伍拾陆人，

75 沙弥壹佰陆拾三人合全捌拾壹人半，合得

76 俸大戒式叉尼计三伯柒拾玖人，尼沙弥计

77 柒拾壹人，合全三拾伍人半。上件僧尼，通

78 计捌佰伍拾贰人，人各支布陆拾尺，僧尼沙

79 弥各支布三拾尺。

80 准前件，见存额半满二种支

81 付外，余布肆仟陆佰捌拾陆尺。

82 右通前件三年中间，沿众诸色出唱

83 人事吊孝赏设破除及见在，一一诣

84 实如前，谨录状上，伏请处分。

85 牒件状如前，谨牒。

86 ☐清泰三年六月日僧司法律愿清牒。

87 ☐僧司教授福集。

88 ☐僧司法律金光定（后缺）。

3055——P.2680《丙申年氾恒安等纳绫绢等历》

1 氾恒安红锦两疋各准绢捌疋，又折绢壹疋，白花罗一疋

2 准绢柒疋，楼绫小绫子一疋共准绢肆疋，要带准

3 绢两疋，漏颜两缎子折绢两疋，漆椀一枚，皮

4 条两个，又纳进玉价白罗一疋，小绫子壹疋。

5 杨万过生绢五疋，小绫子一疋，漆椀一枚，

6 张奴奴紫孔雀绫一疋，准绢七疋，漆椀一枚，皮条

7 两个。

8 宋保员白驰（绝）绫一疋，准绢七疋，漆椀一枚，皮条一个。

9 就彦贞犀牛绫一疋、绢两疋，共准绢七疋，漆椀一

10 枚，皮条一个。

11 梁再庆犀牛绫一疋，绢两疋，亦准绢七疋，

12 漆椀一枚，皮条一个。

13 就延庆犀牛绫一疋、绢两疋，共（准）绢七疋，漆椀皮条一个。

14 张进延犀牛绫一疋、绢两疋，共绢七疋，漆椀一枚，

15 皮条一个。

16 索延德颜一疋，绢两疋，共绢七疋，漆椀一枚（后缺）。

3056—— P.2689《年代不明僧义英等唱卖得入支给历》

1 （前缺）真☐四石斗四升，光赞二石一斗五升，

2 ……斗，满愿八斗三升，神归三石三斗，其满愿神皈共

3 ……十二石一斗一升，支法晖二石一斗五升，欠十四石五斗六升。

4 道远☐七斗，一具七斗五升，皮鞋一石三斗，前一斗四升，计二石八斗九升，

5　折唱外，余一石七斗一升，

6　支谈惠。足。

7　义英布被七石，前二斗四升，布裙衫四石一斗，计十一石三斗四升。

8　志贞青绢六石，折本分四石七斗七升，凝净四石三斗，折唱外余三石七

9　升，写论直五斗，以上共计三石五斗七升，内支法行下二石一斗，见给麦
　　一石四斗七升。足。

10　义幽针毡一石四斗，折唱外余三石一斗七升，支神逾。足。

11　道空七条五石五斗，折本分四石四斗六升，法宝一石七斗一升，折唱外余
　　六斗七升，支窟神英。

12　法海纸一贴四斗，香帘二石九斗，绵细卅三石五斗，前六斗，驴卅七石，
　　计七十四石四斗。

13　折本分二石二斗八升，支明德四石一斗六升，错昌卅八石二斗，元证四石
　　二斗七升，支刘阇梨修塔三石，

14　修塔三石，福海四石四斗五升，欠十七石六斗四升，支沙弥法安二石一斗
　　五升，

15　支普光真悟一石一斗，支德广一石一斗二升，支智良一石五斗，支智丛二
　　石二斗八升，（欠九石四斗九升）。

16　谈惠绸长袖十三石三斗，布一石六斗，（诃勒价六斗八升）前二斗，驴卅一
　　石五斗，计卌八石二斗八升，折本分四石七

17　斗八升，灵煮一石五斗，支灵惠三石七斗九升，支灵达四石四斗四升，支
　　尼照性两石一斗二升，

18　支道远一石七斗一升，支智舟四石七斗九升，支尼圆妙二石五斗，支乘妙
　　三石七斗八升，支了真

19　……价八石四斗　（后缺）。

3057——P.2697《后唐清泰二年（935年）九月比丘僧绍宗为亡母转念设斋施舍
　　放良回向疏》

1　敬诵诸佛菩萨壹万句，诵般若心经伍佰遍，诵无量

2　寿咒壹仟遍，诵灭罪真言壹仟遍，设斋壹佰人供，放家

3　童青衣女富来并男什儿从良，施细绁壹疋，粗

4 毡贰疋，布壹疋充见前僧俙。粟伍硕，施入当寺。

5 漆盆壹枚，充法事。（中略）

6 清泰二年九月十四（日）哀子比丘僧绍宗谨疏。

3058——P.2704《后唐长兴四至五年（933～934年）曹议金回疏四件》

1 请大众转经一七日，设斋一千五百人供，度僧尼一七人，紫盘龙绫袄子

2 壹领，红宫锦暖子壹领，大紫绫半臂壹领，（其袄子于阗宰相换将）白独窠绫

3 袴壹腰，已上施入大众。布壹拾陆疋，施入一十六寺。细绁壹疋，充经俙。绁壹疋，充法事。

8 （中略）长兴四年十月九日弟子河西归义等军节度使检校令公大王曹议金谨疏。

9 布肆疋，绁肆疋施入大众。绁壹疋充法事。

16 （中略）长兴伍年正月廿三日弟子河西归义等军节度使检校令公大王曹议金谨疏。

17 官布柒疋，施入大像。细绁壹疋，充法事。（中略）

22 长兴五年 二月九日弟子河西归义等军节度使检校令公大王曹议金谨疏。

23 请大众转经一七日，设斋一千六百人供，僧尼二七人，紫花罗衫壹领，

24 紫锦暖子壹领，紫绫半臂壹领，白独窠绫袴壹腰大众。已上施入，布壹

25 拾陆疋，麦粟豆共三拾硕，黄麻三硕贰豆斗，已上施入一十六寺。细绁壹疋，充经俙。

26 布壹疋充法事。（中略）

33 长兴伍年五月十四日弟子河西归义等军节度使检校令公大王曹议金谨疏。

3059——P.2706 某寺常住什物点割历

（前缺）

1 ……故破黄花毛锦壹；白地绁氍毹

2 壹，故破，长壹丈、阔陆尺；又绁氍毹贰；绯毛锦壹；又绯毛锦壹，长

3 陆尺；绿地毛锦壹；西州布壹丈贰尺。口子壹；又口子壹；又油口

4 贰；又瓮大小伍口堪用，内壹破。故绢裙衫壹对；胡镙壹具；蓝肆

5 两半，见在。谈叶叄斤；肆尺花牙盘壹见在阴寺主；大供养铃；黄

6　绢祇支壹。铜钵壹；铜钵壹。生银半两；胡粉伍两半；小柜子贰；

7　墨两挺；铜香宝子并盖陆。菜路袋壹；故锦陆片子；小路袋壹；

8　故紫绁壹片，长肆尺。石珠子伍索子；小石珠子壹片；瑟花子伍；铜

9　钗子肆只。故绢路袋壹；印模子壹；玉钏子壹截子；珊瑚壹支。小木合

10　子壹；木花油合子壹。珠幡子壹；熟铜铃子壹拾；生铜佛印子壹在索教授；

　　转明

11　铁壹；杂珠子肆索子。小螺钉壹拾肆枚；铜螺钉伍；绣红求子壹并珠

12　子壹索子；锦求子壹。小红绫带壹双；杂珠子壹叶子；白绫壹片子。

13　杂色伞子肆；小伞子壹。谭叶贰两；紫划壹两半。故镫皮并决头。故

14　红罗披子壹条；麹尘绢带贰。铜指环壹；铜□子壹；银末壹分。绿

15　锦捌片子；玉钱子贰；绁线叁索子。紫□壹两半；珊瑚两果金壹支头并

16　□子捌；银珠子贰；琥珀贰；花珠子贰；瑟瑟壹；□绢花叁；……

3060——P.2869《宝香等纳赠历》

（前缺）宝香生绢一疋，紫绢叁丈五尺，碧绸内两接八尺，绁绸□□□□、

法晏古破绁绸非绸内两接二丈，又内四接一疋八尺自练白绵

绫二丈八尺□□□□内一接一丈一尺一段付主人。

宝全红绢三丈八尺白绵绫二丈一尺□□□□绢一丈一尺，古破紫绫

六尺，白□练八尺，古破紫白绸紫绸内两接一丈八尺。

智德白绫一疋，白绢白罗一丈七尺，白绸内一接

一丈七丈，碧绸内四接□丈五尺两段付主人。

董觅觅生绢内一接二丈七尺半福抛脚七尺碧绫绢

内接一丈五尺半褐绢红绢内六接二丈六尺（后缺）

3061——P.2912《丑年正月已（以）后入破历稿》

丑年（正）月后，大众及私偏傃施布入者，具数如后。

正严壹疋。张似嘉壹疋。惠剑壹疋。张惠壹疋。薛善壹疋。（中空）

四月已（以）后，傃家缘大众要送路人事及都头用使破历。

五月十五日，上宋教授柒综布壹拾伍疋。

十七日，瓜州论乞林没热傃绢一疋，慈灯收领。

廿四日，奉教授处分，付都头慈灯柒综布拾疋。

奉 教授处分，送路都督布两疋宋国宁两疋，

（大）□云寺主都师布二疋出福渐下。

□教授送路布十五疋，准麦六十七石五斗。都头分付

（慈）□灯布十疋，准麦四十五石。与宋国宁布两疋。

（准）麦九石。都计一百廿一石五斗。

斋俙布一疋四石四斗

藏□斋？俙布一疋四石二斗，

众俙布□□石九斗，布一疋四石二斗。

（中略）

付启缘坚修布一出福渐下。（后略）

3062——P.2917《乙未年（935年）后常住什物交割点检历》

（前缺）

1 铜镍壹具全，库门铁镍壹副并钥匙全。新大主镍贰

2 内壹有列，三脚具全。王庆住折债铛壹（在索僧政）。小索僧正铛壹，

3 内壹在保真，内壹在惠弁。又铃铃壹在库。又黄

4 画香奁壹。铜钹壹副，内列，并带具全。铜水瓶贰，

5 内壹无主在库内壹在孔法律入库。铜启壹，内有列。（南门和上换将却得替
  肆豆斗伍升锅壹口）

6 大铜悉罗壹。汉摩侯罗贰。□□□铜灌壹。

7 柒豆斗金釜子壹在库。陆豆斗方耳铛壹内两片。伍豆斗

8 铁锅壹。羊印壹在木函。薄铁镍壹，重肆斤。

9 柒豆斗方耳铛壹，内有列。陆豆斗铜盆壹，在官马

10 院。铜镬壹具全。库门铁镍壹副并钥匙全。

11 新大主镍贰，内壹有列，（教真僧正打破）三脚具全。王庆住折债口索僧正
   在库，

12 铛壹小索僧正铛壹，打破，见在。又铛子壹，打破，亦见

13 在。（打破团锤）钶□鉴壹柄（至乙未年九月十一日领入故宅官王保

14 填贷粟债肆豆斗伯师壹口，安善儿折油债壹豆斗伯师壹口。）

15 圣僧盘贰，内壹新。赛天王椀子肆枚。楪子肆

16 枚。打物壹硕木函并□槩具全，陆脚大床壹在库。新

17 画大柜壹并镙钥匙具全，小柜壹在索和尚，大

18 柜壹在库。又柜壹在功德司，并镙钥匙全。大柜

19 柒口。小柜子贰。肆硕柜子壹。磑车壹乘。草子在

20 索僧正骨如意杖壹。踏床两叶，内壹在索僧正。

21 排三面见在。枪壹根。钾壹领。通计陆伯肆拾

22 玖叶。又大床壹，在索僧正。花槃盘壹在库。又

23 花槃盘壹，欠在寺主。（后缺）

3063——P.2982《后周显德四年（957年）九月梁国夫人浔阳翟氏结坛供僧舍施回向疏》

1 结坛三日，供僧壹柒人，施小绫子壹疋，充经俸。

2 土布三疋半，充见前僧俸。羊皮两张，充坛主。纸壹贴充法事。

（中略）显德四年九月日弟子梁国夫人浔阳翟氏疏。

3064——P.3047《康喜奴等施入历》

（前缺）

1 康喜奴直褐衫一领，紫绢文兰一，来二娘直褐衫一领，

2 翟十一毡鞋一量，品奴梳一，李应发一箭，曾罗裙一腰，

3 杨粟子发肆箭，李自升发一箭为父，杨安角梳一，赵女褐

4 一丈，十九角梳一，宋和和麦一马犬，关十一发一箭为母，

5 贤奴发一箭，罗十一梳一，□十二麻履子一□帛练三尺，

6 王施三岁牛一头，王郎□锦长袖一，关朝用绯绢三□□，

7 □奴布衫一，竹上座裙衫一，氾诚为妻施油二斗，索老

8 幡一□，竟娘发一剪，曹结□发一箭，谭兴发一箭为父，

9 张三娘绯绫袜裆一，米进荣发一箭为父母，马十一镜子一，

10 高十一发一子为父母，石十一紫绢二□纳布四疋，丑奴发一子（指），

11 邓小得衫一，目束八直褐衫一，赵千女红绢六尺，张岸妻油二

12 □，米老妻油三升，李判结发一剪，张园奴麻半斤，

13 □婆□绢三尺，道娘油二升，杨二子直褐五尺，何僧奴□

14 一贴，张十二绯褐五尺为父毡履一量为己身患损，要要

15 直褐八尺，启净紫绢八尺发一箭为己身，绢娘发一

16 箭为父，□十二发一箭□老娘麦五斗□一□五斗

17 □得曲尘五尺，（以下不清）

18 □国清小麻鞋一量，青麦半马犬□五升。

3065——P.3047《孙公子等施入历》

1 孙公子施发四箭入行像。李进朝为父母施发一箭入行像。

2 张五妻施褐衫一领入行像。花家小娘为孝施发三箭傢家□。

3 武朝法施发一大剪为父母，（已上施入行像）。王再宁施发一大剪入

4 行像。郭大娘施发一大剪入行像。束什一施发为父母。又施绯

5 绢帛子一。李兴晟施发一剪为母。节小胡施发一剪。安庭金施腰带一为父母。

6 张目宣施发一大剪为父母。张大娘施发一大剪为父母。杨十三（施）发一剪为

7 父母。李庭奴施麦一马犬为亡男。武进相施褐衫一领。张十一施褐子为合

8 家，施入行像。诺奴施褐衫一领。比立广施黄褐衫一领

9 为父母。曹二娘施发一剪。七郎子施红衣兰一。张昆仑施发

10 一剪。和答答施麦一马犬为父母。左十二施油二升为合家平安。

11 宋广平施发两剪为父母。史十二施衫子一。父及子女。梁满奴施

12 发两剪为父母。菩提施发两剪为父母。刘日进麦五斗，马？

13 麦五斗。王□麦一石。□十五麦五斗。麦一石。曹□□□（后缺）。

3066——P.3067 某寺什物点检历

（前缺）

1 并经桉铜铃壹，在经藏上。又沙子脚经桉壹，在

2 下藏。从汉画地藏菩萨并刘僧正施入。仙童贰，

3 板画地藏菩萨壹，大佛屏风拾贰扇，小屏风子肆

4 扇，大经桉壹，在后殿。小经桉贰在库。又经桉贰，

5 内壹在惠弁，内壹在石中井。握账伍，又徐法律握

6 账贰，内壹在法律惠兴，并在寺内。大床叁，内壹

7 在索僧正（惠），内壹在库，又内壹在员戒。又黄画香奁

8 壹，又铜钹壹副，内有裂，并带具全（两副）。铜水瓶贰，

9 内壹虫甾，壹在库。铜磬壹，内有裂。汉摩日候

10　罗贰。圣僧贰，壹在库，壹在塔子。大握帐壹，在

11　后殿。大经床壹，大牙床壹，在后殿。又经床肆条。

12　铜铁器：铜镬壹，底有裂。柒豆斗釜子，破，在库。铜罐壹，底破。陆豆

　　斗方耳

13　铛壹，内两行（裂）。伍豆斗铁锅壹口，底有裂，在寺主定昌善清。薄铁镦壹，

　　重肆斤。

14　柒豆斗方耳铛壹，内有裂。陆豆斗铜盆壹，在官马院。羊

15　印壹，在木函，库门铁镤壹副并钥匙具全。煮油铛

16　壹口，在库。伍升铛子壹口，在库。新大铸镦贰，在库，

17　内壹有裂，王庆住折债（入）。铛壹，在库，破。小索僧正

18　铛子壹口破 见 在。又铛子壹口破□□▢▔▔▔▔▔（后缺）

3067——P.3111《庚申年（960年）七月十五日于阗公主舍施纸布花树台子等历》

1　庚申年七月十五日，于阗公主新建官造花树新花树

2　陆，内壹是瓶盏树。又新布树壹，又旧瓶树壹，又布

3　树壹，纸树壹，新花叶壹佰陆拾柒叶，又旧花柒拾

4　玖叶，新镜花肆，旧镜花陆，新绿叶壹拾捌，旧绿叶

5　三，紫台子壹拾零壹，红台子壹拾三，青台子壹拾壹，又

6　新五色台子三拾捌，又旧五色台子贰拾柒，磨睺罗壹

7　拾，瓶子捌拾肆。（鸟印）

3068——P.3161《某寺常住什物交割点检历》

（前缺）

1　□子壹，杂物锦绣经斤（巾）

2　壹，木桼楪叁，内壹欠在愿德，壹欠在绍满。供养花竟（镜）子壹，

　　▢▔▔▔▔又新附供养

3　花竟子贰，绯绁袈裟壹，新画木香奁壹，新画木香宝

4　子壹并阿沦子铜铃肆个，内贰无趺悉罗，新画木师子

5　贰兼木函子盂老宿入，新附金铜莲花两支并幹？坐具全，

6　新附经案壹，文智绝（施）入。

7　铜铁器：肆故食芳伏壹，铜匙筯壹副，木桼匙筯

8 伍并　　　　欠在内，壹欠大善。铜盆壹，破铜罐壹，□□壹量，长肆尺锯

9 错壹，在高法律。不堪用。生铁壹拾伍斤，细纸叁帖。杂

10 色角壹，不堪用，在印子下。官文书壹角子并当文书

11 并在印子下，古白练叁条子长肆尺　　　　，内叁尺欠在□，新附方

12 铜竟子壹，刘僧政绝（施）入。

13 家具：柜大小拾口，内叁口胡戍像鼻具全，小柜壹，在

14 设院，食柜壹，在文智。汉镴壹具并钥

15 匙，又汉镴两具，并钥匙，又胡镴壹具并钥匙，欠在□净。又小镴子壹具
并钥匙在印子下。

16 函大小柒口，又新附函壹，官绝（施）入，佛名壹部，又新附函壹，

17 智圆绝入，又拾硕柜壹口，又新附柜壹口，宗定入，像鼻

18 胡戍具全，又柜壹口在张上座，又柜壹口张德进折物入，

19 又柜壹口，又柜壹口智会折物入，胡戍具全，大木盆壹，

20 伍豆斗木盆壹，陆豆斗木盆壹，小木盆壹，大木槐子壹，高脚

21 火炉壹，小木椀子壹拾枚，内壹欠在惠诠，肆个僧政众矜放用欠在智山，
叁个袜悉罗，

22 壹欠在智山，壹欠在大善，花花牙盘贰无连提，又牙盘壹，又三尺花牙盘壹，
高脚

23 □盘壹，大木杓贰，小木杓子壹，面秤壹具，并秤厨，鼠皇

24 秤壹并秤厨，肆尺牙盘壹，又花牙盘壹，□大案板壹，

25 大牙床壹，新附牙盘壹张，禅入大床拾张，跋落子壹，在　　　　，　　　　。

26 方眼隔子壹，又方眼隔子壹，宣戒床子壹，皮相壹，载磴

27 训肆大头训在高法律，小头在僧政处，壹在张第七郎。间贰拾肆道，捌量
大斧壹，安湛壹，贰

28 □子叁，壹在□法律壹在僧政。大花合盘壹副，小花合盘子壹副，

29 □大花团盘壹，花槐子壹，新附朱履椀拾枚，内壹破，新附竟价壹兼柜子具全。

30 瓦器：瓦盛壹，受五豆斗，欠在智山。叁豆斗□，欠在□净。瓦盛壹口，
又玖豆斗瓦盛壹

31 口，又瓦盛壹口，欠在大善。□叁口，寿（受）伍豆斗，□子壹口，小□

子壹口。

32 铛釜：叁硕镬壹口，底有孔。又小镬壹，不堪用，底有孔。壹硕铛

33 壹口，内有雇路。陆豆斗铛壹口，内有列壹尺五寸。又叁豆斗镦壹

34 口，列至心。贰尺柱镦壹面，无底有列。又贰尺叁寸柱镦壹面，

35 内有破。又柒豆斗釜壹口，破在梁。又陆豆斗釜子壹口，无底。又陆

36 豆斗釜子壹口□□。（后缺）

3069——P.3432 龙兴寺卿赵石老脚下依蕃籍所附佛像供养具并经目录佛衣及头冠等数

1 龙兴寺卿赵石老脚下依蕃籍所附佛像供养□□（具并经目录佛衣及头冠）

2 等数如后：

3 佛帐内当阳脱空金渡像壹，并艳座，长三尺，其座上菩萨声闻（像）

4. 捌事园遶。大莲花佛座，长两讬，及上方座肆重，并降桥金渡。佛帐

5 额上金渡铜花并白鍉花三面，画垂额壹。佛头上铁伞子壹，少许金渡

6 座上铁菩提树贰。金铜阿弥陀像壹，并艳座三尺。药师琉璃金铜像

7 壹并座三尺贰寸。金铜阿弥陀像贰，各长贰尺肆寸，并座。又贰尺贰寸

8 壹。又无座像壹，长贰尺。金铜菩萨壹，并座，长贰尺。画布观世音像壹，

9 长壹箭半。金铜声闻像壹，并座，长贰尺。药师琉璃金铜像壹，并艳座，

10 长壹尺捌寸。周鼎佛堂内铁莲花树壹，柒曾千佛园两讬。集圣绢

11 像壹，白练画色绢缘，长壹丈柒尺，阔长壹丈壹尺五寸。故末禄绁画观

12 世音像壹，长六尺，阔贰尺，色绁缘。布画千佛像壹，色布缘，长玖

13 尺五，阔柒尺。佛屏风像壹合陆扇。绣像壹片方圆伍尺，生细腻弥陀像

14 壹，长肆尺，阔叁尺壹雨。绣阿弥陀像壹，长三箭，阔两箭，带色绢。

末禄

15 绁绣伞壹，长壹（丈）柒尺，阔壹丈，无缘，新。四天王绢像肆，色绢里，

长壹箭

16 半，阔贰尺，故。（以下省略……）经秩二百八十八个。

17 福法物内祈写汉大般若经壹部，陆佰卷。其经现在。僧尼八戒各一卷。

18 佛衣及头冠数如后：佛头观铜渡金柒宝钿并绢带壹，又头冠壹，锦

19 绣马宾带陆，长两箭四指，阔三寸，并有金铜杏叶壹拾伍并子光下傺。

P3432 赵石老供养具目录

20 故佛衣大像袈裟，表杂色绢，并贴金铜花庄严绵绸里，锦缘周园

21 拾箭，壹。又佛衣，锦绸里，锦缘金水庄严，周园六箭，故。故菩萨绯绫

22 披，并有绣花色绢里锦缘及锦绢带，周园陆箭，珍珠庄严，壹。又

23 菩萨披，锦表，绢里，高梨锦并紫绢缘，长陆尺伍寸，阔肆尺，壹，故。

又菩萨衣

24 壹，绫锦衣，色绢里，高离锦及珍珠柒宝缘，色绢带，长肆箭，阔两

25 箭。故阿难袈裟壹，草绿地，曲尘叶相，长柒尺，阔陆尺。又迦叶袈裟

26 壹，黄绢地，紫绁叶相，长柒尺，阔陆尺。故墨绿绢褊衫壹并带。

27 阿难裙，杂锦绣并杂绢补方，并贴金花庄严，番锦缘，及锦绢沥水，

28 长肆箭，阔两箭，贰。迦叶故绢褊衫壹，并带，其绢色像似删纳。

29 金刚裙贰，故绯绫表，色绢里，紫绢缘，长肆箭半伍，阔两箭。故四福

30 锦绢幢壹，罗锦绣者舌。又四福故幢贰，杂色罗表，色绢里，高

31 梨锦屋并者舌锦绣罗带木火珠。又故汉幢壹，杂色罗表，色绢

32 里，锦屋罗锦绢者舌带。又肆福罗表、绢里、高离锦屋幢壹，毡锦绣

33 者舌并带。故不堪受用，杂色罗表、色绢里、锦屋幢壹。伍福罗锦绢者

34 舌并带。祈高离锦表色绢里伞壹，红绢裙并丝悬针线袋罗网

35 并金铜杏叶庄严周园柒箭，在行像社，故小白绫伞贰，色绢者舌，周园

壹箭

36 半。故生绢画幡贰拾肆口，长柒尺，并有连提。故珠幡贰，又小珠幡贰，

37　不堪受用。又故金花幡三，不堪受用。金渡紫绢佛帐额，长壹箭半，阔

38　壹尺，肆条。故绯绣罗额长壹箭半。白绣罗额两段，壹箭半。故画

39　布幡拾壹口各长陆尺。故高离锦经巾壹，色绢里，四方各长壹箭半。

40　又细画布经巾壹，长三箭壹指，阔两箭半。木经案大小共贰。绯绢

41　经巾，色绢里，白练画缘，长两箭，阔壹箭半，不堪受用。又经巾壹，

42　花罗表，红绢里，长壹箭半，阔三尺伍，不堪受用。故黄绢额，长壹丈

43　三尺，不堪受用。金花陆两盏银盏壹拂临样（角）。散金肆钱（角）。拾捌窠锦

　　窠锦

44　□壹张。金铜莲花陆支，并干及座。大铜金渡曷四脚香炉花叶有上

45　宝子三个。长柄铜香炉壹拾两并香盉。铜叠子壹拾肆枚。

46　汉小镜壹，三两。又小镜壹，贰两。又金铜香炉壹并木油香盉一。

47　钟壹口，周围肆箭半，长壹箭半。舍利塔相轮上金铜火珠壹。铁

48　索肆条，长拾肆讬。铜铃贰佰枚。壹拾三两铜钵孟贰。杂

49　色绢路袋壹，方圆壹箭，圣僧座绣褥壹，青绢里，高离锦□（缘），

50　方圆壹箭，故。又故圣僧座三，绢表布里，有金线庄方圆各壹□。

51　高离锦毡㑧褥两条，各长捌尺，阔肆尺。供养绯□毡

52　锦缘里㑧，长捌尺，阔肆尺。又供养捌尺毡壹绯

53　□□绢里□□（后缺）

3070——P.3440《丙申年（996年）三月十六日见纳贺天子物色人绫绢历》

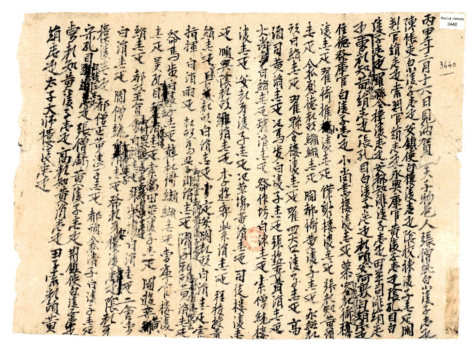

P3440 贺天子物色

1 丙申年三月十六日见纳贺天子物色人：张僧统白小绫子壹疋，

2 陈帐吏白小绫子壹疋，安镇使白楼绫壹疋，阴校拣绫子壹疋，阎

3 判官绢壹疋，索判官绢壹疋，永兴库官黄绫子壹疋，阴孔目白

4 绫子壹疋，罗县令楼绫壹疋，安都知绯绫子壹疋，田羊司绯绢壹

5 疋，曹都知黄绢壹疋，张孔目白绫子壹疋，都头安珂敦白绢壹疋，

6 住德邓库官白绫子壹疋，小尚书楼绫壹疋，慕容都衙白透贝壹疋，楼

7 绫壹疋，翟衙推小绫壹疋，仆射楼绫壹疋，张都知黄绢

8 壹疋，令狐愿德都头缬缬壹疋，阎都衙黄绫子壹疋，永绍都

9 头白绢壹疋，翟县令楼绫壹疋，翟四大口绫子壹疋，高

10 酒司黄绢壹疋，氾马步白绫子壹疋，张游弈黄绢壹疋，

11 大尚书白绢壹疋，碧绢壹疋，邓作坊白练壹疋，索僧统楼

12 绫壹疋，安都牙绫子壹疋，氾草场黄绢疋，司徒楼绫壹疋，

13 顺兴阴都头绯绢壹疋，李游弈紫绢壹疋，程校授黄

14 绢壹疋，义长都头白绢壹疋，曹定安、阎都头白绢壹疋，索

15　指挥白绢两绢两疋，都头马盈子绯绢壹疋，却付换去，却纳黄绫子壹疋，
　　清子都头黄绢壹疋，却付官绫换去，

16　邓马步白绫子壹疋，韩都衙缬缬壹疋，曹库官楼绫子

17　壹疋，吴孔目楼绫壹疋，索营田黄绫子壹疋，阎游弈黄

18　绢壹疋，都头王员会白绢壹疋，却付田安德送去，却将白绫子壹疋，张柴
　　场白绢壹疋，二仓曹

19　白绢壹疋，阎僧统白绢壹疋，却付换绫子，邓都牙楼绫壹疋，阴都牙

20　楼绫壹疋，都僧正黄绫子壹疋，都头令狐清子白绫子壹疋，

21　宋孔目白绫子壹疋，张僧录黄绫子壹疋，荆镇使白绫子壹疋，

22　曹都知黄绫子壹疋，高都知黄绢壹疋，丑子索都头黄

23　绢壹疋，太子大师楼绫壹疋。

3071——P.3478《福岩奉献舍施支分疏》

1　福岩自从离俗，蹂践仙巘，固犯灵龛，致令业重，别无忏除，先施南沙地
　　十五亩乳牛

2　一头，充为三窟基产。报恩寺常住园圃厨田活具，先施入

3　一件，今又施大花毡一领，大经床一张，方食床一张，渑床一，一豆斗铜

4　灌一。又嘱徒众，准福　基本有甚，僧尼具知，二众互不隐藏，

5　莫嫌轻薄收领。（后略）

3072——P.3490《索家财礼数目》

索家财礼数目。

绿绫裙一腰，淡绣令巾一，红撮衫子三□

□□□□两事共一对（后缺）

3073——P.3495《后唐长兴元年辛卯岁（931年）正月法瑞交割常住什物点检历状》

1　（前缺）金铜像□

2　经价壹，马投，盘壹，踏床两。

3　右通前件幡伞函枢铠镦锅釜毡褥

4　家具什物等一一点检分付后寺主

5　定圆，具实如前。伏请处分。

6　牒件状如前谨牒。

7 长兴元年辛卯岁正月日法瑞状。

3074——P.3556《施舍疏》

1 皂绫袈裟壹事皂绫偏衫壹领两事共壹

2 对，黄细布孝衣壹对，五色红花毡壹

3 领，六尺牙盘壹面，大团盘壹面。（后略）

3075——P.3569官酒户龙粉堆等牒并押衙阴季丰算会场

1 官酒户马三娘、龙粉堆

2 去三月廿二日已（以）后，两件请本粟叁拾伍驮，

3 合纳酒捌拾柒瓮半。至今月廿二日，计卅一日，

4 伏缘使客西庭、口微及凉州、肃州、蕃

5 使繁多，日供酒两瓮半已上，今准本数

6 欠三五瓮，中间缘有四五月艰难乏

7 济，本省全绝，家贫无可炊饭，朝

8 忧败阙，伏乞

9 仁恩，支本多少，充供客使。伏请

10 处分。

11 牒件状如前，谨牒。

12 光启三年四月 日龙粉堆牒

13 付押衙阴季丰算过。廿二日　淮深

14 押衙阴季丰

15 右奉判令算会，官酒户马三娘、龙粉堆，

16 从三月廿二日于官仓清酒本贰拾驮

17 又四月九日请酒本粟壹拾伍驮，两件共

18 请粟叁拾伍驮。准粟数合纳酒捌拾柒

19 瓮半。诸处供给使客及设会、赛神，一一

20 逐件算会如后：（中略）

31 三月廿三日锅匠

32 王专等支酒壹瓮；

34 十五日上窟用酒两瓮；

37　已上诸处

38　供给，计用酒捌拾壹瓮半贰胜；准粟数

39　使用外，余欠酒伍瓮伍剀捌胜。

40　右通前件酒——检判凭算会如前，

41　伏请　处分。

42　牒件状如前，谨牒。

43　　　　光启三年四月　　日押衙阴季丰

3076——P.3576《宋端拱二年(989年)三月归义军节度使曹延禄设斋施舍回向疏》

　　（前缺)绢壹疋充经偀。袈裟带缨玖拾副，充见前僧偀。纸壹贴充法事。（中略）

　　端拱二年三月日弟子归义军节度使检校太师兼中书令敦煌王曹延禄疏。

3077—— P.3587《某寺常住什物交割点检历》

1　（前缺）壹，长捌尺，阔伍尺。经案贰。灯树壹并木佛堂子，竹

2　笼壹。火珠同（铜）铃壹。铜香盖子壹。画木匙壹。

3　木椀三。大花毡三领，内壹破。大黄花毡壹，长丈贰。

4　青花毡贰，壹在善应。又青花毡条破。氎

5　褥子壹。破箱壹合。圈陆只。金铜药师像一。

6　圣僧佛账一。漆香奁盖一。食柜一。经褐

7　□□□细坐一具。三屈之铜平子一。黑木叠子玖。三

8　□□□伞贰拾肆窠花兼布履。两面咬子具足。

9　破幡两放子。大布幡两口。诸家卖舍（舍）文契及买道

10　论碢文书一角。螺　一。金刚扞同铃三。小菩萨幡

11　贰拾口。又大绢幡一口。佛圣盘贰。生绢大伞一。小佛帐

12　子一，内金刚像贰菩萨三天王肆一普贤像子一口像子贰，

13　金铜脚银泥幡陆口，并帒。已上物在阴上座边。

14　小银泥幡壹拾贰口。青裙小幡，长壹丈二尺。

15　又三尺小幡帒一。青裙。银泥经巾子一。青绢履。

16　画木香奁一。大铜铃一。纸箱子壹合。画布

17　经巾贰。朱履椀子壹。黑木椀子贰。又黑木椀子

18　伍枚。黑木垒子贰拾壹。朱履柒（漆）垒子壹。黑

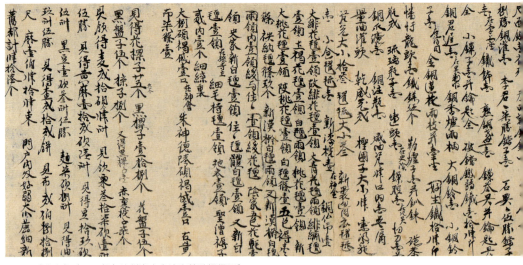

P3638《辛未年（911 年）沙州净土寺沙弥善胜领得历》

19 木垒子壹拾伍枚，内欠肆个，在氾寺主。大破勃落

20 一，又大方毡柒领。台铜叠子一。又小菩萨贰拾。

21 五尺花牙盘一。谏遵经巾，长柒尺。画木香奁一。

22 佛殿角上铜铃一。生铁三斤。贺阇梨经案一。长

23 柄香炉一。又小经案在洪济大绢幡一。肆窠氎 一。

24 佛幡？一。长丈捌，并锦腰。大白木幽一并盖。新毡

25 壹领。地依一。又伍尺花牙盘一。瓮一口，在南库。（后缺）

3078——P.3598《某寺交割常往什物点检历》

1 （前缺）在东街张孔目，排拾面内伍面杜家园落陈

2 □卅陈财纳入官中支与小城百姓，三面见在

3 门尸并令具全，又退下大偏门壹合内欠门避

4 在寺主保惠，袋子替木盆壹在保藏

5 □色新花毡柒领内壹在大（□破用）和尚□□□旧花毡□

6 壹领在大和尚（其毡一领欠）汉擀白方毡拾领内欠壹领在□□□□（又欠毡
壹领欠在寺主延戒）

7 旧白方毡柒领内欠三领在保惠，古破黑方毡

8 青圆黑毡贰，故白绣毡壹领，红绣□毡

9 氎毹裤贰，白绣毡条壹，圣僧座花毡壹□□□□（重在□□□丁卯年）

10　白毡条□□又汉擀白方毡玖领、条毡壹。已上拾领□□□□□（在□□□□□）

11　□□褐袋壹口在库。已上见在，又于阗褥条壹□□□□□□贰 /

12　□□□□□人名目白方毡两领欠在庆祥白□□□□□□

13　新旧陆领欠在保端，新旧白方毡柒领欠

14　□白方毡壹、条毡贰欠在保力，

15　正月廿七日徒众齐座不关旧数见新白毡柒领条□□□□□（内□□□□）

16　内壹黑羊古羊毛毡壹条、又小和尚亡入花毡壹领、又入铛壹□□□□□豆

17　斗内有列又入大□壹□在龙法律，小和尚又入团盘两面（在□□□□）

18　壹棵在□□□□小和尚入铛一口、又新花毡□领在大和尚

19　又毡柒领□□□□□付寺主保真

20　□花毡壹领铸镦子壹面，宽壹尺肆寸，底上有烈攀盘壹面

21　奁壹经案壹柜壹口并镰钥踏床两张内壹在□□□□□□壹片。

3079——P.3638《辛未年（911年）沙州净土寺沙弥善胜领得历》

1　辛未年正月六日，沙弥善胜于前都师慈恩手上，现领得

2　亟柜铛镦椀楪毡褥门户镰钥，一一诣实，抄录如后：

3　拾硕柜壹口，像鼻屈钺并全，在李上座。柒硕柜壹口并像鼻

4　全。针线柜壹口，像鼻屈钺并全，在李老宿房。又拾伍硕新柜壹拾

5　口，像鼻屈钺并全。叁拾硕陆脚柜壹口。贰拾硕柜壹口。

6 贰拾硕盛面柜壹口屈钺。两硕柜子一口。索阇梨两硕故柜子

7 壹口。大经藏壹。次经藏壹在中院堂。小经藏子壹在氾阇梨房。卧

8 像幄帐子壹。大伯文经案壹。小伯文经案壹。故经

9 案壹。无鬲经案壹。在李上座。经架壹。曲伎杖

10 壹。漆香奁壹方香印壹。团香印壹、木香宝子

11 壹。金油木师子壹。石师子三对内只石银油。骨仑

12 坐小经架子壹。浴佛槐子壹。盛幡伞大长亟壹。盛

13 佛衣柜子壹。盛头冠函子壹。盛帐函子壹。盛文书

14 函肆在李上座。踏隔子肆片,内三个在南院,壹片在中院。严师子大

15 隔子在众堂。家部隔子壹。高脚隔子壹片,亦在南院。新隔

16 子壹。在保护。方隔子贰在中院。鱼肚子隔子壹,在绍戒。牙脚大新火炉

17 壹,故小火炉壹。安架壹。大床新旧计捌张。索阇梨施大

18 床壹张。新六脚大床壹张。方食床壹张。新牙床壹。

19 新踏床壹。故踏床壹。又故踏床壹,无当头。肆尺小踏

20 床子壹。画油行像床子柒个。新方床子壹,纳官。

21 捌尺牙盘壹。陆尺牙盘壹。朱神德新牙盘子壹。又

22 故牙盘壹。无鬲牙盘壹。小方牙盘壹。高脚佛盘壹。

23 八角圣僧盘壹。新竞盘壹,在李上座。故竞盘壹。团盘壹。

24 石炎欠律钵竞盘壹。李君君竞盘壹。两硕赤盆壹。两硕

25 破盆壹,在梁。三列盆壹。肆豆斗新盆壹。大案板壹。故桉板

26 壹,立食模壹,在绍戒。豆斗壹具并槃。胜方壹。半胜壹。抄子壹。

27 接子壹。士心秤壹量,并石锥铁钩。破黑槐子壹。木钵

28 壹,青刚鞍兀壹副。苲苕壹。簸箕壹。又簸箕壹在

29 宝严。车壹乘并钏炼并全。大木杓壹。小木杓壹。梧

30 桐毂壹只。钟壹口。大镬壹口。柒豆斗镬子壹欠壹耳。

31 捌豆斗釜壹口,在梁。伍豆斗新釜壹口。破釜群壹。又破釜群壹。

32 三豆斗煎油铛壹口,欠壹耳。贰豆斗煮油铛壹口,欠壹耳。贰

33 尺面傲壹,有列。三豆斗新铜锅壹口,伍豆斗铜盆壹只。

34 捌胜铜灌壹。李君君柒胜铛子壹,石兴兴伍胜铛子

35　壹。在李上座。铁钵壹。熟铜盏壹。镟叁具并鑰匙壹具

36　全。小镟子壹并钥匙全。破铛镟弱铁壹拾肆斤。

37　铜君迟壹，在吴判官。铜香炉两柄。大铜铃壹。小铜铃

38　子壹在信因。金铜莲花两枝并台坐。好生铁拾肆斤。

39　幡忏龙头壹。铁镟伍个。勒炉子壹并钏炼。磁（瓷）茶

40　瓶贰。琉璃瓶子壹。峦头壹在史阴。镟腔壹在氾吴。切刀壹具。

41　铜爪滤壹。铜注瓶壹。盛油浧肆口，内壹无鬲

42　量油灌头。干盛瓮贰。柽子大小肆。索阇梨施

43　浧瓮大小拾三。氍大小三。新里胸衣氍

44　壹。小食氍壹。新漆椀壹在神会。铜佛印壹。

45　大绯花毡壹领。故绯花毡壹领。大青花毡两领。绯绣毡

46　壹领。土褐花毡壹领。白毡两领。桃花毡壹领。新

47　大桃花毡壹领。陕□桃花毡壹领。白毡壹条。五色褥壹条。

48　袄纳毡条玖个。新汉擀白毡两领。又新汉擀白毡

49　两领，内壹领缓兴住住、壹领缓花毡。阴家五色花毡壹

50　领。史家新白毡壹领。住住毡体白毡壹领。又新白

51　毡壹领在孙寺主。细毛持毡壹领。地衣壹。圣僧褥子

52　贰，内壹个细绁里。

53　大捌硕褐袋壹口在神会。朱神德陆硕褐袋壹口。古黄

54　布柒条壹。

55　见得花槤子廿五个欠一个。黑槤子壹拾八个。花盘子伍个。

56　黑盘子伍个，楪子捌个。又得黑槤子壹。赤里椀子柒个。

57　见领得麦贰拾硕肆豆，斗，见领得粟三拾柒硕壹豆斗

58　伍胜。见得黄麻壹拾贰硕陆豆斗。见得豆拾玖硕

59　伍豆斗。黑豆壹硕三豆斗伍胜。面柒硕捌豆斗。见得油

60　玖豆斗伍胜。见得查贰拾贰饼。见布贰佰捌拾捌

61　尺。麻壹佰肆拾肆束。门户内外好弱大小粗细新

62　旧都计陆个。

3080——P.3841v《唐开元廿三年（735年）沙州会计历》

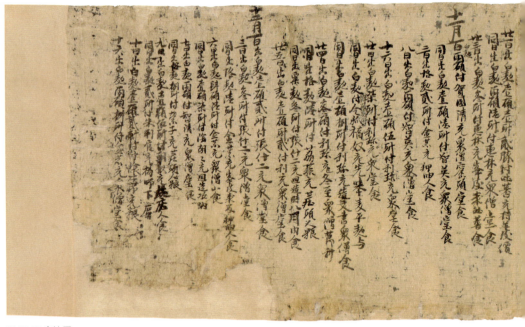

S1774R 会计历

（前缺）

1 ☐☐☐☐张方纳

2 肆硕玖豆斗贰胜肆合麦粟，十七年稍竿戌欠纳。

3 肆硕陆豆斗粟，张方纳。叁豆斗贰胜肆合小麦，索臻折纳粟肆豆斗捌胜。

4 壹佰肆拾叁硕贰豆斗玖胜玖合 粟，壹拾壹疋叁丈捌尺小练，壹佰捌拾叁节
半铜，

5 贰只破钏，筋壹斤，壹拾伍枚破碎车材木，叁拾贰挺墨，

6 牛衣毡柒领，叁仟文钱，阶亭（坊）纳。

7 壹拾壹疋叁丈捌尺益州小练，

8 壹佰肆拾壹头贰豆斗玖胜玖合粟，

9 贰硕 ，贰只破钏，壹伯捌拾叁节半铜，筋壹斤，

10 叁拾贰挺墨，肆条轴，承零壹，辋陆片，立竖叁，

11 辐壹枚，牛衣毡柒领，叁仟文钱。

12 壹拾壹疋叁丈捌尺益州小练，贾崇纳；

13 叁硕粟，氾璿纳；玖硕粟，壹伯贰拾肆节半铜，张方纳；

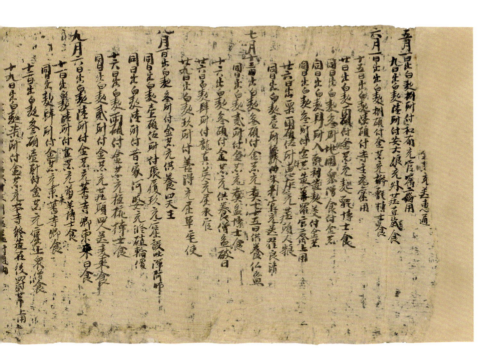

14　玖硕粟，破钏贰只，铜贰节，筋壹斤，翟客纳；

15　贰硕伍豆斗粟、张珎纳；陆拾伍硕肆豆斗伍胜粟，贰硕，

16　叁拾贰挺墨，柒节铜，阎信纳；轴肆条，承零壹，伍拾节铜

17　陆片辋，叁枚立竖，辐壹，已上郭钦纳；

18　壹拾肆硕贰豆斗玖胜玖合粟，马珪纳；

19　贰拾伍硕伍豆斗粟，张礼纳；壹硕叁豆斗陆胜粟，左钦纳；

20　柒硕捌豆斗玖胜粟，氾威纳；柒领牛衣毡，唐光纳；

21　叁硕叁斗粟，樊璟纳；叁仟文钱，张昭准估折纳大练陆疋叁丈贰尺柒寸。

22　陆仟壹佰玖拾伍张纸，壹张牛皮，陆拾叁屯疋壹丈绵练，伍拾壹硕柒豆斗
　　麦粟，

23　贰拾斤壹拾两麻，壹拾肆事杂具，秦刀坊纳。

24　肆拾陆硕贰豆斗伍胜粟，陆仟壹佰玖拾伍张青案纸，

25　壹张牛皮，肆拾叁疋壹丈杂州小练，伍硕肆豆斗伍胜青麦，

26　壹拾肆屯小绵，贰拾斤壹拾两麻，叁具斧，

27　伍具拘索，伍口毛袋，壹具镙，陆屯大绵。

28 壹张牛皮，张寂纳；叁仟伍佰柒拾伍张纸，高亮纳；

29 肆拾壹疋壹丈杂州小练，陆屯大绵，张昭纳；肆拾贰硕粟，阴庆纳；

30 伍硕肆豆斗伍胜青麦，贰硕粟，贰仟陆佰贰拾张纸，

31 壹拾肆屯小绵，贰拾斤壹拾两麻，叁具斧，

32 贰疋杂州小练，伍具抅索，伍口毛袋，

33 壹具镢，已上张方纳；贰硕贰豆斗胜粟，张崇钦纳。

34 壹拾叁硕捌豆斗捌胜米粟，壹拾伍仟柒佰壹拾文钱，先征纳漏不收，请附
   冬季账。

35 壹拾叁硕柒斗，前判官阎信纳，附阶亭坊帐。

36 壹豆斗捌胜米北庭粮，殷节等欠，折纳粟叁豆斗叁合，附州仓冬季帐。

37 贰胜米，张奇迁折纳粟叁胜叁合；

38 壹豆斗陆胜米，殷节欠，张奇迁折纳粟贰豆斗柒胜。

39 壹拾伍仟柒佰壹拾文，武官税钱，附正库帐。

40 肆仟玖佰伍拾文，开廿二年欠；

41 壹拾仟柒佰陆拾文，开廿三年预税。

42 贰仟贰拾玖硕壹豆斗陆胜贰合麦粟等，肆佰陆拾玖屯疋叁

43 丈柒尺玖寸贰两绵练绸等，贰仟玖拾陆事甲仗，壹万壹

44 仟捌佰陆拾柒围草，壹拾头驼，贰硕玖豆斗贰胜石脂，

45 叁乘车，壹仟壹佰 柒拾伍张纸，叁拾贰挺墨，贰

46 仟贰佰肆拾肆枚半事破车材木，壹佰贰拾柒

47 贯伍佰文钱，伍佰叁拾柒斤壹两生熟铁，捌

48 拾贰斤筋，贰佰贰拾贰张枚事口领具只杂物，叁佰半节铜。

49 壹佰 捌硕柒豆斗壹胜肆合伍勺面，

50 叁拾肆硕柒豆斗玖胜伍合伍勺米，

51 壹硕玖豆斗叁胜细䴵，

52 壹佰捌拾陆硕捌豆斗肆胜贰合粟豆昔，

53 肆拾肆硕肆豆斗肆胜捌合叁勺小麦，

54 壹仟壹佰捌拾玖硕陆豆斗叁胜捌合粟，

55 柒豆斗陆胜麦豆昔，

56　壹硕捌豆斗麁籹，

57　壹豆斗麁麦饭，

58　捌硕肆豆斗青麦，

59　肆佰伍拾壹硕柒豆斗叁胜叁合柒勺床，

60　壹佰肆拾柒疋玖尺柒寸杂州小练，

61　玖拾陆疋壹丈叁尺壹寸大练，

62　叁拾伍屯肆两大绵，

63　贰拾陆疋河南府生绝，

64　贰疋绿沙（纱），

65　捌拾捌疋壹丈伍尺壹寸梓益州小练，

66　柒拾肆屯肆两小绵，

67　壹佰肆拾伍领甲身玖拾贰领铁、肆拾捌领皮、伍领布，

68　陆拾伍事头牟肆拾肆事铁、贰（廿）拾壹事皮，

69　壹佰壹拾陆事覆膊柒拾陆事铁，肆拾事皮，

70　陆拾玖事掩腋并铁数内壹拾陆事明光，

71　贰拾玖事囤项并铁。

72　壹佰玖拾伍张枪，

73　伍拾陆面弩弦，

74　玖张戒袓弩弓，

75　叁拾捌口陌刀，

76　壹仟壹佰玖拾伍只弩箭，

77　伍具钺斧，

78　壹佰柒拾肆面板排，

79　壹万壹仟捌佰 陆拾柒围草，

80　壹拾头驼，

81　叁拾叁领驼鞯，

82　叁拾捌领牛衣毡，

83　叁拾捌口破毛袋，

84　壹佰贰拾柒贯肆佰玖拾陆文钱，

85 壹口铛,

86 壹口釜,

87 壹口镬,

88 叁佰玖拾斤熟铁,

89 贰具剉碓关轴,

90 壹仟壹佰柒拾伍张纸,

91 壹具镙,

92 壹具步硙,

93 柒枚襆头,

94 壹口锅不任用,

95 陆领皮袭,

96 陆只禾享,陆条索,

97 叁乘车,

98 壹佰肆拾柒斤壹两生铁,

99 叁拾贰挺墨,

100 捌拾贰斤筋,

101 叁佰壹拾壹片辋,

102 陆佰贰拾枚半辐,

103 肆拾壹枚承零,

104 贰拾枚车格,

105 肆拾叁枚木冗,

106 肆拾贰枚半格,

107 玖佰捌拾半轳子,

108 陆拾柒条底板,

109 壹拾伍条轴,

110 壹佰肆枚半立竖,

111 叁佰半节铜,

112 肆拾柒只大钏,壹拾捌只小钏,

113 陆具伍只剉头刃,

114 叁具斧，壹樏锯，

115 贰硕玖豆斗贰胜硕（石）脂。

116 壹佰玖疋玖尺玖寸杂州小练，和籴库应在，前典刘庆欠。

117 右检上件练，得刘庆牒称，去开十九年秋季州仓上税钱价粟

118 充和籴，其直合入正库收附。当处和籴估未到，即依旧估给

119 直。其直正库收附。其年秋季帐讫。后新估到州，准旧估

120 计月（?）征钱捌文，计当上件小练。至贰拾年冬季，正库物到，

121 然始破上件练，还和籴库，充估上钱直。其估上钱，支度使

122 姚判官勾曰勒遣收入见在，即收附大练，入和籴

123 库。开廿年春季账讫。正库所破小练，至廿年冬季始破，

124 遂即更不收附。至廿一年月支度于判官勾曰，见不收小练。

125 复缘先附大练，遂被剥征。先已判上支度使，使司令勾覆

126 使详覆具已牒上讫未报。

127 壹拾伍屯疋贰丈肆寸，正库应在，武庆赠欠。

128 柒屯大绵，捌疋贰丈肆寸大练。

129 右前件人□是悬泉府别将身死给赠，为是员外官，被

130 支度勾征，未纳。

131 壹佰玖拾玖硕陆豆斗壹胜，州仓应在

132 贰□硕陆豆斗捌胜玖合伍勺米，贰拾硕柒豆斗捌胜□□▭▭（后缺）

3081——P.3872《辰年四月十一日情漆器具名》

1 辰年四月十一日情漆具名如后：

2 盘了七十枚；叠子七十枚；垒子八十枚；椀伍十枚；晟子五枚；团盘二枚。

（中空）

3 节下盘子廿八……授（后缺）

3082——P.3972《辰年四月十一日情漆器具名》

1 辰年四月十一日情漆器具名如后：

2 盘子七十枚，叠子七十枚，垒子八十枚，椀伍十枚，晟子五枚

3 团盘二枚。

节下盘子廿八▭▭□授。

3083——P.3985《癸巳年七月廿五日谨录人送路物色名目》

1　癸巳年七月廿五日谨录人送路物

2　木匠冯常安官布叁段。□

3　布壹段。张家和胜立机

4　王庆住白褐半疋，官布一段。黑博士立机

5　半疋。阴家十综褐两段，内一段长三丈

6　王六子官布壹段，粗紫褐半疋

7　叁段。太员番褐二丈九尺，女印□

8　曹尚书官（布）两段。立机壹段。康五

9　壹。王家阿妙八综褐壹丈柒尺

10　八尺，又一段壹仗柒尺，又一段壹仗伍尺

11　陆尺，安西纰壹疋，曹家立机贰

12　太员又番褐壹仗五尺，阴家又八综

13　官布壹拾捌段，南□

14　段，褐二丈二尺，玉大小六，毡□□□□/

3084——P.3997《庚子年辛丑年（940～941年）入布历》

1　庚子年十一月卅日，都寺主法律净领得前寺主戒福

2　手下布三疋、昌褐壹疋半，又白斜褐壹段，锁子作

3　典。（签字）青衣段褐壹段，故保藏折债领入。红斜褐壹

4　段法超折债入。白斜褐壹段法林折债入。（签字）辛丑

5　年正二月廿三日昌褐壹疋，邓悬令经俅入。（签字）二月四日白

6　昌褐壹丈贰尺，佛出施入。八日白昌褐壹段畔苏施入（签字）

7　三月廿三日布壹疋，索押牙罗衫价领入。（签字）四月十五日，白昌褐三

8　仗扵窟社施入。（签字）五月日布壹疋、褐壹疋，官斋领

9　入。（签字）九日，布壹疋，昌褐壹疋，秋官斋领入。（签字）

3085—— P.4004《庚子年（940年）后某寺交割常住什物点检历》

1（前缺）九日徒众齐坐交割寺主法

2　香奁铃铃铛锅锹铜罐

3　莲花大床踏床什物等并分付与后寺主僧教通抄录

4　谨具如后。

5　供养具：新造鍮石莲花贰相并座具全，计大小捌拾肆

6　叶。摩日候罗共荷叶肆叶事，内三叶并钿

7　子壹，欠在寺主保惠，又两叶欠在寺主明戒，

8　又壹叶欠在寺主明信。新造鍮石金渡香

9　炉壹柄，内有裂，并师子座具全。新木香盒壹。

10　铜香炉壹柄，又铜香炉两柄，内壹柄在索僧

11　正，内壹柄在索判官（幸索僧正），内壹柄在保珎。旧木盒壹，

12　在索判官（幸索僧正）。铜铃伍，内壹在索僧正（库），

13　内壹在保珍，（其铃入库，欠铎）。内壹在惠弁（其铃却付与库内，却付会
　　阴法律），内

14　壹在库，内壹在行像柜，木悉罗壹，在库。新花盘子贰，镜角漆楪子壹，
　　在行

15　像柜。大佛名壹部，在经藏。新旧大悲绢像

16　贰，大文殊新像壹，大绣像壹，汉画地藏菩萨

17　像壹，又绢画像子壹，又铜香炉壹，香盒□（后缺）。

3086——P.4046《后晋天福七年（942年）十一月廿二日归义军节度使曹元深舍
施回向疏》

1　请大德壹九人揭谛道场三日。逐日每僧念广多心经一百遍，

2　真言一千遍，六时礼忏。红锦祆子壹领，准绢伍疋。粟三拾陆硕，

3　细絁壹疋，充法事。小娘子施紫罗衫子壹领。

11　（中略）天福七年十一月廿三日弟子归义军节度使检校司空徒御史大夫曹元
　　谨疏。

3987——P.4518（28）《辛卯年（991年？）十二月十八日当宅现点得物色》

1　辛卯年十二月十八日，当宅现点得物色：

2　黄鹿胎柒疋，红透贝叁疋，红绮壹疋，龙

3　黄绫壹疋，黄御绫叁疋，黄楼绫两疋，银

4　褐绫壹疋，黄黑花绮正壹疋，天净沙壹疋。

5　第二传：锦捌疋，褥面壹个，大白绫肆疋，

6 天净沙叁疋，又传白罗捌疋，花隔织

7 两疋，楼绫肆疋，定绫贰疋。又传内

8 白黑花倚正陆疋，紫绮正伍疋，黄绮正

9 壹疋，紫大绫壹疋，又紫绫壹疋，紫沙壹疋，

10 白御绫壹疋，花官绝壹疋，白熟绫子

11 壹疋，碧绫子叁疋，又生（绢）贰拾壹疋，

12 缬两疋，青绢两疋，非绢壹疋，黄绢壹疋，

13 紫绢壹疋，白熟绢拾疋。

3088——P.4624《唐大中七年（853年）八月廿六日邓荣施入疏》

（前缺）□□□□□盆三粗布

物施入修窟。

家人定娘男德子放出从

黑布方毡袈沙一

□褐长袖一绯，褐方毡一领，大床一张，铛一口，□铁锹一面，鞍一具，

单

经布裙衫一对，牙盘子一，麦拾硕，粟拾硕，瓮大小四口，瓦盛一，

油 一，案板一，食刀一故袋一口，五岁草驴一头已上物与沙弥德子。

细布袴段一、充法事。

右件转经造窟设肃（斋）舍施功德，为已

弟师舍化已来，不知神识落在何道。

今将生前受用，依（衣）物，叩触三尊，

谨因此晨，伏愿慈悲，希垂回向。

大中七年八月廿六日兄邓荣谨疏。

3089——P.4635《某某造瓦得物历》

（前缺）摈消渠造瓮失□□□□斤价不得物。

弟二年北苻造瓮不见物，得麦一石，得

豆五斗，得粟五斗，得粟五斗，黄麻二斗。弟三年东

河邓军使庄造瓮得麦两石八斗，得

粟两石，还史康七羊价粟一石。弟四年

东河邓军使庄不得物，其物还壹

面牛肉价。弟五年八尺邓队头庄

□（造）瓮□□□□物，还地禄价，得

□□□□□酒司家取麦一石，巷（后缺）。

3090——P.4640《已未年—辛酉年（899～901年）归义衙内破用用纸布历》

（前缺）

1　日，衙官石文信傅处分，楼上纳细布陆疋。又衙官令狐回君傅（处）分，

2　楼上纳粗布两疋。同日，白俊诚傅处分，支与铁匠索海全细布壹

3　疋。十四日，奉判矜放张使君布壹疋。十五日，都押衙罗通达傅

4　处分，支与张使君细布壹疋。十六日，支与王察微使僧文赞细布壹疋。

5　四月五日，衙官王留住傅处分，楼上纳细布壹疋。六日，衙官尹进子

6　傅处分，楼上纳细布壹疋。同日，支与员外春衣细布壹疋、粗布

7　壹疋。十二日，衙官张文建傅处分，楼上纳细布壹疋。十四日，支与

8　纸匠造洗麻幪粗布粗壹疋。廿七日，支与押衙罗文达助葬粗布

9　三疋。五月二日，都押衙罗通达傅处分，支与卜师悉兵略等二人各

10　细布壹疋。三日，支与降人也朋炎欠律罗粗布壹疋。十日，衙官赵

11　闰子傅处分，支与新城人细布壹疋。又支与紫亭镇使高神政细

12　布壹疋。十二日，支与楼上僧智弁春衣粗布壹疋。十三日，都

13　押衙罗通达傅处分，支与押衙邓音三细布壹疋，又押衙张留子

14　傅处分，楼上纳细布陆疋。十六日，衙官李海满傅处分，楼上纳

15　细布壹疋。廿三日，衙官史英贤傅处分，支与邕归镇使扬

16　神海粗帛壹疋。又支与悬泉镇使曹子盈粗布壹疋。廿九

17　日，衙官梁受子傅处分，支与康山海粗布壹疋。六月四日，押

18　衙张崇景傅处分，支与新城镇使张从武粗布贰疋。十

19　日，支与王祭微使悉甫潘宁等二人共支粗布壹疋。同日支

20　与酒户阴加晟、张再集二人洌酒粗布壹疋。十二日，衙

21　康义通傅处分，支与肃州僧二人各粗布壹疋。又支与常乐

22　县令犯唐彦粗布壹疋。十六日，衙官张恩胜傅处分，支与城

23　东寺园子张文英粗布壹疋。廿日，衙官宋奴子傅处分，楼上纳

24 粗布壹疋。同日，支与押衙严君会春衣粗布壹疋。廿一日，衙

25 官彭义和傅处分，支与捉生人张苟苟等二人，各支粗布壹疋。七月

26 十三日，衙官李文德傅处分，支与张使君粗布贰疋。十六日，衙官张清

27 清傅处（分），楼上纳粗布壹疋。廿日，奉判支与员外男僧助葬粗

28 布两疋。同日，支与退浑悉没藏身死支粗布壹疋。八月三日，

29 衙官高忽文傅处分，楼上纳粗布玖疋。同日，判官薛文通傅处分，

30 楼上纳粗布壹疋。十四日，衙官石章六傅处分，楼上纳粗布壹疋。

31 同日，支与设司人昌昌、逍遥等捌人各粗布三丈，共计支布陆疋。

32 十六日，奉判支与兵马使刘英杰助葬粗布壹疋。十七日，衙官赵

33 闰子傅处分，楼上纳粗布壹疋。廿九日，都押衙罗通达傅处分，

34 支与曹保保粗布半疋。又支与乐营使张怀惠助葬粗布两疋。

35 九月七日，支与帐设王文胜补大幕粗布壹疋。同日，支与音声

36 张保升造胡滕衣布贰丈四尺。九日，支与设司吹丹粗布壹丈肆尺。

37 十日，押衙张安伡傅处分，支与刘和信助葬粗布壹疋。

38 又支与口承把道人唐力信、宋骨骨等拾人共支粗布伍疋。

39 同日，衙官唐怀恩傅处分，楼上纳粗布壹疋。又同日，支

40 与把人程小迁等三人各支粗布半疋。十五日，支与吴叔庆等

41 杂喜衣布两疋肆尺，内三丈贰（尺）细。十九日都押衙罗通达傅处分。

42 支与押衙阴弁君等粗布壹疋。又同日，衙官李文德傅处分。

43 楼上纳粗布壹疋。廿日，衙官田文通傅处分，楼上（纳）粗布壹疋。

44 同日，衙官石怀信傅处分，楼上纳粗布两束。又同日，支天使驿

45 吹丹布壹丈。廿九日，支与玉门口承人刘友住粗布壹疋。

46 已（以）前诸处计用得粗布柒

47 佰肆疋壹尺，细布壹佰柒

48 拾玖疋三尺，粗细都计用

49 得捌佰捌拾三疋肆尺。又诸

50 杂破免文状计布壹拾伍疋贰丈。余残合见管库内数目，具在别状。

53 纸破用数。已末年四月三日，支与靴匠安阿丹助葬粗纸

54 壹贴。十四日，衙官张君子傅处分，楼上纳细纸壹贴。又支

55 与罗么令粗犷纸壹贴。又城东赛神用画纸三拾张。

56 六日，衙官阴再盈傅处分，楼上纳细纸壹贴。九日，赛青

57 苗神用钱财纸壹贴。十三日，衙官尹进子傅处分，楼上纳细纸伍

58 贴。十七日，押衙索像通傅处分，西宅纳细纸三束。十九日，

59 衙官高忽文傅处分，楼上纳细纸壹贴。同日，鹿家

60 泉赛神用钱财画纸三拾张。廿七日，

61 支与造扇细纸壹束两贴。廿九日，衙官康义通傅处分，

62 楼上纳粗纸壹贴。五月三日，支与押衙氾文君粗纸壹贴。七日，

63 衙官唐欺忠傅处分，楼上纳细纸壹贴。十日，衙官阴再

64 盈傅处分，支与新城镇使张从武细纸壹贴。十一日，赛神支画

65 纸三拾张。十五日，赛马神用画纸肆拾张。同日，支与氾干

66 真助葬粗纸两贴。十八日，衙官张紧子傅处分，楼上纳粗纸

67 壹贴。廿三日，百尺下赛神支钱画（纸）肆拾伍张。廿八日，衙官赵欺

68 子傅处分，楼上纳纸壹贴。又同日，支与押衙曹光进助葬粗纸两贴

69 又支与退浑卜师纸伍张。卅日，支与都押衙阴惠达东行细纸壹两贴。

70 六月一日，押衙阴明建傅处分，将细纸壹贴。又同日，支

71 与都押衙阴惠达细纸两贴。二日，又支与押

72 衙阴明建造文籍纸壹贴。七日，支与押衙浑子集细纸壹

73 贴。同日，支与安紧子细纸三拾张。八日，楼上纳粗纸壹贴。同日，

74 支与宅官张安午细纸壹拾伍贴。十三日，衙官尹进子傅处分，楼上

75 纳细纸两束。十七日，衙官宋奴子傅处分，楼上纳大细纸

76 壹贴。同日，赛（神）用画纸壹贴。又同日，亭子上道场用钱财粗

77 纸壹贴贰拾张。又同日，衙官吴庆子傅处分，楼上纳大细

78 纸壹贴。廿日平河口赛神用画纸三拾张。又支与都虞候

79 索怀济东行用画纸三拾张。廿三日支与判官喜首造花

80 树细纸壹束。廿四日镇压用粗纸贰拾张。廿六日、赛

81 金鞍山神用粗纸三拾张。廿七日，衙官价福胜傅处（分），

82 支与邕归镇使杨神海细纸壹贴。廿八日，楼上纳大细纸壹贴。

83 七月三日，衙官张庆子傅处分，楼上纳细纸壹贴。四日，押衙吴

84 元信傅处分，支与肃州使细纸壹贴。同日，押衙氾延庆傅处

85 分支与汉僧细纸壹贴。又同日，支与张使君画纸三拾张。十日衙

86 官王钵罗傅处分，楼上纳细纸捌贴。同日，两处赛神支钱财

87 画纸壹贴拾张。十六日，衙官米进晟傅处分，楼上纳粗纸壹

88 贴。十七日，支与押衙张安忓细纸壹贴。廿二日，支与纲人程小

89 迁画纸壹贴。廿五日，衙官梁受子傅处分，楼上纳粗纸壹纸。

90 又支百（尺）下道场粗纸壹贴。又同（日）支赛祆画纸三拾张。又衙

91 官令狐升贤傅处分，支百尺下道（场）细纸壹贴。廿六日，衙官张庆子

92 傅处（分），楼上纳细纸壹贴。廿八日，衙官索通通傅处分，楼上纳细纸伍贴。

93 八月一日，支与直司押衙严君会细纸壹贴。六日，平河

94 口赛用钱财纸三拾张。又同日衙官翟再晟傅处分，楼上

95 纳细纸壹贴。十日，当司通文字支粗纸壹贴。十三日衙官刘

96 胡儿傅处分，楼上纳细纸壹贴，粗纸壹贴。又支与都知史孝忠

97 东行画纸三拾张。同日，支与押衙浑子集细纸壹贴。廿七

98 日，支与仓司索文楚粗纸两贴，细纸壹贴。九月九日，支水司都

99 乡口赛神钱财纸壹贴。十八日，押衙张安忓傅处分，西宅支

100 粗纸壹贴。又同日，衙官张神得傅处分，楼上纳细纸壹贴，廿四

101 日，衙官宋奴子傅处分，楼上纳粗纸壹贴。廿八日，支与草场司细

102 纸两贴。廿九日支与邕归镇使杨神海细纸壹贴。十月二日，衙官价福

103 胜傅处分，支与寿昌镇使研罗悉兵细纸壹贴。四日，支与员外细

104 纸三贴。五日，判官薛文通傅处分，楼上纳细纸伍贴。又

105 支赛祆画纸三拾张。七日，衙官张君子傅处分，楼上纳细纸

106 壹贴。九日，支与押衙氾延庆粗纸伍贴。十日，用节支都押衙齐

107 加闰粗纸两贴。同日衙官张庆子傅处分，楼上纳细纸壹贴。十

108 三日，衙官张思胜傅处分，楼上纳细纸壹贴。同日支与北地使梁

109 景儒上神画纸壹拾伍张。同日衙官张通达傅处分，楼上纳大

110 细纸贰贴。又押衙浑子集傅处分，楼上纳细纸壹贴。十五日，押衙浑

111 子集傅处分，支与新城镇使张从武细纸壹贴。十六日，支与设司细纸

112 壹贴。十八日，支与水司盘 粗纸壹贴。十九日，支与员外细纸

113　壹贴。廿日，入奏朔方两伴使共支路上赛神画纸壹贴。廿一日，支与

114　喜首换纸细纸壹贴。同日，衙官高忽文傅处分，楼上纳大

115　细纸壹贴。廿日，衙官令狐赞忠傅处分，楼上纳大细纸壹贴。廿

116　五日，押衙浑子集傅处分，楼上纳细纸两贴。粗纸壹贴。廿七日，

117　都押衙罗通达傅处分，支与法律报恩寺等僧三人细纸肆贴。

118　廿九日，押衙周文建傅处分，将粗纸壹贴。十一月四日，押衙严君会

119　傅处分，楼上纳细纸两贴。同日，支与管内都知张海清细纸壹

120　贴。七日，支与柴场司细纸壹贴。十日，支与宅内钱财粗纸三

121　贴。十四日衙官李海满傅处分，楼上纳细纸壹贴。十六日，衙官石加政

122　傅处分，楼上纳大细纸壹贴。十九日，衙官张通达傅处分，楼上

123　纳细纸壹贴。廿七日，支与押衙张忠贤造历日细纸三贴。廿八

124　日，衙官马粪堆傅处分，楼上纳大细纸壹贴。十二月十二日，奉判支

125　与汉僧细纸壹贴。十五日，衙官张良义傅处分，支紫亭副使细

126　纸壹贴。十六日，衙官高集子傅处分，楼上纳细纸壹贴。同

127　日，支与作坊司画钟馗细纸两贴，粘登笼粗纸拾张。十七日，支

128　与押衙康伯达路上赛神画纸拾张。廿一日，衙官孔盈德傅处分，

129　楼上纳大细纸壹贴。廿三日，支与押衙张忠贤造文细纸壹贴。

130　廿六日，祭春用钱财粗纸壹贴。同日，衙官张思胜傅处分，

131　楼上纳粗纸三贴，卅日，楼上纳粗纸三贴，又壹拾三张。

132　庚申年正月四日，押衙张崇景傅处分，楼上纳细纸壹贴。

133　六日，衙官张庆子傅处分，支与邕归镇使杨神海细纸

134　壹贴。七日，支与都押衙曹嗣细纸壹贴。九日，都押衙罗通达

135　傅处分，支与新城镇使张从武细纸壹贴。十日，支与员外细纸三

136　贴、粗纸两贴。十一日，开口支钱财粗纸壹贴。同日，宅内营

137　亲支造楼子粗纸壹贴。十二日，都押衙罗通达傅处分，

138　支与常乐县令安再宁细纸壹贴。十三日，支与赛祆画纸

139　三拾张。十六日，都押衙罗达傅处分，楼上纳细纸壹贴。廿

140　日，都押衙罗通达傅处分，楼上纳细纸陆贴。同日，籍

141　田支钱财粗纸壹贴。廿六日，押衙张留子

142 傅处分，楼上纳细纸壹贴。廿七日，支当司抄录粗纸壹贴。廿

143 九日，支与押衙氾英信上神画纸贰拾张。同日，衙官张文晟

144 傅处分，楼上纳大细纸壹贴。同日，都押衙罗通达傅处分，

145 楼上纳大细纸壹束。同日，支与押衙张安仵粗纸两贴。二月七日，

146 支与悉么遮粗纸三拾张。十日，支与张闰子助葬粗纸

147 肆贴。十二日，衙官梁受子傅处，楼上纳细纸壹贴。又同日支与

148 羊司押衙刘存庆粗布贰拾张。十三日，衙官张良义傅处分，

149 楼上纳粗纸两贴。十八日，都押衙罗通达傅处分，楼上纳细纸

150 陆贴。廿日，衙官宋奴子傅处分，楼上纳粗纸壹贴。廿三日，衙官平

151 紧子傅处分，楼上纳细纸壹贴。廿九日，押衙张留子傅处分，楼

152 上纳粗纸三贴。三月三日，衙官张文晟傅处分，楼上纳粗纸贰

153 拾张。又衙官宋奴子傅处分，楼上纳粗纸贰拾张、细纸壹贴。

154 三水池并百尺下分流泉等三处赛神用钱财粗纸壹贴。

155 五日，衙官梁受子傅处分，支与寿昌镇使张义诚细纸壹贴。

156 六日，衙官李留住傅处分，楼上纳大细纸壹贴。同日，衙官平集

157 君傅处分，楼上纳细纸两贴。七日，支与甘州押衙宋彦晖画

158 纸贰拾张。九日，祭州原支钱财粗纸壹贴。十四日，支与作坊

159 粗纸壹贴。廿五日，押衙张留子傅处分，取粗纸拾张。又衙官张

160 紧子傅处分，楼上纳细纸壹贴。四月一日，衙官梁受子傅处分，楼

161 上纳粗纸三拾张。三日，奉判支与都乡口赛神画纸三

162 拾张。八日，赛祆支画纸三拾张。又同日，判支与设

163 司写祢案细纸壹贴。十二日，衙官田文通傅处分，楼上纳

164 细纸壹贴。十六日，孔目高延德傅处分，楼上纳细纸壹贴。

165 同日赛清（青）苗神支粗纸壹贴。又赛祆画纸三拾张。十七

166 日，押衙张留子傅处分，楼上纳细纸两贴。廿三日，支与程里仵

167 助葬粗纸两贴。廿七日，支与作坊造扇细纸壹束两贴。

168 五月六日，判官薛文通傅处分，楼上纳细纸壹贴。七日，衙官杜

169 通信傅处分，楼上纳细纸三贴。十一日，康家娘子（助）葬支粗

170 纸壹束。十四日，当司纳布支细纸壹贴。十四日，赛马神

171　用钱财粗纸壹贴。十六日，衙官张君子傅处分，楼上纳

172　细纸两贴。十七日，衙官彭义和傅处分，楼上纳细纸两贴。

173　廿六日，衙官集子傅处分，楼上纳大细纸壹贴、粗纸壹贴。廿七（日）

174　衙官令狐昌信傅处分，楼上细纸壹贴。廿九日，支与管

175　内都知张海清细纸壹贴。同日，支与都押衙曹光嗣细纸壹贴。

176　六月一日，衙官高和子傅处分，楼上纳细纸壹贴。

177　二日，壤（禳）送蝗虫钱粗纸壹贴。五日，衙官目员子傅处分，

178　楼上纳细纸壹贴。同日，判官薛文通傅处分，楼上纳细纸两贴。

179　七日，衙官尹进子傅处分，楼上纳细纸壹贴。

180　六日，押衙张伯盈傅处分，楼上纳粗纸壹贴。十五日，衙

181　官刘胡儿傅处分，楼上纳细纸壹贴。十七日，金山傅处分，

182　楼上纳粗纸壹贴。廿日，支与羊司粗纸壹贴。廿四日衙

183　官李留住傅处分，楼上纳大细纸壹贴。七月二日，支与押衙

184　张安件细纸两贴。四日，押衙严君会傅处分，楼上纳细纸三

185　贴。九日，赛袄用画纸三拾张。十二日，衙官张神德

186　傅处分，支与厢虞候张文信细纸三贴。十三日，支与都知氾

187　文德细纸壹贴。十四日，支与押衙张安件粗纸壹贴。同日，

188　支与兵马使程文威东行画纸贰拾张。十二日，衙官赵温子

189　傅处分，楼上纳大细纸壹贴。同日，衙官唐黑子傅处分，

190　楼上纳细纸两贴。十七日，支与玉门镇使索通达细纸壹

191　贴。十九日，都押衙罗通达傅处分，楼上纳细纸两贴。廿三

192　日，支与水司马圈口赛神粗纸三拾张。八月五日，衙官唐

193　文通傅处分，楼上纳大细纸壹贴。十日，赛张女郎神用

194　粗纸三拾张。廿七日，支与张忠贤助葬粗纸壹束。

195　又支与押衙阎奉国助葬粗纸伍贴。九月二日，刘和

196　信傅处分，楼上纳大细纸壹贴。四日，押衙严君会傅处分，

197　楼上纳大细纸壹贴。次细纸两贴。同日，押衙张留子

198　傅处分，楼上纳细纸肆贴。五日，支与水司北府括地细纸

199　壹贴。同日，奉判，支与押衙张保山画纸三拾张。十一日，

200　高加兴傅处分，支与常乐副使细纸壹贴。廿五日，奉

201　判支与修城钱财粗纸壹贴。又同日，衙官高集子

202　傅处分，楼上纳大细纸壹贴。十月九日，支与箭匠董

203　□□□□母助葬粗纸两贴。同日，支与赛祆画纸三

204　拾张。廿三日，押衙张留子傅处分，楼上纳细纸壹贴。

205　同日，押衙张留子傅处分，楼上纳细纸肆贴。又同日，刘和信

206　傅处分，楼上纳大细纸壹贴、次细纸两贴、卅日，高加兴

207　傅处分，楼上纳细纸肆贴。十一月一日，都押衙罗通达傅

208　处分，支与紫亭、寿昌镇各细纸壹贴。又新城壹贴。同

209　日，支与押衙翟元嗣壹拾伍张。奉判支盘粗

210　纸壹贴。二日，奉判支与草场司细纸两贴。四日，奉判

211　支与仓司细纸两贴。九日，衙官阴再盈傅处分，楼上纳

212　细纸肆贴。同日，衙官杜通顺傅处分，楼上纳大细纸壹贴。

213　壹贴。又同日，押衙张安忤妻亡助葬粗纸伍贴。又同日，押衙

214　张西豹甘州充使画纸三拾张。十二日衙官刘富子傅处分，

215　楼上纳大细纸壹贴。又高加兴傅处分，楼上纳细纸两贴。

216　十八日，支巡官下槐子钱财纸拾张。廿日，衙官索猪苟傅处分，

217　楼上纳粗纸两贴。廿七日，押衙张伯盈傅处分，支钱

218　财粗纸三贴。同日，支与押衙邓音三造历日细纸三贴。廿

219　八日，刘和信傅处分，支与法律道广细纸两贴。廿九日，支与

220　柴场司细纸壹贴。同日，支与巡官助葬细纸壹束、粗纸

221　壹束。卅日，盘准又支粗纸壹贴。十二月七日，衙官米和儿傅

222　处分，楼上纳粗纸壹拾伍张。十四日，押衙邓留住东行支画纸

223　三拾张。廿一日，支与作坊使造钟榼细纸贰贴、粘灯笼用粗、

224　纸壹拾伍张。廿五日，刘友信傅处分，楼上纳粗纸壹贴。辛

225　酉年正月六日，支与吴叔庆粗纸三拾张。五日，判官薛文通傅

226　处分，支与宅内钱财粗纸三贴。同日，衙官价忠贤傅处分，

227　楼上纳细纸壹贴。同日，支与员外细纸两贴、粗纸壹贴。七日，

228　立春用钱财粗纸壹贴。八日，支与押衙邓音三造文细纸壹

229　贴。十一日，赛祆支画纸三拾张。十五日，高加兴傅处分，支

230　肃州僧细纸壹贴。又支开口钱财画纸壹贴。同日赛金鞍

231　山神支粗纸三拾张。十六日，奉判支与金银匠王神神

232　妻亡助葬粗纸两贴。同日支与押衙康伯达天使院修

233　文字细纸壹贴。十八日，支与都押衙曹光嗣修文字细纸壹贴。

234　廿一日，支与设司细纸壹贴。廿二日，支与作坊司细纸壹贴。

235　廿四日，支与押衙张留子细纸壹贴。廿七日，籍田支钱财粗纸

236　壹贴　卅日衙官平紧子傅处分，支宅内钱财粗纸两贴。二月六　（纸缝）

237　日，衙官马苟子傅处分，楼上纳大细纸壹贴。又都押衙罗通达

238　傅处分，支与常乐县令安再宁细纸壹贴。又支与玉门副

239　使张进达细纸壹贴。九日，刘和信傅处分，支与张使君细纸

240　壹贴。十三日，都押衙罗通达傅处分，支与客司押衙吴元信细

241　纸三贴。十四日，支与王建铎队傑额子粗纸壹贴。十九日

242　都押衙罗通达傅处分，支与玉门副使张进达细纸两贴。廿日，

243　奉判支与瓜州福员细纸壹贴。廿一日，奉判支与鹿家泉赛神

244　粗纸贰拾张。同日，支与押衙孔回政助葬细纸壹束、粗纸

245　壹束。同日，赛祆支画纸三拾张。同日，又支与当司通过文

246　字粗纸壹贴。廿二日，衙官石文信傅处分，支与紫亭镇使

247　高神政细纸两贴。廿五日，都押衙罗通达傅处分，楼上纳大

248　细纸壹贴。廿七日，支与王祭微引路人刘悉乷勺咄令细纸两贴。

249　三月二日，衙官虑江江傅处分，楼上纳大细纸壹贴。三日，

250　东水池及诸处赛祆用粗纸壹贴。同（日）支与押衙王保安东行画

251　纸壹拾伍张。四日，支与天使打钱财粗纸壹束。同日，支与刘

252　和信傅处分，支与邕归镇使杨神海细纸两贴。同日，支与

253　直司押和严君会粗纸壹贴。六日，衙官马粪堆傅处分，

254　支与甘州使押衙王保安细纸肆贴。同日，支与押衙张伯盈宅

255　内钱财粗纸伍贴。又奉判支与员外粗纸两贴。七日支与

256　朔方麻大夫细纸壹贴。十一日，支与于阗使押衙张良真画纸

257　壹贴。同日，押衙张留子傅处分，支与天使钱财粗纸伍

258　贴。十二日，衙官康骨骨傅处分，楼上纳细纸肆贴。又都押

259　衙罗通过傅（处分），支与于阗使梁明明等一行细纸一束捌

260　贴。十四日，高加兴傅处分，支与紫亭监使副使二人各细纸壹

261　贴。十七日，衙官马员满傅处分，楼上纳大细纸壹贴。廿日，

262　衙官史英贤傅处分，楼上纳大细纸壹贴。廿三日，祭川原支钱

263　财粗纸壹贴。廿八日奉判，支与押衙董佛让细纸贰拾张。四月

264　二日，支与设司泻（写）祆案细纸壹贴。七日，衙官张神得傅

265　处分，楼上纳大细纸壹贴。四月，支与朔方使麻大夫细纸壹贴。

266　八日支与兵马使氾恒信上神画纸壹拾伍张。十日，都押衙罗通

267　达傅处分，楼上纳细纸肆贴。十一日，奉判支与员外细纸

268　壹束。同日，奉判支与天使修文字细纸壹贴。十三日，赛

269　祆用画纸三拾张。同日，赛青苗神用钱财粗纸

270　壹贴。十四日，衙官黄胜荣傅处分，楼上纳大细纸壹贴。

271　同日，衙官康沙子傅处分，楼上纳大细纸壹贴。十五日，押牙

272　范忠信东行用画纸壹拾伍张。同日，衙官姚文通傅处分，

273　楼上纳细纸三贴。同日，支与安庆全助葬粗纸柒贴。

274　十六日，衙官刘友信傅处分，支与押衙张庆子细（纸）壹贴。楼

275　上纳细纸壹贴。廿六日，支与作坊使宋文晖造扇细纸壹束两贴。

276　廿七日，衙官阴胡子傅处分，楼上纳大细纸壹贴。

277　五月三日衙官田文通傅处分，楼上纳大细纸壹贴。又孔目高延

278　德傅处分，楼上纳细纸壹贴。同日，衙官梁受子傅处分，

279　楼上纳大细（纸）两贴。又孔目高延德傅处分，楼上纳大细纸

280　壹贴。又同日，当司收纳一十一乡官布打帐用细纸壹贴。又

281　同日，鹿家泉赛神用画纸贰拾张。六日，马圈口赛

282　神用钱财纸壹贴。又支与宅官钱财纸壹贴。又押衙张留子

283　□（傅）处分，支与管内都知张海清细纸壹贴。九日孔盈子

284　傅处分，楼上纳大细纸贰□。同日，兵马使阎英集傅处（后缺）。

3091—— P.4783《癸卯年九月廿三日施牛两头出唱历》

　　癸卯年九月廿三日，故慕客刺史三周斋施陆岁耕牛壹头，乳牛壹头，出唱

如后。（后缺）

3092——P.4908 某寺什物点检历

1 寺主戒会。又白方毡两领，欠在寺主

2 戒会。青圆黑毡两条。白绣毡壹领。

3 红绣毡壹领，内有鹿肆个。圣僧坐花

4 毡子壹领。汉擀白方毡伍领，内壹领欠

5 在寺主明藏，又两领欠在寺主法兴，又

6 壹领从拽硇来，故张法律将去。于阗

7 毡褥壹条。方汉褥贰。氎毹褥贰。又

8 汜铁奴折债新花褥壹领。又娘子于阗

9 花毡壹领。又锦褥俫白方毡两领。又李

10 都头施入圣僧小胡锦褥子壹。白方

11 毡肆领，欠在寺主保惠。又白方毡壹

12 领，（庚子年入毡），欠在寺主员会。白毡壹条，欠在寺

13 主明信、教珎二人。白方毡伍领，（入白方毡一领），欠在寺

14 主保藏。又新白方毡壹条，欠在惠索僧正。

15 又毡壹条，欠在寺主明信。又新白方毡叁

16 领。又新白方毡条贰拾壹条，内壹条欠在

17 寺主法清，内壹条欠在寺主法林。白银

18 木完壹枚，重捌两半。符僧正镙壹副，并钥

19 匙具全，在般若藏。又候糟都头大镙壹副，

20 并钥匙具全，在杂藏。又邓悬（县）令镙壹

21 副并钥匙具全，在花严藏。镙壹副，并（后缺）。

3093——P.4979 天宝十载（751年）酒行安胡到芬牒

1 酒行状上

2 供糟廿瓮

3 右胡到芬比日在于市纳沽酒经

4 经，缘无本产，伏承经今（月）廿日元行造

5 酒，请乞纶价值。谨状

6 牒件状如前，谨牒。

7 　　天宝十载二月　日酒行安胡到芬牒

8 二月廿三日付生绢壹匹，准旧估伍佰捌拾文；余欠于估

9 酒用。

3015——P.3878 己卯年（979 年）都头知军资库司张富高牒并判（完好者 14 件）

（1）1 军资库司

　　2 伏以今月二十日楼上天王堂及神堂上灰麻贰拾斤，未

　　3 蒙　判凭，伏请　处分。

　　4 　　己卯年八月　日都头知军资库官张富高

　　5 为凭　廿一日（鸟形印符）

（2）1 军资库司

　　2 伏以今月二日衙内缚泊麻麻贰斤，伏取　处分。

　　3 　　己卯年八月　日都头知军资库官张富高

　　4 为凭　三日（鸟形印符）

（3）1 军资库司

　　2 伏以今月三日楼上天王堂佛堂子上灰麻壹斤，五日准旧泥火

　　3 炉麻贰斤，伏请　处分。

　　4 　　己卯年九月　日知都头军资库官张富高

　　5 为凭　六日（鸟形印符）

（4）（略）

（5）1 军资库司

　　2 伏以今月六日准旧打铜索及拽钥匙索子麻肆斤；七日城

　　3 东楼上缚铺唇麻壹斤；同是准旧城南□□园缚□唇

　　4 及泥火炉麻壹斤半；同日造鹰择麻两束，未蒙

　　5 判凭，伏请　处分。

　　6 　　己卯年十月　日都头知军资库官张富高

　　7 为凭　九日（鸟形印符）

（6）1 军资库司

　　2 伏以今月十六日请缚碾床麻贰两，未蒙　判凭，伏请　处分。

　　3　　　己卯年十月　日都头知军资库官张富高

　　4 为凭　十八日（鸟形印符）

（7）1 军资库司

　　2 伏以今月廿领先日请皱胡禄麻壹束，未蒙，判凭，伏请 处分。

　　3　　　己卯年十月　日都头知军资库官张富高

　　4 为凭　卅日（鸟形印符）

（8）—（11）（略）

（12）1 军资库司

　　2 伏以今月六日造神床索子禄麻贰斤，未蒙 判凭，伏请处分。

　　3　　　己卯年十二月　日都头知军资库官张富高

　　4 为凭　九日（鸟形印符）

（13）1 军资库司

　　2 伏以今月十日支造神床索子禄麻贰斤，同日付刺鞍匠麻

　　3 壹束，未蒙 判凭，伏请 处分。

　　4　　　己卯年十二月　日都头知军资库官张富高

　　5 为凭　十二日（鸟形印符）

（14）1 军资库司

　　2 伏以今月台票廿五日准旧鹜鹜家:敦煌（乡）赵富成、安员园、张胡儿，
　　　莫（高乡）

　　3 白佑达、荆憨多、荆达子，慈（惠乡）张员德、康员住、梁和德。以
　　　上玖人各好。

　　4 麻壹户（斤）廿六日准旧灯笼索子麻捌两，未蒙 判凭，伏请 处分。

　　5　　　己卯年十月　日都头知军资库官张富高

　　5 为凭　廿七日（鸟形印符）

3094——北图364：8444v《法律德荣等唱卖俵施得布支给历稿》

　　（前缺）

1 法律德荣唱紫罗鞋两，得布伍佰捌拾尺。支本分一百五十尺，支

2 乘延定真一百 五十尺，支乘政会一百五十尺，支图福

3 盈一百五十尺，余二十尺。

4 法律保宣旧肆仟捌佰 玖拾尺。

5 僧政愿清唱绯绵绫被得布壹仟伍佰 贰拾尺，旧係壹仟尺。

6 支图海郎一百五十尺，支图愿护一百五十尺，支智全一百

7 五十尺，支智荣一百五十尺，支图福盛一百五十尺，

8 支图应求一百五十尺，支图愿德一百五十尺，支图法兴

9 一百五十尺，支图大应一百五十尺，支图应祥一百五

10 十尺，支图应庆一百五十尺，支图大进一百五十尺，

11 支图大愿一百五十尺，支图谈济一百五十尺，支图广

12 进一百五十尺。

13 金刚唱扇得布伍拾伍尺。支本分壹百五十尺，余九十五尺。

14 道成唱白绫得布壹伯柒拾尺。支本分一百五十尺，支普

15 愿法一百五十尺，余壹百三十尺。

16 道明旧係三伯玖拾尺。

17 法律道英唱白绫 得布三佰尺，又唱黄画帔子得布伍佰尺。

18 支图道明一百五十尺，支本分一百五十尺，支图祥定一百五十

19 尺，支图谈宣一百五十尺，支图谈惠一百五十尺，支图戒

20 云一百五十尺，支云贤慧一百五十尺，支云祥通一百五十尺。（后缺）

3095——Дx02822《杂集时用要字》

（前略）

4—6		衣物部第三		
4—7	绫罗	纱线	疋段	金线	紧丝
5—1	透贝	开机	川纱	索子	线绸
5—2	绵贝	剋丝	縜帛	制线	绑金
5—3	蟠线	京纱	圈纱	隔织	颣罗
5—4	线罗	川锦	式样	公服	披袄
5—5	缬栏	袄子	褙心	褙子	掩心
5—6	汗衫	衬衣	毡裤	腰绳	束带
5—7	皂衫	手帕	罗衫	禅衣	绰绣
6—1	大袖	伽袋	绣裤	绣祜	宽裤

6—2	窄袴	袈裟	幭头	丝鞋	朝靴
6—3	木履	草履	幭靾	披毡	睡袄
6—4	征袍	三祜	褐衫	毡幭	毡袄
6—5	煖帽	头巾	掠子	幞头	帽子
6—6	冠子	合子	束子	钗子	钿子
6—7	钏子	镯子	镜子	镮子	篦子
7—1	箱子	笼子	筬子	柜子	匣子
7—2	珍珠	璎珞	海蛤	碧钿	玛瑙
7—3	珊瑚	珞琫	金银	琉璃	砗磲
7—4	琥珀	玻璃	瑜石	铜铁	锡镴
7—5	钗花	火锥	钿花	篦梳	木梳
7—6	假玉	卞玉	无瑕	绣复	被衣

（中略）

10—4	农田部第六
10—5	梨楼	罢磨	桔槔	铁铧	收刈
10—6	碌碡	笤帚	扫帚	涂洒	锹镶
10—7	杷杈	簸箕	栲栳	碓硙	蒴刀
11—1	飏毂	持碾	舂捣	仓库	围芭
11—2	楷窟	锄田	踏碓	拨砣	耕耘
11—3	锤炼	积贮	耕耧	壤地	荚菹
11—4	渠河	汉堰	浇灌	夫草	子税
11—5	镰刀	大斧	地软	梯挟	绳索
11—6	幡竿	夹耳	垅培	堤堙	团头
11—7	提辖	沟洫	桑麻	作户	钟蒔
12—1	官渠	作家
12—2	诸匠部第七
12—3	银匠	鞍匠	花匠	甲匠	石匠
12—4	桶匠	木匠	泥匠	索匠	纸匠
12—5	金匠	银匠	铁匠	针匠	漆匠

12—6	鞘靮	鞦辔	伞盖	赤白	弓箭
12—7	销金	撚塑	砌垒	扎抓	铸泻
13—1	结瓦	生铁	针工	彩画	雕刻
13—2	剜刀	镰剪	结绾	镟匠	笔匠
13—3	结丝匠	匠			

（中略）

器用物部第十一

20—4					
20—5	表纸	大纸	小纸	三抄	连抄
20—6	小抄	银椀	纸马	折四	折五
20—7	匙筋	灯草	金纸	银纸	镴纸
21—1	京纸	甃椀	甃棕	瓶盏	托子
21—2	杓子	酒罇	酱橛	熨斗	铇子
21—3	垒子	注椀	柳箱	木槛	拂拭
21—4	针线	尺秤	度量	铁铛	筛子
21—5	毛连	衣袋	尘设	缴壁	帐薄
21—6	屏风	条床	餰床	棹子	榆柴
21—7	茭草	碾草	马蔺	床穰	柴炭
22—1	雨伞	扇子	巾子	金觥	王珏
22—2	交椅	笊篱	连袋	索子	麻线
22—3	灯椅	蒲苦	簟子		

屋舍部第十二

22—4					
22—5	正堂	拔栅	挟舍	散舍	房子
22—6	房子	厨舍	横廊	基阶	门楼
22—7	亭子	摄集	草舍	客厅	草庵
23—1	园林	砲舍	碓场	城郭	库舍
23—2	檐栿	材植	阔狭	橡檩	柱枒
23—3	枓栱	栏柇	板寸	框档	地架
23—4	构栏	舍脊	极榻	上梁	裁截
23—5	倒塌	崩坏	修造	壁赤	泥补

23—6　　大坐　　小坐　　一片　　一课　　一粒

23—7　　一（少束）　一把　　一个　　一束　　一轴

24—1　　一副　　一队　　一群　　一盏　　一瓶

24—2　　一盘　　若干

（后略）

附录一 敦煌古代工匠人名索引

（按姓氏笔画为序）

笔画	姓名	职业类别	技术级别	文献出处	史料序号
3	马报达	塑匠	匠	北往 40	1357
	马报达	塑匠	匠	收藏地不详	1359
	马都料	木匠	都料	S.3905	2109
	马都料		都料	S.6452-1	2147
	马都料		都料	S.6452-2	2149
	马都料		都料	Дx.0366	2151
4	王专	钑匠	匠	P.3569	3008
	王仙	泥匠	匠	S.0542	1252
	王义成	皮匠	匠	S.1398v	1209
	王文沼	木雕匠	匠	Ch.xiii,004	1139
	王丑奴	木匠	匠	MG.2279	1141
	王神神	金银匠	匠	P.4640	1233
	王都料		都料	S.5071	2145
	王都料		都料	P.2049v1	2139
	王流住	金银匠	匠	P.2049v	1237
	王庶子	泥匠	博士	S.6869v	1254、1255
	王博士	泥匠	博士	S.3905	2203
	邓再通	木匠	匠	S.4657	1177
	尹博士		博士	P.4906	2276
5	平庆子	玉匠	匠	P.2641	1250
	田生	画匠	匠	S.4703	1335
	田盈子	钑匠	匠	P.2032v	1133

笔画	姓 名	职业类别	技术级别	文献出处	史料序号
	史 生	泥 匠	生	P.2032v	1268、2446
	史 生	画 匠	工、生	P.3763v	2447
	史小玉	画 匠	匠	莫高窟第 3 窟	1307
	史小玉	画 匠	匠	莫高窟第 444 窟	1305、1306
	史奴奴	铁 匠	匠	P.2641	1121、1123
	史奴奴	铁 匠	匠	P.2032	1118、1119
	史英俊	木 匠	匠	S.0542	1142
	史都料	铁 匠	都 料	P.2032v	2125
	史都料		都 料	P.2032v	2123、2128、2129、2130、2131
	史都料		都 料	P.2040v	2121
	史都料		都 料	P.3234v	2137、2138
5	白般垫	画 匠	都 匠	榆林窟第 33 窟	2104
	令狐□□	弓 匠	匠	P.1398v	1285
	令狐友德	泥 匠	匠	S.5039	1257
	令狐信延	画 匠	（押衙）	榆林窟第 20 窟	1310
	令狐都料		都 料	P.2049v1	2140
	令狐海员	木 匠	匠	莫高窟第 370 窟	1137
	令狐博士	塑 匠	博 士	P.3490	1340·2215
	冯常安	木 匠	匠	P.2641	1184
	氾丑奴	木 匠	博 士	S.4525	2293
	氾英振	泥 匠	博 士	北碱 59	2201
	氾定全	画 匠	和尚画师	莫高窟第 444 窟	1304
	氾都料	金银匠	都 料	S.6452	2148
	氾博士		博 士	S.1519	2209
	吐浑阿师		师	P.3074v	2381
	任 珪	木 匠	匠	S.6233	1143
6	任博士	木 匠	博 士	S.3905v	2203
	刘世福	画 匠	生	榆林窟第 12 窟	1308
	刘建昌	石 匠	匠	S.4120	1106
	兴 国	皮 匠	匠	S.0542	1205

笔 画	姓 名	职业类别	技术级别	文献出处	史料序号
6	安生	画匠	工、生	P.3763v	2447
	安存立	画匠	匠手	莫高窟第 129 窟	1301
	安阿丹	靴匠	匠	P.4640v	1206
	安都料		都料	S.4703	2143、2144
	安铁子	画匠	匠	P.3763v	1329
	阴应子	胡禄匠	匠	P.2641	1290、1292
	阴苟子	金银匠	匠	P.2641	1244
7	赤旦	金银匠	匠	S.6045	1245
	李员住	金银匠	匠	S.6330	1246
	李圆心	画匠	匠	榆林窟第 32 窟	1311
	李都料		都料	P.2032	2130
	李都料	木匠	都料	P.3302v	2100
	扬君子	木匠	匠	P.2868	1187
	吴神奴	金银匠	匠	北剑 98	1248
	吴都料		都料	P.3875v	2117
	吴都料		都料	S.4703	2142
	何名立	毡匠	匠	S.0542	1296
	何员住	纸匠	都料	莫高窟第 196 窟	2102
	何员定	纸匠	匠	莫高窟第 196 窟	1368
	应净		都师	P.3882	2155
	应集		都师	P.3882	2156
	陈丑子	铁匠	匠	S.6452	1125
	陈押衙	塑匠	师	P.4909	2382
	张儿儿	鞍匠	匠	P.2641	1280
	张弘恩	画匠	匠手	莫高窟第 129 窟	1302
	张再升	木匠	匠	P.2032v	2427
	张延锷	画匠	师	Ch.xvni.002v	3001
	张建宗	塑匠	匠	P.3490	1339
	张保盈	泥匠	匠	P.2953v	1275
	张胜郎	伎匠	都料	榆林窟第 33 窟	2105
	张恶眼	金银匠	匠	S.6452	1247

笔 画	姓 名	职业类别	技术级别	文献出处	史料序号
7	张留住	泥 匠	匠	P.2032v	1265
	张留住	纸 匠	匠	S.5845v	1371
	张留住	泥 匠	匠	P.2032v	1267
	张博士	泥 匠	博 士	P.2032v	2205
	张像德	泥 匠	匠	P.3763	1135
8	武保琳	画 匠	匠 手	榆林窟第 35 窟	1312
	郁迟宝令	金银匠	都 料	榆林窟第 24 窟	2106
	竺 保	画 匠	都画院使	榆林窟第 35 窟	2108
	法 海		都 师	S.5039	2152
	孟都料		都 料	S.5039	2118、2119
9	赵丑子	锅子匠	匠	P.2641	1126
	赵安定	弓 匠	都 料	榆林窟第 34 窟	2107
	赵员子	胡禄匠	匠	P.2641	1289、1291
	赵僧子	塑 匠	匠	S.4899	1336
	赵僧子	塑 匠	都 料	P.3964	2112
	贺博士		博 士	P.3763v	2354
	贺博士		博 士	P.2040v	2313
10	索万兴	瓮 匠	匠	S.4703	1203
	索海全	铁 匠	匠	P.4640v	1115
	索章三	缝鞋匠	匠	P.4518	1218
	索章三	皮 匠	匠	S.6452	1216
	索章三	缝鞋匠	匠	Ch.liv,0011	1219
	索章三	皮 匠	匠	EO.1398	1220
	索博士	打番棹	博 士	S.6981	2371
	高崇德	画 匠	师	榆林窟第 19 窟	1309
	郭赤儿	桑 匠	匠	P.5032v	1232
	郭博士		博 士	P.3490	2213、2214
	唐博士		博 士	S.6452	2274
11	曹灰子	金银匠	匠	北剑 98	1248
	康都料		都 料	P.2040v	2122
	康都料		都 料	P.2032v	2124、2133、2124

笔 画	姓 名	职业类别	技术级别	文献出处	史料序号
11	康都料		都 料	P.3763	2135、2136
	康博士		博 士	P.3490	2213
	康博士		博 士	P.2049v2	2311
	康博士	木 匠	博 士	P.3302v	2204
	族博士		博 士	P.4642v	2368
12	彭友子	木 匠	匠	Dy.001	1150
	董万千	木 匠	匠	P.2032v	1170
	董文员	画 匠	生	Ch.xxxviii.005	2451
	董保德	画 匠	都 料	S.3929	2111
	董润儿	皮 匠	匠	P.5032	1221
	董都料		都 料	S.6452	2146
	董盖飒	箭 匠	匠	P.4640v	1284
	葵曹八	纸 匠	匠	S.0542	1369
	就都料	毡 匠	都 料	P.4524	2120
13	雷延美	雕版木匠	匠	P.4514	1179
	雷延美	雕版木匠	匠	EO.1218d	1180
	雷延美	雕版木匠	匠	P.4515	1181、1182
	福 因		都 师	P.3882	2154
	福 建		都 师	P.3882	2153
14	翟信子	金银匠	匠	北剑98	1248
15	樊崇圣	制笔匠	匠	S.4411	1374
	潘口口	画 匠	匠	莫高窟第322窟	1303

附录二 本书所引敦煌史料索引

洞窟史料

绘画、版画史料

遗书史料

参考文献

古籍文献类

（宋）李昉等编：《太平御览》，中华书局，1960 年，4 卷本。

（宋）李昉等编：《太平广记》，中华书局，1961 年。

（汉）许慎撰：《说文解字》，中华书局影印版，1963 年。

（唐）张彦远：《历代名画记》，人民美术出版社，1963 年。

（北齐）魏收等：《魏书》，中华书局，1973 年。

（唐）魏征等：《隋书》，中华书局，1973 年。

（后晋）刘昫等：《旧唐书》，中华书局，1975 年。

（宋）欧阳修等：《新唐书》，中华书局，1975 年。

（清）阮元等：《全唐文》，中华书局，1983 年，11 卷本。

（宋）司马光等编：《类篇》，中华书局影印版，1984 年。

（唐）陆德明撰：《经典释文》上册，上海古籍出版社影印本，1985 年。

（日）圆仁：《入唐求法巡礼行记》，上海古籍出版社，1986 年。

（清）段玉裁：《说文解字注》，上海古籍出版社影印本，1988 年。

（清）阮元：《十三经注疏》上册，浙江古籍出版社影印本，1998 年。

梁思成著：《营造法式注释》，中国建筑工业出版社，1983 年。

敦煌文献类

王重民：《敦煌遗书总目索引》，商务印书馆，1960 年。

唐长孺主编：《吐鲁番出土文书》，第 1～10 册，文物出版社，1981～1991 年。

《西域美术·斯坦因搜集品》1～3 册，日本讲谈社，1982 年。

敦煌文物研究院编：《中国石窟·敦煌莫高窟》1～5 卷，文物出版社，1982～1990 年。

黄永武编：《敦煌宝藏 1-140》，台北新文丰出版公司，1985 年。

唐耕耦、陆鸿基：《敦煌社会经济文献真迹实录》1～5 册，北京书目文献出版社、
全国缩微阅读出版中心，1986～1990 年。

中国社会科学历史研究所等编：《英藏敦煌文献》1～14 册，四川人民出版社，1990～1995 年。

俄罗斯科学院东方研究所编：《俄藏敦煌文献》1-5 册，上海古籍出版社，1992、1993 年。

上海博物馆编：《上海博物馆藏敦煌吐鲁番文献》1～2 册，上海古籍出版社，1993 年。

俄罗斯科学院东方研究所编：《俄藏敦煌文献》1～17 册，上海古籍出版社，1993～2001 年。

《西域美术·伯希和搜集品》1、2，日本讲谈社，1994 年。

法国国家图书馆等编：《法藏敦煌西域文献》1～34 册，上海古籍出版社，1994～2005 年。

北京大学图书馆编：《北京大学藏敦煌文献》1～2 册，上海古籍出版社，1995 年。

天津艺术博物馆编：《天津艺术博物馆藏敦煌文献》1～7 册，上海古籍出版社，1996～1998 年。

敦煌研究院编：《敦煌石窟全集》1～26 卷，商务印书馆（香港）有限公司，1999～2005 年。

上海图书馆编：《上海图书馆藏敦煌文献》1～3 册，上海古籍出版社，1999 年。

毛昭晰等：《浙藏敦煌文献》，浙江教育出版社，2000 年。

段文杰等编：《甘肃藏敦煌文献》1～6 册，甘肃人民出版社，2000 年。

敦煌研究院编：《敦煌遗书总目索引新编》，中华书局，2000 年。

任继愈等编：《国家图书馆藏敦煌遗书》1～146 册，北京图书馆出版社，2005～2012 年。

《敦煌秘笈》1～10 册，日本杏雨书屋，2009～2011 年。

《"中央研究院"历史语言研究所傅斯年图书馆藏敦煌遗书》，台北"中研院"史语所，2013 年。

方广锠：《滨田德海搜藏敦煌遗书》，国家图书馆出版社，2016 年。

著作类

朱光潜：《克罗齐哲学评述》，正中书局，1948 年。

向达著：《唐代长安与西域文明》，生活·读书·新知三联书店，1957 年。

饶宗颐著：《敦煌白画》，巴黎，1978 年。

王伯敏著：《吴道子》，上海人民出版社，1981 年。

陈寅恪：《唐代政治史述论稿》，上海人民出版社，1982 年。

金宝祥：《唐史论文集》，甘肃人民出版社，1982 年。

王伯敏：《中国绘画史》，上海人民美术出版社，1982 年。

沈子丞编：《历代论画名著汇编》，文物出版社，1982 年。

《朱光潜美学文集》第 1、2 卷，上海文艺出版社，1982 年。

余崑：《中国画论类编》，台湾华正书局，1984 年。

潘玉闪、马世长：《敦煌莫高窟殿堂遗址》，文物出版社，1985 年。

敦煌研究院编：《敦煌莫高窟供养人题记》，文物出版社，1986 年。

孙儒僴：《敦煌壁画中的古建筑》，甘肃人民出版社，1986 年。

王尧、陈践编著：《吐蕃简牍综录》，文物出版社，1986 年。

敦煌文物研究所编：《中国石窟·敦煌莫高窟》4，文物出版社，1987 年。

姜伯勤：《唐五代敦煌寺户制度》，中华书局，1987 年。

（美）潘诺夫斯基著，傅志强译：《视觉艺术的含义》，辽宁美术出版社，1987 年。

蒋礼鸿：《敦煌变文字义通释》，上海古籍出版社，1988 年新 2 版。

肖默：《敦煌建筑研究》，文物出版社，1989 年。

姜伯勤：《敦煌社会文书导论》，台北新文丰出版公司，1992 年。

（意）贝奈戴托·克罗齐著，黄文捷译：《美学或艺术和语言哲学》，中国社会科学出版社，1992 年。

郑炳林：《敦煌碑铭赞辑释》，甘肃教育出版社，1992 年。

安西县县志编纂委员会：《安西县志》，知识出版社，1992 年。

李廷先：《唐代扬州史考》，江苏古籍出版社，1992 年。

（法）伯希和著，耿升、唐健宾译：《伯希和敦煌石窟笔记》，甘肃人民出版社，1993 年。

姜伯勤、项楚、荣新江合著：《敦煌邈真赞校录并研究》，饶宗颐主编：《香港敦煌吐鲁番研究中心丛
　　　　刊》之三，台北新文丰出版公司，1994 年。

段文杰：《段文杰敦煌艺术论文集》，甘肃人民出版社，1994 年。

张泽咸：《唐代工商业》，中国社会科学出版社，1995 年。

陈国灿：《斯坦因所获吐鲁番文书研究》，武汉大学出版社，1995 年。

姜伯勤：《敦煌的艺术、宗教与礼乐文明》，中国社会科学出版社，1996 年。

马德：《敦煌莫高窟史研究》，甘肃教育出版社，1996 年。

宿白：《中国石窟寺研究》，文物出版社，1996 年。

张伯元：《安西榆林窟》，四川教育出版社，1996 年。

马德：《敦煌工匠史料》，甘肃人民出版社，1997 年。

常青：《彬县大佛寺造像艺术》，现代出版社，1998 年。

魏明孔：《隋唐手工业研究》，甘肃人民出版社，1999 年。

漆侠:《中国经济通史·宋代经济卷》,经济日报出版社,1999 年。

孙继民:《敦煌吐鲁番所出唐代军事文书初探》,中国社会科学出版社,2000 年。

(日)朝仓直巳:《艺术·设计的平面构成》,中国计划出版社,2000 年。

(英)贡布里希:《贡布里希论设计》,湖南科学技术出版社,2001 年。

郑午昌:《中国画学全史》,上海古籍出版社,2001 年。

史苇湘:《敦煌历史与莫高窟艺术研究》,甘肃教育出版社,2002 年。

郑汝中:《敦煌壁画乐舞研究》,甘肃教育出版社,2002 年。

(意)尤利乌斯·冯·施洛塞尔:《论美术史编纂史中的哥特式》,载范景中主编,傅新生、李本正翻译:
　　《美术史的形状·从瓦萨里到 20 世纪 20 年代》I 卷,中国美术学院出版社,2003 年。

马德:《敦煌石窟营造史导论》,台北新文丰出版公司,2003 年。

乜小红:《唐五代宋初敦煌畜牧业研究》,台北新文丰出版公司,2003 年。

魏明孔:《中国手工业经济通史·魏晋南北朝隋唐五代卷》,福建人民出版社,2004 年。

贺世哲:《敦煌石窟论稿》,甘肃民族出版社,2004 年。

施萍婷:《敦煌习学集》,甘肃民族出版社,2004 年。

(瑞士)海因里希·沃尔夫林著,潘耀昌译:《艺术风格学——美术史的基本概念》,中国人民大学出版社,
　　2004 年。

(德)汉斯·贝尔廷等著,常宁生译:《艺术史的终结?——当代西方艺术哲学文选》,中国人民大
　　学出版社,2004 年。

欧阳琳:《感悟敦煌》,甘肃美术出版社,2004 年。

巫鸿著,郑岩、王睿编:《礼仪中的美术·巫鸿中国古代美术史文编》,生活·读书·新知三联书店,
　　2005 年。

王进玉:《中国少数民族科学技术史丛书·化学与化工卷》,科学技术出版社,2005 年。

凌继尧、徐恒醇:《艺术设计学》,上海人民出版社,2006 年。

谭蝉雪:《敦煌民俗》,甘肃教育出版社,2006 年。

贺世哲:《敦煌图像研究十六国北朝卷》,甘肃教育出版社,2006 年。

刘海编译:《当基督遇上佛陀·东西方人像艺术博弈全录》,陕西师范大学出版社,2006 年。

曹意强、迈克尔·波德罗等著:《艺术史的视野——图像研究的理论、方法与意义》,中国美术学
　　院出版社,2007 年。

(美)阿瑟·C. 丹托著,王春辰译:《艺术的终结之后·当代艺术与历史的界限》,江苏人民出版社,
　　2007 年。

杨森:《敦煌壁画家具图像研究》,民族出版社,2010 年。

王进玉:《敦煌学和科技史》,甘肃教育出版社,2011 年。

马德、王祥伟:《中古敦煌佛教社会化论略》,中国社会科学出版社,2011 年。

史苇湘:《陇上学人文存·史苇湘卷》,甘肃人民出版社,2012 年。

李其琼:《敦煌艺韵》,上海古籍出版社,2014 年。

郑汝中:《陇上学人文存·郑汝中卷》,甘肃人民出版社,2016 年。

论文类

陈梦家:《敦煌在中国考古艺术史上的重要性》,《文物参考资料》1951 年第 2 卷第 4 期。

姜伯勤:《论敦煌寺院的常住百姓》,《敦煌研究》1981 年试刊第 1 期。

朱光潜:《文艺心理学》,载《朱光潜美学文集》第 1 卷,上海文艺出版社,1982 年。

史苇湘:《敦煌佛教艺术的基础》,《中国佛学论文集》,陕西人民出版社,1984 年。

(英)贡布里希著,阿庞译:《图像志与图像学》,《美术译丛》1984 年第 3 期。

王进玉：《敦煌矾石的初步研究》，《考古与文物》1986 年第 4 期。

王进玉：《敦煌壁画中使用的绛矾及其他含铁颜料》，《敦煌研究》1986 年第 4 期。

卢向前：《关于归义军时期一份布纸破用历的研究——试释 P.4640 背面文书》，《敦煌吐鲁番文献研究论集》第 3 辑，北京大学出版社，1986 年。

项楚：《王梵志诗校注》，载《敦煌吐鲁番文献研究》第四辑，北京大学出版社，1987 年。

（英）贡布里希著，杨思梁、范景中译：《图像志与图像学》，载《贡布里希图像学文集——象征的图像》，上海书画出版社，1990 年。

刘惠琴：《从敦煌文书看沙州纺织业》，《敦煌学辑刊》1995 年第 2 期。

郑炳林：《唐五代敦煌手工业研究》，《敦煌学辑刊》1996 年第 1 期。

马德：《敦煌绢画题记辑录》，《敦煌学辑刊》1996 年第 1 期。

唐耕耦：《敦煌研究拾遗补缺二则》，《敦煌研究》1996 年第 3 期。

冯培红：《晚唐五代宋初归义军武职军将研究》，《敦煌归义军史专题研究》，兰州大学出版社，1997 年。

张亚萍：《唐五代敦煌的地区骆驼牧养业》，《敦煌学辑刊》1998 年第 1 期。

张亚萍：《唐五代归义军政府牧马业研究》，《敦煌学辑刊》1998 年第 2 期。

（法）谢和耐著，耿昇译：《敦煌写本中的租骆驼旅行契》，《法国学者敦煌学论文选萃》，中华书局，1998 年。

马德：《散藏美国的五件敦煌绢画》，《敦煌研究》1999 年第 2 期。

李淞：《陕西古代佛教美术》，陕西人民教育出版社，2000 年。

郑元者：《艺术人类学与知识重构》，2000 年 2 月 12 日《文汇报·学林版》。

刘玉峰：《试论唐代官府手工业的发展形态》，《首都师范大学学报》2001 年第 5 期。

刘玉峰：《唐代对民间工商业的政策与管理》，《学习与探索》2001 年第 6 期。

王建新：《试论佛教造像的长安模式与盛唐风格》，载《慈善寺与麟溪桥》，文物出版社，2002 年。

靳之林：《论中国民间美术》，《美术研究》2003 年第 3 期。

常青：《浅谈石窟考古断代方法与样式研究》，《考古与文物》2003 年第 5 期。

李晓：《论宋代小农、小工、小商的三位一体化趋势》，《经济史研究》2004 年第 1 期。

马德：《〈敦煌工匠史料〉补遗与订误》，《敦煌学》第 25 辑（潘重规先生逝世周年纪念专辑），2004 年。

马德：《敦煌佛教版画的社会功能及其意义》，《觉群·学术论文集》第三辑，宗教文化出版社，2004 年。

路甬祥：《学科交叉与交叉科学的意义》，《中国科学院院刊》2005 年第 20 卷第 1 期。

马德：《敦煌版画的社会意义》，《敦煌研究》2005 年第 2 期。

周安平：《由敦煌雕版佛画管窥中国古代版画的美术史作用》，《敦煌研究》2005 年第 2 期。

张亚萍、郑炳林：《晚唐五代敦煌畜牧业研究》，《敦煌归义军史专题研究三编》，甘肃文化出版社，2005 年。

郑炳林：《晚唐五代敦煌归义军政权与佛教教团关系》，《敦煌归义军史专题研究三编》，甘肃文化出版社，2005 年。

马德：《敦煌新本〈杂集时要用字〉刍议》，《兰州学刊》2006 年第 1 期。

范景中：《〈图像学研究〉中文本序》，《新美术》2007 年第 2 期。

郭晓瑛：《甘肃博物馆藏敦煌绢画报父母恩重经变概述》，《敦煌学辑刊》2007 年第 2 期。

李刈：《敦煌文书〈董保德功德记〉的年代及有关问题质疑》，《敦煌研究》2007 年第 5 期。

马德：《试论开拓敦煌研究的新领域》，《敦煌研究》2008 年第 1 期。

李翎：《佛画与功德——以吉美博物馆藏 No.17775 号绢画为中心》，《2007 年敦煌壁画的继承与创新国际学术研讨会文集》，上海古籍出版社，2008 年。

马德：《敦煌艺术人类学》，《庆贺饶宗颐先生九十五华诞敦煌学国际学术研讨会论文集》，中华书局，2012 年。

马德：《敦煌所出印沙佛木板略考》，《2010 丝绸之路与西北历史文化学术讨论会论文集》，甘肃人民出版社，2013 年。

马德：《论敦煌石窟的民族精神》，《佛教与当代文化建设学术研讨会论文集》第一编，西北大学出版社，2013 年。

潘耀昌：《沃尔夫林与新康德主义》，载曹意强、迈克尔·波德罗等著：《艺术史的视野——图像研究的理论、方法与意义》，中国美术学院出版社，2007 年。

后记之一：
芦苇·佛光——《敦煌工匠史料》代后记

（一）

当我用颤抖的手写完本书稿的最后一个字时，我的心灵再一次受到强烈的震撼！作为长期在敦煌生活并专门从事敦煌历史文化研究的一介书生，从我脑海里不断涌现过的，不，我自己面对着的，是两千多年间一代又一代的敦煌的开拓者、建设者们，是一代又一代的敦煌文化艺术的创造者们！尽管他们绝大多数并没有把姓名留给我们，他们是那样的平凡，那样的默默无闻，但他们留给我们的财富和精神，却是千秋永存、万古长青，取之不尽、用之不竭。寻找他们，研究他们，宣传他们，为他们做一点事，是我的责任，我的义务，也是我的心愿。

在敦煌的大地上，到处都生长着一种在各地都可看到的多年生草本植物——芦苇，它是戈壁上绿洲的开拓者和建设者：它在戈壁上生长，需要的只是水，不管是淡水、咸水，还是清水、浊水；有了水，它就能够顶风沙、抗严寒，在戈壁上开出一片又一片的包括人类在内的万物赖以生存的绿洲；它集青松的精神、翠竹的风格、荷花的品德、红柳的意志于一身，深深地扎根于大漠之中，以莽原雪域的高洁、江南水乡的清新、田园湖泊的纯净和塞外边陲的坚韧，装点着戈壁上绿色的天地；它没有经过任何人工的栽培，但人们用它编席、造纸、建造房屋、筑垒垣壁；它不断地把自己开出的绿洲让给人们去植树种粮，进而又去开拓新的绿洲；大路两旁，它以主人的姿态，随着一阵阵轻风摇枝摆叶，迎接一批批远道而来的宾客，告别一群群满载而归的朋友们；烽火台上，它以警惕的眼睛，密切注视着戈壁上的动静，一有意外，即燃自身为浓烟，及时为人们传送豺狼将至的信息，使多少人免于灾祸；人们靠它、用它，它却不时地遭受着人们有意无意地践踏，但它从来也没有任何怨言，从来不计较自己的得失，默默地履行自己的职责，无私地为人们奉献着自己的一切……

据说，第一位到敦煌莫高窟开窟的和尚，先是看到对面三危山上闪烁的万道金光，认定为佛光，遂以此为对地，开始凿岩建窟。至今，莫高窟已经历了1600年沧桑，几十代人为此付出了心血、汗水甚至生命，使它成为中国乃至世

敦煌芦苇

界上最伟大的文化艺术宝库。1600 多年来，日复一日，每当太阳从三危山升起的时候，莫高窟便被笼罩在万道金光之中。

芦苇和它的精神，就是敦煌 2000 年间的历代开拓者、建设者和创造者们的象征。

三危山的佛光，就是敦煌 2000 多年间的开拓者及建设者们，敦煌艺术的创造者们的勤劳、勇敢、聪明、智慧之光！

"高山仰止，景行行止。"徘徊在芦苇丛中，你就无法安逸；而且，任何功利思想都无地自容！

一滴水只有在大海中才会永远不干。只有把自己置身于两千年历史的开拓者、建设者、创造者的行列中，才有可能发出一点光、一点热。

我希望自己能够为先民们做点事，也希望为现代人和子孙后代有个交代。因为在今天和以后，我们的民族更需要芦苇的精神，更需要勤劳和智慧！

就这样，我编写了这本书。

（二）

1978 年 10 月 11 日早晨，在甘肃西部边陲的交通枢纽柳园镇，我拨通了莫高窟敦煌文物研究所的电话，接电话的人正是我国老一辈艺术家和敦煌学家常书鸿所长。按照常老的指点，我去到设在柳园镇的西藏物资局综合公司的仓库里，找到正在那里检点和整理文物的史苇湘、霍熙亮二位先生；在他们的安排下，我搭乘所里拉汽油的解放卡车，当晚就到达了向往已久的莫高窟，见到了长期在敦煌工作的前辈专家学者孙儒僩、欧阳琳、李其琼、关友惠、贺世哲、施娉婷、李永宁等，开始了我敦煌事业的生涯。

20年来，我不断地从博大精深、辉煌灿烂的敦煌文化中汲取营养，使自己有了一定的充实和提高。然而，真正能让我痴心于敦煌的，就是那些与我朝夕相处的前辈们，他们对敦煌的热爱，对事业的执着追求、忘我的投入，他们九死一生的遭遇，他们的献身、牺牲精神，特别是他们对我和我的伙伴们的言传身教。

在今天的敦煌研究院中，从20世纪40年代起就在莫高窟——这座地处大漠戈壁的深山沟里，工作已达50年的老前辈就有好几位，40多年、30多年者更是不乏其人。他们把自己的青春，把自己的一生都献给了敦煌事业。他们中间，有好多人都经历过"反右""文革"，即使是在那段困难的岁月里，也丝毫没有放弃对敦煌的研究。他们的这种毅力和意志，首先就是来自于他们对敦煌的感情和信念，祖宗基业，中华民族古代文明的辉煌，感召和激励着他们，一步一步地踏着先辈匠师们的足迹奋进！今天，他们中间的许多人已在国内外学术界享有盛誉，成为大师级的学者，但他们还在为敦煌学的振兴和发展竭尽全力。我经常翻阅他们四五十年代的工作照片，但我总是无法把照片上的那些大姑娘、小伙子们和眼前的老专家们联系在一起；只有他们一直保持着的忘我的、拼命的工作态度，才使我看到他们当年的影子。我亲眼看见，六十多岁的李其琼、欧阳琳老师，同年轻人一起，不分昼夜地趴在洞窟内冰冷的地面上，为出国展览赶制壁画摹本；六十多岁的孙儒僩老师在十几米、二十几米高的加固危崖的脚手架上指导施工；我跟随年近八旬的霍熙亮老师，攀登安西东千佛洞的悬崖峭壁，他的敏捷和矫健，让我这个从小在山里跑惯的年轻人都叹为观止；更有那莫高窟低矮的小平房里彻夜不灭的烛光，是用史苇湘、贺世哲、施娉婷、关友惠、李永宁、刘玉权等老师们以"誓雪国耻"的雄心，为甩掉"敦煌在中国，敦煌学在外国"的落后帽子所付出的心血和汗水浇注的；我的老领导施娉婷老师几十年如一日，一字一句地品读几万卷敦煌文书并重新编写目录。从他们身上，我看到了创造敦煌艺术的古代匠师们的精神和身影；我才真正领悟了"老骥伏枥，志在千里；烈士暮年，壮心不已"的千古绝唱！

三危佛光

　　在敦煌，我还有许多值得引以为骄傲和自豪的同辈同事们，他们像古代的工匠那样，像老一辈敦煌工作者那样，踏踏实实、一丝不苟地从事着各类"匠人"的工作，默默无闻地为敦煌事业奉献自己的一切。

　　前几年，我到中山大学读书时，看到我的导师姜伯勤教授，几十年来，在远离敦煌几千里之外的广州，在没有经费、缺乏资料的条件下，硬是凭靠自己厚实的功底和坚忍不拔的毅力，写出一卷卷为世人所瞩目的敦煌学论著。我由此而慢慢了解到敦煌之外的学者们是在一种什么样的条件下做敦煌的学问。是敦煌的巨大魅力，是敦煌古代工匠的精神和创造，赋予学者们一种历史的使命感、责任感、义务感。不论是在敦煌还是在敦煌之外，只要一接触敦煌，都会受到这样的鬼使神差，都会为此去奋斗、去奉献。

　　就是在这样的生活环境中，我逐渐认识到了芦苇和它的精神，越来越清楚地看到了永远闪烁不息的万道金光！就是在这样的工作和学习实践中，我也才一步步慢慢地明白，自己应该去做些什么，应该怎样做。为此，我今天编写这本书，也是向这些热爱敦煌、献身敦煌又给我教诲和启迪的前辈匠师和同辈匠工们，表达自己发自内心的敬意！

（三）

　　我知道，这册由零零星星的资料拼凑起来的小书，在今天可能不会有丝毫的经济效益。但由于无法逃脱的使命感、义务感，为了先人，为了后人；为了前辈，也为我们自己。

两千年间的敦煌的开拓者、创造者们，以及他们的业绩，就是一种无形的鞭策和驱使。面对这一切，我根本无法回避。

有些事情，我们可以留给后人去做；但有些事情，我们是一定要做的。后人们还有许多事要做，他们也需要我们多做一些，以便他们也做得更多。

我不是一个人在做只是自己想做的事，也不是一个人在做事；我受到了许多前辈们的委托和鼓励，我也得到了同事们的支持和帮助。有多少次，在莫高窟面对着第72窟南壁的临摹佛像图和修塑大佛图，在榆林窟面对着第454窟的修造图，面对着那些工匠供养人像，我看到前辈们和同事们在眉宇间透出的兴奋，在目光中透出的期望。在这一工作进行过程中，我见到的第一位敦煌人——敦煌的艺术匠师史苇湘教师，和我的老领导施娉婷老师，都在向我提供他们分别从印度和俄罗斯搜集来的资料的同时，又给予我热情地指导和关怀；台建群老师和宋利良、孙志军等同志也在这项工作中付出了劳动。

在做的过程中，有一种历史的凝重感，不时地让我喘不过气来。需要把这种感觉表现出来，就此，我得到文化先生和郑汝中老师的帮助。

甘为人梯的李德奇老师，经他手编辑出版的敦煌学书籍已有几十种，因此，他也是敦煌工匠队伍中的老匠工了，有了他的把关，我心里很踏实。

敦煌的佛光，是敦煌的工匠们用芦苇的精神编织出来的。我希望自己也能成为这样一名匠人，参加这样的编织工作。

但愿我们和我们的后来者们，用敦煌的芦苇精神，编织出更加五彩缤纷的光环！

1997年7月5日于兰州

后记之二：使命的传承

从 1978 年 10 月到敦煌工作，今年已经是第 40 个年头了。

敦煌是一项事业，是一项崇高而伟大的事业；敦煌事业的进步和发展是历史赋予我们的神圣使命；搞好敦煌的研究和宣传是我们义不容辞的社会责任。

敦煌是一种精神。一千多年来，敦煌的几十代的劳动人民，特别是从事各种手工业劳动的工匠们，用他们的聪明和智慧，用他们海纳百川的博大胸怀，用他们的生命和鲜血创造了光辉灿烂的敦煌历史文化，也留给我们包容、创造与奉献精神。即是中华民族的民族精神我们所从事的保护、研究和宣传事业，上对列祖列宗，下对子孙后代；不断总结历史的经验教训，为人类社会的发展进步提供借鉴；永远激励一代又一代的炎黄子孙更深刻、准确地认识敦煌，从敦煌汲取营养，继承和发扬中华民族的包容、创造与奉献精神。

敦煌工匠的民族精神，在我们敦煌研究院的前辈们身上被集中地体现了出来。40 年来，我目睹了前辈们为敦煌事业默默无闻地奉献了自己的毕生精力的奋斗历程。是他们让老祖宗留下的敦煌精神得到继承和发扬，并且让这种精神的境界得到升华。也是他们的这种精神鞭策我在敦煌研究事业方面不断开拓进取，鼓励我去深入研究敦煌古代工匠。在对敦煌工匠的研究过程中，在不断地接受老一辈的言传身教中，我逐步加深了对自己所从事的敦煌事业的认识。

研究敦煌工匠，就是面对敦煌工匠。在这样的境况下，我们无法摆脱作为一个社会成员的历史使命感和社会责任心、敬业精神。我经常有机会见到国内各地的同行专家学者，我也常有机会到国外和海外考察流散世界各地的敦煌文物，参加敦煌方面的国际学术会议，与国外的同行们进行学术交流。无论是国内同行还是国外同行，他们都对在敦煌工作的专家们表示了由衷的崇敬。因为他们在敦煌学到中国古代文化艺术的同时，也从敦煌的文物工作者们身上，领略到了敦煌古代工匠的影子，感悟到了敦煌古代工匠的精神。一位美国的教授朋友对我说："看来，现在研究工匠要比当年做工匠的还是好得多。"是啊，毕竟又过了一千多年，社会发展了，进步了；虽然还是在敦煌，做敦煌，但我们现在的工作环境和生活条件等，是当年的老祖宗们没有办法比较的。我们不可能再过敦煌工匠那样的苦

笔者（左）与同事吴荣鉴（右）在考察中

日子，但我们完全可以像敦煌事业的前辈学者那样，继承中华民族的光荣传统和优秀精神，为完成我们这一代人所担负的历史的神圣使命而贡献毕生的心血和精力。我时时刻刻都在认真地审视自己，准确地把握自己，担负起我们应该担负的历史使命，上对列祖列宗，下对子孙后代，在人类社会创造与发展的历史长河中寻找自己的位置，尽到自己的责任和义务。

《敦煌古代工匠研究》就是在这样的历史使命感的驱使下，由一群认识到自己的历史使命的人共同的成果。

1985年底，我从《敦煌研究》编辑部调入敦煌遗书研究所（后更名敦煌文献研究所），所长施萍婷老师分配我专门从事敦煌遗书中石窟史料的搜集、整理和研究，很自然地就接触到敦煌古代工匠文献。在此期间，敦煌研究院里的一批老一辈专家们纷纷加入中国共产党，我不仅有幸参与他们的讨论和表决，更主要的是在讨论中一次又一次地受到他们事迹感染！从他们身上，我深刻地领悟到了敦煌历史上那一代又一代的艺术创造者们默默无闻的奉献精神，遂成为我研究敦煌古代工匠的动力之一。

实际上，石窟营造也好，敦煌工匠也好，前辈学者都做过不少工作，已经奠定了良好的研究基础。在此基础上，我一方面考察和熟悉石窟，一方面阅读藏经洞文献，从文献中找到大量有关石窟历史的资料，从事石窟与文献的结合研究。1992年，我考入中山大学，师从姜伯勤教授学习，1993年日本访学一年，搜集和整理日本学界有关的研究成果；至1995年，在前辈、导师的精心指导和同事、朋友们的热情帮助下，我完成了博士论文《敦煌莫高窟史研究》，并得以正式出版。在这本书的写作过程中，我从浩如烟海的各类文献中，一点一滴地搜集关于敦煌古代工匠的资料，对创造了敦煌石窟艺术的历代工匠们进行专门研究并发表了几篇相关的论文；1997年底《敦煌工匠史料》出版，研究工作也告一段落。1998年以来，我主要以敦煌藏经洞出土文献资料的搜集、整理和数字化为中心工作，同时开展对敦煌石窟周边遗迹的继续考察和敦煌佛教社会史的研究。当然对敦煌工匠的研究工作也一直没有放松。

2005年以来，众多同事和朋友们都希望敦煌古代工匠的研究工作能够更深入更细致一些。2006年经个人申报，《敦煌古代工匠研究》正式批准为国家社会科学基金西部项目并得到研究经费资助；多年的研究工作得出一个这样的认识：敦煌古代工匠研究是敦煌历史文化研究的基础工作，涉及面广，意义重大，应当成为敦煌研究以及人文社会科学研究的经典之作。本人虽然从事敦煌工匠研究已有多年，但在研究过程中深感个人力量的渺小和知识面的局限；特别是艺术史和艺术理论方面，是敦煌工匠研究的重点，也是自己的弱点。而要做好本课题的研究工作，应该发挥集体智慧，汇集众人所长，广泛吸收相关的研究成果，进一步开拓学术视野，充分展示学术研究的博大与包容性。为此，项目进行到第二年，本人作为项目负责人提出申请并经甘肃省社科规划办公室批准，增加中国社会科学院经济研究所研究员魏明孔博士，中国国家博物馆研究馆员李翎博士，西安美术学院副教授张宝洲先生，兰州商学院艺术学院余义虎教授，甘肃联合大学艺术学院王锡臻教授，西北民族大学艺术学院周安平教授，敦煌研究院吴荣鉴副研究员、王进玉副研究员等专家学者为项目组成员，分别承担研究项目中的敦煌古代工匠相关的经济史、经济理论研究，敦煌古代工匠与佛教图像学研究，敦煌古代工匠与宗教图像学、艺术创作理论研究，敦煌工匠与艺术设计研究，敦煌民间工匠与民间艺术关系方面的研究，敦煌古代工匠与西方艺术史的比较研究，敦煌古代工匠与佛教艺术创作技法研究；敦煌古代工匠与中国科学技术发展关系研究等，基本涉及敦煌古代工匠研究的各个领域。接下来,项目组的各位专家们尽心竭力,努力完成各自承担的研究任务。现收入本书中的部分章节就是项目组各位专家研究撰写的,其中周安平撰写了第二章第三节,魏明孔撰写了第三章第一、二节,王进玉撰写了第五章,吴荣鉴撰写了第六章第一节的一部分和第二节,李翎撰写了第六章第三节,余义虎撰写了第七章第三节,张宝洲撰写了第八章,王锡臻撰写了第九章第三节;并不是项目组成员、自喻为"敦煌工匠"、已经成为非物质文化遗产敦煌彩塑制作技艺传承人的老同事杜永卫先生慷慨提供了敦煌彩塑制作方面的内容……在整个研究过程中,所有人都怀着对敦煌古代工匠的深厚情感与强烈的历史使命,完成了敦煌工匠民族精神的再一次传承与发扬。本项目研究的过程让我进一步体会到,无论是身处敦煌之中的老前辈和同事们,还是在敦煌之外的同行们,只要一接触敦煌,便会不由自主地担负起神圣的历史使命。

2009 年末,项目组按期完成研究任务,提交研究成果和结项报告,2010 年 6 月通过结项。但结项对我们来说,并不是意味着研究工作的结束,而是研究工作的新起点。因为敦煌工匠一直是一个受到众人关注的课题,所以研究成果并没有急于出版,我和我的研究团队也一直在听取各方面的意见。到 2016 年初开始,"工匠精神"在神州大地提倡和普及并成为人人追逐的目标和境界的时候,也给我们创造了一个大好的机会,《敦煌古代工匠研究》出版工作提上日程。在文物出版社社长张自成、副总编辑刘铁巍、张玮主任、曲靖编辑、周燕林编辑等从上到下的大力支持下,成功申请 2017 年国家出版基金,敦煌研究院提供了部分图片,使《敦煌古代工匠研究》在《敦煌工匠史料》出版整整二十年之后,按计划顺利地呈现给敦煌学界、敦煌爱好者和广大读者。

岁月荏苒。当本书即将付梓的时候,我们研究团队的大多数同仁已年过花甲,年龄最小的也都五十有余。因此,《敦煌古代工匠研究》不仅仅是一个人、一批人的成果,也是一代人的心声!我们就是希望,通过我们在祖宗和前辈们创造的雄厚的基础上的劳动,让敦煌工匠留给我们的民族精神能够得到永远和不断地升华!

谨以此书纪念已经逝去的创造敦煌历史文化的列祖列宗!

谨以此书献给为敦煌事业终生奋斗的前辈及同仁!

谨以此书献给传承和发扬敦煌工匠的民族精神的后来者们!

马德　谨述

2017 年 6 月 8 日于兰州黄河之滨